Dr. Miriam Stoppard
Das große Mosaik Love & Sex-Buch

Dr. Miriam Stoppard

Das große Mosaik Love & Sex-Buch

Wege zur harmonischen
und lustvollen Partnerschaft

Mosaik

Ein Dorling Kindersley Buch
Originaltitel: The Magic of Sex
Autorin: Dr. Miriam Stoppard
Fotos: Paul Robinson
Zeichnungen: Sue Linney, Howard Pemberton, Kuo Kang Chen
Idee und Gestaltung: Carroll & Brown Ltd., London

Übersetzung aus dem Englischen: Beate Gorman

© 1991 by Dorling Kindersley Limited, London
Text © 1991 Dr. Miriam Stoppard

Alle Rechte der deutschsprachigen Ausgabe
© 1991 Mosaik Verlag München in der Verlagsgruppe Bertelsmann GmbH 2000 / 5 4 3 2 1
Umschlaggestaltung: Heinz Kraxenberger
Satz: Filmsatz Schröter GmbH, München
Printed in Slovakia
ISBN 3-576-11472-6

Vorwort

Damit die Sexualität für ein Paar wirklich befriedigend wird, bedarf es des Engagements beider Partner, wobei beide möglichst gleichberechtigt sein sollten. Sie werden jedoch feststellen, daß die Mitspieler in einer sexuellen Partnerschaft unterschiedliche Fähigkeiten, Neigungen und Reaktionen haben. Die sexuelle Erfahrung des Mannes unterscheidet sich stark von der der Frau, und die Wünsche und Bedürfnisse der Frau spiegeln nicht unbedingt die des Mannes wider.

Damit dieses Buch beiden Partnern möglichst viel Nutzen bringt, habe ich alle Themen aus dem Blickwinkel des Mannes und der Frau untersucht. Dies wird auch ablesbar an der Gestaltung des Buchs. Unter den Symbolen für Mann und Frau finden Sie jeweils die Informationen, die für Männer oder Frauen bestimmt sind. Darin wird beschrieben, welche Reaktionen beim Mann und bei der Frau auftreten.

Und da ein großer Teil der Veränderungen des Körpers beim sexuellen Spiel nicht anders dargestellt werden kann, habe ich spezielle Farbdiagramme gewählt, die die sexuelle Reaktion und die Mannigfaltigkeit der sexuellen Erfahrung tabellarisch darstellen, die zugleich aber auch Fallgeschichten, das heißt, häufige Sexualprobleme beschreiben. Ich habe die normale sexuelle Reaktion als Ausgangspunkt gewählt und aufgezeigt, wie andere Erfahrungen im Vergleich dazu aussehen – sie könnten besser sein als die übliche sexuelle Reaktion – beispielsweise mit multiplen oder verlängerten Orgasmen, aber sie sind manches Mal auch schlechter – beispielsweise bei der vorzeitigen Ejakulation.

Die Probleme mit der Sexualität sind von Paar zu Paar sehr verschieden. Um das Beste aus Ihrem Sexualleben zu machen, sollten Sie und Ihr Partner die eigenen Vorlieben und Aktivitäten richtig einschätzen und dann die empfohlenen Schritte unternehmen. Um dies zu erleichtern, habe ich für beide Partner mehrere Fragebögen in das Kapitel »Wie man in der Sexualität alles erreicht« aufgenommen.

Der Zauber, der von der Sexualität ausgeht, kann von jedem Paar erfahren werden. Wenn Sie in diesem Buch blättern, werden Sie sicherlich entdecken, in welcher Weise Sie und Ihr Partner den Zauber der Lust heraufbeschwören können, oder feststellen, wo er verloren gegangen ist.

Inhalt

SEX KANN VERZAUBERN

MANN UND FRAU: DIE SEXUELLE PARTNERSCHAFT

DIE ZWEI GESCHLECHTER 12 · DIE SEXUELLE ANATOMIE 17 ·
DER GESCHLECHTSAKT 26 · DIE SEXUELLE REAKTION 28 ·
DER ORGASMUS 32 · DIE GRAPHISCHE DARSTELLUNG DER
SEXUELLEN REAKTION 34 · DER »G«-PUNKT 36

ANZIEHUNG, ERREGUNG UND DER ERSTE SCHRITT

IHR AUSSEHEN 40 · BEGEHRENSWERT SEIN 42 ·
DEN ERSTEN SCHRITT TUN 44 · DIE KÖRPERSPRACHE 48 ·
ERREGUNG 50 · DIE SEXUALBEZIEHUNG BEGINNT 52 ·
IHR SEXUELLES PROFIL 54 · DAS SEXUELLE REPERTOIRE 56

DIE VIELFALT DES VORSPIELS

DAS VORSPIEL 58 · AUSZIEHEN 59 · KÜSSEN 60 ·
DIE EROGENEN ZONEN 62 · DIE BESTIMMUNG DER EROGENEN
ZONEN 64 · PETTING 66 · MASSAGE 67 · MASTURBATION 74 ·
ORALER SEX 80 · ANALE STIMULATION 83 · SEXUALHILFEN 84

DAS LIEBESSPIEL

EIN GUTER LIEBHABER SEIN 92 · DIE ERFAHRUNGEN VARIIEREN 96
VERLÄNGERTER ORGASMUS 100 · STELLUNGEN FÜR DAS
LIEBESSPIEL 104 · ANALE PENETRATION 145 · NACHSPIEL 146 ·
DIE ERSTE SEXUELLE ERFAHRUNG 148

LIEBEVOLLE SEXUALITÄT DURCH DAS GANZE LEBEN

DIE SEXUALITÄT VERÄNDERN 150 · SEXUALITÄT IN DER SCHWANGERSCHAFT 151 · SEXUALITÄT NACH DER GEBURT 154 · SEXUALITÄT IN ZEITEN DER KRANKHEIT 155 · SEXUALITÄT UND DAS ÄLTERE PAAR 162 · DIE LIEBE LEBENDIG ERHALTEN 168

WIE MAN IN DER SEXUALITÄT ALLES ERREICHT

DAS SEXUALLEBEN VERBESSERN 170 · HABEN SIE EIN SEXUELLES PROBLEM? 172 · WIE SIEHT MEIN SEXUALLEBEN AUS? 174 · WIE ICH MIR MEIN SEXUALLEBEN WÜNSCHE 176 · WELCHE GEFÜHLE HABE ICH? 178 · WOVOR HABE ICH ANGST? 180 · DIE EIGENEN WÜNSCHE AUSDRÜCKEN 184 · VERÄNDERUNGEN 186 · VERTRAG 189 · WOCHENBERICHT 190

ERFOLG BEI SEXUELLEN PROBLEMEN

SEXUELLE PROBLEME 192 · PROBLEME DER FRAU 193 · TEILNAHMSLOSIGKEIT 194 · SINNLICHE KONZENTRATIONSÜBUNGEN 196 · PROBLEME DES MANNES 202 · EMOTIONALE FAKTOREN 212

FORTPFLANZUNG, VERHÜTUNG UND SEXUELL ÜBERTRAGBARE KRANKHEITEN

WAS SIE WISSEN SOLLTEN 214 · FORTPFLANZUNG 215 · BEFRUCHTUNG 218 · DIE SEXUALHORMONE 222 · VERHÜTUNG 224 · DER MANN: HABEN SIE EIN MEDIZINISCHES PROBLEM? 230 · DIE FRAU: HABEN SIE EIN MEDIZINISCHES PROBLEM? 232 · SEXUELL ÜBERTRAGBARE KRANKHEITEN 235 ·

ADRESSEN 246

VERZEICHNIS SEXUELLER BEGRIFFE 247

STICHWORTVERZEICHNIS 253

SEX KANN VERZAUBERN

Sexualität drückt etwas aus, das durch nichts anderes gesagt werden kann. Sex ist daher die elementarste Möglichkeit, Liebe zu zeigen. Die Sexualität hat einen wichtigen Platz in unserem Leben. Neben Entspannung und Fortpflanzung bedeutet Sexualität zugleich Zeit, Ort, Mittel und Sprache, einen anderen Menschen auf einer völlig anderen, einer magischen Ebene kennenzulernen.

Sehr wichtig ist auch die Bedeutung, die Männer und Frauen füreinander haben – etwas, das viele Menschen aus den Augen verlieren. Liebevolle Partner geben einander eine Form von Unterstützung, die kein anderer geben kann, oft ist eine solche Beziehung der einzige sichere Hafen im Sturm. Sie gibt emotionale Hilfe, das Gefühl, bedeutungsvoll, nützlich und begehrenswert zu sein. Ein liebevoller Partner schenkt uns das Gefühl, ein reifer, ausgeglichener Mensch zu sein, der alle Möglichkeiten hat, glücklich zu werden. In diesem Zusammenhang ist die Sexualität, die Magie der Lust, von größter Bedeutung, weil nur ein liebender Partner sie geben kann. Jeder trägt daher die Verantwortung, sein Bestes zu geben, da dies schließlich die Gewähr dafür bietet, daß der geliebte Partner bleibt und eine liebevolle Beziehung mit all ihren lohnenden Aspekten anhält.

Ein gutes Sexualleben zu haben, bedeutet jedoch nicht, beim Sex athletisch und gelenkig sein zu müssen oder eine Reihe sexueller Fertigkeiten zu erlernen. Dies ist auch ein Grund, warum viele Handbücher über Sexualität nicht funktionieren: Sie betonen die technischen Fähigkeiten in der Sexualität, während die Persönlichkeit des Menschen kaum Beachtung findet. Experimente mit unterschiedlichen Techniken und Stellungen garantieren jedoch nicht, daß man ein besserer Liebhaber wird. Die besten Liebhaber versuchen herauszufinden, welche Vorlieben der Partner hat; das heißt nicht, daß Sie sich in sexueller Akrobatik üben müssen. Gute Liebhaber wissen um die Bedeutung von Nähe und Fürsorglichkeit; sie wollen Liebe und Zärtlichkeit schenken.

KENNTNISSE IN DER SEXUALITÄT SIND WICHTIG

Viele Menschen sind auf ihrer sexuellen Entdeckungsreise erfolgreich, da sie einen mitfühlenden Partner haben, der offen über seine sexuellen Bedürfnisse spricht, der bereit ist, die Initiative zu ergreifen und zu experimentieren, der die Charakterstärke hat zu wissen, was er will, und der seine Wünsche ausdrücken und durch beiderseitiges Entgegenkommen Erfüllung finden kann. Diese glücklichen Menschen brauchen wahrscheinlich überhaupt kein Buch. Für sie sind beispielsweise Informationen über die Klitoris, über ihre Position, Funktion und Empfindsamkeit nicht nötig, um das Gefühl zu genießen, das sie bei ihrer Stimulation erleben. Die Klitoris reagiert spürbar, wenn sie stimuliert wird, unabhängig von ihrer Anatomie oder Physiologie.

Ein Buch dieser Art kann für die meisten Paare sehr wichtig und nützlich sein. Es kann zudem Ihre Beziehung retten, wenn Sie zu den Paaren gehören, bei denen neue Versuche durch Irrtümer verhindert werden, oder wenn der Partner nicht so mitfühlend ist, wie er es sein sollte; wenn ein Partner vom Temperament her eher überängstlich statt gelassen reagiert und emotional statt rational. Vielleicht wurden Sie auch dazu erzogen, bestimmte sexuelle Praktiken richtig oder falsch einzuschätzen, besser oder schlechter, erlaubt oder nicht erlaubt. In diesem Fall kann ein anderer Standpunkt aufklärend sein.

Dieses Buch kann auch zu neuen Entdeckungen führen. Informationen über die Sexualität können Sie mit Weitsicht und Erkenntnis anstelle von Unkenntnis belohnen, mit Wissen und Erfahrung anstelle von Desinteresse, mit Vorlieben anstelle von Abscheu. All diese Entdeckungen lohnen sich. Sie lohnen sich, weil guter Sex sehr schön ist. In gewisser Hinsicht ist er ein Geschenk, und es ist sehr traurig, wenn einige unter uns sich dieses Geschenks nicht bewußt sind.

EINE NEUE SICHTWEISE DER SEXUALITÄT

Die meisten sind mit der Vorstellung aufgewachsen, daß der Geschlechtsverkehr das höchste und intimste Zusammensein ist. Ich glaube, dieser Gedanke wird immer weniger akzeptiert; die meisten betrachten den Geschlechtsverkehr heute nur als eine Möglichkeit unter vielen. In der Sexualität gibt es eine Vielfalt von Formen der Intimität, bei denen es um das gemeinsame Erlebnis und um intensives Vergnügen geht; es ist nicht mehr nur die Penetration der weiblichen Scheide durch den Penis des Mannes. Bei der Sexualität geht es um alle Arten von Aktivitäten, die zum »Verschmelzen« der Partner führen. Es geht um das gemeinsame Vergnügen, nicht um das Vergnügen des einzelnen.

Die meisten Menschen sind heute der Ansicht, daß Sexualität in ihrer besten Form nur in einer liebevollen Beziehung verwirklicht werden kann, und daß eine solche Beziehung genährt und aufrechterhalten werden muß, damit sie die Prüfungen der Zeit übersteht. In einer solchen Beziehung sind eher beide Partner voneinander abhängig, statt ihre eigene Unabhängigkeit zu verfolgen. Wir haben uns so oft schon mit der körperlichen Seite der Sexualität beschäftigt und damit, »es zu tun«, daß wir die Freuden vergessen haben, die den ganzen Menschen betreffen. Sie gedeihen vor allem dann, wenn zwei versuchen, über einen langen Zeitraum Liebe und sich selbst einem anderen Menschen zu geben. Diese Art der Liebe ist nicht statisch: sie wächst und verändert sich und entwickelt sich bei beiden Partnern. Sie führt zu Offenheit, Mitgefühl, Feedback über das eigene Verhalten und das des Partners. Zur Überraschung vieler steigert dies Begehren und Erotik, statt sie zu verringern.

VOM WIRKLICHEN ZAUBER DER LUST

Diese moderne Einstellung spiegelt sich in meinem Buch wider – die erfüllendste Form von Sexualität findet man in stabilen, langfristigen Beziehungen, und in dieser Hinsicht ist es ein sehr altmodisches Buch. Es ist einfach unrealistisch, in kurzen sexuellen Begegnungen mit einer großen Anzahl Partnern eine befriedigende Sexualität zu erwarten. Sie ist nur in einer langfristigen Liebesbeziehung mit einem Menschen möglich. Wenn sexuelle Erfahrungen gut sind, werden sie durch Wiederholung und Vertrautheit noch viel besser; im Gleichklang kann großes Vergnügen liegen.

Natürlich habe ich versucht, die sexuelle Anatomie und Physiologie des Mannes und der Frau zu erklären; ich habe über männliche und weibliche Vorlieben geschrieben, habe die Vielfalt des Vorspiels und die Möglichkeiten des Liebesspiels aufgeführt und freimütig Tips gegeben, wie man die Sexualität noch mehr genießen kann. Im wesentlichen geht es mir in diesem Buch jedoch darum, daß die Partner zurück zur Liebe finden. Es ist der Versuch, die Dinge wieder zurechtzurücken.

Mann und Frau: Die sexuelle Partnerschaft

DIE ZWEI GESCHLECHTER

Durch meine wissenschaftlichen Forschungsarbeiten und persönlichen Beobachtungen bin ich zu der Überzeugung gelangt, daß Männer und Frauen sich von der Anatomie und vom Körperbau her ähnlicher sind als die Männchen und Weibchen der meisten anderen Gattungen in der Tierwelt. Zwei verschiedene Männer oder Frauen unterscheiden sich durch Statur, Größe und Form wahrscheinlich mehr als das Durchschnittspaar. Männer und Frauen unterscheiden sich besonders durch die Fortpflanzungsorgane und die Veränderungen, die vor allem in der Pubertät einsetzen.

VOM JUNGEN ZUM MANN

Die Veränderungen, die die körperliche Entwicklung eines Jungen zum reifen, fortpflanzungsfähigen Mann kennzeichnen, setzen vor dem zehnten Lebensjahr oder kurz danach ein und sind im Alter zwischen vierzehn und achtzehn Jahren abgeschlossen. Die pubertären Veränderungen – der Junge wird größer und muskulöser, die Schultern werden breiter, die Geschlechtsorgane sind weiterentwickelt und auf den Geschlechtsorganen, den Unterarmen, dem Gesicht und den Beinen sprießen Haare – werden durch die Aktivität von Hormonen verursacht, speziell durch das männliche Hormon Testosteron. Der erwachsene Mann hat neben den unten aufgeführten Veränderungen auch den Stimmbruch durchgemacht. Dieser wird durch eine Vergrößerung des Kehlkopfes hervorgerufen. Die Stimmbänder werden länger und verdicken sich, so daß die Stimmlage tiefer wird. Daneben kommt es zu einer Zunahme der Aktivität von Schweiß- und Talgdrüsen. Nachdem die Hodenaktivität in der Pubertät begonnen hat, setzt sie sich normalerweise für den Rest des Lebens fort. Im Alter kommt es zu einer Verringerung der Sperma- und Androgenproduktion, was zu degenerierenden Veränderungen in den Hoden führt, aber es gibt keinen abrupten Rückgang, der mit den Wechseljahren der Frau vergleichbar wäre. Der »Durchschnitts«-Mann ist 173 cm groß und wiegt 74 kg, die Abmessungen von Brust, Taille und Hüfte betragen 98 cm, 80 cm und 93 cm.

VOM MÄDCHEN ZUR FRAU

Gegen Ende der Adoleszenz, meist lange nachdem die Menstruation eingesetzt hat, wird der Körper des Mädchens runder und weiblicher. Die auftretenden Veränderungen sind direkt auf die Abgabe der weiblichen Hormone Östrogen und Progesteron zurückzuführen. Das Mädchen wächst, Hüften und Schenkel werden fleischiger. Die Brust beginnt anzuschwellen, und in den Achselhöhlen und zwischen den Beinen wachsen Haare. Die inneren und äußeren Geschlechtsorgane entwickeln sich, und die Scheidenwand wird dicker. Es kann zu Ausfluß aus der Scheide kommen.

Der Körperbau einer Frau, fraulich rund oder jungenhaft schmal, hängt von zwei Dingen ab: erstens von der Hormonmenge, die produziert wird, und zweitens von der Empfindlichkeit des Körpers gegenüber diesen Hormonen.

Im Alter von etwa fünfundvierzig Jahren läßt die Produktion der Eierstöcke langsam nach, der Östrogen- und Progesteronspiegel sinkt, so daß es zu verschiedenen Körperveränderungen kommt.

Dazu zählen die Menopause, gleichbedeutend mit dem Aufhören der Menstruation und dem Verlust der Fruchtbarkeit, dem Dünnerwerden der Scheidenwand und Veränderungen in den Knochen, die zu einer Verringerung der Körperhöhe führen. Die »durchschnittliche«, reife Frau ist 159 cm groß und wiegt 61 kg. Die Maße von Brust, Taille und Hüften betragen 90 cm, 75 cm und 95 cm.

DER KÖRPER DES MANNES

DAS SKELETT

Vom zweiten Lebensjahr an wächst der Junge etwa 5 cm pro Jahr, bis er dreizehn oder vierzehn Jahre alt ist. Zu diesem Zeitpunkt setzt die Entwicklung der Geschlechtsorgane ein. In der Adoleszenz kommt es zu einem plötzlichen Wachstumsschub. Der Junge wird kräftiger, und seine Statur verändert sich entsprechend. Dieser Wachstumsschub kann über einige Jahre hinweg andauern. In dieser Zeit wachsen Jungen etwa 9 cm pro Jahr. Gegen Ende der Wachstumsperiode sind die Knochen härter und spröder geworden, und die Proportionen haben sich verändert. Die verschiedenen Körperteile wachsen jedoch mit unterschiedlicher Geschwindigkeit. Wenn die Schultern breiter werden, sehen die Hüften im Vergleich dazu schmaler aus. Dies ist charakteristisch für den erwachsenen Mann.

DIE KÖRPERBEHAARUNG

Zu Beginn der Pubertät wachsen Schamhaare an der Peniswurzel und nach einiger Zeit auch am Hodensack. Haare können auch um den Analbereich herum wachsen. Die Schambehaarung wächst normalerweise in Form eines auf dem Kopf stehenden Dreiecks am unteren Teil des Bauches, sie kann sich jedoch bis zum Nabel erstrecken und bis zu den Schenkeln wachsen. Etwa ein bis zwei Jahre später erscheinen Haare in den Achselhöhlen und über der Oberlippe. Das Schamhaar ist länger, kräftiger und lockiger als die Haare, die seit der Geburt am Körper vorhanden sind. Es kann heller oder dunkler sein als das Kopfhaar. Im Alter kann es grau werden. Neben dem lockigen Schamhaar wachsen Haare an den Armen, Oberschenkeln und Waden. Auch auf Brust, Schultern, Rücken und Handrücken können Haare wachsen. Während der Mann heranreift, wird das Gesichtshaar dichter und dunkler. Bart und Schnurrbart können dieselbe Farbe wie das Kopfhaar haben oder andersfarbig sein. Die Menge der Körperbehaarung hängt vom rassischen oder ethnischen Hintergrund des Mannes und von der Familiengeschichte ab.

DER KÖRPER DER FRAU

DAS SKELETT

Vom zweiten Lebensjahr an wächst das Mädchen etwa 5 cm pro Jahr. Im Alter von etwa zehn Jahren kommt es zu einem Wachstumsschub. Es kann dann in einem Jahr um etwa 10 cm oder mehr größer werden. Danach verlangsamt sich das Wachstum wieder, bis das Mädchen seine endgültige Körpergröße, ein bis drei Jahre nach Einsetzen der Menstruation, erreicht hat. Die Knochen werden länger, aber sie wachsen nicht alle mit derselben Geschwindigkeit, dadurch wirken die Kinder noch unproportioniert. Die Knochen in Armen, Beinen und Füßen wachsen schneller als das Rückgrat. Die Beckenknochen nehmen ihre charakteristische, breite Form an.

Die Frau hat ein breiteres Becken als der Mann, damit ein wachsendes Baby darin Platz hat, und die Oberschenkelknochen stehen weiter auseinander. Aus diesem Grund sind die meisten Frauen etwas X-beinig. Die Schenkel müssen sich recht steil nach innen neigen, damit die Knie sich nah beim Gleichgewichtspunkt befinden.

DIE KÖRPERBEHAARUNG

Die Schambehaarung wächst meist um das elfte oder zwölfte Lebensjahr herum, kurz nachdem das Wachstum der Brüste eingesetzt hat. Das Schamhaar ist länger, fester, dunkler und lockiger als das normale Kinderhaar, das seit der Geburt vorhanden ist. Das Schamhaar wächst zuerst auf der Vulva und verbreitet sich dann langsam über den Schamhügel und die Schamlippen, so daß ein auf dem Kopf stehendes Dreieck entsteht. Bei manchen Frauen erstreckt sich das Schamhaar bis hin zum Nabel und zu den Schenkeln.

Bei einigen Frauen ist die Schambehaarung dichter, andere haben weniger Schamhaare. Die Farbe stimmt nicht unbedingt mit dem Kopfhaar überein. Im Alter kann das Schamhaar grau werden.

Fast zwei Jahre nachdem das Schamhaar zu wachsen begonnen hat, wächst auch das Haar in den Achselhöhlen.

Mann und Frau

Die Genitalien

Die männlichen Genitalien, der Penis und die Hoden, befinden sich außerhalb des Körpers und sind die visuelle Verkörperung der männlichen Sexualität, während die weiblichen Geschlechtsorgane sich zum größten Teil im Körperinnern befinden. Daher ist der Busen zum Symbol weiblicher Sexualität geworden.

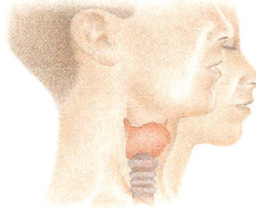

Die Stimme

In der Pubertät verlängern und verdicken sich die Stimmbänder beim Mann; es kommt zum »Stimmbruch«, und die Stimme wird mehrere Töne tiefer. Der Schildknorpel vergrößert sich und erscheint als »Adamsapfel«.

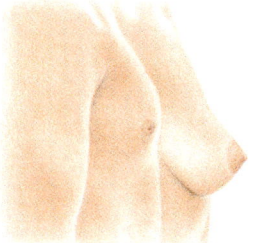

Die Brust

Dieses sekundäre Geschlechtsorgan ist bis zur Pubertät bei Mädchen und Jungen gleich. Die männliche Brust bleibt unreif, während sich der weibliche Busen entwickelt – der Brustwarzenhof schwillt an, die Brustwarze wird größer, die Produktivität von Drüsen und Fettgewebe steigert sich.

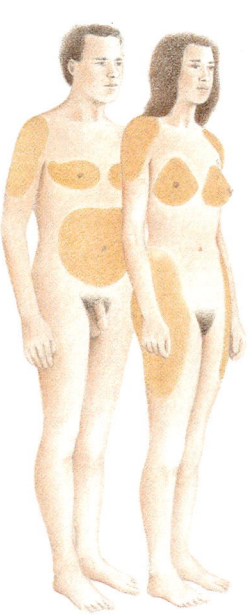

Die Verteilung des Fettgewebes

Der Körper der Frau besteht zu 20 bis 25% aus Fettgewebe, das sich hauptsächlich auf Busen, Hüften und Oberschenkeln verteilt. Der Körper des Mannes besteht zu 10 bis 20% aus Fettgewebe, das sich auf Oberkörper und Bauch verteilt.

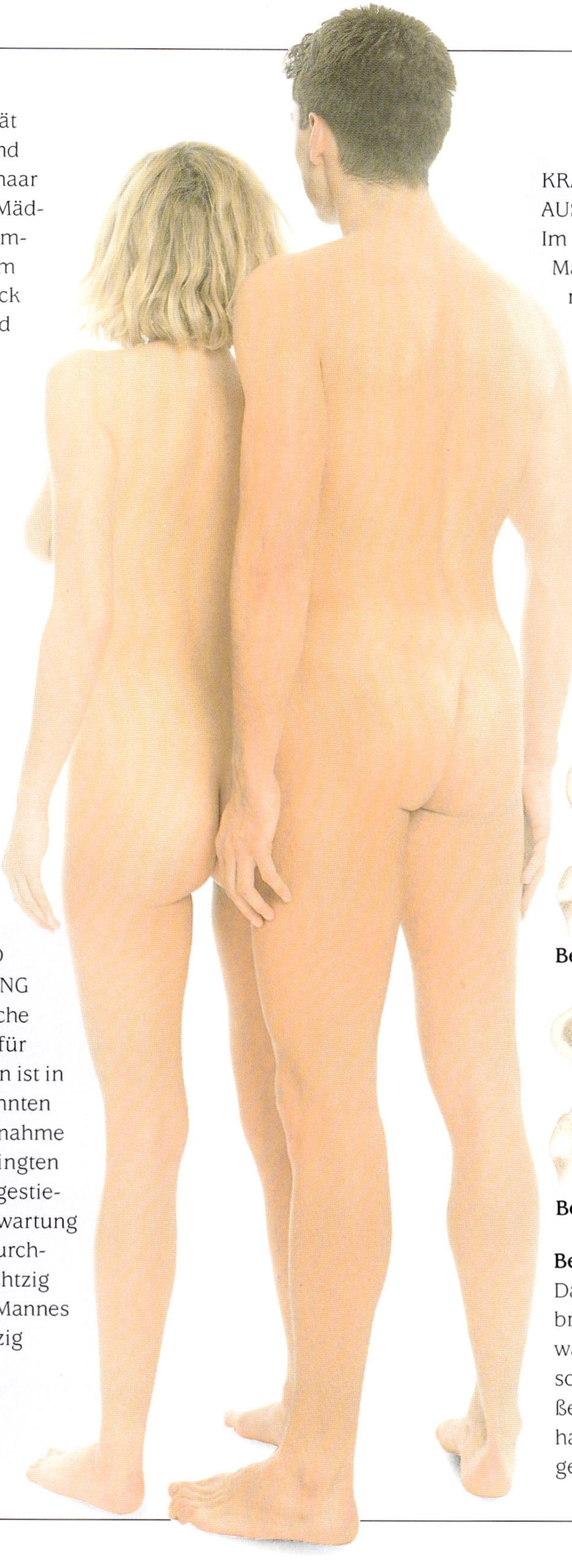

Körperbehaarung
Zu Beginn der Pubertät beginnt bei Jungen und Mädchen das Körperhaar zu wachsen. Bei den Mädchen wächst die Schambehaarung als auf dem Kopf stehendes Dreieck an den Genitalien, und auch in den Achselhöhlen wachsen Haare. Bei den Jungen wächst Haar an viel mehr Körperstellen. Am Penis, Hodensack und After wächst das Haar meistens zuerst, dann in den Achselhöhlen und über der Oberlippe. Zusätzlich zur Schambehaarung wachsen auch Haare auf den Armen, Ober- und Unterschenkeln.

KRAFT UND AUSDAUER
Im allgemeinen haben Männer einen schwereren Knochenaufbau als Frauen und mehr Muskeln, die etwa 40 bis 45% ihres Körpergewichts ausmachen. Trotz ihrer größeren Lungen und Herzen haben Männer nicht unbedingt mehr Ausdauer als Frauen.

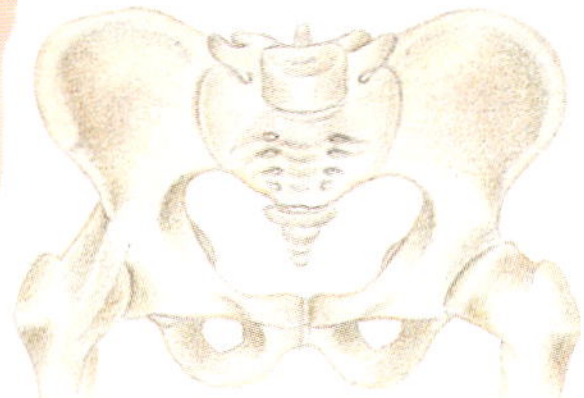

Becken des Mannes

Becken der Frau

Beckengröße
Das weibliche Becken ist breiter, damit ein Baby während der Schwangerschaft Platz hat. Das größere Becken des Mannes hat das größere Körpergewicht zu tragen.

GESUNDHEIT UND LEBENSERWARTUNG
Die durchschnittliche Lebenserwartung für Männer und Frauen ist in den letzten Jahrzehnten aufgrund einer Abnahme der krankheitsbedingten Sterblichkeitsrate gestiegen. Die Lebenserwartung der Frau beträgt durchschnittlich etwa achtzig Jahre und die des Mannes etwa zweiundsiebzig Jahre.

DER MÄNNLICHE KÖRPER

DIE MUSKELN

Schenkel, Waden, Schultern und Oberarme werden während der Adoleszenz breiter und kräftiger. Die Muskeln des erwachsenen Mannes betragen das Vierzigfache der Muskelmenge bei der Geburt. Entscheidend für die Körperstärke ist die Körpergröße. Die Muskeln machen 40 Prozent des Körpergewichts aus.

DIE GESCHLECHTSORGANE

Die Hoden wachsen bis zum Alter von zehn oder elf Jahren sehr langsam. Nach diesem Zeitpunkt kommt es zu einer deutlichen Steigerung der Wachstumsgeschwindigkeit und des Wachstums der äußeren Geschlechtsorgane. Beim erwachsenen Mann sind die Hoden etwa 3,8 cm lang, ihr Volumen beträgt zwischen 16 und 27 ml. Sie sind von dunkler Farbe. Ein Hoden, meist ist es der linke, hängt etwas weiter herab als der andere. Auf diese Weise wird verhindert, daß die Hoden beim Gehen gegeneinander reiben. Bei den meisten Männern sind die Hoden von der Größe her gleich, aber bei manchen ist einer größer als der andere.

Veränderungen am Penis treten später auf als an den Hoden. Während eines Wachstumsschubs wird der Penis größer – er wird länger und breiter –, und die Eichel entwickelt sich stärker. Der Penis des erwachsenen Mannes ist im schlaffen Zustand meist zwischen 7,5 und 10,0 cm lang.

Unter bestimmten Bedingungen, beispielsweise bei Berührung mit kaltem Wasser oder wenn es draußen kalt ist, wenn man Angst hat oder müde ist, kann der Penis vorübergehend kleiner werden. Im Alter kann er jedoch allgemein etwas an Größe verlieren.

DER WEIBLICHE KÖRPER

MUSKELN UND FETTGEWEBE

Wenn das Mädchen etwa neun oder zehn Jahre alt ist, lagert sich erstes Fettgewebe an den Brüsten, Hüften und Schenkeln ab. Im Alter von fünfzehn bis siebzehn Jahren wird noch mehr Fettgewebe in diesen Körpergegenden angesetzt. Die Hüften wölben sich runder, die Taille wird schmaler und gut umrissen. Bei manchen Frauen entstehen in dieser Zeit Dehnungsstreifen, lilafarbene oder weiße Linien auf der Haut, die sich bilden, weil sich die Haut in dieser Zeit schnellen Wachstums zu stark dehnt.

DIE GESCHLECHTSORGANE

Die Geschlechtsorgane des Mannes liegen außerhalb des Körpers, wo sie leicht betrachtet und berührt werden können. Die weiblichen Geschlechtsorgane dagegen sind versteckter, zahlreicher und ziemlich komplex. Genau wie andere Bereiche der Anatomie sind die Genitalien der Frau individuell verschieden; sie können von stark unterschiedlicher Form, Größe, Farbe und Beschaffenheit sein.

DIE BRUST

Die Brust ist ein Sinnbild weiblicher Identität und gehört zum Körperbild. Ursprünglich diente sie zur Ernährung des Babys, aber von der Gesellschaft wird sie viel mehr als Quelle der Erotik betrachtet, so ist sie Symbol der Weiblichkeit, gilt als Maßstab für Schönheit und ist ein wichtiger Faktor in der Mode. Der Busen jeder Frau ist von Größe, Form und Erscheinung her einzigartig. Abweichungen bestehen nicht nur zwischen verschiedenen Frauen, sondern treten auch bei derselben Frau zu verschiedenen Zeiten auf, zum Beispiel während des Menstruationszyklus, während der Schwangerschaft und Stillzeit. Sehr häufig ist eine Brust größer als die andere. Der Hautring um die Brustspitze wird als Warzenhof bezeichnet. In seiner Mitte befindet sich die Brustwarze. Die Farbe der Brustwarze und des Warzenhofs kann von Hellrosa zu bräunlichem Schwarz reichen.

Die sexuelle Anatomie

Meiner Meinung nach besteht kein Zweifel daran, daß man zu einem besseren Liebhaber wird, wenn man sich seiner sexuellen Anatomie bewußt ist und sie gut kennt. Wenn man weiß, wo die empfindlichsten Körperstellen des Partners liegen und wie sie auf Reize reagieren, kann man ihm ein Maximum an Vergnügen bereiten. Wenn man erkennt, daß der Partner ein Individuum ist, das mit Sicherheit auf bestimmte Berührungen vielleicht in ganz bestimmter Weise anspricht, kann das Liebesleben viel zärtlicher und wirkungsvoller werden.

DIE GENITALIEN JEDES MENSCHEN SIND EINZIGARTIG

Männern fällt es etwas leichter, die eigene sexuelle Anatomie zu verstehen, da sich ihre Geschlechtsorgane außerhalb des Körpers befinden und immer deutlich sichtbar sind. Mit der weiblichen Anatomie kennen sich Frauen und Männer jedoch weniger gut aus. Der Grund dafür ist, daß viele wichtige Organe im Körperinnern verborgen liegen.

Wie in allen Bereichen der menschlichen Anatomie sind auch die männlichen und weiblichen Geschlechtsorgane individuell voneinander verschieden. Normale Abweichungen zeigen sich darin, daß einige Frauen eine außergewöhnlich große oder besonders kleine Vagina haben, genau wie es Männer mit einem besonders großen oder kleinen Penis gibt. Frauen sind selten mit der Größe und Form ihrer äußeren Genitalien unzufrieden – vielleicht weil ein Vergleich schwierig ist. Unkenntnis ist hier also von Vorteil. Die Mehrheit der Männer ist jedoch unzufrieden mit der Qualität ihrer Geschlechtsorgane, und viele meinen, daß ein kleiner oder durchschnittlich großer Penis eine Beeinträchtigung ihres sexuellen Werts darstelle. Zum Glück kümmert es viele Frauen überhaupt nicht, wie groß der Penis ihres Partners ist. Einigen Frauen bereitet ein großer Penis sogar körperliches Unbehagen; ein kleinerer Penis läßt sich beispielsweise beim oralen Verkehr leichter handhaben. Außerdem werden viele Empfindungen der Frau beim Geschlechtsverkehr durch die Klitoris und die Nervenenden in den ersten fünf Zentimetern des Scheideneingangs verursacht, so daß die Größe des Penis wirklich keine entscheidende Rolle spielt. Es kommt auf das Geschick und die Geduld des Mannes als Liebhaber an.

Andererseits sind viele Frauen mit ihrem Busen unzufrieden. Wirklich wichtig ist jedoch der Stolz und die Freude über die eigene Individualität. Man sollte sich keine Gedanken darüber machen, wie die eigenen Geschlechtsorgane im Vergleich zu anderen aussehen. Wichtig ist, daß sie normal funktionieren.

Die Geschlechtsorgane des Mannes

Eine Kombination aus verschiedenen Organen macht die sexuelle Anatomie des Mannes aus. Die sichtbaren Teile umfassen den Penis und den Hodensack, in dem sich die Hoden und die Nebenhoden befinden. Zu den nicht sichtbaren Teilen zählen die Prostata, die Bläschendrüse und der Samenstrang.

DIE STRUKTUR DES PENIS

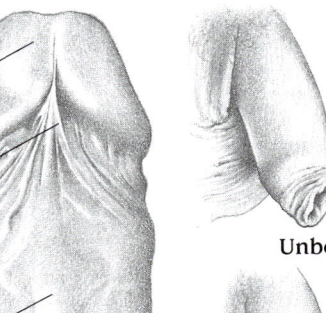

Die Eichel
hat eine dünne Haut, die unzählige Nervenenden enthält.

Das Vorhautbändchen
ist das kleine Hautstück auf der Unterseite des Penis, wo die Eichel auf den Penisschaft trifft.

Der Schaft
Je dicker der Schaft ist, desto wahrscheinlicher ist die Stimulation der kleinen Schamlippen der Frau.

Unbeschnittener Penis

Beschnittener Penis

Der Penis
Trotz seines mythischen Status gibt es nur eine »einzige Wahrheit«, und die lautet, daß jeder Penis anders ist. Jeder erigierte Penis unterscheidet sich durch Größe, Form, Farbe, Länge, Erektionswinkel und Form der Eichel, obwohl allen dasselbe biologische Muster zugrundeliegt. Diese Abweichungen haben auf die sexuelle Empfindung oder Potenz wenig Auswirkungen.

Das Erscheinungsbild des schlaffen Penis unterscheidet sich ebenfalls deutlich, was besonders davon abhängt, ob die Vorhaut noch vorhanden ist oder nicht.

stumpfe Form

Flaschenform

Kielform

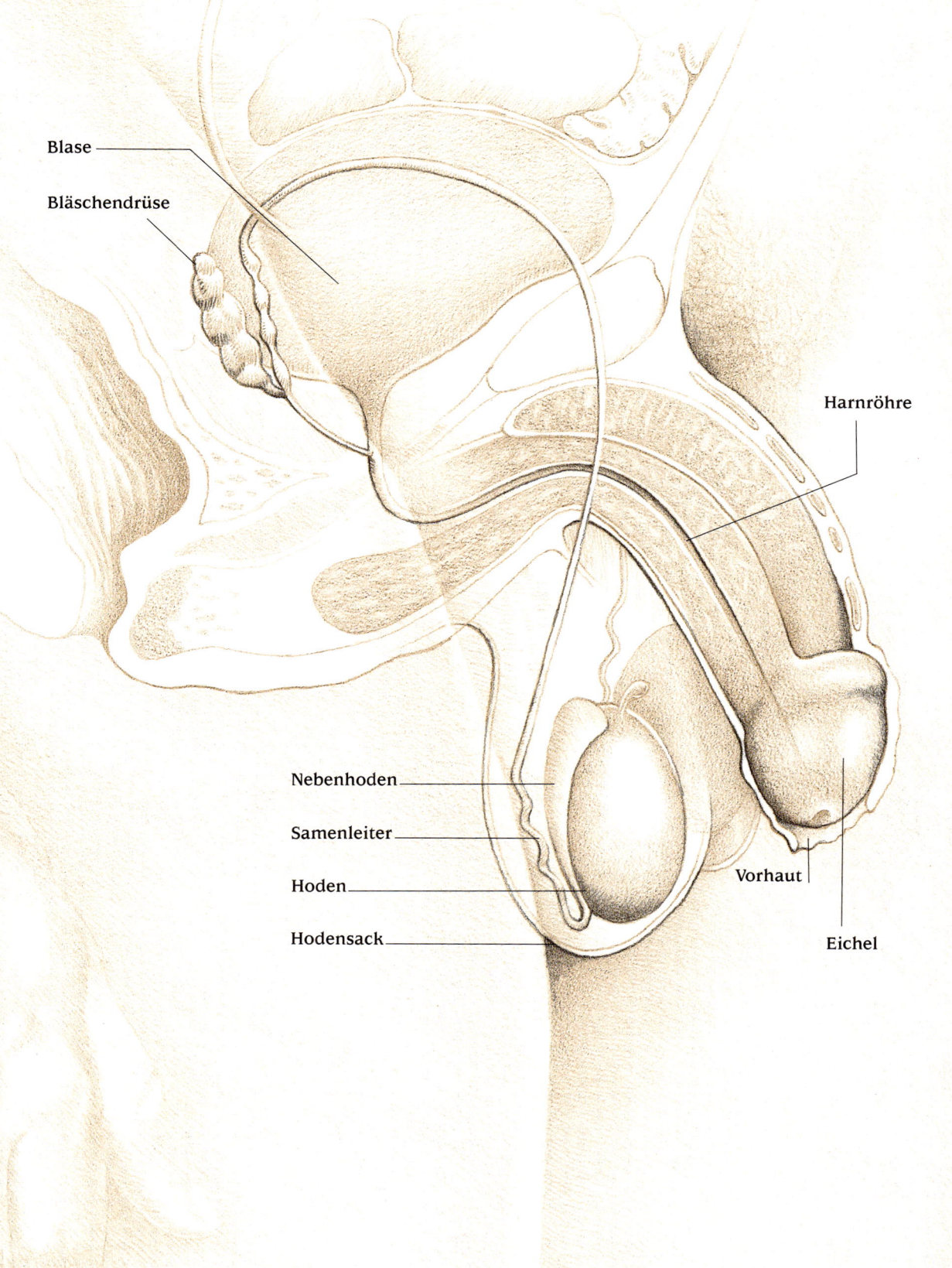

DIE GENITALIEN DES MANNES

DER PENIS

Es gibt kein Körperorgan, um das sich mehr Mythen ranken als um den Penis. Er wurde seit Urzeiten in Kunst und Literatur bewundert, verteufelt und manches Mal fehlerhaft dargestellt. Auch unsere Kultur wurde durch grobe Mißverständnisse in bezug auf die Potenz und Funktion des Penis beeinflußt und ist für solch falsche Auffassungen verantwortlich. Phallische Irreführungen bildeten sich nicht nur in unserer Kunst heraus, sondern wurden so weit in unserer Kultur verankert, daß sie unsere Einstellung und unser Verhalten beeinflussen.

Der Penis hat zwei Funktionen – durch ihn werden Urin und Samen abgegeben. Beide Funktionen sind physiologisch unstreitig. Aber erst die Rolle des Penis als Organ, das für den Orgasmus des Mannes und der Frau verantwortlich ist, hat mythisches Ausmaß erreicht.

Penisse unterscheiden sich in der Größe, die im Durchschnitt 9,5 cm im schlaffen Zustand beträgt. Der Penis setzt sich aus Schwellkörpern zusammen, die in drei zylindrischen Säulen angeordnet sind; zwei befinden sich auf der Rückseite, die Corpora cavernosa, und eine einzelne darunter, der Corpus spongiosum, der sich am Penisende zur Eichel verbreitert.

Durch die Mitte des Corpus spongiosum verläuft die Harnröhre, eine dünne Röhre, die Samen (und Urin) durch die Öffnung an der Eichelspitze aus dem Körper hinaustransportiert. Während einer Erektion und einige Minuten danach wird die Harnröhre zusammengedrückt, so daß der Mann nicht urinieren kann. Der Samen kann jedoch hindurchgelangen.

All diese Strukturen sind von Muskeln bedeckt. Die Corpora cavernosa und spongiosum sind mit einem reichen Netzwerk aus Blutgefäßen und Hohlräumen angefüllt; letztere bleiben leer, wenn der Penis schlaff ist, aber sie können sich während einer Erektion mit Blut füllen und sich erweitern. Aus diesem Grund werden sie als »cavernosa« bezeichnet.

Die angeschwollene Eichel ist vom Schaft des Penis durch eine Einkerbung abgegrenzt, die um die Penisspitze herum verläuft. Die Haut des Penisschafts bildet eine Falte, das Präputium (Vorhaut), das die Eichel bedeckt. Auf der Unterseite ist die Falte durch das Vorhautbändchen mit der Eichel verbunden. Dieses kleine Band aus sehr empfindlicher Haut ist für viele Männer der empfindlichste Bereich und kann bei Reizung schnell zur Erregung führen.

Bei der Geburt ist die Vorhaut noch an der Eichel befestigt, aber schon in der frühen Kindheit beginnt sie sich langsam zu lösen. Die Vorhaut kann durch eine Operation, die Beschneidung, entfernt werden. Diese wird meist aus religiösen oder hygienischen Gründen durchgeführt.

Es stimmt nicht, daß ein nicht beschnittener Mann die Ejakulation besser als ein beschnittener Mann kontrollieren kann. Dieser Mythos beruht auf der weitverbreiteten, irrigen Annahme, daß die Eichel eines beschnittenen Penis Berührungen und Masturbation gegenüber empfindlicher sei als die Eichel, die die meiste Zeit über durch die Vorhaut bedeckt ist.

Während des Koitus zieht sich die Vorhaut zurück, so daß die Eichel genau wie bei einem beschnittenen Penis sichtbar wird.

Die Haut des Penis ist dünn, dehnbar, enthält keinerlei Fett und ist locker mit den darunterliegenden Geweben verbunden. Der Penis enthält viele sensorische Nerven und Nerven aus dem autonomen Nervensystem, das im Becken entspringt.

VERÄNDERUNGEN DER PENISGRÖSSE

Normalerweise nimmt der Penis an Größe zu – es sind etwa 7 bis 8 cm zusätzlich – und wird steif, wenn der Mann sexuell erregt ist. Die Erektion kann innerhalb weniger Sekunden stattfinden und ist auf eine starke Zunahme des Blutzuflusses im Penis zurückzuführen. Die Hohlräume in den Schwellkörpern füllen sich mit Blut. Angeschwollene Arterien verhindern, daß das Blut in die Venen läuft, indem sie diese zusammendrücken. Auf diese Weise wird die Erektion bis nach der Ejakulation aufrechterhalten.

Der Irrglaube (denn darum handelt es sich), daß die Penisgröße mit der sexuellen Potenz zu tun habe, basiert auf der weiteren phallischen Irreführung, daß ein großer Penis während einer Erektion größer sei als ein kleiner Penis. Dies trifft jedoch nicht zu. Im Labor von Masters und Johnson maß man folgende Größen: Bei Männern, deren Penis im schlaffen Zustand 7,5 bis 9 cm groß war, vergrößerte sich der Penis bei voller Erektion durchschnittlich um 7,5 bis 8 cm. Bei dieser vollen Erektion verdoppeln die kleineren Organe ihre Länge im Vergleich zu den Standardgrößen im schlaffen Zustand. Im Gegensatz dazu vergrößerte sich die Penislänge bei Männern mit größeren Penissen im schlaffen Zustand – 10 bis 11,5 cm – im Durchschnitt nur um 7 bis 7,5 cm in voll erigiertem Zustand.

DER HODENSACK

Der Hodensack befindet sich unterhalb der Peniswurzel und beherbergt die Hoden. Er wird durch eine Scheidewand unterteilt. Diese Abtrennung ist auf der Oberfläche des Hodensacks als Naht sichtbar. Die Haut des Hodensacks ist dunkel und dünn und enthält unzählige Talgdrüsen. Sie ist spärlich behaart. Unter der Haut befindet sich ein glatter Muskel, der Dartos-Muskel. Dieser Muskel zieht sich als Reaktion auf Kälte oder Bewegung zusammen. Dadurch wird der Hodensack kleiner und die Haut faltiger.

DIE HODEN

Die Hoden sind glatte, ovale Gebilde, die etwa pflaumengroß und seitlich abgeflacht sind. Der linke Hoden befindet sich häufig in einer etwas niedrigeren Position als der rechte. Beide Hoden sind geschützt durch einen Hautsack und haben vier Umhüllungen, die den vier Schichten der Bauchwand entsprechen. Die Hoden gelangen in den Hodensack, wenn sie kurz vor der Geburt aus dem Bauchinnern wandern. Kleine Muskeln kontrollieren die Höhe der Hoden. Die Lage der Hoden kann sich unter anderem durch das Ausmaß der sexuellen Erregung des Mannes, durch seine Gefühle und durch die Temperatur des Hodensacks verändern. Wenn das Sperma sich normal entwickeln soll, muß es bei einer Temperatur, die zwei bis drei Grad unterhalb der Körpertemperatur liegt, produziert werden. Aus diesem Grund befinden die Hoden sich »außerhalb« des Körpers.

Der Hoden hat zwei Funktionen: er soll Sperma und männliche Hormone oder Androgene produzieren. Der Nebenhoden gliedert sich in Kopf, Körper und Schwanz und befindet sich an der hinteren Oberfläche des Hodens. Der Schwanz geht in den Ductus deferens (Samenleiter) über. Diese feine Röhre bringt Sperma, das im Hoden produziert wurde, in den Nebenhoden, wo es gelagert wird. Der Nebenhoden ist eine stark entwickelte Röhre, deren Länge insgesamt 5 bis 7 cm beträgt.

Der Samenleiter transportiert das Sperma dann ins Becken, wo er sich mit den Bläschendrüsen an der Rückseite der Blase vereinigt. Beide Samenleiter verlaufen dann nach unten und bilden, verbunden mit den Ausführungsgängen der Bläschendrüsen, die Samenröhre, die durch die Prostata weiterführt und in der Prostatadrüse in die Harnröhre eintritt. Jede Bläschendrüse enthält 2 bis 3 ml einer klebrigen Flüssigkeit, die das Sperma aufnimmt und ernährt und das Ejakulat bildet.

DIE PROSTATA

Die Prostata ist ein fasriges, muskulöses Drüsenorgan, das die Form einer Kastanie hat. Es produziert Sekrete, die bei der Ejakulation einen Teil der Samenflüssigkeit bilden. Es ist in einer Faserkapsel enthalten und liegt etwas unterhalb des Blasenhalses. Die Harnröhre verläuft mitten durch die Prostata. Das bedeutet, daß bei einer Vergrößerung der Prostata der Durchgang der Harnröhre verengt werden kann, was zu Schwierigkeiten beim Harnlassen, zu Tröpfeln und verringertem Harnfluß führen kann. Dies ist bei Männern im Alter über Fünfundfünfzig nicht ungewöhnlich. Hinter der Prostata befinden sich die Cowperschen Drüsen, die der Samenflüssigkeit vor der Ejakulation ebenfalls eine Gleitflüssigkeit beimengen.

DIE GESCHLECHTSORGANE DER FRAU

Die weiblichen Geschlechtsorgane sind sehr komplex. Die äußeren Geschlechtsorgane, die Scheidenöffnung und ihre Umgebung, werden zusammen als Vulva oder Pudendum bezeichnet. Dieser hochempfindsame und erotische Bereich wird vorn vom Schamhügel und hinten vom Perineum (Damm) begrenzt und an den Seiten von den großen und kleinen Schamlippen.

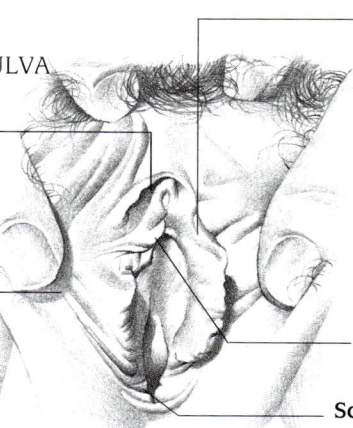

DIE STRUKTUR DER VULVA

Die Klitoris
Sie enthält empfangende Nervenenden, die sie zum erotisch empfindlichsten Teil machen.

Die großen Schamlippen
Sie werden von den Schamhaaren bedeckt und enthalten Schweiß- und Talgdrüsen.

Die kleinen Schamlippen
Sie enthalten eine Vielzahl von Talgdrüsen, die Sebum (Hauttalg) produzieren, das die Scheide anfeuchtet.

Harnröhre

Scheidenöffnung

Der Querschnitt durch die Vagina
zeigt eine »H«-förmige Höhle, die sich stark erweitern kann.

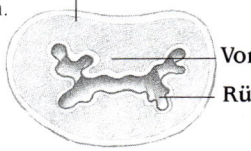

Vorderwand
Rückwand

Die Vulva
Auch die Vulva unterscheidet sich von Frau zu Frau in ihrem Erscheinungsbild und ist in ihren Bereichen von stärkerer oder geringerer Empfindsamkeit. Die Abweichungen des äußeren Erscheinungsbilds sind bei der Größe der großen und kleinen Schamlippen am offensichtlichsten.

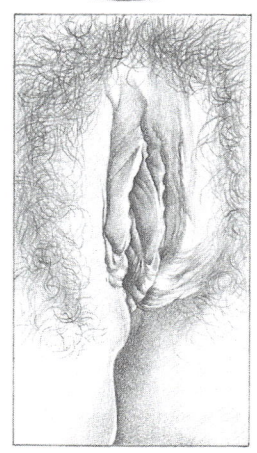 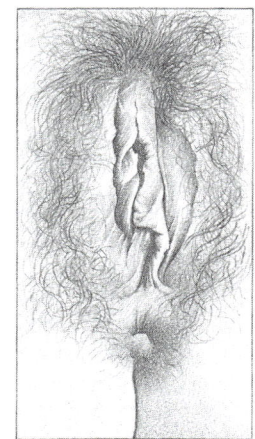

Vulva mit dicken Lippen **Vulva mit dünnen Lippen**

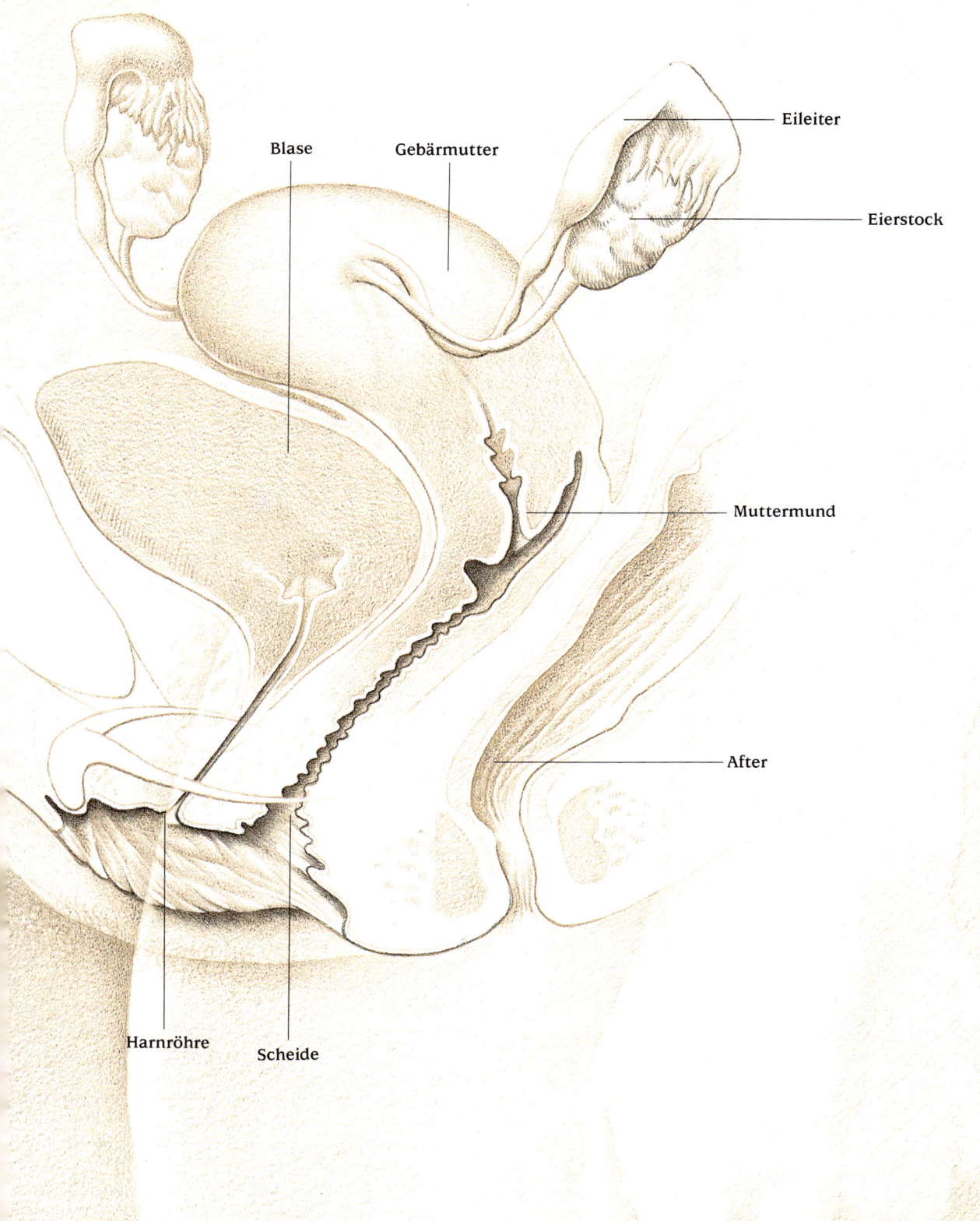

DIE GENITALIEN DER FRAU

DIE VULVA

Die äußeren, sichtbaren Geschlechtsorgane der Frau werden als Vulva oder Pudendum bezeichnet. Es ist ein sehr erotischer Bereich, sehr berührungsempfindlich und dient dem Schutz der Vaginal- und Harnröhrenöffnung. Fettgewebe und Haut an der Vorderseite der Vulva bilden den Mons pubis, der auch als Venushügel bezeichnet wird; er bedeckt den Bereich, in dem vorne die Beckenknochen zusammenkommen (die Symphyse), und dient während des Geschlechtsverkehrs als Polster. Bei der reifen Frau wird der Schamhügel von einem Haardreieck bedeckt.

Die Vulva besteht aus den großen Schamlippen, die sich vom After erstrecken und vorne in den Venushügel übergehen. Diese beiden »Lippen« sind paarig angelegt, sie liegen normalerweise zusammen und verbergen die anderen äußeren Geschlechtsorgane. Sie bestehen aus Faser- und Fettgewebe und besitzen Haarbälger, Talg- und Sekretdrüsen. Die letztgenannten lassen eine bestimmte Form von Schweißgeruch entstehen, der für die meisten Männer sexuell anziehend und erregend ist. Von einigen Wissenschaftlern werden die großen Schamlippen als weibliche Entsprechung des männlichen Hodensacks bezeichnet; die linke Schamlippe ist etwas größer als die rechte.

Die kleinen Schamlippen sind Hautfalten, die zwischen den großen Schamlippen liegen. Anders als die großen Schamlippen enthalten die kleinen weder Fett noch Haarbälger, aber sie besitzen eine große Anzahl an Talgdrüsen, die Hauttalg produzieren, so daß die Haut gleitfähig wird. Dieser Talg bildet zusammen mit den Sekreten der Vagina und der Schweißdrüsen eine wasserdichte Schutzschicht gegen Urin, Bakterien und Menstruationsblut. Größe und Form der Lippen sind sehr unterschiedlich, und wie bei den großen Schamlippen ist eine im allgemeinen größer als die andere. Sie können ganz unter den großen Schamlippen verborgen sein oder hervorstehen. Bei sexueller Erregung schwellen sie an, verändern die Farbe und werden dicker.

DIE KLITORIS

Die Klitoris (griech. Schlüssel) ist das empfindlichste Organ der Vulva und die weibliche Entsprechung des Penis in Kleinausgabe, da sie sich aus denselben Teilen zusammensetzt. Nach anatomischen und physiologischen Begriffen ist die Klitoris jedoch einzigartig. Beim Mann gibt es kein Organ, das allein dem Empfangen und Überbringen sexueller Reize dient, das sexuelle Spannung auslöst oder steigert.

Die Klitoris ist 2 bis 3 cm lang und spitzwinklig zurückgebogen. Die Spitze der Klitoris wird von einer empfindlichen Membrane bedeckt, die viele empfangende Nervenenden enthält. Während des Koitus verdoppelt sich die Größe der Klitoris – sie richtet sich in genau derselben Weise auf wie der Penis. Die Länge der ganzen Klitoris, einschließlich Schaft und Eichel, ist, abhängig von der Anregung durch Hormone in der Pubertät, sehr unterschiedlich.

DAS HYMEN

In der Kindheit schützt ein dünnes Häutchen, das Hymen (benannt nach dem griechischen Gott der Ehe), die Scheidenöffnung. Es ist normalerweise durchlässig; so daß das Menstruationsblut abfließen kann. Dicke und Festigkeit sind von Frau zu Frau verschieden. In seltenen Fällen ist es so stark und widerstandsfähig, daß der Geschlechtsverkehr schwierig ist. In diesem Fall muß das Jungfernhäutchen unter örtlicher Betäubung entfernt werden. Normalerweise reißt es jedoch bei üblichen kindlichen Aktivitäten wie Sport, Radfahren oder Reiten ein oder durch den Gebrauch von Tampons. Selbst wenn es noch intakt ist, ist das erstmalige Eindringen des Penis selten so schmerzhaft, wie die Literatur uns glauben machen will.

DIE VAGINA

Viele Mythen und auch manche Wortspiele und Scherze ranken sich um die Größe der Scheide. Die Scheide hat eher eine potentielle als eine tatsächliche Größe. Sie ist ein fasrig-muskulöser Schlauch, etwa 8 cm lang, aber die Größe ist variabel und der Schlauch so dehnbar, daß jede normale Scheide einen Penis jeder Größe leicht aufnehmen kann. Wenn der Penis zu früh eindringt, bevor sich die Scheide in Länge und Durchmesser ausreichend gedehnt hat, kann es am Anfang Schwierigkeiten bereiten, den Penis einzulassen, besonders wenn er sehr groß ist. Aber die Scheide dehnt sich schnell, so daß der Penis unabhängig von seiner Größe mit den ersten Stößen aufgenommen werden kann.

Während die Erregung größer wird, dehnt sich die Scheide normalerweise in Länge und Durchmesser immer weiter aus. Diese elliptische Scheidenausdehnung führt dazu, daß die Stimulation für den Penis geringer wird und viele Frauen das Gefühl haben, daß der voll erigierte Penis unabhängig von seiner Größe »in der Scheide verloren« ist.

IM INNERN DER SCHEIDE

Durch den hervorstehenden Muttermund läßt sich das Scheideninnere in Vorder-, Hinter- und Seitengewölbe aufteilen. Der Muttermund tritt durch den oberen Teil der vorderen Scheidenwand in das Gewölbe ein. Aus diesem Grund ist die Vorderwand kürzer als die Hinterwand, und das hintere Gewölbe viel tiefer als das andere. Durch diese Anordnung wird der Spermafluß in den Muttermund während des Geschlechtsverkehrs begünstigt, denn wenn die Frau auf dem Rücken liegt, ist die Öffnung des Muttermunds dem Samen direkt ausgesetzt und wird in die Samenansammlung, die sich im Hintergewölbe bildet, eingetaucht. Beim Geschlechtsverkehr nimmt dieses hintere Gewölbe die Wucht der Penisstöße auf und schützt den Muttermund vor Verletzungen.

Die Auskleidung der Scheide ist dick und faltig. Einige Falten verlaufen in Längsrichtung und einige horizontal. Die Zellen der Auskleidung enthalten Glykogen, eine Art Stärke. Die Fermentation des Glykogens durch Bakterien, die normalerweise in der Scheide leben, produziert Milchsäure, so daß die Scheidenflüssigkeit leicht sauer ist. Diese saure Umgebung erhält die Gesundheit der Scheide und verhindert das Wachstum von Bakterien. Jede Einmischung in dieses empfindliche ökologische Gleichgewicht, beispielsweise durch Scheidenspülungen, kann zu Reizungen, Entzündungen, Ausfluß und allergischen Reaktionen führen.

Die Auskleidung der Scheide enthält keine Drüsen, obwohl die Scheide bei sexueller Erregung durch eine Art Schweiß gleitfähig wird. Unter normalen Bedingungen bilden Zellen, die laufend von der Wand abgestoßen werden, sowie Schleim, der vom Muttermund abgegeben wird, und Vaginalschweiß den normalen Ausfluß aus der Scheide, der farb- und geruchlos ist. Die Vagina enthält eine Muskelschicht, die hauptsächlich in Längsrichtung verläuft und die viele Blutgefäße enthält. Durch ihre Aktivität wird der Vaginalraum geöffnet oder geschlossen. Im oberen Ende der Scheide, gleich hinter dem Beckenknochen, soll sich ein Bereich von schwellfähigem Gewebe befinden, das bei Stimulation zu einer anderen Art von Orgasmus führt. Dieser Bereich, der als »G«-Punkt bezeichnet wird, wird detailliert auf Seite 36 behandelt.

DIE BARTHOLINISCHEN DRÜSEN UND DIE HARNRÖHRE

Die größeren Drüsen am Scheidenvorhof (Bartholinischen Drüsen) liegen seitlich hinter der Scheide. Die Gänge dieser Drüsen haben ihre Öffnung im Bereich zwischen den kleinen Schamlippen und dem Ring des Jungfernhäutchens. Sie bringen einen gleitfähigen Schleim zur Scheidenöffnung und zu den inneren Bereichen der Vulva.

Die Harnröhre ist in die Substanz der unteren Hälfte der vorderen Scheidenwand eingebettet, so daß eine Quetschung dieser Wand zu einer Entzündung der Harnröhre und zu einer aufsteigenden Blaseninfektion (Cystitis) führen kann. Das mittlere Drittel der Scheidenhinterwand liegt nah beim Mastdarm, und die Muskeln, die den Beckenboden bilden, gehen in den mittleren Teil der Seiten der Vagina über und bilden die wichtigste Stütze der Scheidenstruktur.

Der Geschlechtsakt

Damit der Geschlechtsverkehr für beide Partner befriedigend ist, müssen beide Stadien durchmachen, die zu der für die Penetration nötigen Erektion und zu ausreichender Befeuchtung der Scheide führen. Penis und Scheide müssen stimuliert werden, um den Höhepunkt zu erreichen, es folgen der Orgasmus selbst, die langsame Abnahme der körperlichen Reaktionen und schließlich die Rückkehr zur Normalität.

DIE ERFAHRUNG DES MANNES

Erregung
Als Reaktion auf körperliche und geistige Reize füllt sich das schwellfähige Gewebe mit Blut, der Penis wird steif und richtet sich auf.

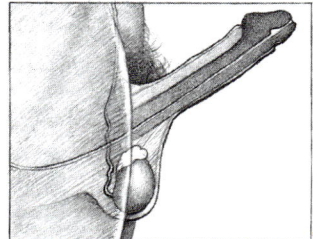

Plateauphase
Wenn der Penis in der Scheide ist, beginnt der Mann mit Stoßbewegungen; der Penis hat seine größtmögliche Länge erreicht und die Hoden sind erhöht.

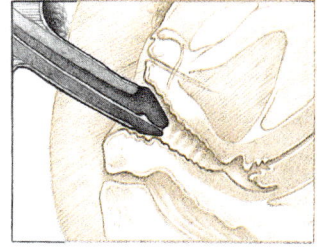

Orgasmus
Muskelkontraktionen stoßen den Samen aus dem Penis, was zu angenehmen Empfindungen führt.

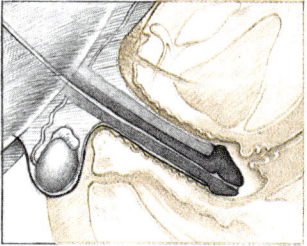

Auflösung
Der Penis verliert seine Erektion und die Hoden nehmen wieder ihre normale Position ein.

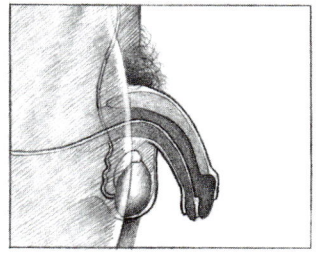

DIE ERFAHRUNG DER FRAU

Erregung
Durch das Vorspiel und andere Reize kommt es zur Befeuchtung, die Klitoris verlängert sich und die Scheide wird größer.

Plateauphase
Wenn der Penis eindringt, ziehen sich die Scheidenwände zusammen. Die Gebärmutter schwillt an und die Klitoris zieht sich zurück.

Orgasmus
Die Scheidenwände ziehen sich mehrmals stark und rhythmisch zusammen, durch den ganzen Körper breiten sich starke, sinnliche Gefühle aus.

Auflösung
Langsam nimmt die Schwellung der Klitoris und der Schamlippen ab. Vulva und Scheide verändern sich wieder zu normaler Größe und Farbe.

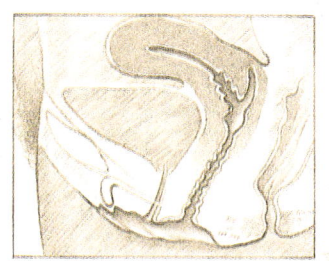

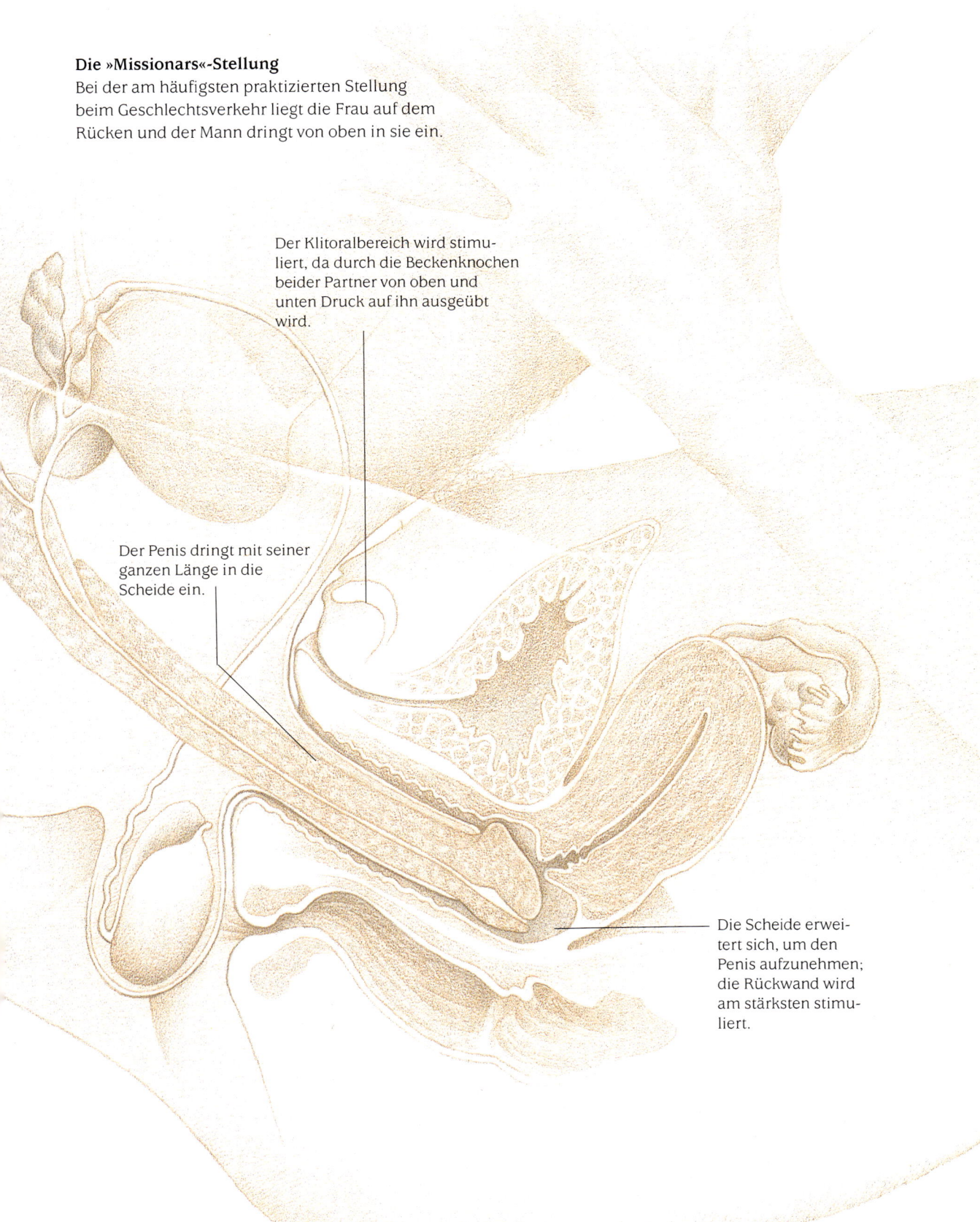

Die »Missionars«-Stellung
Bei der am häufigsten praktizierten Stellung beim Geschlechtsverkehr liegt die Frau auf dem Rücken und der Mann dringt von oben in sie ein.

Der Klitoralbereich wird stimuliert, da durch die Beckenknochen beider Partner von oben und unten Druck auf ihn ausgeübt wird.

Der Penis dringt mit seiner ganzen Länge in die Scheide ein.

Die Scheide erweitert sich, um den Penis aufzunehmen; die Rückwand wird am stärksten stimuliert.

DIE SEXUELLE REAKTION

Wenn wir unseren Körper kennen, wissen wir, daß es bei der sexuellen Reaktion identifizierbare Stufen gibt – Verlangen, Erregung, Höhepunkt und Auflösung – und daß die verschiedenen Stufen von Körperveränderungen begleitet werden. Weniger bekannt ist, daß diese Stufen bei Männern und Frauen zwar in derselben Reihenfolge und auf sehr ähnliche Weise stattfinden, aber daß es wichtige Unterschiede gibt. Bei Frauen werden

DIE REAKTION DER FRAU AUF SEX

Wenn eine Frau erregt wird, kommt es in verschiedenen Körperregionen zu Veränderungen. Atmung und Herzschlag werden schneller, ihre Lippen rosiger, die Pupillen in den Augen weiten sich, und die Brustwarzen richten sich auf. Wenn die Erregung steigt, wird die Haut rosig, die Frau beginnt zu schwitzen, und die Brüste schwellen an, da sich in ihnen das Blut staut.

DIE SCHEIDE WIRD FEUCHT

Die erste Reaktion der Frau auf sexuelle Stimulation durch Berührung ist jedoch das Feuchtwerden der Scheide, das 10 bis 30 Sekunden nach der Erregung auftreten kann. Einzelne Tröpfchen von schleimähnlicher Konsistenz bilden sich in Abständen in den Falten der Scheidenwand – man könnte es als eine Art Schwitzen bezeichnen. Obwohl die Klitoris für die sexuelle Reaktion der Frau im Mittelpunkt steht, reagiert sie langsamer und hat keineswegs die Geschwindigkeit der Peniserektion.

Während die sexuelle Erregung steigt, verschmelzen die Tröpfchen miteinander, so daß eine glatte, glänzende Gleitschicht entsteht, die die ganze Scheide auskleidet. Auf diese Weise wird das Eindringen des Penis erleichtert. Dieser gleitfähige Schleim kann in sehr großen Mengen auftreten, obwohl in der Scheidenwand jegliche Drüsen fehlen. Wahrscheinlich ist dies auf die stark gesteigerte Blutzufuhr zurückzuführen, die fast gleichzeitig mit dem Beginn der sexuellen Erregung einsetzt. Bisher hat man keine andere Ursache ausmachen können. Die Reaktion wird mit Sicherheit nicht von Hormonen hervorgerufen, da sie auch bei Frauen nach einer vollständigen Hysterektomie (Entfernung der Gebärmutter) auftritt.

DIE KLITORIS REAGIERT

Die Reaktionsgeschwindigkeit der Klitoris hängt davon ab, ob sie direkt oder indirekt stimuliert wird. Die schnellste Reaktion wird von einer direkten Stimulation der Klitoris oder des Schamhügels hervorgerufen. Die indirekte Stimulation, einschließlich der Reizung anderer erogener Zonen wie Brust oder Scheide ohne direkten Kontakt zur Klitoris, führt zu einer eindeutigen, aber langsameren Reaktion.

Die einzige Form der direkten Stimulation ist die Berührung mit den Fingern, dem Mund oder dem erigierten Penis, und die meisten Frauen brauchen neben dem Eindringen des Penis diese Art der Reizung, um zum Orgasmus zu kommen. Aufgrund ihrer Lage wird die Klitoris beim Geschlechtsverkehr nicht direkt angeregt, daher reichen die Bewegungen des Penis oft nicht aus, um die Klitoris zum Orgasmus zu reizen. Es kommt durch die Stöße des Penis jedoch zu einer indirekten Stimulation, der Körper wird nach unten gezogen, und die Klitoris wird offengelegt. Diese Reizung sollte neben der Stimulation von Brust und Scheide in jeder Stellung auftreten.

IN DER SCHEIDE TRETEN VERÄNDERUNGEN AUF

Wenn die Erregung steigt, verändert sich die Form der Vagina, und sie ist bereit, den Penis aufzunehmen. Die inneren zwei Drittel der Scheide verlän-

diese Veränderungen meistens durch unterschiedliche Reize hervorgerufen; es dauert länger, bis sie auftreten, aber sie halten länger an und können schneller wiederholt werden. Die Veränderungen sind jedoch umkehrbar, wenn man abgelenkt wird oder nicht genug Stimulation erfährt. Die Erkenntnis, daß unsere Gefühle und Empfindungen eine sexuelle Wendung nehmen, setzt im Gehirn ein. Dieses schickt Botschaften an den Körper, die zu Veränderungen führen, die die Erregung anzeigen. Wenn die Lustgefühle lange genug andauern, führen sie zum Höhepunkt. Beim Orgasmus kommt es zur Muskelentspannung.

gern und dehnen sich; bisweilen verbreitert sie sich auch. Bei stark erregten Frauen ist diese Dehnung sehr ausgeprägt. (Eine derartige Ausbreitung ist unwillkürlich, und die elastischen Wände entspannen sich unregelmäßig.) Muttermund und Gebärmutter werden nach hinten und nach oben ins Becken hineingezogen, so daß sich das obere Ende der Vagina weiter ausdehnt.

Gleichzeitig ändert sich die Farbe der Scheidenwand. Unter normalen Bedingungen ist die Scheide dunkelrosa, aber diese Farbe verändert sich langsam zu einem Dunkellila, da die Blutzufuhr zur Scheide zunimmt.

Im vor-orgastischen Zustand ist die Scheide so stark erweitert, daß alle Falten der Wand gedehnt und geglättet sind und die Auskleidung dünn wird. Während der Plateauphase schwillt das äußere Drittel der Scheide durch Blut an. Diese Ausdehnung kann so groß sein, daß der untere Teil der Scheide mindestens um ein Drittel verkürzt wird. Durch die verstärkte Blutzufuhr vergrößern sich auch die kleinen und großen Schamlippen. Sie öffnen sich, richten sich auf und stülpen sich nach außen.

ES KOMMT ZUM ORGASMUS

Es ist nicht möglich, die orgastischen Veränderungen in der Klitoris zu untersuchen, da diese unter den kleinen Schamlippen verborgen ist. Die Veränderungen in der Scheide lassen sich viel leichter studieren. Das äußere Drittel zieht sich während des Orgasmus regelmäßig zusammen. Normalerweise sind es drei bis fünf bis höchstens zehn bis fünfzehn Kontraktionen in Abständen von 0,8 Sekunden. Nach den ersten drei bis sechs Kontraktionen verändert sich der Zeitabstand. Jede einzelne Kontraktion ist äußerst angenehm. Während sich die Kontraktionen verringern, gehen diese phantastischen Empfindungen zurück.

Die Dauer der orgastischen Kontraktionen, ihr Ausmaß und der Zeitabstand unterscheiden sich von Frau zu Frau und von einem Orgasmus zum nächsten. Auf dem höchsten Anspannungsniveau kann der Orgasmus bisweilen mit einer starken Kontraktion beginnen, die zwei bis vier Sekunden andauert, bevor der Muskelkrampf sich zu regelmäßigen Kontraktionen entwickelt, die weniger als eine Sekunde andauern.

Während des Orgasmus zieht sich der Gebärmuttermuskel zusammen, die Scheidengewölbe dehnen sich aus und bilden ein Zelt, das den Samen aufnimmt.

DER KÖRPER KEHRT ZUM NORMALZUSTAND ZURÜCK

Nach dem Orgasmus kann es 10 bis 15 Minuten dauern, bis die Scheide wieder zum Normalzustand zurückkehrt, ihre normale Farbe wieder annimmt und die Vaginalfalten wieder erscheinen.

Die Klitoris hat ihre normale Position 5 bis 10 Minuten, nachdem die orgastischen Kontraktionen aufgehört haben, wieder erreicht, und die Verfärbung der kleinen Schamlippen geht ebenso schnell zurück: diese beiden Vorgänge spiegeln den Verlust der Erektion nach dem männlichen Orgasmus wider. Das Abschwellen der Klitoriseichel ist ein relativ langsamer Vorgang und kann 5 bis 10 Minuten dauern; bei manchen Frauen können es bis zu 30 Minuten sein. Wenn der Orgasmus nicht erreicht wird, kann die Schwellung der Klitoris mehrere Stunden nach der sexuellen Aktivität anhalten.

DIE REAKTION DES MANNES AUF SEX

Wenn ein Mann erregt wird, sind seine Reaktionen genau wie bei der Frau nicht allein auf die Geschlechtsorgane beschränkt. Der Aufruhr der Sinne beginnt im Gehirn, wenn der Mann durch einen realen Vorgang oder durch die Phantasie angeregt wird. Der Mann fühlt sich vorwiegend durch visuelle Reize angesprochen; ihn faszinieren Kleidung und Make-up ebenso wie der Anblick eines nackten oder halbnackten weiblichen Körpers. Der Mann wird leicht durch seine Erfahrungen konditioniert; Objekte oder Umstände, die mit Sex in Verbindung gebracht werden, können ebenfalls Erregung auslösen. Auf diese Weise kommt es ohne körperlichen Kontakt häufig und schnell zu männlichen Reaktionen.

ES KOMMT ZUR PENISEREKTION

Botschaften aus dem Gehirn reisen durch das Rückenmark zu den Geschlechtsorganen und verhindern, daß das Blut aus dem Penis zurückfließt. Dies führt zu einer Erektion. Das normalerweise schlaff nach unten hängende Organ des Mannes wird steif und zeigt nach oben. Die Farbe wird dunkler, und das Blut pulsiert durch die hervorstehenden Venen.

Durch eine sorgfältige Kontrolle der Variation und Intensität der stimulierenden Techniken kann die Erektion über längere Zeit aufrechterhalten werden; sie kann teilweise verlorengehen und bei länger andauernder Stimulation mehrmals schnell wiedergewonnen werden.

Eine Erektion kann leicht durch nichtsexuelle Reize unterbrochen werden, obwohl die sexuelle Stimulation fortgesetzt wird. Ein plötzliches, lautes Geräusch, eine Veränderung in der Beleuchtung oder Temperatur oder jede Form der geistigen Ablenkung kann zu einem teilweisen oder sogar völligen Verlust der Erektion führen.

INNERE UND ÄUSSERE KÖRPERVERÄNDERUNGEN

Die gesteigerte Blutzufuhr führt nicht nur zur Erektion des Penis, sondern auch bei etwa einem Viertel der Männer zu einer Rötung und Sprenkelung der Haut. Diese »sexuelle Rötung« setzt am Unterbauch ein und breitet sich über die Haut von Brust, Hals und Gesicht aus. Sie kann auf den Schultern, den Unterarmen und Schenkeln erscheinen und bei voller Ausbildung sogar an Masern erinnern. Sie ist immer ein Zeichen höchster sexueller Erregung. Nach der Ejakulation verschwindet die Rötung sehr schnell wieder – zuerst an den Schultern und Gliedmaßen, dann an der Brust und schließlich auf Hals und Gesicht.

Die Brust des Mannes reagiert wie der Busen der Frau auf sexuelle Stimulation. Obwohl das Muster unbeständig ist, kommt es häufig zu einem Anschwellen und Aufrichten der Brustwarzen. Dies kann sich ohne direkten Kontakt entwickeln und bis zu einer Stunde nach der Ejakulation anhalten. Viele Frauen sind sich nicht bewußt, daß die Brustwarzen des Mannes und auch seine Brust zu erogenen Zonen werden, wenn sie ausreichende Stimulation erfahren.

Der Herzschlag des Mannes steigert sich bei sexueller Erregung, Atmungsrate und Blutdruck steigen ebenfalls. Der Hodensack schwillt an, und die Hoden werden näher an den Körper herangezogen. Viele Männer schwitzen gleich nach der Ejakulation unwillkürlich, aber dieser Vorgang steht in keinem Verhältnis zur körperlichen Verausgabung während des Geschlechtsverkehrs. Das Schwitzen ist meistens auf die Fußsohlen und Handflächen beschränkt, kann aber auch an Rumpf, Kopf, Gesicht und Hals auftreten.

ES KOMMT ZU EINEM GEFÜHL VON »UNAUSWEICHLICHKEIT«

Kurz vor dem Orgasmus kommt es für kurze Zeit zu dem Gefühl, daß die Ejakulation unausweichlich ist. Viele Männer beschreiben den Beginn dieses Gefühls damit, daß sie »die Ejakulation kommen fühlen«. Nach Einsetzen dieses Gefühls gibt es eine kurze Pause, zwei bis drei Sekunden höchstens, in der der Mann die Ejakulation kommen fühlt, aber den Prozeß nicht länger verhindern, verzögern oder irgendwie kontrollieren kann. Diese subjektive Erfahrung von Unausweichlichkeit entsteht, wenn sich Samenflüssigkeit in dem Teil der Harnröhre sammelt, die sich in der Prostata befindet, kurz bevor der tatsächliche Ausstoß von Samenflüssigkeit beginnt. Während der Orgasmus der Frau durch äußere Reize unterbrochen werden kann, kann der Orgasmus des Mannes nicht verzögert werden, bis der Ausstoß vollendet ist. Auch wenn die äußeren Ablenkungen intensiv sind, muß der Mann ungeachtet dessen fortfahren.

Kurz vor der Ejakulation kann die Eichel des Penis ihre Farbe verändern; das gesprenkelte Rotlila kann seine Farbe vertiefen. (Dies erinnert an die vor-orgastische Verfärbung der kleinen Schamlippen bei der Frau.) Vor der Ejakulation kann sich an der Harnröhrenöffnung des Penis ein Flüssigkeitstropfen bilden. Dabei handelt es sich nicht um Samenflüssigkeit, sondern um ein Sekret aus den Cowperschen Drüsen (siehe Seite 21). Die Größe der Hoden nimmt leicht zu, und sie steigen empor. Zu diesem Zeitpunkt wird es für den Penis immer schwieriger, ohne Ejakulation in seinen Ruhezustand zurückzukehren.

Muskelkontraktionen treten während der sexuellen Erregung spät auf und können unwillkürlich sein oder, abhängig von der Körperposition, auch willkürlich. Es kann zu Krämpfen in den Händen und Füßen des Mannes kommen – was selten ist, wenn er »oben« liegt –, aber häufiger, wenn er auf dem Rücken liegt.

──────── ES KOMMT ZUM ORGASMUS ────────

Regelmäßig wiederkehrende Kontraktionen der Harnröhre und der tiefliegenden Muskeln des Penis führen unausweichlich zur Ejakulation. Die Harnröhre im Penis zieht sich in ihrer ganzen Länge rhythmisch zusammen und preßt die Samenflüssigkeit unter Druck durch die Gesamtlänge des Penis. Während der Ejakulation kommt es mit den heraustreibenden Kontraktionen der Harnröhre gleichzeitig zu Kontraktionen des Schließmuskels.

Beim Orgasmus zieht sich der Penis ähnlich wie die Vagina beim Höhepunkt zusammen. Die Kontraktionen beginnen im Zeitabstand von 0,8 Sekunden, und nach drei oder vier starken Kontraktionen, bei denen das Ejakulat ausgestoßen wird, nehmen sie schnell an Häufigkeit und Stärke ab. Kleinere Kontraktionen der Harnröhre im Penis können sich über mehrere Sekunden hinweg unregelmäßig fortsetzen, wobei eine geringe Menge Samenflüssigkeit mit wenig Kraft, wenn überhaupt, ausgestoßen wird.

Wenn ein Mann mehrere Tage lang abstinent war, ejakuliert er meist eine größere Menge Samenflüssigkeit als in sexuell aktiveren Zeiten. Eine größere Menge ist meistens angenehmer als eine geringe Menge. Dies könnte erklären, daß das Vergnügen des Mannes nach einer merklichen Zeit der Enthaltsamkeit größer ist als nach wiederholten Orgasmen. Dieses Muster ist das Gegenteil von dem, was Frauen berichten. Sie genießen im allgemeinen den zweiten oder dritten Orgasmus am meisten.

Orgasmus und Ejakulation sind zwei unterschiedliche Prozesse, die gleichzeitig ablaufen können oder auch nicht. Der eine kann auch ohne den anderen ablaufen. Beim Orgasmus kommt es zu plötzlichen, angenehmen Empfindungen und einem Abbau von Spannung, die meist im Genitalbereich und in anderen Teilen des Körpers auftritt; bei der Ejakulation wird die Samenflüssigkeit aus dem Penis ausgestoßen. Ein Mann kann als Ergebnis sexueller Stimulation ejakulieren, aber dennoch keinen Orgasmus erleben. Weniger häufig kommt es vor, daß ein Mann einen Orgasmus hat, aber nicht ejakuliert. Die meisten Männer, die multiple Orgasmen erleben, ejakulieren nur einmal.

──────── DER PENIS SCHWILLT AB ────────

Normalerweise wird der Penis nach dem Geschlechtsverkehr schlaff. Wenn der Mann den Penis sofort nach der Ejakulation aus der Scheide seiner Partnerin zieht, erfolgt die Abschwellung viel schneller, als wenn er in der Vagina bleibt. Enger Körperkontakt zur Partnerin kann das zweite Stadium verlängern. Herumlaufen oder andere Ablenkungen können dazu führen, daß der Penis seine Erektion relativ schnell verliert.

DER ORGASMUS

Der Orgasmus, der Gefühlshöhepunkt, ist eine einzigartige, menschliche Erfahrung. Beim Mann hängt der Orgasmus einzig von der Stimulierung des Penis mit Hand oder Mund sowie durch die Scheidenwände ab und wird im allgemeinen, aber nicht immer, von der Ausstoßung der Samenflüssigkeit begleitet. Bei der Frau ruft die Stimulierung der Klitoris und die durch Geschick und Erfahrung langanhaltende Bewegung des Penis in der Scheide diese intensiven Gefühle hervor, obwohl sie den Orgasmus auch auf andere Weise erreichen kann – beispielsweise durch die manuelle oder orale Stimulation der Klitoris, der Scheide oder des »G«-Punkts. Etwa eine von zehn Frauen erlebt beim Orgasmus die Abgabe einer Flüssigkeit aus der Harnröhre. Wahrscheinlich stammt diese Flüssigkeit aus den Skeneschen Drüsen, die an der Harnröhre verlaufen, da es sich nicht um Urin oder Schleim aus der Scheide handelt. Die Empfindungen beim Orgasmus können sehr unterschiedlich sein. Stimmungen, Energie oder Müdigkeit, die Art und Form des Liebesspiels, das Ausmaß gegenseitigen Vertrauens – sie alle haben Auswirkungen auf die Gefühle. Und nicht jede sexuelle Erfahrung endet mit einem Orgasmus; manchmal ist der Orgasmus das natürliche Ergebnis sexueller Zärtlichkeiten, dann wieder müssen die Partner sich sehr um den Orgasmus bemühen.

DER ORGASMUS DES MANNES

— WAS IM KÖRPER VORGEHT —

Wenn die geschwollenen, reproduzierenden Drüsen ihren Inhalt in den Teil der Harnröhre abgeben, der durch die Prostata verläuft, und ihn dabei erweitern, werden sehr angenehme Gefühle hervorgerufen. Eine Reihe von vier oder fünf Kontraktionen im Zeitabstand von 0,8 Sekunden folgt, während der Mann den vorhandenen Samen ausstößt.

Manche Männer haben äußerst starke körperliche Reaktionen während des Orgasmus, sie stöhnen, Gesicht und Körper verkrampfen sich. Andere Männer haben einen sehr stillen, ruhigen Orgasmus, und die Partnerin wird sich fragen, ob der Höhepunkt überhaupt erreicht wurde. Die meisten Männer erfahren den Orgasmus wahrscheinlich mit einer Intensität, die zwischen diesen beiden extremen Reaktionen liegt und von Mal zu Mal unterschiedlich ist.

DER ORGASMUS DER FRAU

— WAS IM KÖRPER VORGEHT —

Die Dauer der orgastischen Kontraktionen, ihr Ausmaß und der Zeitabstand zwischen ihnen sind von Frau zu Frau und von Orgasmus zu Orgasmus verschieden. Manche Frauen erfahren einen starken Höhepunkt, der schnell wieder abfällt; andere nehmen ihn eher als ausgedehntes, warmes Gefühl im Innern wahr, und wieder andere erreichen einen Höhepunkt, der langsam in eine Reihe von angenehmen Plateaus übergeht.

Als Reaktion auf den Orgasmus kann eine Frau ihren Körper wölben, die Muskeln anspannen und ihr Gesicht zu einer Grimasse verzerren. Sie kann schreien oder sich auf die Lippe beißen. Es kann aber auch nur zu einer Beschleunigung der Bewegungen kommen, zu ein paar unwillkürlichen Hüftbewegungen, Muskelkontraktionen in den Genitalien und einer allgemeinen Entspannung, während der Orgasmus abflaut.

DER ORGASMUS DES MANNES

—— GIBT ES VERSCHIEDENE ARTEN? ——

Gerade erst hat man entdeckt, daß Männer wie Frauen unterschiedliche Orgasmen haben können. Zusätzliche Unterschiede werden durch verschiedene Ejakulationsmuster hervorgerufen. Für einen Mann gibt es keine einzig richtige Art zu ejakulieren oder einen Orgasmus zu haben.

Oft ist die Hauptursache des angenehmen Gefühls eine starke Ejakulation. Andererseits können die Orgasmusgefühle lange Zeit anhalten, wobei die Ejakulation fast wie eine Antiklimax erfahren wird.

Bei anderen Gelegenheiten wiederum kann ein Mann eine Reihe von anhaltenden, orgastischen Empfindungen lange nach der Ejakulation erfahren, oder sein Muster ähnelt dem der multiplen Orgasmen der Frau – er hat eine Reihe von nah beieinander liegenden Mini-Höhepunkten, wobei die Ejakulation beim letzten erfolgt.

IST MEHR ALS EIN HÖHEPUNKT MÖGLICH?

Nach einem großen Orgasmus wird der Mann eine Zeitlang Reizen gegenüber unempfindlich, so daß sexuelle Stimulation nicht zu einer Erektion führt. Viele Männer unter dreißig Jahren können jedoch mit nur kurzen Ruhepausen mehrmals ejakulieren. Obwohl sich der Mann gleich nach der Ejakulation sexuellen Reizen widersetzt, können viele Männer mit Erfahrung und erlernter Kontrolle ihren sexuellen Zyklus erweitern und mehrere kleinere Höhepunkte vor dem abschließenden Höhepunkt erfahren.

Nach dem Orgasmus spiegeln die emotionalen Reaktionen des Mannes oft die Beziehung zu seiner Partnerin wider. Befriedigung, Zufriedenheit und Glück resultieren aus einer liebevollen Beziehung; Traurigkeit, Depression und ein Gefühl von Erschöpfung können folgen, wenn Intimität und Verständnis fehlen, beispielsweise bei flüchtigen Beziehungen. Die meisten Männer fühlen sich nach dem Orgasmus auch geistig verausgabt, so daß sie oft schnell einschlafen.

DER ORGASMUS DER FRAU

—— GIBT ES VERSCHIEDENE ARTEN? ——

Masters und Johnson haben kategorisch erklärt, daß der weibliche Orgasmus durch die Klitoris hervorgerufen werde und daß es keine zweite Art von Orgasmus in der Scheide gebe. Die Erforschung der persönlichen Erfahrungen von Frauen legt jedoch zumindest nahe, daß es eine Art Orgasmus gibt, der in der Klitoris beginnt und sich in die Scheide hinein erstreckt, so daß es zu einem stärkeren Höhepunkt kommt. Diese Art Orgasmus soll durch eine Reizung des »G«-Punkts entstehen (siehe Seite 36) und ein tiefes, starkes, langanhaltendes Gefühl hervorrufen. Er wird begleitet von Kontraktionen der Scheide, der Gebärmutter und der Beckenorgane. Frauen sagen, daß es eine wirklich heftige Empfindung sei, die sie mehr als andere dem Partner näherbringe.

IST MEHR ALS EIN HÖHEPUNKT MÖGLICH?

Der große Unterschied zwischen den Geschlechtern besteht darin, daß viele Frauen in der Lage sind, während eines Sexualakts mehr als einen Orgasmus zu erfahren. Wenn der Mann sich zurückhält oder verhindert, daß er überhaupt einen Orgasmus bekommt, kann er den Koitus verlängern und so seiner Partnerin mehr als einen Orgasmus ermöglichen. Statt die Auflösungsphase zu erreichen, bleiben jene Frauen, die fähig sind, multiple Orgasmen zu erleben, in stark erregtem Zustand auf der Plateauphase und können schnell und wiederholt zum Höhepunkt gebracht werden. Die Fähigkeit, multiple Orgasmen zu erleben, bedeutet jedoch nicht, daß es jedesmal beim Geschlechtsverkehr dazu kommt oder daß die Frau dies überhaupt will.

Nach dem Orgasmus neigen Frauen weniger zu den leicht depressiven Gefühlen, die Männer oft erleben, und die meisten mögen weitere, liebevolle Aufmerksamkeit. Sehr wenige Frauen geraten nach dem Orgasmus in eine leichte Form der Bewußtlosigkeit, die in der Dichtung als »kleiner Tod« beschrieben wird.

Die graphische Darstellung

DIE ERFAHRUNG DES MANNES Nach wenigen Minuten der Stimulation steigert sich die Erregung schnell, bis der Mann die Plateauphase erreicht, auf der er ganz nach Wunsch längere Zeit verweilen kann. Die meisten Männer müssen sich hier mehrere Minuten gedulden (manchmal bis zu 30, aber im Durchschnitt etwa 15 Minuten), bis die Partnerin aufholt, und beide die Penetration wollen. Wenn der Penis sich in der Scheide befindet, steigert sich das sexuelle Vergnügen des Mannes merklich, da ihn seine Stoßbewegungen schrittweise zu dem Punkt bringen, an dem er nicht mehr zurück kann. Es kommt zu einem äußerst angenehmen Moment mit Orgasmus und Ejakulation. Danach fällt die Erregung steil ab, der Penis wird schlaff, und der Mann befindet sich in der Erholungsphase, einer Zeit unterschiedlicher Länge, in der eine Erektion nicht mehr möglich ist.

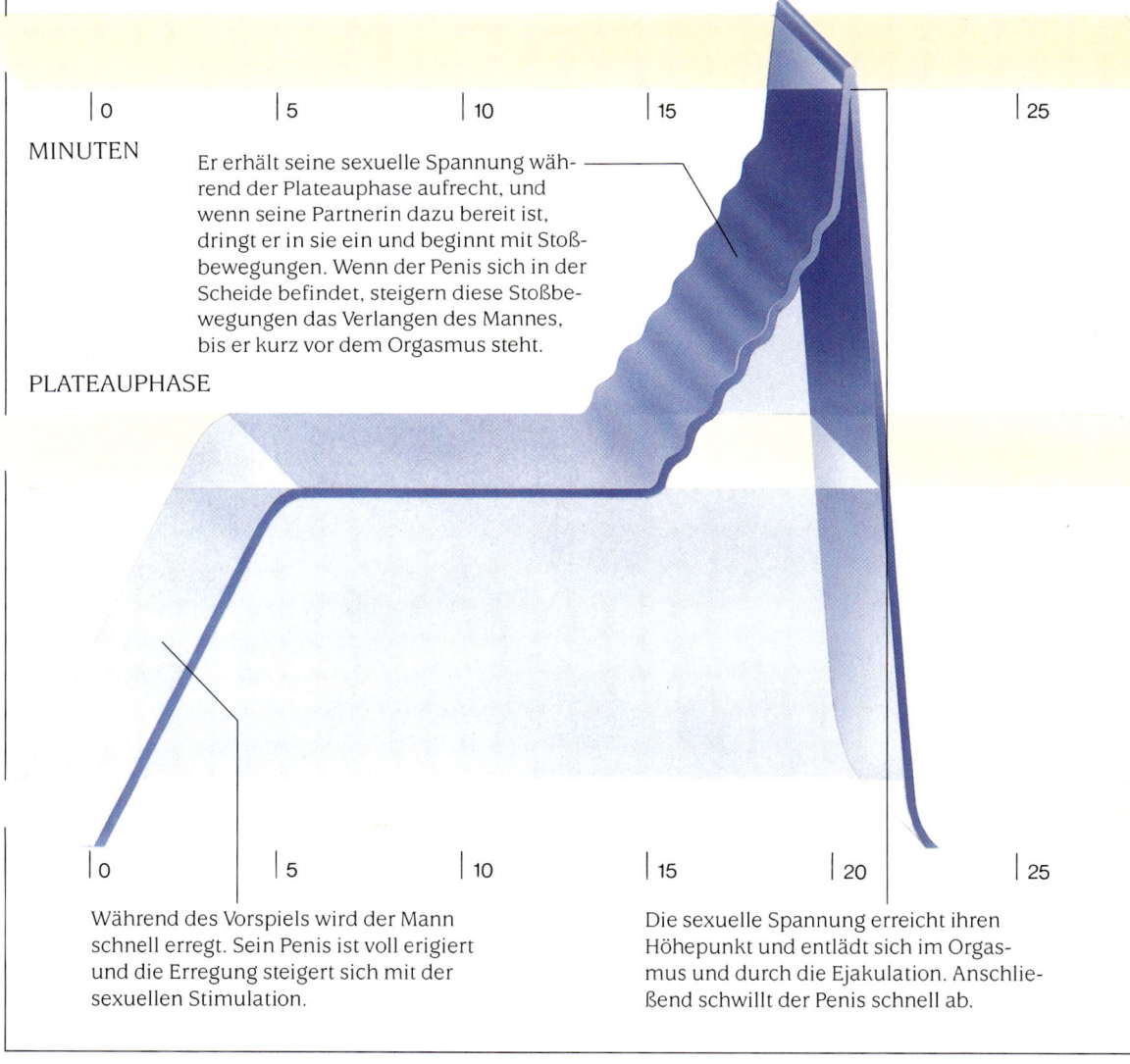

ORGASMUS

MINUTEN |0 |5 |10 |15 |25

Er erhält seine sexuelle Spannung während der Plateauphase aufrecht, und wenn seine Partnerin dazu bereit ist, dringt er in sie ein und beginnt mit Stoßbewegungen. Wenn der Penis sich in der Scheide befindet, steigern diese Stoßbewegungen das Verlangen des Mannes, bis er kurz vor dem Orgasmus steht.

PLATEAUPHASE

|0 |5 |10 |15 |20 |25

Während des Vorspiels wird der Mann schnell erregt. Sein Penis ist voll erigiert und die Erregung steigert sich mit der sexuellen Stimulation.

Die sexuelle Spannung erreicht ihren Höhepunkt und entlädt sich im Orgasmus und durch die Ejakulation. Anschließend schwillt der Penis schnell ab.

DER SEXUELLEN REAKTION

DIE ERFAHRUNG DER FRAU   Die sexuelle Spannung steigert sich in der Anfangsphase nur langsam. Häufig dauert es 20 bis 25 Minuten, im Durchschnitt jedoch etwa 15 Minuten. Je abwechslungsreicher und stimulierender das Vorspiel ist, desto schneller durchläuft die Frau die Erregungsphase am Anfang. Ihre Lust steigert sich dann parallel und schrittweise zu den Stoßbewegungen des Penis in ihrer Scheide. Wenn in dieser Periode die Klitoris weiter direkt stimuliert wird, kann die Frau schnell zum Orgasmus kommen. Nach dem Orgasmus kommt es zu einer langsamen und stetigen Rückkehr zur Normalität, oft dauert dies bis zu einer halben Stunde. In der Auflösungsphase gehen die Brüste wieder auf ihre normale Größe zurück und die Schwellung der Schamlippen nimmt ab.

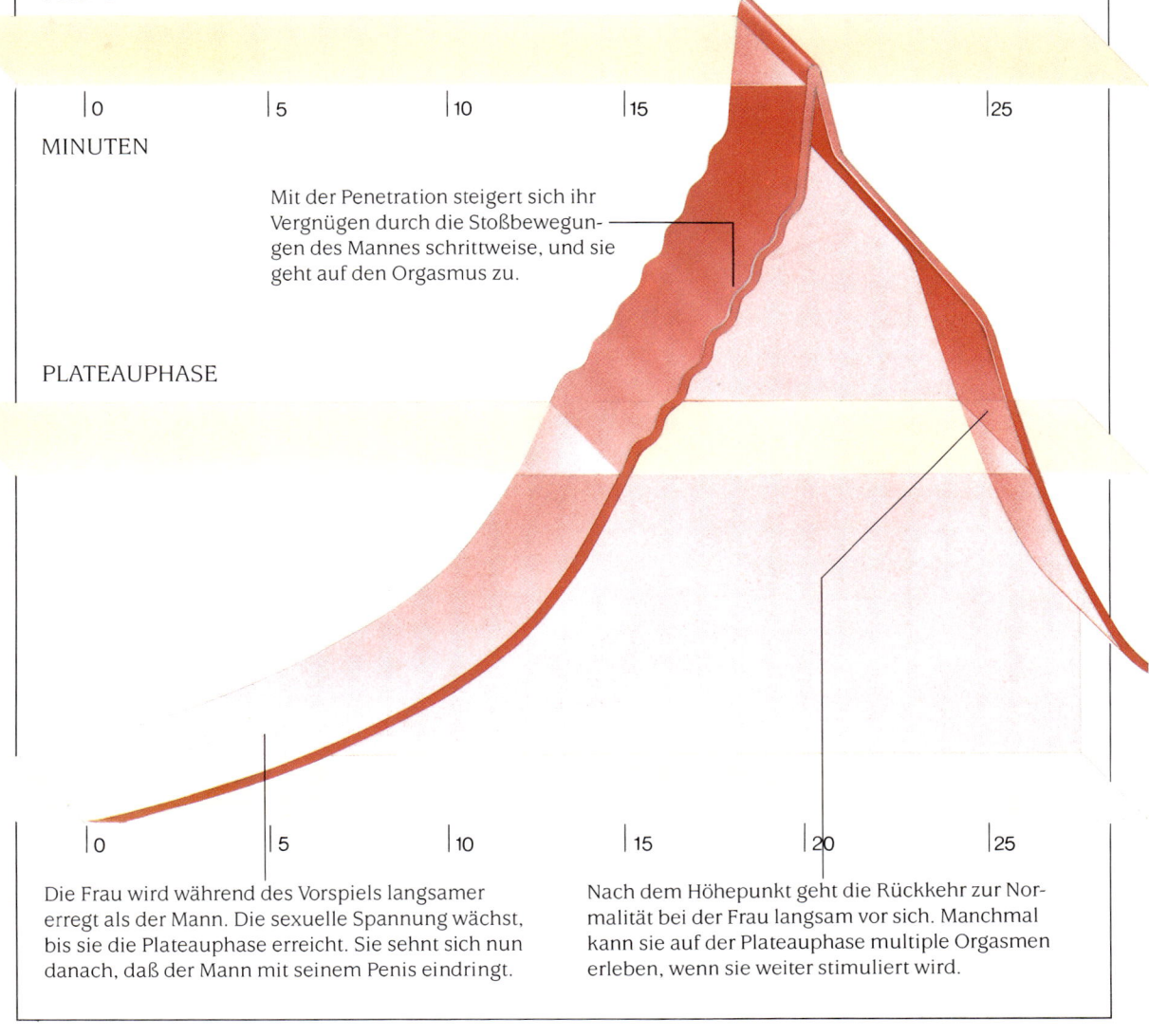

ORGASMUS

MINUTEN

Mit der Penetration steigert sich ihr Vergnügen durch die Stoßbewegungen des Mannes schrittweise, und sie geht auf den Orgasmus zu.

PLATEAUPHASE

Die Frau wird während des Vorspiels langsamer erregt als der Mann. Die sexuelle Spannung wächst, bis sie die Plateauphase erreicht. Sie sehnt sich nun danach, daß der Mann mit seinem Penis eindringt.

Nach dem Höhepunkt geht die Rückkehr zur Normalität bei der Frau langsam vor sich. Manchmal kann sie auf der Plateauphase multiple Orgasmen erleben, wenn sie weiter stimuliert wird.

MANN UND FRAU

DER »G«-PUNKT

In den vierziger Jahren behauptete der deutsche Geburtshelfer und Gynäkologe Ernst Grafenburg, daß er bei der Erforschung neuer Methoden der Geburtenkontrolle eine neue innere Zone für erogene Empfindungen bei den von ihm untersuchten Frauen gefunden habe. Dies entzündete eine Kontroverse über das Vorhandensein des männlichen und weiblichen »G«-(Grafenburg-)Punkts, die in den letzten Jahren stärker in den Mittelpunkt des Interesses gerückt ist.

Die Stimulation des »G«-Punkts
Eine sitzende Stellung wie die abgebildete, bei der sich die Partner ansehen, ermöglicht es dem Penis, die Vorderwand der Scheide zu stimulieren, an der sich der weibliche »G«-Punkt befindet.

Es scheinen kaum Zweifel zu bestehen, daß es zumindest bei manchen Männern und Frauen einen verborgenen Bereich gibt, der bei Stimulation starke Erregung und einen starken Orgasmus auslöst. Bei Frauen bezeichnet man diesen Bereich als »G«-Punkt, während er bei Männern als die Prostata identifiziert wurde. Es ist physiologisch unbestreitbar, daß Männer eine Prostata haben, aber bei Frauen haben Pathologen den »G«-Punkt (der sich bei der Stimulation wie eine kleine Bohne anfühlt) nicht finden können, wenn Autopsien bei Frauen durchgeführt wurden.

Einige Experten glauben, daß der »G«-Punkt möglicherweise nur bei einigen Frauen vorhanden ist, andere sind der Meinung, daß einfach die Vorderwand der Scheide sehr empfindlich reagiere und so durch Stimulation bei manchen Frauen ein Orgasmus ausgelöst werden könne.

Selbstentdeckung ist der einzige Weg, um herauszufinden, ob der »G«-Punkt intensives Vergnügen bereiten kann, wie es bei manchen Menschen der Fall ist, oder ob es einfach eine Zeitverschwendung ist, danach zu suchen.

DER »G«-PUNKT BEIM MANN

Der männliche »G«-Punkt wurde als die Prostata identifiziert, die wie der weibliche »G«-Punkt die Harnröhre umschließt und sich am Hals der Blase befindet.

Die Prostata hat eine organische Funktion. Sie hilft, die Flüssigkeit zu produzieren, die den Samen während des Geschlechtsverkehrs in die Scheide transportiert. Viele Männer entdecken, daß die Stimulation der Prostata vor oder während des Verkehrs zu einem äußerst intensiven Orgasmus führen kann, bei dem die Ejakulation in einem leichten Strom erfolgt statt mit mehrfachen Samenausstoßungen.

Es ist sehr schwer für einen Mann, seinen »G«-Punkt, die Prostata, zu fühlen, da diese innere Drüse nur durch den After zu ertasten ist. Um die Drüse selbst zu entdecken, sollte man die Rückenlage einnehmen. Die Knie werden angewinkelt und die Füße flach aufgestellt. Man kann die Knie auch an die Brust ziehen. Führen Sie den Daumen in den After ein, und drücken Sie gegen die Vorderwand. Die Prostata fühlt sich wie eine feste Masse etwa in der Größe einer Walnuß an. Wenn sie stimuliert wird, werden Gefühle von starker sexueller Erregung hervorgerufen.

DER »G«-PUNKT BEI DER FRAU

Der »G«-Punkt scheint eine kleine Ansammlung von Nervenenden, Drüsen, Röhren und Blutgefäßen zu sein, die die Harnröhre der Frau umgeben. Dieser Bereich ist bei fehlender Erregung meistens nicht spürbar und läßt sich erst bei tiefer vaginaler Stimulation als spezifischer Bereich ausmachen. Dabei schwillt er manchmal sehr schnell an, so daß sich eine kleine Verdickung mit klarer Abgrenzung an der Scheidenwand abhebt. Da dieser Bereich keine andere organische Funktion zu haben scheint, als der Frau zu helfen, ein hohes Maß an sexueller Befriedigung zu erreichen, und beim Orgasmus eine klare Flüssigkeit »ejakulieren« kann, die von der Zusammensetzung der in der Prostata produzierten ähnelt, sind einige Wissenschaftler der Meinung, daß der »G«-Punkt eine verkümmerte Form der männlichen Prostata ist. Die Frau findet ihren »G«-Punkt am leichtesten, wenn sie sich hinsetzt oder -hockt, da sich der Punkt im Liegen weiter vom Scheideneingang entfernt. Es ist wahrscheinlich am besten für die Frau, diese Untersuchung zu beginnen, während sie auf der Toilette sitzt, da die ersten Empfindungen bei der Stimulation des »G«-Punkts sich wie der Wunsch zu urinieren anfühlen können.

DER »G«-PUNKT BEIM MANN

DIE STIMULATION
DES MÄNNLICHEN »G«-PUNKTS

Der After ist empfindlich, er ist nicht daran gewöhnt, daß Dinge in ihn eingeführt werden, und normalerweise ist er kein Organ, das gleitfähig wird. Damit es nicht zu Verletzungen kommt, sollten die Fingernägel kurz sein und die Finger mit einem Gleitmittel gleitfähig gemacht werden.

Wenn Sie möchten, daß Ihre Partnerin Sie stimuliert, legen Sie sich auf den Rücken, so daß sie vorsichtig einen Finger in den After einführen kann. Lassen Sie sich Zeit, um sich daran zu gewöhnen, daß sich ihr Finger dort befindet. Anschließend kann sie die Vorderwand des Darms abtasten, bis sie die Prostata findet und fest massiert. Dann kann sie die Drüse mit einer nach unten gerichteten Bewegung streicheln. Dies kann für beide Partner ermüdend sein, aber es wird etwas leichter, wenn Sie die Knie an die Brust ziehen. Ohne daß Ihre Partnerin den Penis überhaupt berührt, werden Sie wahrscheinlich eine Erektion und einen Orgasmus haben.

Diese Sache ist nicht so »unsauber«, wie Frauen vielleicht meinen, denn im unteren Bereich des Mastdarms befindet sich kein Stuhl, wenn man nicht gerade unter Verstopfung leidet. Die Partnerin sollte sich jedoch sofort die Hände waschen und darf das Innere ihrer Scheide nicht berühren, da sonst Bakterien übertragen werden können. Manche Frauen verwenden einen Plastikhandschuh, da dieser auch vor einer Übertragung des AIDS-Virus schützt.

Manche Frauen befriedigen den Partner oral, während sie die Prostata massieren. Vielleicht können Sie dies Ihrer Partnerin ebenfalls vorschlagen.

DER »G«-PUNKT BEI DER FRAU

DIE STIMULATION
DES WEIBLICHEN »G«-PUNKTS

Mit den Fingern übt man einen festen, nach oben gerichteten Druck an der Vorderseite der inneren Scheidenwand aus und drückt eventuell gleichzeitig mit der anderen Hand von außen auf den Bauch. Durch die Stimulation beginnt der Punkt anzuschwellen und fühlt sich wie ein Knoten zwischen den Fingern im Innern der Scheide und außen an. Angenehme Kontraktionen können die Gebärmutter durchfluten, und die Frau kann einen tiefen Orgasmus, der sich ganz anders als ein klitoraler Orgasmus anfühlt, erfahren.

Dabei kann es zur Ejakulation einer kleinen Menge einer klaren Flüssigkeit aus der Harnröhre kommen, die trotz ihres Erscheinungsbildes kein Urin ist.

Es ist wahrscheinlich wirkungsvoller, wenn Ihr Partner Sie stimuliert, da er den Punkt leichter erreichen kann. Legen Sie sich im Bett mit zwei Kissen unter den Hüften hin, öffnen Sie die Beine leicht und heben Sie den Po etwas an. Ihr Partner kann sich eng an Sie schmiegen, vorsichtig zwei Finger einführen, wobei die Handfläche nach unten gerichtet ist, und die Vorderwand der Scheide streicheln.

Sexuelle Positionen, die zu einer Stimulation des »G«-Punkts führen, sind jene, bei denen die Frau sich oben befindet, oder bei denen der Penis von hinten eingeführt wird. Bei der letztgenannten Stellung reibt der Penis direkt gegen die Vorderwand der Vagina, in der der »G«-Punkt sich befindet. Wenn die Frau oben liegt, kann sie die Tiefe und Richtung des Penis kontrollieren und sich nach vorne oder zur Seite bewegen, um ihn dorthin zu lenken, wo es sich am besten anfühlt.

Der Mann kann helfen, indem er seinen Körper bewegt und auf das untere Ende des Penis drückt, um sicherzugehen, daß die Spitze Kontakt zum »G«-Punkt hat. Es kann zu einer Reihe von intensiven Höhepunkten für beide Partner kommen.

Anziehung, Erregung und der erste Schritt

Ihr Aussehen

Es gibt viele Möglichkeiten, Sexualität zu genießen, aber die meisten Menschen haben mehr Vergnügen an der Sexualität, wenn sie sich ihrer selbst sicher sind. Sie sollten sich attraktiv und begehrenswert fühlen.

Attraktivität oder Sexappeal läßt sich nur schwer definieren, aber Sexualität hat mehr als alles andere mit der Einstellung zu sich selbst, zum Partner und zum Lebensstil zu tun und auf jeden Fall mit mehr als nur offensichtlichen körperlichen Attributen. Attraktivität ist schwer faßbar, hat aber oft mit einer positiven Lebenseinstellung zu tun, einem fröhlichen Lächeln, Sinn für Humor und Begeisterungsfähigkeit. Manche Menschen sind aufgrund ihrer Exzentrizität und Einzigartigkeit attraktiv – durch ihre Sprech- oder Ausdrucksweise, ihre Gestik, überraschende Offenheit oder individuelle Selbstdarstellung. Solche Qualitäten sind wahrscheinlich wichtiger als das tatsächliche Aussehen. Obwohl es sich lohnt, etwas Zeit für sein Aussehen aufzuwenden, sollte man von seinem körperlichen Erscheinungsbild nicht zwanghaft besessen sein. Viele Männer und Frauen sind unzufrieden, nicht etwa, weil sie vielleicht offensichtliche Anomalien haben, sondern einfach, weil sie sich an einer übertriebenen Vorstellung dessen, was gutes Aussehen bedeutet, messen. Auf den Partner einzugehen, seinen Vorlieben gegenüber flexibel und bereit zu sein, Vergnügen zu teilen, sind die Eigenschaften, die einen Menschen attraktiv machen.

Obwohl zu starke Aufmerksamkeit gegenüber dem persönlichen Erscheinungsbild nicht nötig ist, können Beziehungen scheitern, wenn ein Partner sein Erscheinungsbild und seine Hygiene vernachlässigt. Der beste Grund, sich um sein Aussehen zu bemühen, ist die eigene Selbstachtung, aber man sollte es auch für den Partner tun, denn sonst könnte er Vernachlässigung als Zeichen dafür sehen, daß er einem gleichgültig ist. Das bedeutet nicht, daß man stundenlang vor dem Spiegel verbringen muß, aber ein unsauberer und/oder unangenehm riechender Körper, nachlässige, schlecht gepflegte Kleidung, ein unrasiertes Gesicht, Lockenwickler im Haar und ein schlechtgelauntes Mienenspiel prägen sich im Gedächtnis ein und lassen sich nur schwer vergessen, wenn man miteinander intim ist. Ein nachlässiges Erscheinungsbild kann zu Vergleichen mit der ersten Zeit des Kennenlernens führen, und es kommt unausweichlich der Gedanke hoch, daß die Liebe auch vergehen kann.

SICH SELBST IM POSITIVEN LICHT SEHEN

Viele Menschen betrachten sich eingehend und genau, um sich selbst wirklich kennenzulernen und ihren Körper einschätzen zu können. Die meisten gehen jedoch viel zu streng mit sich um. Es wird Sie sicher aufmuntern, wenn Sie sich für einen Moment auf Ihre guten Punkte konzentrieren, statt die schlechten zu betonen.

Wenn Sie die folgenden Vorschläge umsetzen, werden Sie weniger befangen sein und sich selbst und Ihrem Körper als Quelle sexuellen Vergnügens positiver gegenüberstehen. Am besten machen Sie diese »Übungen« im privaten Rahmen, wenn Sie viel Zeit haben und sehr entspannt sind.

DIE SELBSTEINSCHÄTZUNG DES MANNES

1 Entkleiden Sie sich vor einem großen Spiegel und betrachten Sie Ihren nackten Körper eingehend von Kopf bis Fuß. Stellen Sie sich vor, daß Sie sich zum ersten Mal sehen. Betrachten Sie sich von allen Seiten.

2 Stehen Sie, knien Sie sich hin, beugen Sie Ihren Körper und bewegen Sie sich. Setzen Sie sich mit geöffneten und dann mit geschlossenen Beinen. Schauen Sie über Ihre Schulter, um die Krümmung Ihres Rückens und Ihren Po zu betrachten.

3 Konzentrieren Sie sich auf Ihre besten Punkte – jeder Mensch besitzt einige. Dies kann ein breiter Brustkorb sein, ein flacher Bauch, die Körpergröße oder volles Haar.

4 Anschließend konzentrieren Sie sich auf die Merkmale, die Sie nicht mögen. Versuchen Sie, sie in positiverem Licht zu sehen. Wenn Sie beispielsweise glauben, daß Sie zu klein sind, wirken Sie vielleicht schlank und perfekt proportioniert.

5 Betrachten Sie jetzt Ihre Geschlechtsorgane genau. Befühlen Sie die Hoden; einer, meistens ist es der linke, hängt wahrscheinlich etwas tiefer herab als der andere. Wenn Sie Ihren Penis berühren, werden Sie wahrscheinlich feststellen, daß die Spitze und die Wulst an der Unterseite am empfindlichsten sind.

6 Nun nehmen Sie ein warmes Bad. Seifen Sie die Hände ein und entdecken Sie Ihren Körper. Achten Sie auf die unterschiedlichen Empfindungen, die Sie durch Berührung und Druck wahrnehmen. Versuchen Sie, sich der Empfindungen des ganzen Körpers bewußt zu werden.

DIE SELBSTEINSCHÄTZUNG DER FRAU

1 Stellen Sie sich nackt vor einen großen Spiegel und betrachten Sie Ihren Körper eingehend von Kopf bis Fuß, so als ob Sie sich zum ersten Mal sehen. Mit einem zweiten Spiegel betrachten Sie sich von der Seite oder von hinten.

2 Bewegen Sie sich. Knien Sie sich hin, beugen Sie den Körper und setzen Sie sich erst mit geöffneten und dann mit geschlossenen Beinen.

3 Konzentrieren Sie sich auf Ihre besten Punkte; jeder Mensch besitzt einige. Vielleicht haben Sie wohlgeformte Beine, einen langen Hals, hohe Wangenknochen, zierliche Füße, etc. – etwas, das Ihnen entspricht.

4 Betrachten Sie noch einmal die Merkmale, die Sie nicht mögen, und versuchen Sie, sie in positiverem Licht zu sehen. Wenn Sie meinen, dicker zu sein als es die Idealvorstellung verlangt, so haben Sie vielleicht eine Rubensfigur, die für Männer attraktiv ist.

5 Betrachten Sie jetzt Ihre Scheide. Verwenden Sie einen Handspiegel, und untersuchen Sie sie bei guter Beleuchtung mit den Fingern. Um die Klitoris richtig sehen und berühren zu können, müssen Sie die Hautfalte, die sie bedeckt, zurückziehen. Sie können mit den Fingern die kleinen und großen Schamlippen entlanggleiten und den Bereich zwischen After und Scheide abtasten, um die empfindlicheren Bereiche zu finden.

6 Zum Abschluß nehmen Sie ein warmes Bad. Seifen Sie die Hände ein, und entdecken Sie Ihren Körper. Achten Sie auf die unterschiedlichen Empfindungen, die Sie wahrnehmen.

BEGEHRENSWERT SEIN

Unsere Liebesfähigkeit und unser Liebesstil entwickeln sich bereits vom Augenblick unserer Geburt an. Wissenschaftler glauben, daß viele psychische Faktoren, die in der Kindheit entstehen, darüber mitentscheiden, wen wir als Sexualpartner oder Seelenfreund wählen, und daß Muster, die unsere Neigungen für Liebesbeziehungen festlegen, in unser Gehirn eingebrannt sind.

Ich will an einem Beispiel zeigen, wie dies möglich ist. So bestimmt beispielsweise der Geruchssinn eine bestimmte Wahl voraus. Selbst in unserer desodorierten Gesellschaft besitzt jeder Mensch einen einzigartigen Geruch, der die Summe all seiner Drüsensekrete ist – dies ist seine »Geruchsunterschrift«. Ob diese Geruchsunterschrift für andere Menschen attraktiv ist (weil sie beispielsweise auf angenehme Weise an die Mutter erinnert) oder eher abstoßend, weil sie beispielsweise Erinnerungen an einen verhaßten, ehemaligen Partner wachruft, hängt von den Assoziationen des Betroffenen ab. Assoziationen sind mit dem Geruch verbunden, weil die Riechwulst, die bei der Geruchsaufnahme eine Rolle spielt, die Informationen an jenen Teil des Gehirns weiterleitet, der für Gefühl und affektives Erinnerungsvermögen zuständig ist.

Auf dieselbe Weise können wir lernen, den Geruch der Menschen, die wir mögen, zu lieben. Untersuchungen haben gezeigt, daß Liebende sich in einer Gruppe allein durch ihre einzigartigen, aromatischen Unterschriften finden können (auf diese Weise entsteht auch die ursprüngliche Bindung des Babys an seine Mutter). Wenn ein Mensch den Geruchssinn verliert, kommt es normalerweise zu einem deutlichen Abfall des Sexualtriebs.

DIE WAHL EINES PARTNERS

Männer und Frauen werden im allgemeinen von sexuellen Merkmalen angezogen. Aber auch kulturelle Erwartungen spielen eine große Rolle; ein Mann, der für eine Engländerin attraktiv ist, unterscheidet sich wahrscheinlich sehr von dem Idealpartner einer Chinesin. Schließlich entscheiden Alter, soziale Klasse, Persönlichkeit und das, was wir von einem bestimmten Partner erwarten, darüber, ob wir einen Menschen attraktiv finden oder nicht.

Es gibt viele Geschichten, die erzählen, was Männer und Frauen aneinander attraktiv finden. Es gibt keinen Beweis, daß beispielsweise blonde Frauen bevorzugt werden, denn Untersuchungen haben erwiesen, daß dunkelhaarige Männer brünette Frauen bevorzugen, während hellhaarige Männer brünette und blonde Frauen gleichermaßen mögen. Und obwohl Männer glauben, daß Frauen Männer mit haariger Brust und großem Penis mögen, erwähnen Frauen Attribute wie Zärtlichkeit, Zuneigung, Sinnlichkeit und Freundlichkeit als die attraktivsten Eigenschaften eines Mannes.

WORAUF FRAUEN BEI MÄNNERN ACHTEN

Die Wahl eines Partners wird noch immer stark durch Evolutionsmuster entschieden. Ursprünglich suchten Frauen Partner, auf die sie sich verlassen konnten. Aus diesem Grund scheint das Aussehen für Frauen weniger von Bedeutung zu sein als persönliche Eigenschaften. Frauen mögen den Körper eines Mannes, weil er Schutz, Macht oder Behaglichkeit ausstrahlt – und oft weniger als Sexualobjekt. Das Alter spielt für eine Frau bei der Wahl eines Mannes keine so große Rolle. Jüngere Frauen fühlen sich möglicherweise eher zu älteren Männern hingezogen, während ältere Frauen sich oft einen jüngeren Partner suchen.

PERSÖNLICHKEIT Selbstbewußtsein, Unabhängigkeit und Dominanz werden im allgemeinen als attraktiv empfunden, genauso wie Verläßlichkeit, Treue und Eigenschaften, die an Wärme, Intimität, Vertrauen und Aufmerksamkeit denken lassen. Männer, die versuchen, mit Frauen auszukommen, die frei und offen über das reden, was sie interessiert, und die eine beruhigende Stimme haben, haben mehr Erfolg bei Frauen.

KÖNNEN Männer, die in Beruf oder Sport deutlich erfolgreich sind, wirken anziehend auf Frauen.

KÖRPEREIGENSCHAFTEN Ein Mann, der fit, gesund und schlank ist und einen leicht muskulösen, nicht zu schmächtigen Körper hat, und der möglicherweise einige überraschende, weibliche Merkmale aufweist, zum Beispiel lange Augenwimpern, wird attraktiver empfunden als der stereotype Muskelmann. Frauen bevorzugen Männer, die größer sind als sie.

PERSÖNLICHE MERKMALE Ein vom Schweiß des Tages gereinigter Körper, ein Genitalbereich, dessen Geruch nicht zu stechend ist, gepflegte Hände, gewaschene Füße und täglich ein Paar frische Socken, sauberes Haar, ein sauberes, rasiertes Gesicht ohne Ausschlag oder ein gut gepflegter Bart (Stoppeln können Reizungen verursachen), sowie ein sauber riechender Atem ohne Nikotingeruch sind die Dinge, die eine Frau anziehen.

WORAUF MÄNNER BEI FRAUEN ACHTEN

Im allgemeinen ist körperliche Attraktivität für Männer wichtiger als für Frauen. In Untersuchungen steht sie an oberster Stelle. Der Körper der Frau wird oft in der Werbung und in Zeitschriften zur Schau gestellt, und die Männer wurden dazu konditioniert, bestimmte Attribute besonders aufregend zu finden. Die Beine sind beispielsweise besonders attraktiv. Hochhackige Schuhe, Strümpfe und enganliegende Hosen, bloße Schultern betonen diese Anziehungskraft und verstärken ihr sexuelles Image. Der stärker ausgebildete Po der Frau, ihre schmale Taille und ihre Lippen sind Sexualsignale. Der Busen ist jedoch das Wichtigste. Männer haben individuell unterschiedliche Vorlieben. Manche Männer beschreiben sich sogar selbst als besondere Liebhaber von Beinen, Po oder Busen. Im allgemeinen werden Männer von Frauen angezogen, die jünger sind als sie – vielleicht durch die unterbewußte Erkenntnis, daß diese eher in der Lage sind, Kinder zu bekommen.

PERSÖNLICHKEIT Traditionelle Eigenschaften wie Wärme, Mitgefühl, Freundlichkeit, Sanftmut und Fröhlichkeit werden oft als wünschenswert zitiert. Erotik gilt mehr als Häuslichkeit.

KÖRPEREIGENSCHAFTEN Ein schlanker, aber kurviger Körper, der nicht zu dünn ist, wird meist einer eher mütterlichen Figur vorgezogen. Eine schmale Taille und lange Beine werden allgemein bewundert, aber die jeweils bevorzugte Größe und Form des Busens sind verschieden (siehe oben).

PERSÖNLICHE MERKMALE Ein Genitalbereich, dessen Geruch nicht zu stechend ist, oder dessen natürlicher Geruch nicht durch ein Deodorant oder andere synthetische Gerüche überdeckt wird, wohlgeformte, lackierte Fingernägel und gutgepflegte Hände, nicht zuviel Körperbehaarung (die Beine einer Frau sind glatter und angenehmer zu berühren, wenn die Haare entfernt werden); sauberes, weiches Haar, ein sauber riechender Atem ohne Nikotingeruch – das sind Dinge, die Männer anziehen.

Den ersten Schritt tun

Wenn man Botschaften aussendet, erfordert dies Direktheit und die Fähigkeit, auch Verletzungen aushalten zu können. Selbstachtung ist fast immer erforderlich, um die Kritik und Zurückweisung aufzufangen, die auftreten kann, wenn man den ersten Schritt tut. Eine Mischung aus Arroganz und Bescheidenheit ist angebracht, um davon überzeugt zu sein, daß ein anderer uns besser kennenlernen will, aber man sollte daran denken, daß viele Leute möglicherweise nichts mit uns zu tun haben wollen; das sollte uns nicht entmutigen. Ein gewisses Risiko muß man allerdings eingehen, und meistens wird es ja so sein, daß jemand, für den man sich interessiert, auch ein gewisses Interesse zeigt.

Wo und wie man sich kennenlernen kann

Viele Menschen glauben, daß Sex nur unter bestimmten sozialen Voraussetzungen möglich werden kann. Dies trifft jedoch nicht zu. In jeder Situation kann es zu einer sexuellen Annäherung kommen. Natürlich müssen die Annäherungsversuche in bestimmten Augenblicken geschickt und zurückhaltend sein, so daß sie von Außenstehenden kaum bemerkt werden.

Nur ein Mensch ohne Phantasie würde seinen Horizont auf Partys, Abendessen und Geselligkeiten eingrenzen. Sexuelles Interesse kann zu jeder Zeit offenbart werden. Ein Arbeitsgespräch zwischen zwei sexuell interessierten Menschen, bei dem man gegenseitig von der beruflichen Leistung des anderen begeistert wird, kann ein aufregendes und faszinierendes Vorspiel für offenere, sexuelle Ouvertüren sein. Hier kann die Freude an einer gemeinsamen Aufgabe das sexuelle Interesse sehr verstärken. Tatsächlich wächst sexuelles Interesse stärker im alltäglichen Arbeitsumfeld als irgendwo sonst.

Obwohl Frauen Diskotheken und Tanzveranstaltungen als die wahrscheinlichste Möglichkeit zum Kennenlernen eines Mannes einschätzen, mit dem sie eine sexuelle Beziehung eingehen möchten, sieht die Wirklichkeit anders aus. Die meisten Menschen lernen potentielle Sexualpartner durch Freunde kennen, und die glücklichsten Sexualbeziehungen basieren auf Freundschaft und auf gemeinsamer Arbeit. Bei der Arbeit kann man einen Menschen besser kennenlernen als in der Disko. Außerdem geben wir nicht unbedingt ein realistisches Bild wieder, wenn wir uns zurechtgemacht und Alkohol getrunken haben.

Zu einem Annäherungsversuch kann es dann kommen, wenn man mit jemandem zu Mittag ißt oder sich an einem ruhigen Ort längere Zeit unterhält. Oft werden Blicke ausgetauscht, und das Gespräch kann doppeldeutige Botschaften enthalten, mit denen überprüft wird, wie interessiert der andere wirklich ist. Diese Interaktionen können die Form eines Spiels haben, aber wir alle setzen sie ein und etablieren kurze »Mini«-Bindungen mit vielen Menschen.

BOTSCHAFTEN AUSSENDEN

Es ist unmöglich für uns, nicht zu kommunizieren. Selbst wenn wir nichts sagen, geben wir über unseren Körper Signale an andere. Menschen werden als freundlich oder unfreundlich empfunden, ohne daß sie ein einziges Wort sagen. Körpergesten sind oft Botschaften über unterbewußte Gefühle und daher eine sehr direkte Form der Kommunikation. Man kann sie einsetzen, um zu sehen, was andere denken. Oft widersprechen sie dem, was wir sagen; wahrscheinlich sind nichtverbale Gesten in vielen Situationen genauer als Worte. Wenn wir uns des nichtverbalen Verhaltens bewußt werden und die Körpersprache anderer interpretieren können, werden wir uns der eigenen Körpergesten bewußt. Dies kann wiederum zu einer wirkungsvolleren Kommunikation nach außen führen.

DER AUGENKONTAKT

Die bei weitem häufigste, erste sexuelle Annäherung ist der Augenkontakt. Unsere Augen treffen sich und signalisieren Interesse und Beifall. Es kann zu einer kurzen Phantasievorstellung etwa dieser Art kommen – »Ich bin sicher, daß ich eine Beziehung zu dir haben möchte. Ich werde vielleicht nie mit dir sprechen, aber ich glaube, wir könnten zusammen etwas machen.« – Später denken wir möglicherweise über diese anonyme Botschaft nach. Zu solchen Begegnungen kann es auf der Straße kommen, während man in seiner Firma den Flur entlanggeht, sie entstehen auf der Treppe, im Aufzug oder an der Ampel, und passieren an jedem Tag, selbst wenn wir mit einem Partner sehr glücklich sind. Wir scheinen Annäherung zu üben, indem wir zumindest Mini-Botschaften aussenden, um unsere Chancen zu überprüfen.

Der Augenkontakt ist die einfachste und direkteste Art, jemandem zu zeigen, daß man sexuelles Interesse hat. Wenn der Augenkontakt hergestellt ist, fällt es dem anderen leicht, darauf zu reagieren.

Sehen Sie den Menschen, mit dem Sie sprechen, immer an, schauen Sie nicht über seine Schulter hinweg oder auf den Boden. Um Interesse am anderen zu signalisieren, sehen Sie ihn länger an, als es in einer normalen Situation der Fall wäre, aber übertreiben Sie es nicht. Die meisten Menschen empfinden einen unterbrochenen Augenkontakt – etwa fünf Sekunden von dreißig Sekunden – am angenehmsten und wenden den Blick wahrscheinlich ab, wenn man sie zu lange direkt ansieht. Der andere drückt Interesse aus, wenn er den Blick gleichbleibend erwidert.

DIE VERBALE KOMMUNIKATION

Auch ein Gespräch kann sexuell sehr erregend sein. Dabei spielt es keine Rolle, ob eine zufällige Begegnung Anlaß war, ein geplantes Abendessen zu zweit, oder ob das Gespräch während der Arbeit stattfindet. Blicke werden oft ausgetauscht, und die Unterhaltung kann doppeldeutige Botschaften enthalten, um das Interesse des anderen zu überprüfen.

Wenn man Ideen, Motivationen und Ziele ausdrückt, kann dies zwei Menschen näher zueinanderbringen als manch andere Aktivität. Und wenn es Gemeinsamkeiten gibt – ähnliche Interessen, Ziele und Pläne –, ist dies für beide Partner sehr aufregend. Der Austausch von Gedanken und Ideen zwischen einem Paar ist meiner Meinung nach eine der angenehmsten Möglichkeiten, eine sexuelle Beziehung zu beginnen. Dies wird später auch zu einer Festigung der Beziehung beitragen.

GESICHTSAUSDRUCK UND GESTEN

Um sicherzugehen, daß man die richtigen Signale aussendet, ist es wichtig, ein freundliches Gesicht zu machen. Dem Lächeln wird besondere Bedeutung beigemessen, da es dem anderen direkt sagt, daß man ihn attraktiv findet und gerne mit ihm zusammen ist.

Kopf- und Handbewegungen sind auch eine Möglichkeit, andere zu ermutigen, da sie Interesse anzeigen. Achten Sie darauf, daß Sie in der richtigen Entfernung stehen – Körpernähe deutet auf Anziehung hin und ist ein Hinweis auf größere Intimität, während Mißtrauen und Reserviertheit ausgedrückt werden, wenn man weit entfernt voneinander dasteht.

Schließlich kann die Berührung als Kommunikationsmittel die Geschwindigkeit im Ablauf jeder Beziehung steigern. Als positive Reaktion im Anfangsstadium kann man den Arm des Partners berühren, während man redet. Wenn man sich von hinten nähert, kann man ihm zur Begrüßung die Hand auf die Schulter legen. Denken Sie daran, daß Ihr Verhalten unauffällig sein sollte. Man darf die sensible Grenze zwischen gezeigtem Interesse und Aufdringlichkeit nicht überschreiten. Denken Sie auch daran, daß Haut-zu-Haut-Kontakt – die Berührung eines bloßen Unterarms mit den Fingern beispielsweise – immer viel intimer ist als die Berührung der Kleidung.

Wenn Sie das Tempo in Ihrer Beziehung weiter beschleunigen wollen, gehen Sie zu längeren und häufigeren Berührungen über, indem Sie sich an den Händen halten, und von eher zufälligen (wenn man jemandem etwas reicht und flüchtig seine Hand berührt) hin zu eindeutig sexuellen Berührungen. Dies kann beispielsweise ein anhaltender Druck auf die Handinnenflächen sein.

REAKTIONEN BEURTEILEN

Wenn man auf die Körpersprache (siehe Seite 48 bis 49) und andere Signale achtet, sollte man feststellen können, ob man eine positive Wirkung auf den anderen hat. Ermutigende Reaktionen sind erhobene Augenbrauen, weitgeöffnete Augen und erweiterte Pupillen. Ein ausgesprochen erregendes Signal kann es sein, einander immer länger in die Augen zu schauen und dabei nah nebeneinander zu stehen. Man kann dies überprüfen, indem man etwas näher heranrückt und beobachtet, ob der andere sich zurückzieht (negativ) oder nicht (positiv).

– DIE REAKTION AUF EINEN ANNÄHERUNGSVERSUCH –

Wenn man auf eine Botschaft reagiert, müssen die Abwehrmechanismen verringert und ein gewisses Risiko eingegangen werden. Zu bestätigen, daß der andere eine Einladung aussendet, ist einer der riskantesten Schritte bei einer Annäherung. Wenn eine ermutigende Botschaft ausgesendet, empfangen und bestätigt wurde, zeigt jeder zunächst sein bestes Verhalten.

EINIGE HINWEISE FÜR MÄNNER

Freundschaftliche Verbindlichkeit ist nicht dasselbe wie sexuelle Ermutigung. Und Einladungen können mißverstanden werden. Wenn Sie beispielsweise zum ersten Mal zu einer Frau in die Wohnung eingeladen und gebeten werden, es sich bequem zu machen, ziehen Sie dann die Jacke aus, lockern Sie die Krawatte und lassen sich auf dem Sofa nieder? Zeigen Sie Ihre Erwartungen so, dann werden Sie sich bald wie ein Idiot fühlen, wenn die Dame in Jeans und einem alten Hemd zurückkommt und sagt: »Was machen Sie denn da? Ich muß noch meine Bücherregale anbringen. Mixen Sie sich einen Drink, bevor Sie wieder gehen.«

Auch sollten Sie nicht erwarten, daß jede Begegnung zu einer großen Romanze oder einer sexuellen Beziehung führt. Wenn Sie es zu ernst meinen oder von einer Frau erwarten, daß sie mehr gibt als sie geben will, wird sie sich wahrscheinlich zurückziehen. Es ist meist nicht gut, zu schnell miteinander vertraut zu sein. Zeigen Sie Ihre Bewunderung und Ihr Interesse, aber halten Sie sich beim ersten Treffen mit zärtlichen Worten oder körperlichen Liebkosungen zurück.

EINIGE HINWEISE FÜR FRAUEN

Sexuelle Beziehungen wachsen normalerweise in kleinen Schritten, wobei beide Partner geben und auf ermutigende Zeichen reagieren. Die Stichworte des anderen zu hören und richtig auf sie zu reagieren, verringert das Risiko, daß freundschaftliche Verbindlichkeit als sexuelle Ermutigung interpretiert wird. Es ist auch wichtig zu wissen, was man genau von einer Beziehung erwartet. Viele Frauen schämen sich zuzugeben, daß sie nur an Sex interessiert sind und nicht an einer langandauernden Liebesbeziehung. Manche Frauen gehen sogar soweit, Liebesgefühle zu erzeugen, damit sie Sex bekommen. Dies erweist sich auf die Dauer als unbefriedigend für sie und ihren Partner.

Auch sollten Sie nicht erwarten, daß jede Begegnung zu einer großen Romanze oder Sex führt. Wenn Sie es zu ernst meinen oder von einem Mann erwarten, daß er mehr gibt als er geben will, wird er sich wahrscheinlich zurückziehen. Es ist nicht gut, zu schnell vertraut miteinander zu sein. Zeigen Sie Ihre Bewunderung und Ihr Interesse, aber halten Sie sich beim ersten Treffen mit zärtlichen Worten oder körperlichen Liebkosungen zurück.

DIE KÖRPERSPRACHE

In der Körpersprache läuft der Prozeß der Kommunikation durch verschiedene Körperhaltungen und Verhaltensweisen ab: sich zu jemandem hinlehnen; kurzes, zufälliges Berühren oder Anstoßen; sich aneinander lehnen; leise mit jemandem sprechen, so daß die Köpfe sich berühren; Haut zeigen, selbst wenn es vielleicht nur das Handgelenk ist. Der Körper bewegt sich und sendet dabei Botschaften aus. Wir alle sind für solche Botschaften sehr empfänglich. Gleichzeitig entdecken wir unsere Gefühle oder entdecken sie wieder neu, was sich anschließend in unseren Körperbewegungen und in unserer Haltung widerspiegelt.

Unsere Antennen empfangen keine einzelnen, beziehungslosen Gesten, die sehr oft irreführend sind. Wir empfangen eine Anhäufung von Gesten, das heißt einen Satz an verwandten Bewegungen etwa der Arme, Füße, des Kopfes und der Körperneigung, die zusammen eine bedeutungsvolle Botschaft und eine wichtige Interpretation ergeben. Eine Geste ist gleichbedeutend mit einem einzelnen Wort in der Sprache, und ein isoliertes Wort ist oft bedeutungslos. Nur durch eine Reihe von Worten wird eine Botschaft klar, genau wie es auch bei den Gesten der Fall ist.

Die Szene unten zeigt ein Paar, das sich eben erst vorgestellt wurde.

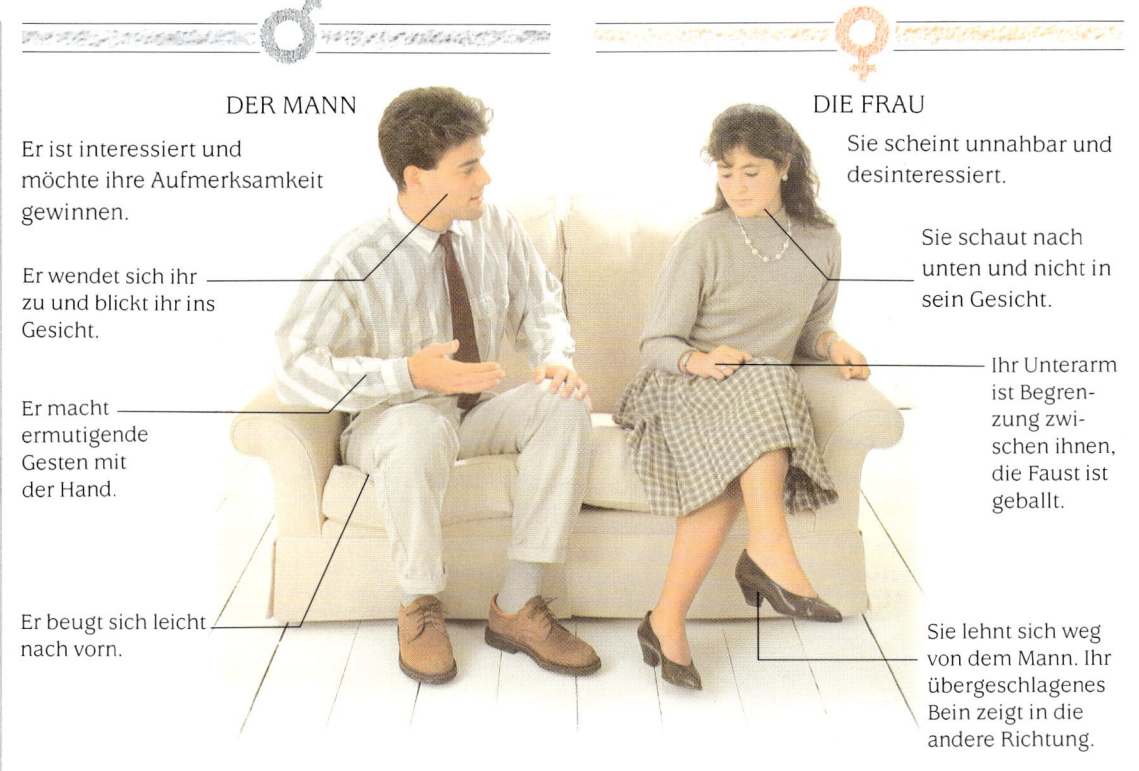

DER MANN

Er ist interessiert und möchte ihre Aufmerksamkeit gewinnen.

Er wendet sich ihr zu und blickt ihr ins Gesicht.

Er macht ermutigende Gesten mit der Hand.

Er beugt sich leicht nach vorn.

DIE FRAU

Sie scheint unnahbar und desinteressiert.

Sie schaut nach unten und nicht in sein Gesicht.

Ihr Unterarm ist Begrenzung zwischen ihnen, die Faust ist geballt.

Sie lehnt sich weg von dem Mann. Ihr übergeschlagenes Bein zeigt in die andere Richtung.

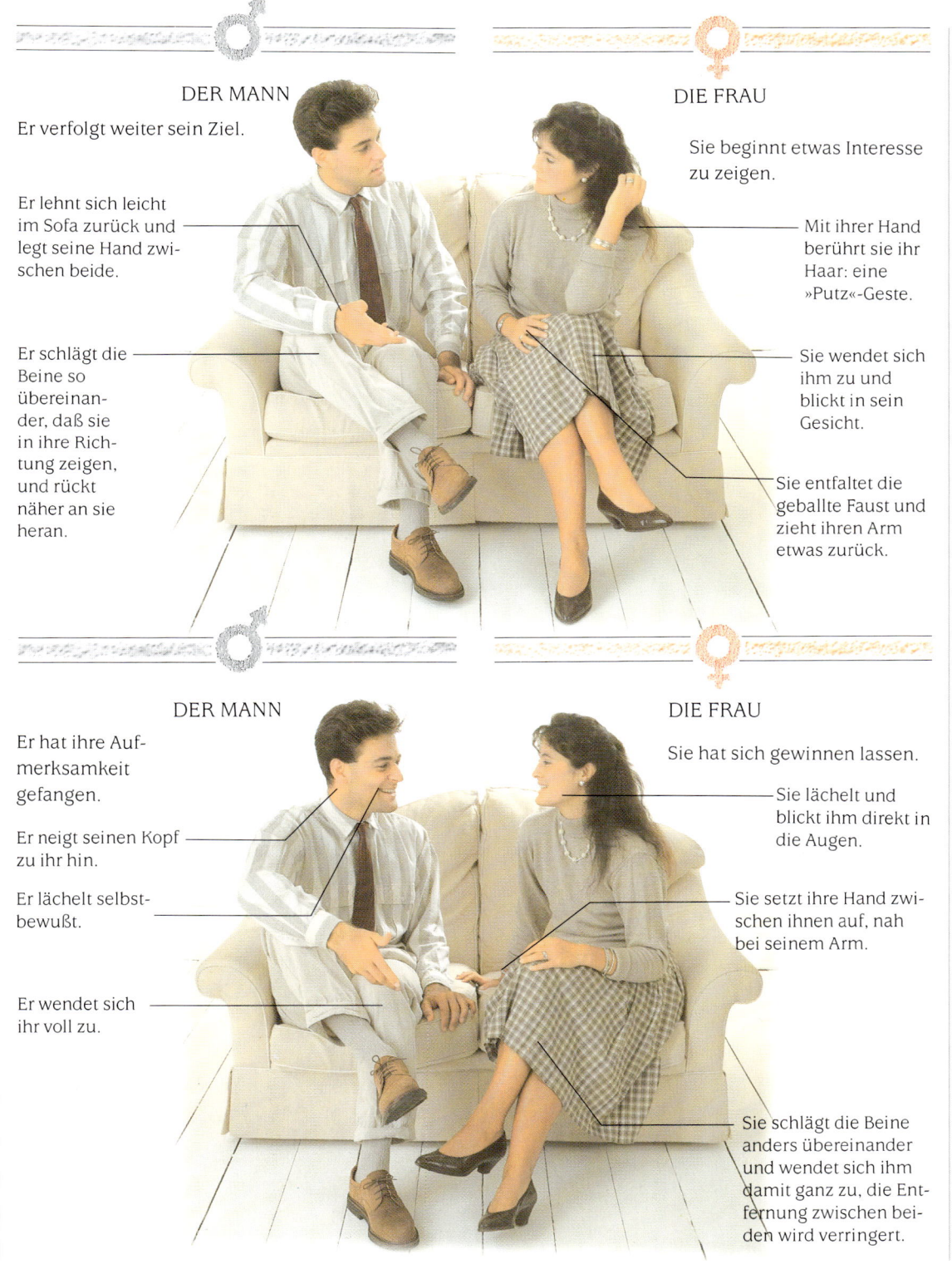

DER MANN

Er verfolgt weiter sein Ziel.

Er lehnt sich leicht im Sofa zurück und legt seine Hand zwischen beide.

Er schlägt die Beine so übereinander, daß sie in ihre Richtung zeigen, und rückt näher an sie heran.

DIE FRAU

Sie beginnt etwas Interesse zu zeigen.

Mit ihrer Hand berührt sie ihr Haar: eine »Putz«-Geste.

Sie wendet sich ihm zu und blickt in sein Gesicht.

Sie entfaltet die geballte Faust und zieht ihren Arm etwas zurück.

DER MANN

Er hat ihre Aufmerksamkeit gefangen.

Er neigt seinen Kopf zu ihr hin.

Er lächelt selbstbewußt.

Er wendet sich ihr voll zu.

DIE FRAU

Sie hat sich gewinnen lassen.

Sie lächelt und blickt ihm direkt in die Augen.

Sie setzt ihre Hand zwischen ihnen auf, nah bei seinem Arm.

Sie schlägt die Beine anders übereinander und wendet sich ihm damit ganz zu, die Entfernung zwischen beiden wird verringert.

ERREGUNG

Wenn wir von jemandem angezogen oder sexuell erregt werden, kommen all unsere Sinne, aber besonders die Augen, der Tastsinn und das Gehör ins Spiel. Unser Geruchssinn ist zwar wichtig, spielt aber für den Menschen eine viel geringere Rolle als für andere Gattungen. In der Vergangenheit war es häufig die Frau, die durch ein visuelles Zurschaustellen von Gesten und Kleidung attraktiv und anziehend wirkte, während der Mann darauf mit sexueller Erregung reagierte. Die sich ändernden Muster beim Sexualverhalten haben jedoch zu einer größeren Gleichheit der Rollen geführt. Beide Geschlechter tragen attraktive Kleidung, die das andere Geschlecht anziehen soll – Männer tragen heute enge Hosen und enganliegende Oberteile, Frauen eng anliegende Kleidung und schmale, kurze Röcke.

Und trotzdem unterscheiden sich Männer und Frauen deutlich in ihrem Verhalten voneinander, wenn es um die Frage der Anziehung geht. Männer werden im allgemeinen von dem angeregt, was sie sehen. Frauen dagegen reagieren im allgemeinen weniger und langsamer auf visuelle Reize. Frauen sind oft mehr an der Persönlichkeit des Mannes interessiert.

WAS ERREGT UNS?

SEHEN spielt bei der Erregung des Mannes eine größere Rolle als bei der Frau, aber eine Frau kann dies zu ihrem Vorteil nutzen, indem sie sich so attraktiv wie möglich zurechtmacht, das Gesicht schön schminkt, schmeichelnde Kleidung trägt und darauf achtet, daß ihre Bewegungen – beispielsweise beim Entkleiden – angenehm anzusehen sind. Die Augen sind angeblich das Fenster zur Seele, daher sieht man häufig, daß Verliebte sich intensiv in die Augen schauen und alles um sich herum vergessen.

GEHÖR Auch das Gehör ist sehr wichtig. Aus diesem Grund ist Musik, die im richtigen Moment gespielt wird, für Mann und Frau sehr animierend. Wir werden erregt, wenn wir den geliebten Menschen näherkommen hören, wenn sein Lachen und ganz besonders seine Stimme erklingt. Manche Männer und Frauen haben sehr erotische Stimmen und sind sich ihrer verführerischen Wirkung bewußt. Ein Mann hat möglicherweise eine tiefe, samtige Stimme, deren Tonfall das Herz einer Frau bewegen kann. Umgekehrt trifft das natürlich auch zu, und die Stimme mancher Frau kann einen Mann verrückt machen. Eine gut eingesetzte Stimme ist wie eine Liebkosung, und die meisten Verliebten lassen sich gerne und lang auf diese Weise streicheln. Ein Telefonanruf kann einen Liebesakt simulieren und so stark wie jede Form des Vorspiels sein.

BERÜHRUNG Selbst flüchtige, auch zufällige Berührungen haben auf jeden eine große Wirkung. Wir alle brauchen Berührungen. Wir empfinden sie als entspannend und beruhigend, und sie helfen uns, unsere Hemmungen zu lockern. Manchmal kann größte Intimität und Nähe einfach durch

Berühren und Schmusen erreicht werden. Die meisten werden den Tanz bereits als sehr erotisch erfahren haben, da er den rhythmischen Kontakt zweier Körper widerspiegelt.

GESCHMACK Auch der Geschmack kann eine Rolle spielen – ein köstliches Essen mit gutem Wein bringt ein Paar oft in eine angenehme Stimmung und verringert seine Hemmungen, so daß die Partner eher bereit sind, sich der Liebe hinzugeben. Ein Gespräch beim Essen, die Weichheit des Lichts und das Ritual des Ablaufs können sehr verführerisch sein, und Liebende haben das Gefühl, daß eine symbolische Verbindung zwischen der Nahrungsaufnahme und der emotionalen Nahrung durch den Körper des Partners besteht.

GERUCH Frauen tragen gerne Parfüm, und Männer riechen es gern, aber es kann eine viel größere Wirkung haben, als Frauen es für möglich halten – besonders wenn ihr Körper warm ist. Das Parfüm vermischt sich mit dem eigenen Körperduft und kann ein starkes Stimulans sein. Es war Coco Chanel, die sagte, eine Frau sollte an ihrem Körper überall dort Parfüm auftragen, wo sie erwartet, geküßt zu werden, und mit den vielen Parfümsorten, die es gibt, wird eine zarte Duftorgie sicher beiden Partnern Spaß machen. Auch Männer unterstreichen zunehmend den unverfälschten Geruch ihrer Haut, der an sich sehr erregend ist, mit Aftershaves, Deos und anderen Kosmetika. Frauen schätzen es, wenn ihr Partner so sein Interesse zeigt.

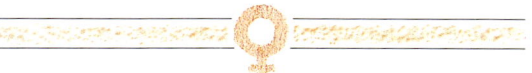

WAS MÄNNER MÖGEN

NACKTE HAUT Sie steht bei den Männern ganz oben. Ein nackter und verführerischer Körper ist sehr erregend.

MAKE-UP Leuchtend rot geschminkte Lippen sind sexuell anregend, genau wie andere Dinge, die mit körperlicher Attraktivität zusammenhängen, beispielsweise Frisur und Haarfarbe.

SEXZEITSCHRIFTEN Sexzeitschriften, Soft-Porno-Videofilme und -Fotos können sehr aufregend sein. Sie regen die Phantasie an und werden von manchen Menschen beim Masturbieren eingesetzt. Viele Männer wären jedoch nicht sehr erregt (es sei denn, aus anderen Gründen), sähen sie die eigene Partnerin in einer solchen Zeitschrift.

EROTISCHE KLEIDUNG Schwarze Spitzenunterwäsche, Strapse und Strümpfe sowie knappe Nachtwäsche gefallen den meisten Männern besonders gut.

WAS FRAUEN MÖGEN

KÖRPERLICHE ATTRAKTIVITÄT Obwohl sie nicht gerade oben auf der Liste steht, werden die meisten Frauen gestehen, daß bestimmte Aspekte des Körpers ihres Partners sie anziehen, aber normalerweise sind es nicht die Geschlechtsorgane.

MACHT UND REICHTUM Sichtbare Zeichen von Dominanz, die heute durch den Besitz von Geld und Status ausgedrückt werden, sind für die Mehrheit der Frauen reizvoll.

ROMANTIK UND INTIMITÄT Wichtig für Frauen ist auch romantisches Beiwerk wie Champagner, Mondlicht und Blumen. Dies trägt zu einer knisternden Atmosphäre bei.

EROTISCHE LITERATUR Manche Frauen mögen erotische Literatur in Form von romantischen Romanen, andere werden durch Sexzeitschriften, Pornofilme oder -fotos erregt.

ERSTE ANNÄHERUNG

DIE SEXUALBEZIEHUNG BEGINNT

Einige Menschen sind der Meinung, flüchtige Sexualbeziehungen seien die befriedigendste Form menschlicher Beziehungen, aber die Mehrheit glaubt, daß neben körperlicher Anziehung auch Liebe vorhanden sein muß. Um einen Menschen zu erleben, muß man sich offenbaren. Für die meisten Menschen ist dies nicht leicht. Wir sind verletzlich, weil wir wissen, daß wir möglicherweise abgewiesen werden, und dies kann sehr schmerzhaft sein. Ich glaube jedoch, daß man eine sexuelle Beziehung nicht beginnen kann, wenn man den Partner nicht kennt und sich nicht offenbart.

Von Anfang an sollten wir offen miteinander reden. Jede andere Form des Verhaltens führt zu Distanz und Heuchelei. Man sollte sich ehrlich darstellen. In einer liebevollen Beziehung ist selbst eine Notlüge eine Beleidigung und äußerst schädlich. Ehrlichkeit an sich ist erregend; sie kann ein Stimulans sein. Die Wahrheit ist wahrscheinlich das beste Aphrodisiakum.

Wir sind in emotionaler Hinsicht alle verletzlich, daher sollte man in einer Beziehung, in der es um Liebe und Sex geht, seine Verletzbarkeit offen zeigen. Vergessen Sie nicht, daß die körperliche Liebe nicht nur eine Sache der Impulsivität ist, sondern auch eine bewußte Entscheidung. Man muß also nicht unbedingt die Kontrolle verlieren. Man sollte den Partner wissen lassen, daß der wichtigste Grund der Beziehung die Suche nach Liebe ist. Sie suchen einen Menschen, an den Sie sich binden können. Wenn man beschließt, mit einem Menschen zu schlafen, gibt man sich ihm voll und ganz hin. Daher sollten Sie sich ganz offenbaren. Die unendliche Reichweite menschlicher Erfahrungen durch Halten, Berühren, Fühlen, Stimulieren, Vertrauen und Gespräche wird bei der sexuellen Wechselbeziehung mit einbezogen. Es wäre eine Verzerrung der männlichen und weiblichen Persönlichkeit, würde man eine Beziehung zwischen zwei Menschen auf Liebe und Sex reduzieren wollen.

EINIGE HINWEISE FÜR MÄNNER

○ Achten Sie auf Ihre Erscheinung; gehen Sie nie unrasiert und ungewaschen ins Bett.
○ Planen Sie etwas Schönes; fast alle Frauen lieben beispielsweise einen Blumenstrauß und ein Dinner bei Kerzenlicht.
○ Machen Sie Ihrer Partnerin Komplimente über Ihr Aussehen, sagen Sie ihr, daß sie gut riecht, halten Sie ihre Hand, geben Sie ihr zärtliche Küsse, fangen Sie ihren Blick ein und lächeln Sie sie so oft wie möglich an.
○ Seien Sie aufmerksam, ob Sie nun allein mit ihr sind oder zusammen eine Party besuchen; ignorieren Sie sie nicht, indem Sie beispielsweise fernsehen.
○ Wenn Sie zusammen im Bett sind, sollten Sie ihren Wünschen Aufmerksamkeit schenken und das Vorspiel so lang wie möglich gestalten.
○ Versuchen Sie, nach dem Höhepunkt nicht gleich einzuschlafen, sprechen Sie mit Ihrer Partnerin und halten Sie sie noch eine Weile in Ihren Armen.

EINIGE HINWEISE FÜR FRAUEN

○ Geben Sie sich in Liebesdingen Mühe; täuschen Sie nichts vor und betrügen Sie nicht. Wenn Sie jemanden wollen, sollten Sie sich um ihn bemühen und weiter an der Beziehung arbeiten, wenn Sie erst einmal zusammen sind. Sich um jemanden zu bemühen, bedeutet, sich zu geben.
○ Achten Sie auf Ihre körperliche Erscheinung; sauberes, gutgeschnittenes, duftendes, lockeres Haar und ein attraktiv geschminktes Gesicht können sehr reizvoll sein.
○ Seien Sie großzügig mit Komplimenten; sagen Sie Ihrem Partner, daß er attraktiv ist.
○ Seien Sie nicht zu kritisch und unromantisch; verhalten Sie sich nicht zu aggressiv, wenn es darum geht, miteinander zu schlafen.
○ Ermutigen Sie Ihren Partner bei seinen Bemühungen; zeigen Sie ihm auf nette Art, was Sie erregt.
○ Sexuell attraktive Wäsche, Parfüm und die Bereitschaft zu schmusen können äußerst verlockend sein.

Ihr sexuelles Profil

Der folgende Fragebogen beschäftigt sich mit den Aspekten Ihrer Persönlichkeit und Ihren sexuellen Techniken und schätzt ein, wie wahrscheinlich es ist, daß Sie in sexuellen Beziehungen Erfolg haben.

FRAGEBOGEN FÜR DIE FRAU

1. Würden Sie die Initiative ergreifen, um jemanden kennenzulernen, von dem Sie sich angezogen fühlen?
2. Fällt es Ihnen leicht, Ihre Sympathie auch körperlich zu zeigen?
3. Küssen und umarmen Sie Ihren Partner auch nur, um Zuneigung zu zeigen?
4. Ist es für Sie genauso wichtig oder wichtiger, sich selbst sexuelles Vergnügen zu bereiten, als den Partner zu befriedigen?
5. Ist Ihnen bei erotischen Episoden in Filmen oder Büchern behaglich zumute?
6. Ist es angenehm und entspannend für Sie, nackt gesehen zu werden?
7. Bereitet es Ihnen Vergnügen, wenn Ihr Partner Ihren Körper liebkost?
8. Kennen Sie die erogenen Zonen Ihres Partners und die Stellen, an denen er sich besonders gern berühren läßt?
9. Masturbieren Sie manchmal nur aus Spaß?
10. Sind Sie beim Sex oft diejenige, die anfängt, ohne auf Ihren Partner zu warten?
11. Teilen Sie Ihrem Partner mit, wenn Ihnen Sex Vergnügen bereitet?
12. Haben Sie manchmal tagsüber, oder wenn das Licht brennt, Geschlechtsverkehr?
13. Haben Sie oralen Verkehr mit Ihrem Partner, oder, wenn nicht, weil er es nicht will?
14. Können Sie Ihren Partner durch Masturbation zum Orgasmus bringen?
15. Hat Ihnen das Ausprobieren verschiedener Stellungen Spaß gemacht?
16. Haben Sie Ihrem Sexualpartner je eine Aktivität vorgeschlagen, von der Sie gehört oder gelesen haben?
17. Würden Sie einer neuen sexuellen Aktivität bereitwillig zustimmen?
18. Sagen Sie Ihrem Partner, daß er Sie nicht richtig stimuliert, statt einen Orgasmus vorzutäuschen?
19. Können Sie Ihrem Partner beim Geschlechtsverkehr sagen, daß er etwas tut, das Sie mögen oder nicht mögen?
20. Können Sie Ihren Partner erregen, wenn er kein Interesse am Sex hat?
21. Kann Ihr Partner Ihnen sagen, daß er nicht in Stimmung ist für Sex, ohne daß Sie sich zurückgewiesen fühlen?
22. Sind Sie in der Lage, Ihrem Partner zu sagen, daß Ihnen nicht nach Sex zumute ist, ohne sich schuldig zu fühlen?
23. Wenn Sie einen erotischen Traum über Ihren Partner haben, können Sie ihm dies sagen, ohne verlegen zu sein?

ERSTE ANNÄHERUNG

Eine große Zahl an Ja-Antworten – 20 und darüber – deutet darauf hin, daß Sie ein befriedigendes Sexualleben haben. 15 bis 19 Ja-Antworten bedeuten, daß es Raum für Verbesserungen gibt (siehe: Wie man in der Sexualität alles erreicht), und 14 Ja-Antworten oder darunter weisen auf ein deutliches Problem hin (siehe: Erfolg bei Sexualproblemen).

JA ☐
NEIN ☐

FRAGEBOGEN FÜR DEN MANN

1 Kommen Sie anderen körperlich nahe, ohne sich dadurch unmännlich zu fühlen?

2 Berühren Sie andere Menschen gelegentlich, wenn Sie mit Ihnen reden?

3 Küssen und umarmen Sie Ihre Partnerin oft nur, um Ihre Zuneigung zu zeigen?

4 Lassen Sie es zu, daß Ihre Partnerin die Gesellschaft anderer Männer genießt, ohne eifersüchtig zu werden?

5 Ist es angenehm für Sie, sich vor Ihrer Partnerin nackt zu zeigen?

6 Kann Ihre Partnerin die Initiative ergreifen, ohne daß Sie dies beunruhigt?

7 Bereitet es Ihnen Vergnügen, wenn Ihre Partnerin Ihren Körper liebkost?

8 Empfinden Sie ein lustloses oder fehlendes Vorspiel als frustrierend?

9 Lassen Sie Ihre Partnerin an Ihrer Freude am Sex teilhaben?

10 Sind Sie Ihrer Partnerin gegenüber einfühlsam und ermutigen Sie sie, wenn nötig?

11 Sagen Sie Ihrer Partnerin, daß Sie sie lieben, ohne sich unbehaglich zu fühlen?

12 Haben Sie bisweilen tagsüber oder bei Licht Geschlechtsverkehr?

13 Haben Sie oralen Sex mit Ihrer Partnerin, oder, wenn nicht, weil sie es nicht will?

14 Bringen Sie gelegentlich, etwa mit neuen Positionen, Abwechslung in Ihre Liebestechniken?

15 Schlagen Sie Aktivitäten vor, die Sie sich in Ihrer Phantasie vorstellen oder von denen Sie gehört oder gelesen haben?

16 Wenn Ihre Partnerin eine neue sexuelle Aktivität vorschlägt, stimmen Sie zu, ohne dies als Kritik aufzufassen?

17 Kennen Sie die erogenen Zonen des Körpers Ihrer Partnerin und wo sie sich gerne berühren läßt?

18 Können Sie Ihre Partnerin durch Masturbation zum Orgasmus bringen?

19 Sprechen Sie mit Ihrer Partnerin über ihre oder die eigenen Vorlieben oder Abneigungen beim Geschlechtsverkehr?

20 Achten Sie immer darauf, daß Ihre Partnerin erregt ist, bevor Sie eindringen?

21 Wenn Sie einen Orgasmus haben und Ihre Partnerin nicht, versuchen Sie, sie auf andere Art zu befriedigen?

22 Sind Sie in der Lage, Ihren Orgasmus hinauszuzögern?

23 Wenn Sie zeitweilig unter einem sexuellen Problem leiden, können Sie mit Ihrer Partnerin frei darüber sprechen?

Das sexuelle Repertoire

Hier habe ich Aktivitäten aufgeführt, die von den meisten Menschen praktiziert werden. Es gibt bizarre Praktiken, aber sie kommen nur selten vor, und da sie möglicherweise nicht beiden Partnern gefallen, habe ich sie nicht aufgeführt. Wenn Ihre sexuelle Erfahrung nur einige der unten aufgeführten Praktiken umfaßt, möchten Sie vielleicht Ihren Horizont erweitern. Die Listen gehen von der aktiven Rolle aus, aber für wirklich befriedigende Erfahrungen müssen die Partner lernen, wie man empfängt und gibt.

WAS MÄNNER TUN KÖNNEN

- Sprechen Sie zärtlich oder sexuell mit Ihrer Partnerin
- Pressen oder reiben Sie Ihren Körper an dem der Partnerin
- Küssen Sie Ihre Partnerin leidenschaftlich
- Geben Sie sich Zungenküsse
- Streicheln Sie den bekleideten Körper Ihrer Partnerin
- Ziehen Sie Ihre Partnerin aus und betrachten Sie sie nackt
- Streicheln Sie den nackten Körper Ihrer Partnerin auf vielfältige Art
- Küssen Sie den Busen Ihrer Partnerin, lecken und saugen Sie an den Brustwarzen oder nehmen Sie sie vorsichtig in den Mund
- Erforschen und streicheln Sie den Vaginalbereich der Partnerin mit den Händen
- Lecken und küssen Sie den Scheideneingang und das Scheideninnere der Partnerin
- Bringen Sie Ihre Partnerin zum Orgasmus, indem Sie die Klitoris und den Scheidenbereich mit den Händen und Fingern stimulieren
- Bringen Sie Ihre Partnerin zum Orgasmus, indem Sie die Klitoris und den Scheidenbereich mit dem Mund stimulieren
- Sie kommen zum Orgasmus, indem Sie den Geschlechtsverkehr in einer der folgenden Stellungen ausüben:
  Sie liegen oben
  Sie liegen beide auf der Seite
  Sie dringen von hinten ein
  Ihre Partnerin liegt oben

WAS FRAUEN TUN KÖNNEN

- Verwenden Sie sexuelle Worte und sprechen Sie zärtlich mit Ihrem Partner
- Pressen oder reiben Sie Ihren Körper an dem Ihres Partners
- Bieten Sie ihm eine Vielfalt an Küssen an
- Küssen Sie mit offenem Mund und mit der Zunge
- Streicheln Sie den bekleideten Körper Ihres Partners
- Entkleiden Sie Ihren Partner, und betrachten Sie ihn nackt
- Streicheln Sie den nackten Körper Ihres Partners auf vielfältige Art
- Lecken oder saugen Sie an den Brustwarzen Ihres Partners
- Untersuchen und streicheln Sie den Penis und die Hoden Ihres Partners mit den Händen
- Lecken und küssen Sie den Penis und die Hoden Ihres Partners
- Stimulieren Sie den Penis mit den Händen und bringen Sie Ihren Partner zum Orgasmus
- Bringen Sie Ihren Partner zum Orgasmus, indem Sie den Penis mit dem Mund stimulieren
- Sie kommen zum Orgasmus, indem Sie den Geschlechtsverkehr in einer der folgenden Stellungen ausüben:
  Sie liegen oben
  Sie liegen beide auf der Seite
  Ihr Partner liegt oben
  der Partner dringt von hinten ein

Die Vielfalt des Vorspiels

DAS VORSPIEL

Ich kann nicht oft genug wiederholen, daß ein befriedigendes Liebesleben seine Zeit braucht und daß eine sexuelle Begegnung nie zu lange dauern kann. Es gibt viele Liebesspiele und Zärtlichkeiten, in denen es nicht um den Geschlechtsverkehr an sich geht. Bisweilen werden Sie jedoch so erregt sein, daß Sie gleich zum Eindringen des Penis übergehen und zum Orgasmus kommen, aber meist kann ein Paar allmählich intimere und erregendere Zärtlichkeiten wie Küssen, gegenseitiges Entkleiden, Petting, oralen Sex und anderes praktizieren. Die verschiedenen Techniken, die eingesetzt werden können, um sich gegenseitig Lust zu bereiten, können für sich allein genossen werden oder ein Prolog zum Geschlechtsverkehr sein. Jedes Stadium sollte als integraler Teil der sinnlichen Liebe gesehen werden. Je länger, raffinierter und aufmerksamer das Vorspiel ist, desto aufnahmebereiter wird der ganze Körper und um so befriedigender werden Höhepunkt und Abschluß der zärtlichen Begegnung.

DAS BEDÜRFNIS DES MANNES BEIM VORSPIEL

Entgegen dem allgemeinen Glauben brauchen auch Männer das Vorspiel und genießen es. Es bietet ihnen die notwendige Stimulation, um eine gute, stabile Erektion zu bekommen. Tatsächlich könnten viele Fälle von Impotenz vermieden werden, wenn das Vorspiel lang und erregend genug wäre. Es gibt jedoch einige Situationen, in denen die Länge und Art des Vorspiels sorgfältig diskutiert werden müssen. Dies gilt, wenn der Mann unter vorzeitiger Ejakulation leidet oder wenn er eine Erektion nicht aufrechterhalten kann. In diesen Fällen möchte er wahrscheinlich das Vorspiel auf ein Minimum begrenzen.

Manche Männer betrachten das Vorspiel als eine Aneinanderreihung von Aktivitäten, die sie mitmachen müssen, um die Partnerin genügend auf den Geschlechtsverkehr vorzubereiten. Andere haben Mühe, körperliche Liebkosungen zu akzeptieren und möchten gleich, daß die Partnerin ihre Genitalien berührt. Ermutigen Sie Ihren Partner, das Vergnügen, das das Vorspiel bietet, schätzen zu lernen, indem Sie mit Begeisterung neue sinnliche Erfahrungen ausprobieren. Die Freude an der Sexualität entsteht auch durch liebevolle Zuwendung.

DAS BEDÜRFNIS DER FRAU BEIM VORSPIEL

Der Körper der Frau braucht längere Stimulierung. Die sexuelle Erregung wird durch eine komplexe Mischung aus geistigen und körperlichen Reizen ausgelöst, wenn die emotionale Atmosphäre stimmt.

Manche Frauen brauchen besonders lange, und ein aufmerksamer Mann muß daher auf seine Partnerin warten, seine Impulse unterdrücken und seine Reflexe zurückhalten. Wenn Sie Ihre Partnerin erregen, werden Sie selbst großes Vergnügen spüren. Sie wird nicht nur empfänglicher sein, sondern während des Geschlechtsverkehrs auch hilfreicher, so daß die Erfahrung für Sie beide schöner wird. Männer, die ihre Partnerin viel küssen, mit ihr schmusen und sich einem sensiblen Vorspiel hingeben, werden wahrscheinlich eher sehen, daß die Partnerin oft und leicht einen Orgasmus erreicht.

Beeilen Sie sich nicht zu sehr, Ihre Partnerin zu entkleiden, und berühren Sie nicht sofort ihren Busen und die Vulva. Drücken Sie sie an sich und beschränken Sie die ersten Liebkosungen auf nicht-genitale Bereiche. Konzentrieren Sie sich auf Ihre Partnerin.

AUSZIEHEN

Seine Kleidung abzulegen und/oder den Partner auszuziehen kann ein sehr reizvoller und wichtiger Teil des Vorspiels sein. Das Entkleiden ist nicht nur Ergebnis allgemeiner Erregung, das Tragen und/oder Entfernen bestimmter Kleidungsstücke kann besonders beim Mann den richtigen Ton treffen.

Ein guter Liebhaber wird entdecken wollen, welche Kleidungsstücke beide erregen, und was passiert, wenn er sich oder den Partner beziehungsweise die Partnerin auszieht, damit das Vergnügen des Partners gesteigert wird. Vielleicht müssen Sie üben, wie man die Kleidung des anderen mit einer Hand ohne Ungeschicklichkeit und Unterbrechung entfernt, wenn das Entkleiden wirklich zu einem aufregenden Spiel werden soll.

Nacktheit kann besonders in der Ehe zur Routine und langweilig werden, daher lohnt es sich, sich einiges Geschick im Ausziehen zu bewahren. Selbst nach vielen Jahren des Zusammenlebens ist es sehr stimulierend, sich gegenseitig auszuziehen. Beide Partner sollten immer stärker erregt werden, wenn ein Kleidungsstück nach dem anderen abgelegt wird.

WAS DEN MANN ERREGT

Viele Männer ziehen es vor, Nacktheit zart angedeutet zu erahnen, als die Partnerin völlig nackt zu sehen. Verhülltes kann die Phantasie anregen. Schöne, seidige Spitzenunterwäsche ist für Männer attraktiv und aufregend. Sie mögen den Anblick und genießen es, die Partnerin auszuziehen. Vielleicht mag Ihr Partner es besonders, wenn Sie ein Wäschestück, beispielsweise das Unterkleid, Strümpfe, Strapse, Höschen, Büstenhalter oder Mieder anbehalten.

Das Entfernen bestimmter Kleidungsstücke – besonders jener, die den Busen, den Po und die Genitalien der Frau betonen – ist fast immer erregend. Frauen, die sich mit dem Entkleiden Zeit lassen und »zufällig« Körperteile entblößen, werden den Partner mit Sicherheit erotisieren. Wenn eine Frau sich vor ihrem Partner auszieht, hat diese aktive Zurschaustellung ihres Körpers eine Wirkung, der sich kein Mann entziehen kann und die höchst sinnlich ist. Die Erinnerung daran, wie die Partnerin sich ausgezogen hat, ist wahrscheinlich unwiderstehlich, und er wird diese Szene in seinem Kopf immer wieder neu erschaffen wollen.

WAS DIE FRAU ERREGT

Schöne, seidige Spitzenwäsche zu tragen, ist für Frauen attraktiv und reizvoll, und viele behalten gerne ein Wäschestück, beispielsweise das Unterkleid, Strümpfe, Strapse, Höschen, Büstenhalter oder Mieder während der ersten Stadien des Vorspiels an. Viele Frauen mögen es auch, wenn der Mann gelegentlich ein Kleidungsstück anbehält, es sollten jedoch nicht unbedingt die Socken sein. Die Andeutung von Nacktheit gestattet es der Phantasie, sich auszutoben.

Viele Frauen lassen sich gern von ihrem Partner ausziehen, da sie ihren Körper auf diese Weise passiv zeigen können, ohne sexuell offen zu sein. Andere Frauen haben genug Selbstvertrauen, um sich vor ihrem Partner auszuziehen. Wenn dabei etwas schauspielerisches Können eingesetzt wird (vielleicht muß man dafür vor dem Spiegel üben), wird es sehr erotisch sein – hauptsächlich, weil die Rolle der Frau nicht länger passiv ist. Sie stellt sich aktiv zur Schau, um ihren Partner zu erregen, und er weiß dies.

KÜSSEN

Ein Kuß ist sehr oft der erste Ausdruck von Liebe. Es spielt keine Rolle, welchen anderen sexuellen Aktivitäten ein Mensch sich hingibt – das Küssen wird eine der sinnlichsten Liebkosungen bleiben. Der Mund reagiert stark und ist sehr beweglich, so daß er eine Vielfalt von sinnlichem Vergnügen bieten kann. Durch ihn können wir gleichzeitig Berührung, Geschmack und Geruch erfahren.

Küsse können zärtlich, leicht und anhaltend sein oder leidenschaftlich, tief, brennend und sogar grob. Zwischen Paaren, die sehr voneinander angezogen werden, können sie den Geschlechtsverkehr nachahmen; die Zunge dringt mit rhythmischer Intensität in den Mund ein, genau wie der Penis in den Körper der Frau.

Es gibt eine ungeheure Vielfalt an Küssen: Küsse mit geschlossenen oder offenen Lippen, trockene oder feuchte Küsse, erforschende oder zärtliche. Sie sollten nicht auf den Mund-zu-Mund-Kontakt beschränkt werden, sondern jede Hautfalte und Spalte des Körpers miteinbeziehen. Das Küssen der erogenen Zonen des Partners, besonders der Geschlechtsteile, kann der intimste und stimulierendste Teil des Vorspiels sein. Hier können Küsse zu den stärksten Reaktionen führen. Für manche Menschen sind Küsse eine notwendige Begleitung des Orgasmus und verleihen ihm Leidenschaft und Tiefe.

Stärkere sexuelle Reaktion
Ein Kuß kann sehr erregend sein. Die Frau kann ihn in der Brust und im Genitalbereich spüren. Oft kann durch Küssen allein ein Orgasmus ausgelöst werden.

WAS MÄNNER MÖGEN

Obwohl bei manchen Männern die Meinung vorherrscht, Küssen sei eher was für Softies, mag die Mehrheit die körperliche Nähe und den Körperkontakt, den das Küssen mit sich bringt. Nur wenige Männer sind jedoch bereit, es beim Küssen zu belassen, besonders, wenn sich die Möglichkeit zum Geschlechtsverkehr bietet, und oft werden Küsse, die liebevoll gemeint sind, von ihnen als Einladung zu größerer Intimität mißverstanden.

Männer mögen es, wenn sie leidenschaftlich geküßt werden, und Sie werden Ihren Partner sicher erregen, wenn Sie bestimmte Körperbereiche, beispielsweise den Nacken, die Ohren und Augenlider, küssen und streicheln. Stimulieren Sie seine Lippen, die Zunge und das Mundinnere mit tiefen, sinnlichen Küssen. Fahren Sie mit Ihrer Zunge in seinen Mund, so daß die Zungen sich berühren.

Sanftes Beißen und Knabbern kann ebenfalls sehr erotisch sein, aber »Knutschflecke« an den Genitalien sollte man vermeiden, da dieser Körperbereich sehr empfindlich ist und verletzt werden kann, so daß starke Schmerzen entstehen. Manche Männer mögen es besonders, wenn man an ihren Brustwarzen leckt und saugt, aber die meisten Männer mögen es, wenn man ihren Penis küßt.

WAS FRAUEN MÖGEN

Frauen genießen es, wenn man sie küßt, und die meisten beklagen sich, daß sie nicht genug geküßt werden – zuviele Männer gehen viel zu schnell zur Berührung der Genitalien über. Frauen bevorzugen es, wenn der Mann die Genitalien langsam in seine Liebkosungen einbezieht. Sie möchten erst an den Ohren, am Hals, an den Schenkeln, Brüsten, am Bauch, an den Innenseiten der Oberschenkel, Knien und Füßen geküßt werden. Frauen setzen das Küssen ein, um zum Sex anzuregen und das Interesse an ihrem Partner zu stimulieren.

Einfache Küsse auf die Lippen können wunderbar sein, aber viele Frauen mögen tiefe Zungenküsse und feste, langanhaltende Küsse auf den Lippen. Sie werden Ihre Partnerin mit Sicherheit erregen, wenn Sie bestimmte Bereiche, beispielsweise den Nacken, ihr Haar, die Ohren, Wangen und Augenlider küssen und liebkosen. Berühren Sie die Lippen, die Zunge und das Mundinnere Ihrer Partnerin mit tiefen, sinnlichen Küssen. Stoßen Sie Ihre Zunge immer wieder in ihren Mund, so daß die Zungen sich berühren.

Vorsichtiges Beißen und Knabbern kann sehr erotisch sein, aber an den Genitalien sollten Sie »Knutschflecke« vermeiden, da diese Organe sehr empfindlich sind. Verletzungen können zu äußerst starken Schmerzen führen. Auch am Busen ist sanftes Saugen angebrachter. Einige Frauen können auf diese Weise einen Orgasmus erreichen. Für viele Frauen kann das Küssen sogar Selbstzweck sein.

DIE EROGENEN ZONEN

Die Entdeckung und Erforschung der erogenen Zonen des Partners sollte liebevoll, vorsichtig und aufmerksam erfolgen, nicht einfach auf mechanische Weise. Jede Frau sollte versuchen, den Körper ihres Partners soweit wie möglich zu entdecken, und jeder Mann sollte experimentieren, um herauszufinden, was genau seiner Partnerin gefällt. Paare sollten lernen, sich langsam zu erregen und langsam herauszufinden, welche Körperteile Vergnügen bereiten und bei Berührung gereizt werden.

Wenn Sie verschiedene Körperteile Ihres Partners küssen und streicheln, sollte gleich offensichtlich sein, welche Wirkung diese Berührung hat. Drücken Sie die steigende Erregung, die Sie fühlen, immer aus. Gegenseitiges Feedback ist wichtig.

Für Männer und Frauen beginnt die Stimulation der erogenen Zonen mit Händen und Fingern, aber natürlich reagieren all diese Bereiche sogar noch intensiver, wenn sie mit Mund, Lippen und Zunge berührt werden. Neben zärtlichem Streicheln sollten Tätscheln, Reiben und ab und zu ein leichter Klaps eingesetzt werden, um das Liebesleben abwechslungsreicher und empfindungsreicher zu gestalten. Männer mögen es, wenn ihre Partnerin sie mit dem Busen und den Brustwarzen streichelt; Frauen empfinden die Berührung mit dem Penis, besonders mit der Eichel, am stärksten. Er ist für sie ein Wunderwerk an Weichheit und Härte.

DIE EROGENEN ZONEN DES MANNES

Genau wie die erogenen Zonen der Frauen sie zärtlich stimmen, beispielsweise die Lippen, das gesamte Gesicht und die Fingerspitzen, gibt es bestimmte, allgemeine Körperbereiche beim Mann, die ihm besondere Lustgefühle bereiten, wenn sie berührt werden. Dazu zählen die Schultern, die Handflächen, der Rücken, die Brust und die Brustwarzen. Streicheln und Saugen an den Brustwarzen des Partners führt dazu, daß sie sich aufrichten, was ein Zeichen von Erregung ist.

Der gesamte Genitalbereich des Mannes reagiert auf die geringste Berührung, und innerhalb dieses Bereichs gibt es viele bestimmte Punkte, die erforscht werden können. Der Bereich gleich hinter der Peniswurzel, der zwischen Penis und nahe der Prostata liegt, kann zu Anfang der Erregungsphase und beim Orgasmus besonders empfindlich gegenüber Berührung sein. Auch die Hoden sind besonders empfindlich und müssen vorsichtig gestreichelt werden, da zu starke und ungeschickte Berührungen schmerzhaft sein können. Zweifellos ist jedoch der Penis die empfindlichste erogene Zone des Mannes und die Stelle, an der er die intensivsten Gefühle wahrnimmt und an der das sinnliche Vergnügen sich konzentriert. Der gesamte Penisschaft ist sehr empfindlich, aber die Eichel am Ende und hier speziell die Spitze ist besonders reich an Nervenenden; daher reagiert der Penis schnell auf die leichteste Stimulierung. Das Vorhautbändchen ist ebenfalls bei allen Männern äußerst empfindlich, genau wie der Bereich gleich hinter der Penisöffnung. Die meisten Männer empfinden es als angenehm, wenn ihr Po gestreichelt wird.

DIE EROGENEN ZONEN DER FRAU

Im Gegensatz zur Haut des Mannes ist die Haut der Frau in ihrer Gesamtheit eine erogene Zone, und sie reagiert überall auf Berührungen, Liebkosungen und Küsse. Es gibt jedoch bestimmte Bereiche, deren Stimulation zu intensiverer Erregung führt. Diese erogenen Zonen unterscheiden sich von Frau zu Frau, und der Mann sollte herausfinden, wo sie sich befinden und sie beim Liebesspiel zärtlich und auf sehr persönliche Weise stimulieren.

ALLGEMEINE KÖRPERBEREICHE

Das Gesicht der Frau hat beispielsweise mehrere erogene Zonen, zu denen der Haaransatz, die Stirn, Schläfen, Augenbrauen, Augenlider und Wangen zählen. Im allgemeinen bevorzugen Frauen leichte Liebkosungen, bei denen das Gesicht zart berührt wird. Der Mund ist für die meisten Frauen eine der erogensten Zonen, die leicht mit den Fingerspitzen und beim Küssen erregt werden kann. Wenn der Mund stimuliert wird, kann der ganze Körper entflammen, was direkte Auswirkungen auf die Geschlechtsorgane hat. Andererseits führt die erogene Stimulation irgendeines Körperteils oft ebenfalls zu einer Reaktion in ihrem Mund, im Busen und im Genitalbereich.

Die Ohrläppchen sind für Stimulation sehr empfänglich und können zärtlich liebkost werden; manche Frauen reagieren so stark auf ihre Ohrläppchen, daß sie nach einer so einfachen Liebkosung zum Orgasmus kommen können. Der Hals und besonders der Nacken sind sehr empfindliche Bereiche, genau wie die Halsseiten. Wenn eine Frau langanhaltende Küsse an ihrem Hals akzeptiert, bedeutet das meist, daß sie bereit ist, Küsse an anderen Stellen zu empfangen. Die Arme, Achselhöhlen, Hände und der Rücken, die Hüften und der gesamte untere Bereich des Bauches können von einem aufmerksamen Liebhaber erotisch stimuliert werden. Eine äußerst empfindliche Zone befindet sich am Nabel. Die meisten Frauen mögen Liebkosungen mit den Fingerspitzen, den Lippen oder dem Penis über die Gesamtlänge der Beine hinweg und an den Schenkelinnenseiten.

DIE REAKTIONSSTÄRKSTEN STELLEN

Für die meisten Frauen ist der Busen hoch erotisch und spielt eine wichtige Rolle bei der sexuellen Erregung. Saugen, Knabbern, Lecken, Streicheln und sanftes Drücken führen dazu, daß die Brustwarzen sich aufrichten, was ein sicheres Zeichen für Erregung ist. Frauen unterscheiden sich jedoch stark in ihrer Reaktion auf Stimulation, daher ist es wichtig herauszufinden, was die Partnerin mag und was nicht. Zur erogensten Zone des weiblichen Körpers, der Vulva, gehört auch das Perineum, der Hautbereich zwischen Vagina und Anus. Wenn der Mann seine ganze Hand auf diesen Bereich legt, während die großen Schamlippen geschlossen sind, und diesen Bereich stark drückt oder massiert, kann die Frau sehr schnell erregt werden, da die Haut hier ein dichtes Netzwerk an Nervenenden enthält.

Die kleinen und großen Schamlippen sind sehr reich an Nervenenden und eine sehr erogene Zone bei allen sexuell erfahrenen Frauen. Die kleinen Schamlippen sind jedoch viel empfindlicher als die großen – besonders, wenn sie an der inneren Oberfläche durch die Spalte der Vulva gestreichelt werden. Wenn Sie beide Lippen zusammendrücken und mit den Fingern alle empfindlichen Teile der Vulva kräftig massieren, wird die Frau stark stimuliert; starke Erregung sollte folgen. Die Klitoris ist der sexuell empfindlichste Teil des weiblichen Körpers. Sie läßt sich am leichtesten stimulieren, wenn der Mann lernt, es sanft und geschickt und ohne unnötige Eile zu tun. Die Stimulation der Klitoris mit der Spitze des erigierten Penis bereitet vielen Frauen ein besonders angenehmes Gefühl.

Wie der Mund ist der Scheideneingang reich an Nervenenden und reagiert intensiv auf alle Arten von Liebkosungen – wobei die Eichel die meisten Empfindungen hervorruft –, aber bei manchen Frauen führt es zu ekstatischen Gefühlen, wenn der Mann sie dort mit den Lippen und der Zunge liebkost. Der Po ist ebenfalls eine erogene Zone. Die vielen Nervenenden dort lassen sich leicht mit Streicheln oder leichten Klapsen stimulieren.

VORSPIEL

DIE BESTIMMUNG DER EROGENEN ZONEN

Bestimmte Bereiche des Körpers, speziell der Haut, sind besonders empfindsam. Man bezeichnet sie als erogene Zonen. Ihre Empfindlichkeit ist auf die reiche Versorgung mit Nervenenden zurückzuführen, die auf Berührung deutlich reagieren. Wenn die emotionale Komponente sehr hoch ist, kann die Berührung fast jeden Körperteils zu einem sexuellen Reiz führen. Jeder Bereich der Haut kann also zur erogenen Zone werden, wenn er von einem anziehenden und begehrenswerten Partner berührt wird. Die Körperbereiche, in denen eine trockene Oberfläche auf eine feuchte trifft, reagieren besonders schnell auf jede Art von Berührung.

Lippen
Die Lippen der Frau und des Mannes sind offensichtlich erogene Zonen, die auf Berührung, Küssen oder Lekken reagieren.

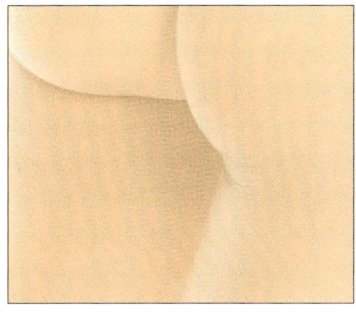

Oberschenkel
Die Innenseiten der Oberschenkel sind ein sehr empfindsamer Bereich, sie können zu einer Quelle erotischer Lust werden, wenn man sie streichelt und küßt.

Körper
Der ganze Körper und besonders die Haut kann zu einer großen erogenen Zone werden.

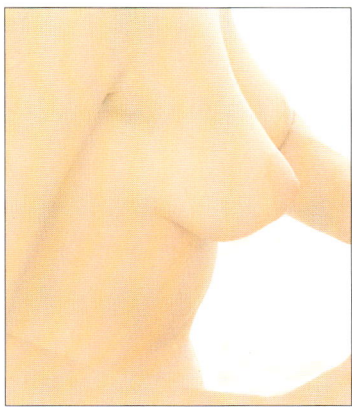

Busen
Der Busen der Frau ist sexuell sehr empfindsam – sanfte oder etwas gröbere Liebkosungen, leichtes Drücken und Streicheln der Brustwarzen kann sehr erregend sein.

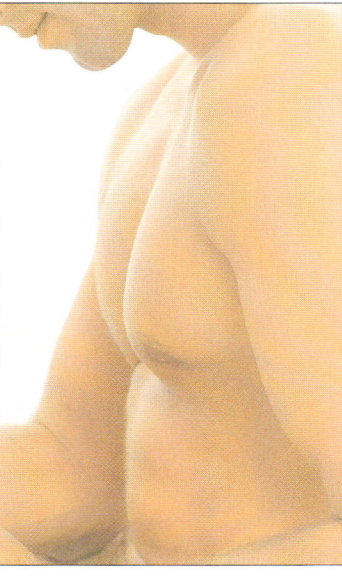

Brust
Die Brust des Mannes und auch seine Brustwarzen reagieren auf Küsse und Streicheln.

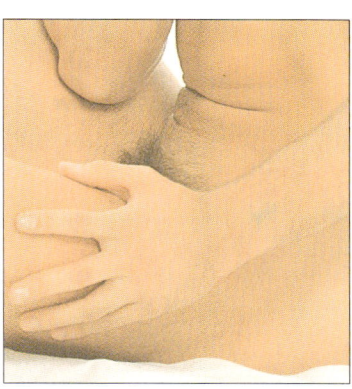

Genitalien
Die Genitalien beider Partner enthalten die größte Anzahl sensorischer Nervenenden, und die Stimulation dieser Bereiche führt zu schnellen und starken sexuellen Empfindungen.

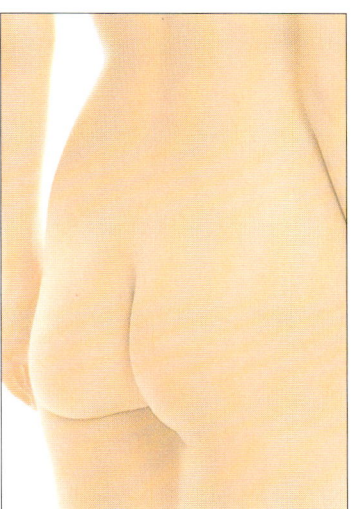

Pobacken
Die Pobacken, visuelle Symbole der Sinnlichkeit, enthalten viele Nervenenden und sind eindeutig erogene Zonen.

Petting

Ob der Geschlechtsverkehr geplant ist oder nicht – beim Mann führt Küssen und Schmusen im allgemeinen schließlich dazu, daß er den Busen, die Brustwarzen und die Klitoris der Partnerin berührt, streichelt und küßt, und die Frau wird dazu angeregt, dasselbe mit dem Hodensack und Penis des Mannes zu tun. Petting, das Liebesspiel, bei dem die Finger eingesetzt werden, ist mehr als nur romantisch. Es ist sehr wichtig für die sich steigernde Spirale sexueller Erregung, die für eine befriedigende Sexualität nötig ist.

WAS DIE FRAU MAG

Petting ist so reizvoll für Frauen und bei ihnen so beliebt, weil es sie in zärtlicher Weise erregt und entspannt und sie auf den Geschlechtsverkehr vorbereitet. Für Frauen ist der Geschlechtsverkehr nur willkommen, wenn sie bereit dazu sind und genug stimuliert wurden, damit die Scheide gleitfähig wird und sich erweitert, um den Penis aufzunehmen. Wenn die Frau den Spiegel der Sexualhormone nicht durch Küssen, Streicheln und Petting erhöhen läßt, kann der Geschlechtsverkehr für sie sehr unangenehm sein. Die Mehrheit der Männer unterschätzt, wie lange dies dauert, da es viel schneller zur Erektion des Penis kommt.

Die meisten Frauen bevorzugen es, wenn zuerst andere Bereiche als Brust und Genitalien berührt werden, aber wenn sie erst einmal erregt sind, lassen sie sich gerne an Busen und Po stimulieren. Der Busen muß jedoch sehr behutsam gestreichelt werden, bis die Frau stärker erregt ist. Dann ist leidenschaftlicheres Küssen, Saugen und Streicheln angenehm. Die meisten Frauen mögen es, wenn ihr Po gestreichelt und gedrückt wird, und einige mögen es auch, wenn der Partner ihnen einen leichten Klaps gibt. Erst wenn die Frau ausreichend stimuliert ist, sollte ihr Partner zu Liebkosungen des Genitalbereichs übergehen (siehe Seite 78). Nicht alle Frauen haben denselben Geschmack, aber viele mögen es, wenn die genitalen Liebkosungen am Anfang sanft sind und härtere, lebhaftere Bewegungen ausgeführt werden, wenn sie auf den Orgasmus zugehen.

WAS DER MANN MAG

Küsse sollten zu Liebkosungen des ganzen Körpers des Mannes führen. Leidenschaftliche Küsse, Saugen und Streicheln werden als angenehm empfunden. Starke Empfindungen können beim Mann auch entstehen, wenn die Partnerin mit den Händen oder anderen Körperteilen seine nackte Haut streichelt.

Der Mann wird leicht erregt, wenn seine Genitalien stimuliert werden, und viele Männer mögen es, wenn ihre Pobacken gestreichelt oder geknetet werden. (Es liegt allerdings im Interesse der Frau, das Vorspiel zu verlängern und genitale Liebkosungen bis kurz vor der Penetration hinauszuzögern.) Manche Männer genießen auch einen leichten Klaps. Das Crescendo, das bei solch ansteigender sexueller Aktivität erreicht wird, kann den Mann oft zum Orgasmus bringen, ohne daß er in den Körper der Partnerin eindringt.

Petting ist äußerst wirksam. Die sexuelle Erregung setzt mit dem Reiz ein, der der Hirnanhangdrüse befiehlt, ein Hormon auszusenden, das durch den Blutstrom reist, um die Hoden anzuregen, mehr Hormone abzugeben. Dies führt dazu, daß der Mann sich sexy und erregt fühlt. Die Hormone wiederum regen den Hypothalamus an, mehr Hormone zu produzieren. Es ist eine sich steigernde Spirale, in der der Mann immer stärker erregt wird. Es liegt im Interesse der Frau, dieses hohe Erregungsniveau aufrechtzuerhalten.

MASSAGE

Ich glaube, daß die Meisterung sexueller und nicht-sexueller Berührungen sehr wichtig für eine befriedigende sexuelle Beziehung ist. Bei Menschen, die bereits ein gutes Sexualleben haben, kann die Massage das Vergnügen noch steigern; fast jeder kann noch etwas verbessern.

Massage ist wichtig, denn sie entspannt nicht nur im allgemeinen und gibt Ihnen die Möglichkeit, wirklich über Berührungen nachzudenken und sie zu genießen, sondern sie hilft auch, Ihre Sinne ganz auf die Reaktionen Ihres Körpers zu konzentrieren, so daß sich der Sexualtrieb steigert. Während der Massage erfahren einige Menschen diese »sinnliche Konzentration« zum ersten Mal.

Massage kann besonders wichtig für Frauen sein. Sie kann dieselbe Wirkung haben wie Küsse, Liebkosungen und andere Arten des Vorspiels, da sich die Sexualhormone der Frau erst aufbauen und ihren Körper für den Geschlechtsverkehr vorbereiten müssen. Es ist auch eine Hilfe für Männer, die Schwierigkeiten bei der Erregung haben oder unter Impotenz leiden (siehe auch Erfolg bei sexuellen Problemen).

GRÖSSTMÖGLICHE LUST BEREITEN

Jeden Zentimeter des Körpers des/der Geliebten kennenzulernen, ist eine der schönsten gemeinsamen Erfahrungen, die es gibt, und es lohnt sich, sich Zeit zu nehmen und alles richtig vorzubereiten. Man sollte sich zwischen der passiven und der Vergnügen spendenden Rolle abwechseln. Wählen Sie eine Zeit, in der Sie ungestört sind, und einen Ort, der warm und abgeschieden ist. Gedämpftes Licht und leise Musik im Hintergrund können auch ihren Teil zum Wohlbefinden beitragen. Sie können das Bett verwenden, wenn es nicht zu weich ist, oder den Boden, der mit Kissen ausgelegt wird.

Beide Partner sollten eine bequeme Position einnehmen und entkleidet sein, um die beste Wirkung zu erreichen. Derjenige, der die Massage durchführt, sollte warme und vorzugsweise geölte Hände haben. Wenn Sie die Rolle des massierenden Partners übernommen haben, müssen Sie sich auf das konzentrieren, was Sie tun, und darauf achten, wie Ihr Partner reagiert. Wenn Sie an der Reihe sind zu empfangen, sollten Sie sich entspannen und jede Minute genießen.

Beginnen Sie mit einer sanften, erforschenden Massage, die sich über den gesamten Körper des Partners erstreckt. Ausgenommen sind Genitalien und Brüste, da die Massage auf diese Weise viel sinnlicher und entspannter wird. Sie können dazu übergehen, Brust und Genitalien zu berühren, wenn Sie mögen. Dies kann so erregend sein, daß es sich nicht vermeiden läßt, zum Geschlechtsverkehr überzugehen und einen Orgasmus zu erreichen.

MASSAGETECHNIKEN

Bei der Massage wird mit den Händen, Daumen und Fingern rhythmischer Druck auf den Körper des Partners ausgeübt. Es gibt verschiedene Techniken, und damit das Vergnügen besonders groß wird, sollten verschiedene unter ihnen ausgewählt werden. Besonders wichtig ist, daß ein langsamer, gleichmäßiger Rhythmus mit ausreichendem Druck aufrechterhalten wird. Achten Sie darauf, daß Ihre Hände sanft über den Körper des Partners gleiten wie unten abgebildet.

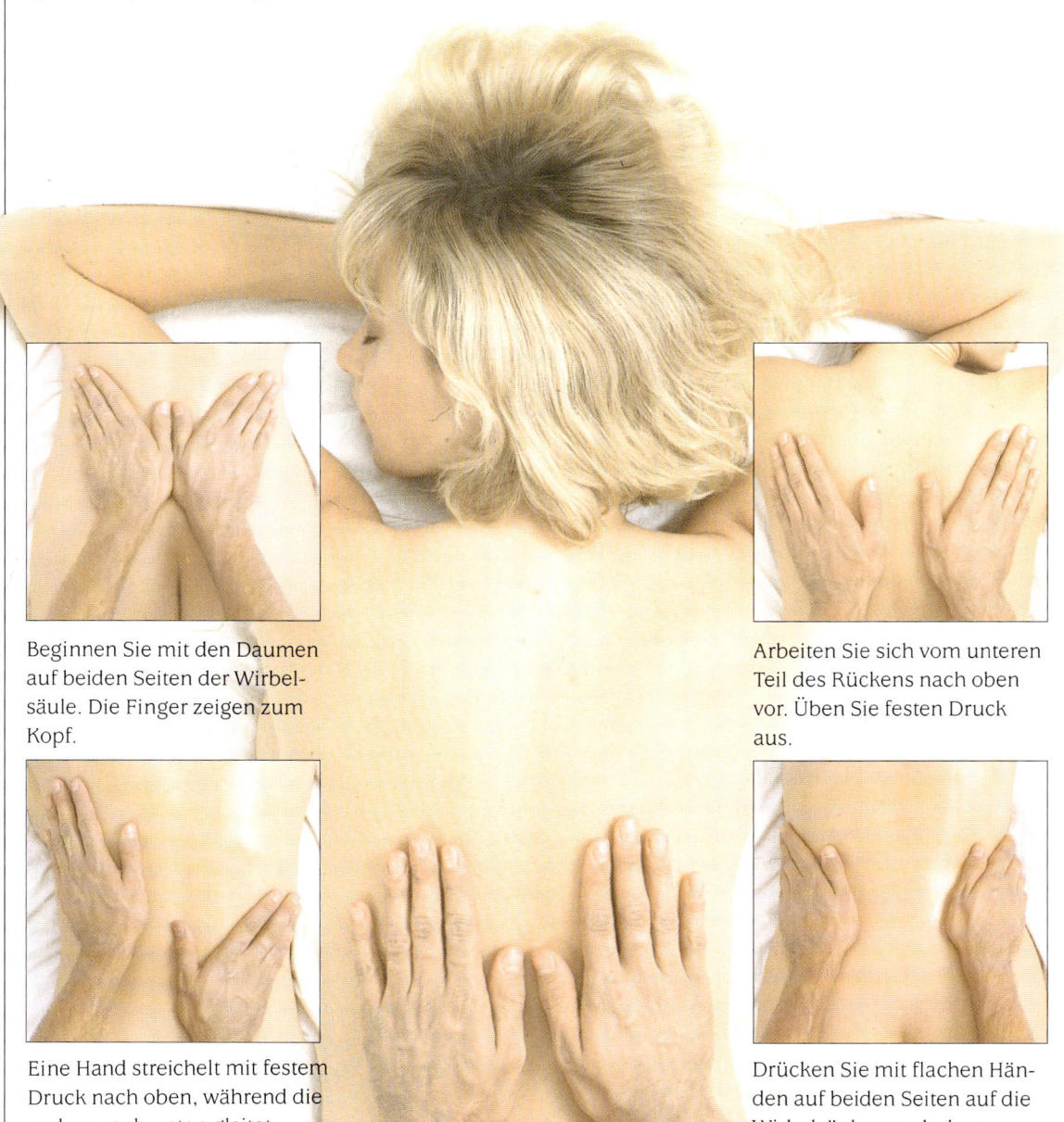

Beginnen Sie mit den Daumen auf beiden Seiten der Wirbelsäule. Die Finger zeigen zum Kopf.

Arbeiten Sie sich vom unteren Teil des Rückens nach oben vor. Üben Sie festen Druck aus.

Eine Hand streichelt mit festem Druck nach oben, während die andere nach unten gleitet.

Drücken Sie mit flachen Händen auf beiden Seiten auf die Wirbelsäulenmuskulatur.

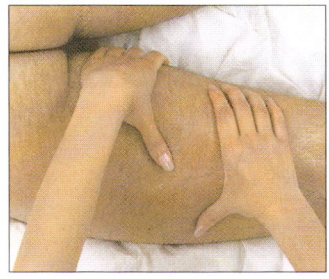

Kneten
Nützlich an fleischigen Bereichen wie Hüften und Schenkeln. Die Wirkung kann verändert werden, indem man Tiefe und Geschwindigkeit variiert – langsam und tief oder schnell und oberflächlich. Heben Sie das Fleisch ab, drücken und rollen Sie es zwischen dem Daumen und den Fingern der Hand.

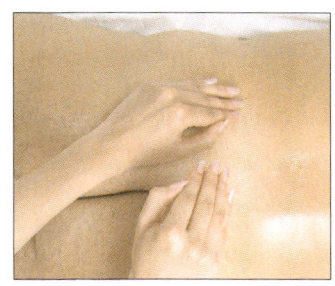

Massage mit der hohlen Hand
Schnelle, leichte Bewegungen sind stimulierend und erfrischend für die Haut. Streicheln Sie den Körper leicht und abwechselnd mit beiden Händen. Halten Sie die Finger dabei zusammen und die Daumen untergeschlagen. Wenn die Hände den Körper berühren, sollte ein hohles Geräusch entstehen.

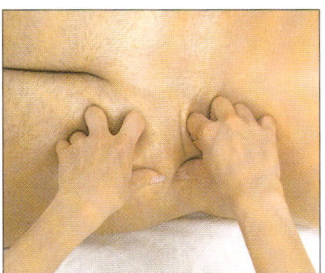

Mit den Knöcheln massieren
Ballen Sie die Hände zu einer lockeren Faust und drücken Sie mit den Fingerknöcheln auf die Haut. Üben Sie kleine Kreisbewegungen aus. Auf diese Weise entsteht eine wellenartige Wirkung, die auf den Schultern, der Brust, den Handflächen und Fußsohlen besonders angenehm ist.

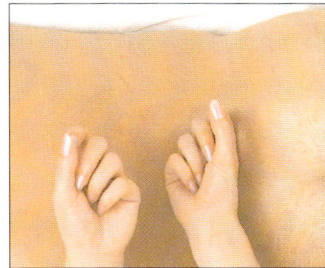

Trommeln
Trommelnde Bewegungen, die lebhaft und federnd sind, sollten auf fleischigen Muskelbereichen angewandt werden. Die Hände werden zu einer lockeren Faust geballt, und mit den Handseiten wird abwechselnd leicht gegen die Haut getrommelt. Setzen Sie diese Bewegungen am Ende der Massage ein.

MASSAGEHILFEN

Es gibt verschiedene duftende Öle, die die Haut weich und glatt machen; mit ihrem Duft tragen sie zur Stimmung bei. Tragen Sie das Öl sparsam auf die Hände auf und dann auf die Körperteile, die Sie massieren wollen. Zusätzlich kann die Haut mit Federn, Stoff und anderen weichen Geweben stimuliert werden.

VORSPIEL

Massage: Was der Mann tun kann

Wenn ein Mann seine Partnerin langsam und zärtlich streichelt, versichert er ihr, daß er sie und ihren Körper liebt. Eine Frau hat viele erotische Bereiche, und der Mann sollte sich Zeit für sie nehmen und sie mit leichtem Druck und einigen Kreisbewegungen zärtlich streicheln, was starke, angenehme Empfindungen hervorruft. Kopf und Hals, Lippen, Mund und Ohrläppchen sind sehr empfindsam, genau wie der Busen, der Genitalbereich, der Bauch und die Pobacken.

Berührungen des Gesichts
Fahren Sie mit sanften Streichelbewegungen über die Lippen und das Gesicht der Partnerin. Mund, Kinn, Hals und Ohren sind sehr empfindsam und berührungsempfänglich.

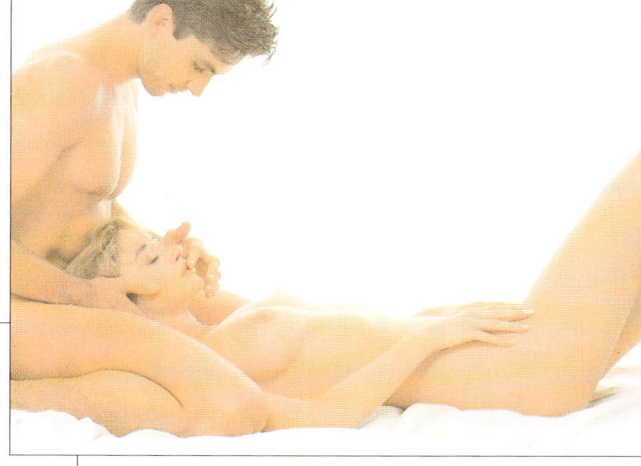

Streicheln der Brust
Legen Sie Ihre Hände auf die Rippen der Partnerin und lassen Sie sie langsam zwischen ihren Brüsten nach unten gleiten.

VORSPIEL

Flüstern Sie Ihrer Partnerin zärtliche Worte ins Ohr.

Den Busen liebkosen
Liebkosen Sie den Busen der Partnerin, indem Sie ihn mit Händen und Fingern vorsichtig an den Seiten und unten anfassen und die Brustwarzen mit leichten Streichelbewegungen umkreisen.

Intensiver Hautkontakt läßt Ihre gemeinsamen Erfahrungen noch sinnlicher werden.

Ihre Partnerin schmiegt sich an Sie und sucht dabei die bequemste Position.

MASSAGE: WAS DIE FRAU TUN KANN

Neben sanften, liebkosenden Streichelbewegungen mit den Händen kann eine sinnliche Massage andere Stimulierungen wie Küssen, Lecken, leichtes Blasen und auch Streicheln des Partners mit Busen oder Haar beinhalten. Sie können sitzen, neben ihm knien oder sich mit gespreizten Beinen auf ihn setzen, so daß er die Wärme der Innenseiten Ihrer Schenkel spürt, was zu einer stärkeren Reaktion führt. Sie können die ganze Hand, die Fingerspitzen oder nur die Daumen oder Handballen einsetzen. Kneten und streicheln Sie den Rücken und Oberkörper entweder sanft mit langen, rhythmischen Bewegungen, oder lassen Sie die Finger leicht und verlockend die Rückenseiten hinauf- und hinuntergleiten. Sie können auch einen anderen Bereich massieren, beispielsweise die Schenkelinnenseiten, die Leistengegend, die Pobacken oder Füße, alles Bereiche, die sehr erogen sind und das Vergnügen des Partners steigern.

Den Rücken massieren
Setzen Sie sich mit gespreizten Beinen auf Ihren Partner und beginnen Sie die Massage, indem Sie die Hände einen Augenblick lang auf seinem Körper ruhen lassen, um den Körperkontakt herzustellen.

VORSPIEL

Seinen Rücken mit Ihrem Haar streicheln
Streicheln Sie sanft mit Ihrem Haar oder Busen über den Rücken des Partners. Lassen Sie ihn nicht Ihr Gewicht spüren, sondern stützen Sie sich mit Händen und Ellbogen ab.

Schmiegen Sie Ihren Körper sanft an den Ihres Partners, um das intime Gefühl noch zu verstärken.

Den Nacken küssen
Legen Sie ein Bein oder einen Arm über den Körper Ihres Partners und küssen Sie seinen Nacken, blasen Sie sanft in sein Ohr und streicheln Sie Hals und Schultern mit den Händen.

MASTURBATION

Die Mehrheit der Männer und Frauen lernt die eigene Sexualität durch Masturbation kennen, die meistens im Alter von zehn bis elf Jahren zum ersten Mal ausprobiert wird. Natürlich spielen Jungen und Mädchen schon lange vorher mit ihren Geschlechtsteilen. Besonders Jungen fassen in den ersten Lebensjahren ihren Penis an – sicher zum Teil auch nur, weil sie ihn als Anhängsel wahrnehmen, das von ihrem Körper absteht.

Kleinkinder im Alter von drei bis vier Jahren spielen gerne mit ihren Geschlechtsteilen und untersuchen sich gegenseitig im Alter von fünf und sechs Jahren genau. Zu Beginn der Adoleszenz, wenn männliche und weibliche Sexualhormone produziert werden, beginnt das bewußte Masturbieren im eigentliche Sinne. Das Alter von zehn oder elf Jahren ist dafür der früheste Zeitpunkt, und bei manchen kann das Interesse daran erst viel später einsetzen.

Nur durch persönliches Experimentieren versteht man die eigenen Vorlieben und entwickelt Techniken, die besonders viel Lust bereiten. Es wäre schön, wenn man diese Vorlieben gegenüber dem Partner deutlich machen und Vergnügen und Techniken ehrlich teilen könnte.

Für die meisten Menschen ist die auto-erotische Erfahrung etwas sehr Privates, und die Masturbation ist für Paare eins der schwierigsten Themen überhaupt. Vielleicht verbietet es der religiöse Glaube, oder es handelt sich um ein Thema, das sie nicht miteinander besprechen können, weil es so privat ist. Viele empfinden das Masturbieren als heikel, weil sie meinen, daß sie dem Partner genau sagen müssen, was sie tun. Das ist überhaupt nicht nötig, aber man sollte dem Partner versuchen klarzumachen, wie man sich fühlt.

Die Auto-Erotik ist natürlich nicht auf die Erregung der Genitalien beschränkt; viele andere Erfahrungen im Leben sind auto-erotisch, beispielsweise ein langes, luxuriöses, sinnliches Bad oder das Gefühl von Wind im Haar und Sonne auf der Haut. Begrenzen Sie Ihre Betrachtungsweise der Auto-Erotik nicht allein auf das Sexuelle; lassen Sie sich durch die vielen, natürlich auftretenden, alltäglichen Erfahrungen stimulieren, beispielsweise durch einen frischen, sonnigen Wintermorgen, einen Spaziergang an einem schönen Tag am Strand entlang oder durch das Schwimmen im Meer oder Pool.

EINSTELLUNGEN ZUR MASTURBATION

Viele Menschen empfinden die Masturbation als unnatürlich und widerlich und als komplette Zeitverschwendung. Sie verstehen nicht, warum Menschen dies tun und können sich überhaupt nicht vorstellen, daß sie damit fortfahren, wenn sie einen Sexualpartner haben. Die meisten Männer werden dem nicht zustimmen, auch wenn sie ihre Gefühle für sich behalten.

Für die meisten Menschen kann die Masturbation vor oder gemeinsam mit dem Partner große Lust bereiten und gegen Ende eines ausgedehnten Vorspiels eine sehr erregende Variante des Liebesspiels sein, wenn sie sich erst einmal damit auseinandergesetzt haben. Unterschiede in der Einstellung können nur verständlich gemacht werden, wenn Sie Ihrem Partner gegenüber ehrlich sind und Ihre Einstellung zur Masturbation äußern. Vielleicht stellen Sie fest, daß die Idee eigentlich für Sie beide attraktiv ist.

Über die Masturbation gibt es viele Mythen, und alle sind falsch, aber es ist wichtig zu wissen, daß Masturbation zu keinerlei Problemen führt, es sei denn, sie steht der persönlichen, moralischen Einstellung entgegen. Man sollte sie als ausgezeichnete Möglichkeit zur Selbsterziehung betrachten. Die eigene Einstellung sollte offen und entspannt sein; Masturbation sollte nie zu Hast, Schuld oder Geheimnistuerei beim Sex führen. Wichtiger ist, daß sie zu intensiven Orgasmen verhelfen kann. Sie ist eine gute Möglichkeit, sexuelles Wohlbefinden, Sicherheit und Selbstachtung zu entwickeln.

Schließlich bedeutet Masturbation nicht, daß die Sexualität mit Ihrem Partner nicht so erfüllend ist, wie sie sein sollte, oder daß Ihr Partner Ihre Geschlechtsorgane nicht so stimulieren kann, wie Sie es gewöhnt sind. Viele Partner haben ihre besten sexuellen Erfahrungen, wenn es vor oder während des Geschlechtsverkehrs zur Masturbation kommt.

WAS DER MANN MAG

Um die männliche Masturbation lag immer ein Geheimnis, von dem Frauen ausgeschlossen waren. Selbst in der Ehe haben nur wenige Frauen die Möglichkeit, ihren Mann dabei zu beobachten. Aber wenn man nicht weiß, was dem Partner Vergnügen bereitet, ist es schwierig, es selbst zu tun. Es gibt keine bessere Möglichkeit zu lernen, als zuzuschauen und miteinander zu reden.

Der Mann konzentriert sich besonders auf die Penisspitze und das Vorhautbändchen; dies ist ein deutlicher Unterschied zur Masturbation der Frauen, denen ein größerer biologischer Apparat zur Herstellung von Empfindungen zur Verfügung steht. Der Penisschaft ist relativ unempfindlich. (Neben der starken sexuellen Reaktion, die sich auf den Schaft und die Eichel der Klitoris konzentriert, können Frauen durch die Stimulation der Schamlippen, der Scheidenöffnung und der Scheide selbst erregt werden.) Die Berührung des Hodensacks und der Hoden ist für Männer nicht so erregend wie die Stimulation der Schamlippen oder des Scheideneingangs für die Frauen.

WAS DIE FRAU MAG

Ein Mann findet am leichtesten heraus, wie eine Frau stimuliert werden möchte und wieviel Stimulation nötig ist, wenn er beobachtet, wie Frauen masturbieren. Einige Frauen, besonders jene, die Schuldgefühle dabei haben, ziehen es jedoch vor, daß der Partner sie befriedigt. Manche Frauen masturbieren zu bestimmten Zeiten, beispielsweise während der Menstruation, und halten dies vor dem Partner geheim. Für andere, besonders »emanzipierte« Frauen, ist es eine Routine, um sexuelle Spannungen abzubauen. Und da direkte und andauernde genitale Stimulation für den Orgasmus der Frau so notwendig ist, masturbieren einige Frauen, um zu garantieren, daß sie während des Geschlechtsverkehrs einen Orgasmus erreichen.

Da nur etwa 30 Prozent der Frauen beim Geschlechtsverkehr zum Höhepunkt kommen, aber über 80 Prozent beim Masturbieren beziehungsweise bei manueller Befriedigung durch den Partner, sollte eigentlich der so erreichte Orgasmus als der Normalfall betrachtet werden.

MASTURBIEREN KANN SPASS MACHEN

Die Masturbation ist eine Möglichkeit, das sexuelle Vergnügen von Mann und Frau zu steigern. Sie ist im allgemeinen für die Sexualität in allen Lebensbereichen hilfreich. Das heißt nicht, daß Sie sich unzulänglich fühlen müssen, wenn Sie nicht masturbieren. Bedenken Sie auch, daß Masturbation nichts über die Qualität des ehelichen Geschlechtslebens aussagt; tatsächlich gibt es Beweise, die darauf hindeuten, daß Menschen, die ohne Schuldgefühle masturbieren, sich in ihrer Sexualität freier ausdrücken können, sich der Natur ihrer individuellen, sexuellen Reaktionen stärker bewußt sind und Sex mehr genießen als Menschen, die unter Schuldgefühlen leiden. Außerdem ist die Masturbation eine gute Alternative zum Geschlechtsverkehr, wenn eine Frau kurz vor der Entbindung steht, gerade ein Baby bekommen hat oder sich von einem gynäkologischen Eingriff erholt oder wenn der Mann keine Erektion bekommen kann.

KANN MAN(N) ZUVIEL MASTURBIEREN?

Oft berichten Männer, daß sie einmal pro Monat oder bis zu zwei- oder dreimal pro Tag masturbieren. Fast jeder Mann macht sich Gedanken über die angeblichen negativen Auswirkungen, wenn zuviel masturbiert wird, aber jeder Mann meint, daß das für ihn nicht zutrifft. Ein Mann, der einmal pro Monat masturbiert, betrachtet ein- oder zweimal pro Woche als zuviel und glaubt, daß dies zu Geisteskrankheiten führen könne, falls diese Praxis länger als ein Jahr anhält. Ein Mann, der zwei- bis dreimal pro Tag masturbiert, glaubt, daß fünf- bis sechsmal pro Tag zuviel sei und zu einer Nervenkrankheit führen könne. Kein Mann befürchtet jedoch im geringsten, daß sein spezielles Masturbationsmuster exzessiv sei, gleich wie oft er masturbiert.

Es gibt in der Medizin keine bestimmte Aussage, die definiert, wann ein Mann zuviel masturbiert, und es gibt keine medizinischen Hinweise, daß Masturbation, egal wie häufig sie auftritt, zu irgendeiner Form von Geisteskrankheit führen kann. Wahrscheinlich ist es eher der Fall, daß Männer, was die Dauer und Häufigkeit betrifft, zu wenig masturbieren. Mehr Vergnügen, mehr Sinnlichkeit und größere Kontrolle können positive Ergebnisse der Masturbation sein.

KANN FRAU ZUVIEL MASTURBIEREN?

Die meisten Frauen lernen die Sexualität durch Masturbieren kennen. Nur wenige haben eine klare Vorstellung von ihrer sexuellen Anatomie. Sie würden daher nicht wissen, wo sie gerne stimuliert werden möchten, wenn sie nicht masturbierten. Die Masturbation läßt ein Mädchen erst erfahren, wie es sexuell funktioniert, und hilft ihm, Vorlieben zu entwickeln. Wahrscheinlich kommt es auf diese Weise zum ersten Mal zum Orgasmus.

Die Fähigkeit zu entdecken, was sich angenehm und aufregend anfühlt, was sie erregt und was sie weniger gehemmt, weniger ängstlich und freier macht, wird am häufigsten beim Masturbieren entdeckt. Wenn auf diese Weise erst einmal ein Orgasmus erreicht wurde, läßt sich die Erfahrung leichter wiederholen. Die Masturbation ist auch für ältere Frauen wichtig. Die Selbstbefriedigung steigert die Gleitfähigkeit und verringert Schmerzen in der Scheide, die durch Trockenheit hervorgerufen werden.

Egal ob die Masturbation ständig ausgeführt oder nach dem Verlust des Partners wieder aufgenommen wurde, sie ist eine ideale sexuelle Aktivität – eine leichte Möglichkeit, einen Orgasmus zu erreichen. Außerdem verlängert sie das aktive sexuelle Leben garantiert.

WAS MÄNNER TUN

Nur durch persönliche Experimente kann der einzelne Mann entdecken, wie er am liebsten stimuliert werden möchte. Manche Männer berühren die Oberfläche des Penis nur leicht; andere setzen starke und feste Bewegungen über das gesamte Organ hinweg ein, die für viele überhaupt nicht in Frage kämen oder sogar als schmerzhaft empfunden würden. Oft bevorzugen Männer die Stimulation der Eichel allein und beschränken die Manipulation auf die Oberfläche des Penis am oder in der Nähe des Vorhautbändchens oder ziehen am Glied, um den ganzen Eichelbereich zu stimulieren. Die meisten Männer manipulieren jedoch den Penisschaft mit Bewegungen, die das gesamte Organ einbeziehen. Geschwindigkeit, Länge der Bewegungen und Festigkeit unterscheiden sich von Mann zu Mann.

Viele Männer versuchen beim Masturbieren so schnell wie möglich fertigzuwerden, und ein großer Teil ihrer Technik und das Timing ist falsch. Dies kann später zu Problemen führen, weil auf diese Weise Masturbation und Ejakulation mit dem schnellen Abbau von Spannungen gleichgesetzt wird.

Wenn es auf die Ejakulation zugeht, steigern die meisten Männer ihre Aktionen, bis sie den gesamten Penisschaft so schnell wie möglich stimulieren. Während der Ejakulation verlangsamen die meisten Männer die Bewegungen am Penisschaft ganz oder deutlich. Der Grund dafür ist, daß die Eichel gleich nach der Ejakulation besonders empfindlich ist. (Frauen können dies meistens nicht nachempfinden, da sie oft ganz andere Wünsche haben, siehe rechts.) Es kann für den Partner schmerzhaft sein, wenn die Frau nach der Ejakulation den Penis weiter mit der Hand stimuliert oder das Becken bewegt.

Manche Männer verwenden ein Gleitmittel für die Hände, um die Reibung zu verringern und ihr sinnliches Vergnügen zu erhöhen. Vaseline, Hand- oder Körperlotionen und Massageöle haben alle ihre Anhänger. Alle tragen dazu bei, die Erfahrung angenehmer zu machen.

WAS FRAUEN TUN

Zwei Frauen masturbieren niemals auf dieselbe Weise, obwohl sie nur selten die Eichel der Klitoris direkt manipulieren, da diese Berührungen und Druck gegenüber oft sehr empfindlich wird. Dies trifft besonders gleich nach dem Orgasmus zu, und man sollte darauf achten, daß die Eichel nicht direkt berührt wird, es sei denn, daß eine erneute Stimulation erwünscht ist. Manche Frauen bewegen ihren Körper, um sich sinnlich zu fühlen, andere liegen ganz ruhig da und arbeiten nur mit den Händen.

Die meisten Frauen, die die Klitoris manipulieren, tun dies über den Schaft, wobei sie die rechte Seite streicheln, wenn sie rechtshändig sind und umgekehrt. Viele Frauen wechseln die Seiten; konzentrierte Manipulation in einem Bereich kann zu Taubheitsgefühlen führen, wenn auf einen bestimmten Bereich zuviel Druck ausgeübt wird. Das Wechseln der Seiten bringt die Empfindsamkeit zurück, während die Stimulation ununterbrochen fortgesetzt wird.

Nur wenige Frauen konzentrieren sich auf die Klitoris allein; die meisten stimulieren den Schamhügel insgesamt. Tatsächlich wird das gesamte Perineum Berührungen gegenüber sehr empfindlich; die kleinen Schamlippen können als Quelle erotischer Erregung genauso wichtig sein wie die Klitoris oder der Schamhügel.

Beim Masturbieren manipulieren die meisten Frauen den Schaft der Klitoris ununterbrochen bis zum Orgasmus und darüber hinaus ohne Pause. Es ist nützlich zu wissen, daß dies das Gegenteil der normalen, männlichen Reaktion auf den Orgasmus ist, bei der schnelle Beckenbewegungen gestoppt werden.

Wenn die Stimulation der Klitoris eingestellt wird, kann dies dazu führen, daß es während des Geschlechtsverkehrs nicht zu einem befriedigenden Orgasmus für die Frau kommt.

Anders als der Mann ist eine Frau, die masturbiert, oft nicht mit einem einzigen Orgasmus zufrieden, sondern erlebt mehrere, aufeinanderfolgende Orgasmen, bis sie müde wird.

EINE FRAU STIMULIEREN

Die Klitoris ist zart und empfindlich, daher sollte sie vorsichtig berührt werden. Üben Sie keinen direkten Druck aus, es sei denn Ihre Partnerin mag das. Die meisten Frauen finden indirekten Druck viel angenehmer und stimulierender. Die Finger müssen mit dem Scheidensekret, Speichel oder einem Gleitmittel gut angefeuchtet werden, um Reizungen möglichst gering zu halten.

Damit im gesamten Klitorisbereich befriedigende Empfindungen hervorgerufen werden, setzen Sie die ganze Hand ein – alle Finger, die Handfläche oder den Handballen – nicht nur ein oder zwei Finger. Es gibt zwei Hauptarten von Bewegungen: kreisförmig und vibrierend.

Bei Kreisbewegungen legen Sie die Hand auf den Klitorisbereich auf. Üben Sie leichten Druck mit der Handfläche oder den Fingern aus, indem Sie sie vorsichtig immer im Kreis herumbewegen.

Bewegen Sie Ihre Hand nach oben, so daß der Handballen direkt über der Klitoris auf der Vulva liegt. Sie können auch mit der Hand, deren Innenfläche auf dem Schamhügel ruht, so daß die Finger sich über der Klitoris befinden, vorsichtig aufdrücken und feste Kreisbewegungen ausüben.

Für vibrierende Bewegungen machen Sie die Hand über dem Schambereich hohl und führen die Finger rasch auf und ab über die Klitoris. Dann halten Sie die Hand still, legen je einen Finger zu beiden Seiten der Schamlippen auf und lassen sie hin und her vibrieren. Drücken Sie fest durch die fleischigen Falten und reiben Sie beide Seiten der kleinen Schamlippen an der Basis der Klitoris.

Die meisten Frauen mögen es auch, wenn ein Finger in die Scheide eindringt, während die Klitoris stimuliert wird. Achten Sie darauf, daß der Fingernagel kurz und gerade ist, bevor Sie den Mittelfinger in die Scheide einführen, während die übrigen Finger weiterhin gebeugt sind, so daß die Knöchel gegen die Klitoris drücken. Sie können Ihre Finger vorsichtig in die Scheide hinein- und wieder hinausbewegen, wobei Sie gegen die Vorderwand der Scheide drücken. Als Alternative können Sie mit der Penisspitze über die Klitoris reiben.

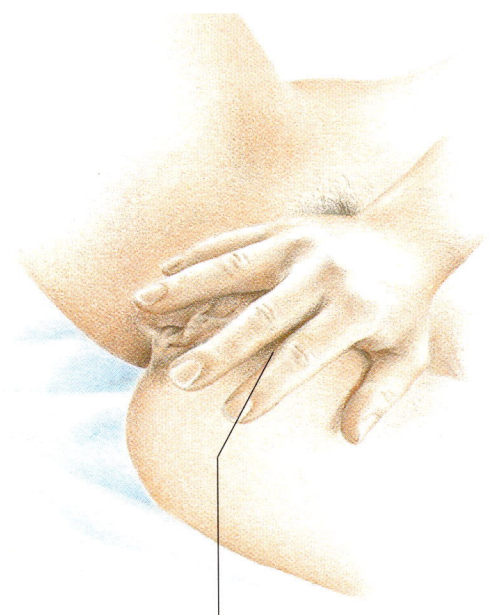

Legen Sie die Hand auf die Vulva ihrer Partnerin, während Sie mit Kreisbewegungen leichten Druck ausüben. Dies steigert ihre Erregung.

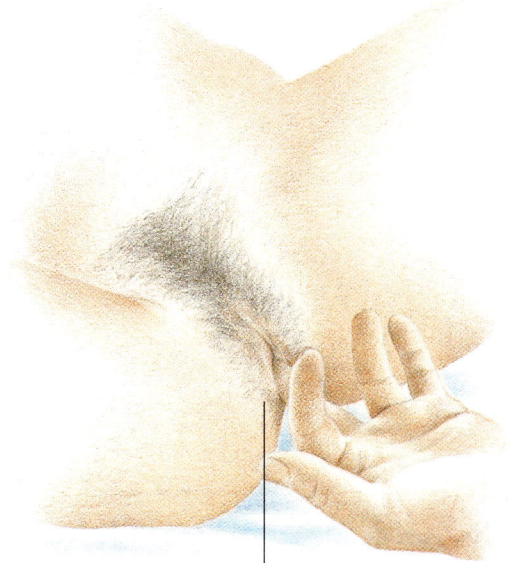

Wenn Ihre Partnerin feucht genug ist, dringen Sie mit einem Finger in die Scheide ein und bewegen diesen vorsichtig, wobei Sie den Kontakt zur Klitoris aufrechterhalten.

EINEN MANN STIMULIEREN

Für eine gute Liebhaberin ist das Wissen, wie man einen Penis stimuliert, eine der wertvollsten Geschicklichkeiten. Besonders ältere Männer brauchen möglicherweise direkte Stimulation, um eine Erektion zu bekommen, aber Männer jeden Alters mögen die Empfindungen, die dadurch hervorgerufen werden. Sie können all diese Techniken als Beigabe zu oder als Ersatz für den Geschlechtsverkehr einsetzen. Dazu gehört das Rollen des Penis zwischen den Handflächen, sanftes Streicheln mit den Fingern, abwechselndes Drücken und Loslassen, das Streicheln des Vorhautbändchens mit den Fingerspitzen oder das Liebkosen des Penis zwischen den Brüsten. Um die Empfindsamkeit des Partners zu erhöhen, besonders wenn er unter Erektionsschwierigkeiten leidet, setzen Sie ein Gleitmittel ein (siehe Seite 85).

Nehmen Sie zuerst neben Ihrem Partner die richtige Körperseite ein – rechts, wenn Sie Rechtshänderin sind, links, wenn Sie Linkshänderin sind. Ergreifen Sie den Penis fest mit der Hand, wobei der Daumen dem Nabel am nächsten ist. Bewegen Sie die Hand mit regelmäßigen rhythmischen Bewegungen am Penis hinauf und hinunter. Umgreifen Sie den Penis fest und üben Sie den stärksten Druck auf dem empfindlichsten Bereich auf der Oberseite des erigierten Penis aus. Experimentieren Sie mit langen und kurzen Bewegungen, um zu sehen, was Ihr Partner am liebsten mag. Ein langsamer Rhythmus verlängert die angenehmen Empfindungen, während schnellere Bewegungen das Verlangen steigern und den Partner schneller zum Orgasmus bringen.

Der Höhepunkt steht kurz bevor, wenn die Muskeln des Partners, besonders jene in den Schenkeln, sich anspannen und seine Atmung schneller wird. Die Hoden befinden sich näher am Körper und können geschwollen sein. Die Eichel wird dunkler und etwas größer. Ein, zwei Tropfen der Vorejakulationsflüssigkeit können an der Spitze austreten. Ihr Partner wird wollen, daß Sie ihn weiter stimulieren, bis die Ejakulation völlig vorüber ist und seine Spannung nachläßt.

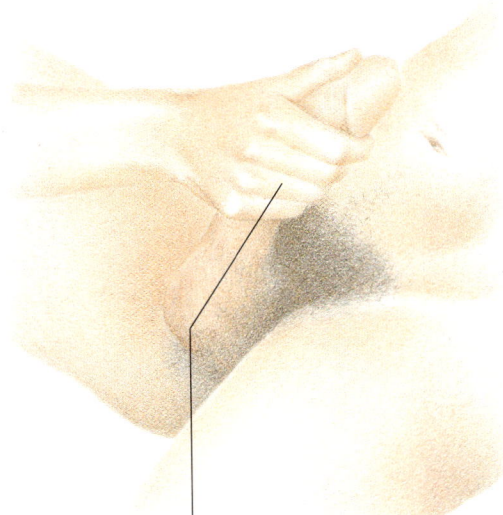

Halten Sie den Penis nah an der Penisspitze fest, so daß eine gute Stimulation der Penisunterseite sowie der Eichel und des Vorhautbändchens gewährleistet ist.

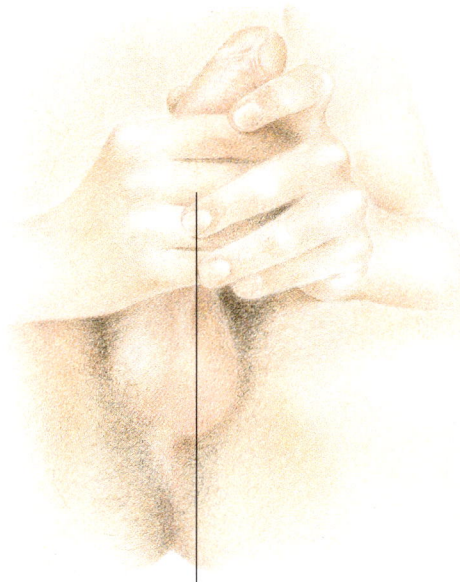

Umfassen Sie den Penis fest, aber sanft, während seine Hand auf der Ihren liegt, und bewegen Sie Ihre Hand rhythmisch am Penisschaft schnell oder langsam hinauf und hinunter.

ORALER SEX

Fellatio, das Saugen am Penis oder die Stimulation mit dem Mund auf andere Art, mit oder ohne Ejakulation, ist fast immer die stärkste Möglichkeit, einen Mann zu erregen.

Der Mund scheint Männern ähnlich wie die Vagina, aber aufregender, besonders weil die Zunge bei der Stimulation aktiv eingesetzt wird. Tatsächlich ist der Mund besonders gut für sexuelles Vergnügen ausgestattet und ist zu einer Reihe von Aktivitäten wie Streicheln, Küssen, Lecken, Erforschen und Eindringen fähig. Der Mund ist auch der Empfänger einer großen Vielfalt von Empfindungen, zu denen der Geschmack der Geschlechtsorgane des Partners zählt.

Cunnilingus, wobei Zunge und Mund eingesetzt werden, um die Klitoris und den Vaginalbereich zu lecken und zu liebkosen, ist für sehr viele Frauen äußerst erregend. Die Zunge ist weicher als die Finger und bietet daher eine sanftere und abwechslungsreichere Stimulation. Die meisten Männer sind gewillt, ihre Partnerin durch Cunnilingus zu befriedigen, und tun dies wahrscheinlich besonders gern. Zweifellos ist oraler Sex eine sehr intime Angelegenheit und setzt ein Maß an Vertrauen voraus, das man beim Liebesspiel sonst nur selten findet. Die Aktivität kann äußerst schmerzhaft sein, wenn man nicht vorsichtig vorgeht. Diese Intimität trägt zur Befriedigung der Partner bei, da die völlige, gegenseitige Annahme dazu gehört. Für manche ist es der größte Ausdruck der Liebe.

SO MACHEN SIE ES RICHTIG

Die Angst, daß der Samenerguß im Mund stattfindet, kann verringert werden, wenn die Partner sich vorher einigen, was getan werden soll. Die Angst zu ersticken, kann leicht vermieden werden, wenn die Frau kontrolliert, welchen Anteil des Penis sie in den Mund nimmt, oder indem sie die Peniswurzel mit der Hand umfaßt, um die Stoßkraft zu verringern.

Sorge um Körpergeruch kann verhindert werden, wenn man sich täglich gründlich wäscht – der gesunde Geruch sexueller Erregung ist angenehm. Die Frau sollte nicht versuchen, ihren natürlichen Geruch oder Geschmack mit Sprays oder Deodorants zu verstecken, die dazu oft aufdringlich sein können. Außerdem finden die meisten Männer den sauren Geschmack der Scheidenabsonderungen angenehm.

Blasen Sie nicht in die Geschlechtsorgane des Partners, da dies gefährlich sein kann, und vermeiden Sie oralen Sex, wenn Sie an Lippenherpes oder an einer Infektion der Genitalien leiden. Außerdem sollte man bei einem zufälligen Partner, dessen sexuelle Geschichte man nicht kennt, beim oralen Sex zurückhaltend sein. Es gibt einige Hinweise, daß der AIDS-Virus auf diese Weise übertragen werden kann.

CUNNILINGUS

Einige Männer führen Cunnilingus aus, weil sie es äußerst erregend finden, während andere eher der Partnerin einen Gefallen tun möchten. Wenn Sie zu der zweiten Gruppe gehören, sollten Sie Ihrer Partnerin nie das Gefühl geben, daß Sie es als unangenehme Aufgabe betrachten. Das wäre mit Sicherheit nicht angenehm für sie. Konzentrieren Sie sich statt dessen auf das sichere Wissen, daß Sie ihr größtmögliches Vergnügen bereiten. Denken Sie auch daran, mit den Händen gleichzeitig ihren Busen, die Schenkel und den Po zu liebkosen.

Wenn Ihre Partnerin etwas widerstrebend scheint, sollten Sie ihr versichern, wie schön die Erfahrung ist, besonders wenn sie sich Sorgen macht, daß ihre Genitalien schlecht schmecken oder riechen könnten. Das sollte Ihnen nicht schwerfallen, wenn Sie bedenken, daß auch Sie bestimmte Gerüche haben.

— WIE SIE IHR GROSSE LUST BEREITEN —
Frauen brauchen direkte Stimulation, um zum Orgasmus zu kommen, daher ist das Wichtigste, was ein Mann für seine Partnerin sexuell tun kann, zu lernen, welcher Druck und Rhythmus sie an welchen Bereichen ihres Körpers am meisten erregt. Die Klitoris ist der empfindlichste Teil der weiblichen Anatomie, und sie kann leicht äußerst schmerzempfindlich werden. Oft ist es am Anfang besser, die Aufmerksamkeit direkt auf die kleinen Schamlippen und den Scheideneingang zu konzentrieren.

Beginnen Sie, indem Sie den unteren Teil des Bauches und die Innenseite der Oberschenkel küssen und lecken und sich zum Schamhügel vorarbeiten. Bewegen Sie dann die Zunge über den Genitalbereich und stoßen Sie in die fleischigen Falten bis zur Klitoris. Versuchen Sie, mit der Zunge in die Scheide ihrer Partnerin einzudringen, um zu sehen, ob ihr das gefällt.

Öffnen Sie dann die Schamlippen mit den Händen, und untersuchen Sie vorsichtig mit der Zunge die Klitoris – reiben und saugen Sie zuerst an ihr, und lassen Sie dann die Zunge schnell gegen sie vibrieren. Bei ausreichender Stimulation sollte Ihre Partnerin leicht einen Orgasmus erreichen können. Wenn Sie den Höhepunkt erreicht hat, wird sie es wahrscheinlich vorziehen, für eine Weile nicht weiter stimuliert zu werden.

Es ist wichtig, mit den Zähnen vorsichtig zu sein. Lassen Sie sich beim Liebesspiel nie dazu hinreißen, in die Sexualorgane zu beißen, das könnte äußerst schmerzhaft sein. Achten Sie auch darauf, daß Ihre Fingernägel nicht zu lang sind.

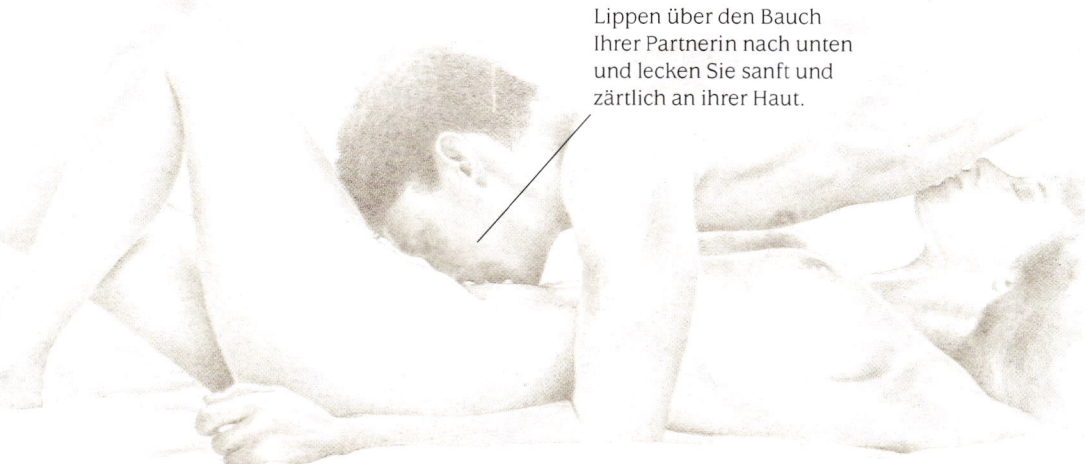

Wandern Sie mit Ihren Lippen über den Bauch Ihrer Partnerin nach unten und lecken Sie sanft und zärtlich an ihrer Haut.

FELLATIO

Nehmen Sie eine bequeme Position ein; es ist entspannend für den Partner, wenn er liegt, aber Sie können sich auch hinknien, während er vor Ihnen steht oder in einem Sessel sitzt. Der Penis Ihres Partners sollte immer sehr sauber sein. Sie können zusammen baden oder duschen, so daß das Vorspiel noch bereichert wird. Während Sie den Partner mit dem Mund befriedigen, sollten Sie seinen Körper weiter streicheln, so daß er wirklich erregt wird.

Beginnen Sie, indem Sie seinen Penis küssen und an ihm lecken. Halten Sie dann den Schaft mit einer Hand fest, stimulieren Sie die Spitze mit der Zunge, und stoßen Sie die Zungenspitze in die Öffnung hinein. Als nächstes untersuchen Sie den Schaft und lassen die Zunge um die Wulst herumgleiten, wo sie in die Spitze übergeht, und lassen sie Ihre Zunge sanft gegen das Vorhautbändchen vibrieren.

Wenn Sie bereit sind, den Penis in den Mund zu nehmen, bedecken Sie die Zähne mit den Lippen und nehmen die ganze Penisspitze in den Mund. Die Zähne sollten weit geöffnet sein, während Sie den Mund herauf- und herunterbewegen. Lassen Sie den Partner dabei den Rhythmus bestimmen, indem er seine Hände auf Ihren Kopf legt. Halten Sie einen gleichmäßigen Rhythmus und festen Druck aufrecht. Achten Sie darauf, daß Sie den Penis beim Saugen nicht zu sehr nach unten beugen; dies kann schmerzhaft sein. Der Penis sollte immer nach oben zeigen.

Steigern Sie langsam die Geschwindigkeit, bis der Partner den Höhepunkt fast erreicht hat. Wenn Sie nicht möchten, daß er in Ihrem Mund ejakuliert, ziehen Sie sich zurück und bringen ihn mit der Hand zum Orgasmus, oder Sie gehen zum Geschlechtsverkehr über. Wenn Sie an der Fellatio Spaß bekommen, können Sie mit anderen Empfindungen experimentieren. Versuchen Sie mit der Zunge um den Penis zu kreisen oder saugen Sie an ihm. Denken Sie daran, daß auch der Hodensack recht empfindlich ist. Sie können Zunge und Mund auch dort einsetzen.

Die Frau kann damit beginnen den Bauch, die Schenkel und die Pobacken des Partners sowie den Penis und den Hodensack zu küssen und zu streicheln.

Die Frau läßt eine Hand am Penisschaft oder Hodensack und kann mit Lippen und Zunge die Penisspitze stimulieren.

ANALE STIMULATION

Für viele Menschen ist der After und der ihn umgebende Bereich sexuell äußerst empfindsam, und bei manchen Menschen ist dies die erogenste Zone überhaupt. Der Analbereich enthält viele Nerven, die ähnlich verlaufen wie die Nerven zum Penis und zur Scheide hin. Die anale Stimulation führt daher zu tiefen Gefühlen sexuellen Vergnügens, die auf andere Art nicht erreicht werden können, und gestaltet das Liebesspiel abwechslungsreicher. Ein Orgasmus, der zusammen mit dem Eindringen in den After erfolgt, soll äußerst angenehm sein.

Die einfachste Form analer Stimulation ist die Berührung des Afters beim Geschlechtsverkehr oder beim oralen Sex. Diese Aktivität wird als »Postillionage« bezeichnet. Weitere Empfindungen können hervorgerufen werden, indem Sie den Finger in den Mastdarm einführen. Dazu sollten die Finger zuerst angefeuchtet werden, und die Nägel sollten nicht eingerissen sein. Tun Sie es nie, wenn Sie am Finger oder an der Hand eine Infektion haben.

Für eine weitere Technik werden die Gesäßmuskeln eingesetzt. Der Mann benutzt die Falte zwischen den Pobacken der Frau als Alternative zur Vagina. Wenn die Partnerin die Gesäßmuskeln zusammenzieht und ihr Becken rotiert, kann der Mann dort mit dem Penis hineinstoßen und auf diese Weise zum Orgasmus kommen.

Bei der analen Penetration besteht das Risiko einer AIDS-Infektion, und wenn diese Praxis über lange Zeit hinweg durchgeführt wird, kann es zu einer Überdehnung des Schließmuskels kommen, was zu einer Darmschwäche führen kann.

DIE STIMULATION DES MANNES

Die Prostata und der After können bei Stimulation zu intensiven Empfindungen führen. Es ist eine nützliche Technik, besonders dann, wenn die Potenz des Mannes nachläßt. Achten Sie darauf, daß der oder die Finger gut angefeuchtet sind (ein Mangel an Feuchtigkeit führt zu sehr unangenehmen Empfindungen), und führen Sie sie etwa fünf Zentimeter in den Mastdarm ein. Um die Prostata zu stimulieren, drücken Sie mit leichtem Druck nach unten gegen die Vorderwand des Mastdarms. Gleichzeitig üben Sie mit dem Handballen festen Druck hinter dem Hodensack aus.

DIE STIMULATION DER FRAU

Mit sehr sanftem Druck stecken Sie einen gut angefeuchteten Finger in den Mastdarm oder bewegen ihn vorsichtig hinein und hinaus. Drücken Sie mit dem Handballen fest auf den Bereich zwischen After und Vulva. Während Sie von außen Druck ausüben, bitten Sie Ihre Partnerin, auf Ihren Finger zu drücken. Dies kann helfen, den Schließmuskel willkürlich zu verengen und ihn dann wieder zu entspannen.

Nachdem Sie den Finger in den Mastdarm eingeführt haben, halten Sie ihn von der Scheide fern und waschen ihn anschließend sehr gründlich.

SEXUALHILFEN

Männer und Frauen reagieren romantisch und erotisiert auf Umgebung, Ambiente und Atmosphäre. Fraglos helfen gedämpfte Beleuchtung, weiche Farben, sanfte Hintergrundmusik, angenehme Düfte, melodiöse Stimmen und weiche, sexuell erregende Bekleidung, Hemmungen zu reduzieren und die Intimität zu steigern. Es gibt jedoch noch eine Vielzahl von anderen Geräten und Techniken, die zum sexuellen Vergnügen beitragen.

VIBRATOREN

Die ersten Vibratoren waren dem Dildo nachempfunden, einem künstlichen Penis, der seit vielen tausend Jahren von beiden Geschlechtern eingesetzt wird. Die neueste Variante des traditionellen Dildos ist der batteriebetriebene Vibrator, der überall in Sex-Shops erhältlich ist. Vibratoren werden meistens verwendet, um die Klitoris der Frau zu erregen, und

MÄNNER UND VIBRATOREN

Es ist unwahrscheinlich, daß ein Vibrator dieselbe explosive Wirkung beim Mann hat wie bei der Frau, aber er kann das Vergnügen in empfindlichen Bereichen ungeheuer steigern.

Der Bereich gleich hinter der Peniswurzel und vor dem After ist für starke Vibration besonders empfindlich. Wenn dort ein Vibrator eingesetzt wird, wird das sexuelle Vergnügen enorm gesteigert. Fast der gesamte Penisschaft, besonders die Oberfläche an der Unterseite, ist ebenfalls zugänglich für Vibration. Dies steigert sich, je näher man an die Spitze herankommt. Die Empfindung im Bereich des Vorhautbändchens ist äußerst angenehm und so erregend, daß die Vibration an der Penisspitze als Heilung bei Impotenz eingesetzt werden kann (siehe auch Erfolg bei sexuellen Problemen).

FRAUEN UND VIBRATOREN

Eine Frau, die beim Geschlechtsverkehr keinen Orgasmus erreichen kann, fragt sich oft, ob bei ihr körperlich etwas nicht stimmt oder verhindert, daß sie zum Höhepunkt kommt. Ein selbst herbeigeführter Orgasmus beantwortet diese Frage, und dabei kann ein Vibrator äußerst nützlich sein. Ein Orgasmus, der mit einem Vibrator herbeigeführt wird, ist sicherlich nichts Schlechtes und unterscheidet sich kaum von einem Orgasmus beim Geschlechtsverkehr. Außerdem bietet ein selbst herbeigeführter Orgasmus die emotionale und körperliche Grundlage für den Orgasmus beim Geschlechtsverkehr.

Ein Vibrator kann die Mauern von Schuld, Scham und Prüderie einreißen, durch die soviele Frauen daran gehindert werden, die sexuelle Erfüllung zu finden, die sie sich wünschen. Manche Frauen haben unbewußt über Jahre hinweg ihren Geschlechtsorganen dieselbe Art Lähmung auferlegt wie ihrem Geist. Ein elektrischer Vibrator bietet intensive, fast unerträgliche, sexuelle Erregung, die ausreicht, um emotionale Hindernisse zu bewältigen und die dazu führt, daß das Gehirn und die Geschlechtsorgane im Einklang reagieren.

sie können eine große Hilfe sein, wenn eine Frau Schwierigkeiten hat, beim Geschlechtsverkehr einen Orgasmus zu erreichen.

Mit dem Vibrator werden die vielen Millionen Nervenenden in der Haut der weiblichen Schamlippen und der Klitoris stimuliert. Der Mann kann damit seinen Penis und die umgebenden Bereiche anregen, um seine Empfindsamkeit zu erhöhen.

Beim Geschlechtsverkehr drückt und zieht der Penis an den Schamlippen und an der Klitoris und schaltet sozusagen Millionen von winzigen Schaltern ein, die elektrische Impulse an das Gehirn weiterleiten. Grundsätzlich kann man sagen, daß die sexuelle Empfindung um so größer ist, je mehr Sensoren der Penis stimuliert. Vielleicht stimmt es traurig, aber ein Vibrator ist besser als die meisten Penisse. Er kann zumindest eine Million mehr Sensoren auslösen als der beste Penis, und das bedeutet, daß der Orgasmus fast unausweichlich ist. Das bedeutet jedoch nicht, daß ein Vibrator notwendig wäre oder den Penis überflüssig macht. Die Idee bei einem selbstproduzierten Orgasmus sollte wohl sein, daß dieser den Weg zum befriedigenden Geschlechtsverkehr ebnet.

CREMES UND GLEITMITTEL

Die Vagina produziert, nachdem sie wirkungsvoll stimuliert wurde, innerhalb von Sekunden ein natürliches Gleitmittel. Dies macht normalerweise die Penetration leichter und angenehmer. Wenn der Mann sich jedoch nicht lang genug beim Vorspiel aufhält, hat die Scheide keine Möglichkeit, feucht zu werden. Die meisten Frauen produzieren zu verschiedenen Lebenszeiten, beispielsweise nach einer Geburt und während der Wechseljahre, weniger Sekret als normal. In diesem Fall kann man künstliche Gleitmittel verwenden. Entsprechende Cremes und Gels, die wasserlöslich sind, sind überall im Handel erhältlich.

Cremes und Gleitmittel sind auch nützlich, wenn anale Stimulation oder Analverkehr in Betracht gezogen werden und wenn der Partner manuell stimuliert wird. Viele Männer benutzen sie beim Masturbieren, um die Reibung zu reduzieren und das Vergnügen zu erhöhen. Bei der Massage können parfümierte Öle und Cremes ebenfalls zum Vergnügen beitragen.

Was das Vorhandensein oder Fehlen von Feuchtigkeit als Zeichen der Erregung betrifft, fühlen viele Frauen sich nicht nur von der Gesellschaft oder ihrem Partner, sondern auch von den eigenen Gefühlen unter Druck gesetzt. Man sollte daran denken, daß die Erektion der Klitoris und die Befeuchtung der Scheide, ja sogar die Erektion des Penis unseren emotionalen oder erregten Zustand nicht immer richtig wiedergeben. Frauen können äußerst erregt sein, ohne daß die Scheide sehr feucht ist, und Männer können auch ohne Erektion stark erregt sein. Eine gut angefeuchtete Scheide, die nur als Öffnung für den erigierten Penis betrachtet wird, spiegelt eine unhaltbare, sexistische Weltsicht wider.

APHRODISIAKA

Ein Aphrodisiakum ist eine Droge oder eine Substanz, die das sexuelle Verlangen erhöht. Trotz vieler populärer Berichte und großer Bemühungen, eine solche Substanz zu finden, hat man noch keine verläßliche Droge mit erwiesener Wirkung entdeckt, obwohl eine Vielzahl von chemischen Produkten, Tier- und Pflanzenextrakten und Nahrungsmitteln ihre Anhänger haben. Derartige Substanzen führen nur zu einem vorübergehenden Eindruck von Wohlbefinden, das wahrscheinlich auf das Vertrauen des Benutzers in das Produkt zurückzuführen ist. Spanische Fliege oder Kanthariden können bei innerer Anwendung zu einer qualvollen Reizung des Darms und des Magen-Harn-Trakts, besonders an der Schleimhaut der Harnröhre führen. Die dabei entstehenden Irritationen können bei beiden Geschlechtern tödliche Auswirkungen haben.

Liebesmittel aus Tierteilen, Narkotika, Amulette in Phallusform und pornographische Bilder wurden ebenfalls eingesetzt, um das Sexualverlangen künstlich zu erhöhen. Bisher hat man noch kein Universal-Aphrodisiakum gefunden, und wenn man die Vielfalt und Komplexität des individuellen Geschmacks in Betracht zieht, wird es wahrscheinlich nie dazu kommen. Wahre Aphrodisiaka sind die subtilen körperlichen und emotionalen Faktoren, die das Sexualverlangen neu beleben können; dazu gehören beispielsweise intensive Liebesphantasien, erotische Träume, ein Duft, ein Film, eine Geschichte oder eine besonders attraktive Eigenschaft des Partners.

EROTISCHE HILFSMITTEL

Das Betrachten von erotischen Zeitschriften oder Sexfilmen kann bei Mann und Frau zu genitaler Erregung führen und sich auf das Sexualverhalten auswirken. Viele Männer setzen pornographische Bilder als Hilfsmittel beim Masturbieren ein, und bei vielen Frauen verstärken sie das Interesse am Geschlechtsverkehr.

Wenn Sie offen mit Ihrem Partner über Ihre Reaktionen auf derartige erotische Reize sprechen, werden Sie wahrscheinlich entdecken, daß Sie viele Gemeinsamkeiten haben, wenn es um Dinge geht, die Sie beide erregen oder nicht. Wenn wir uns von der Moral der Vergangenheit befreien können, von der Betonung des Mechanischen in den ersten aufklärenden Sexualbüchern und von unseren eigenen, festgefahrenen Sichtweisen, werden wir merken, daß wir auch durch erotische Bilder und Sexfilme erregt werden können.

Es ist beruhigend zu wissen, daß wir durch unsere persönliche Wahl von Reizen unsere sexuelle Reaktion kontrollieren können. Wenn wir dies erkennen, werden wir freier.

Sie sollten Ihren Partner jedoch immer frei wählen lassen und ihm niemals die eigene, vielleicht eher exotische Sichtweise aufdrängen. Sollte er auf Ihre Anregungen nicht reagieren oder gar Ablehnung zeigen, ist es besser, ihn damit in Ruhe zu lassen.

PHANTASIEN

Jeder Mensch hat Phantasien. Es wäre sehr merkwürdig, wenn dem nicht so wäre, denn Phantasien sind auch eine Form des sexuellen Ausprobierens von Möglichkeiten, die uns bekannt oder aber völlig neu und besonders phantastisch und reizvoll sind. Wir alle reagieren auf Phantasien, denn das

MÄNNLICHE PHANTASIEN

- An Gruppensex teilnehmen
- Andere beim Geschlechtsverkehr beobachten
- Sich öffentlich dem Liebesspiel hingeben, so daß andere zuschauen können
- Mit einer anderen Frau als der Partnerin schlafen; dabei kann es sich um eine Berühmtheit, eine frühere Geliebte oder eine Freundin handeln
- Zwei Frauen beim Liebesspiel beobachten
- Von einer Frau zum Geschlechtsverkehr gezwungen werden
- Eine Frau gegen ihren Willen zwingen, Geschlechtsverkehr zu haben
- Eine Frau gegen ihren Willen zwingen, Oralverkehr zu haben
- Sich an einem ungewöhnlichen Ort lieben
- An einer sexuellen Dreierbeziehung mit einem anderen Mann und einer Frau teilnehmen
- Mit zwei Frauen an einer Dreierbeziehung teilnehmen
- Eine homosexuelle Begegnung haben
- Einen oder mehrere Männer dabei beobachten, wie sie mit anderen Frauen Geschlechtsverkehr ausüben
- Von einer Frau sexuell mißbraucht werden
- Mit einer Jungfrau Geschlechtsverkehr haben
- In der Öffentlichkeit Geschlechtsverkehr haben, beispielsweise auf einem berühmten Denkmal
- Eine Frau auf sich urinieren lassen
- Von einer Frau einen Dildo so einsetzen lassen, so daß der Mann Analverkehr hat

WEIBLICHE PHANTASIEN

- Mit dem Partner schlafen
- Mit einem ehemaligen Geliebten oder einem anderen Mann als dem jetzigen Geschlechtsverkehr haben
- Gegen den eigenen Willen zum Geschlechtsverkehr gezwungen werden
- Den Geschlechtsverkehr in der Öffentlichkeit ausüben und dabei beobachtet werden
- An Gruppensex teilnehmen
- Mit einem völlig fremden Mann Geschlechtsverkehr haben
- Mit einem andersfarbigen Mann Geschlechtsverkehr haben
- Mit einer Frau Geschlechtsverkehr haben
- Von einem Fremden von hinten genommen zu werden, ohne sein Gesicht zu sehen
- Sich in der Öffentlichkeit auszuziehen
- Andere beim Geschlechtsverkehr beobachten
- Den Partner beim Geschlechtsverkehr mit jemand anderem beobachten
- Einen männlichen Sklaven haben
- An einer Dreierbeziehung teilnehmen, entweder mit einem anderen Mann oder einer anderen Frau und dem normalen Partner
- Unter ungewöhnlichen Umständen Geschlechtsverkehr haben, beispielsweise im Gerichtssaal
- Als Prostituierte arbeiten und eine große Anzahl an Kunden befriedigen
- Gefesselt sein und gegen den eigenen Willen mit Gewalt genommen werden

wichtigste Organ für sexuelles Vergnügen ist das Gehirn. Das Gehirn als Auslöser der Emotionen ist verantwortlich dafür, ob wir zum Sex angeregt werden oder ob uns die Lust genommen wird. Wenn wir verärgert sind, traurig, böse, ängstlich oder unglücklich, wird uns der attraktivste Mensch der Welt nicht anziehend erscheinen, und jede Menge Vorspiel kann uns nicht glücklich machen. Andererseits sind wir schnell erregt, wenn wir uns unserer Sexualität bewußt sind, am Sex Interesse haben, darüber nachdenken und sexuelle Phantasien einsetzen. Das Gehirn scheint also das wichtigste Sexualorgan zu sein, weil es sich über unser sexuelles Verlangen in jeder Richtung hinwegsetzen kann, indem es uns die Lust nimmt oder indem es uns weiter erregt.

Phantasien sind die preiswertesten und wirksamsten Sexualhilfen.

Die besten sexuellen Phantasien, jene, die uns das größte Vergnügen bereiten, drehen sich um ideale Situationen – Situationen, die aus praktischen Gründen im »wirklichen« Leben unerreichbar sind. Und, ebenfalls anders als im wirklichen Leben, können sie willkürlich an- und abgestellt werden, um unsere sexuelle Aktivität zu steigern oder zu dämpfen. Oft setzen wir Phantasien ein, um unseren Geist darauf zu konzentrieren, was beim Liebesspiel eigentlich mit uns vorgeht. Wir erfahren nicht nur, was passiert, sondern »sehen« es auch. Dies hilft uns, unsere Aufmerksamkeit auf die eigenen sexuellen Reaktionen zu konzentrieren, sie größer als im Leben erscheinen zu lassen, und ermutigt das Gehirn, mit noch größerer Begeisterung auf die Signale der Erregung, die es empfängt, zu reagieren. Das Gehirn sendet dann Hormone aus, die die Erregung in unseren Geschlechtsorganen noch weiter steigert.

Die Phantasien vieler Menschen spielen sich nicht in Geschichten ab, sondern in sexuellen Bildern, und während einige Schwierigkeiten haben, ihre Phantasien zu gestehen, sind andere durchaus gewillt, über bestimmte Wachträume zu sprechen.

In seltenen Fällen kann ein Mensch auf eine bestimmte Phantasie so fixiert sein, daß er nicht ohne sie erregt werden kann. Obwohl eine so starke Phantasievorstellung beim Masturbieren sehr nützlich sein kann, kann sie bei gemeinsamen sexuellen Aktivitäten stören: statt sich darauf zu konzentrieren, wie der Partner reagiert und was man tun kann, um ihn zu erregen, ist man darauf fixiert, seine Phantasievorstellung zum Leben zu erwecken und wirkt dadurch distanziert und unbewegt.

PHANTASIEN MITEINANDER TEILEN

Manche Menschen meinen, daß alles, was den Partner erregt, in Ordnung ist, andere dagegen glauben, daß sie mit den geäußerten Wünschen nicht zurechtkommen, was beträchtlichen Druck auf die Beziehung ausüben kann. Besonders Männer haben möglicherweise Probleme, die Phantasiewelt der Partnerin zu akzeptieren, in der Meinung, daß sie ihr doch »die

Wirklichkeit« bieten. An den Phantasien des anderen teilzuhaben, kann viel darüber mitteilen, was den Partner erregt, aber es kann auch mit Problemen beladen sein. Wenn Frauen beispielsweise Vergewaltigungsphantasien haben, möchten die meisten nur etwas mehr Leidenschaft vom Partner und keinen gewalttätigen Sex; und wenn Männer Phantasien offenbaren, in denen Frauen sie sexuell dominieren, wollen sie Sympathie von der Partnerin, keine Verachtung. Wenn Sie also nicht genau wissen, was Sie dem Partner offenbaren wollen, lassen Sie sich Zeit, bis Sie die Situation klarer sehen. Wenn man den anderen an den eigenen Phantasien teilhaben läßt, wird die Beziehung noch persönlicher. Auf diese Weise kann man das Sexualverhalten auf die eigenen Bedürfnisse zuschneiden und eine einzigartige Erfahrung schaffen. Wenn man die Phantasien des Partners kennt, kann man viel darüber erfahren, was den anderen erregt, aber manche phantastische, doch problembeladene Vision wird gemeinsam aufgearbeitet werden müssen.

Phantasien teilen
Phantasien miteinander zu teilen, bringt in eine langandauernde Beziehung neue Begeisterung und sinnliche Lust.

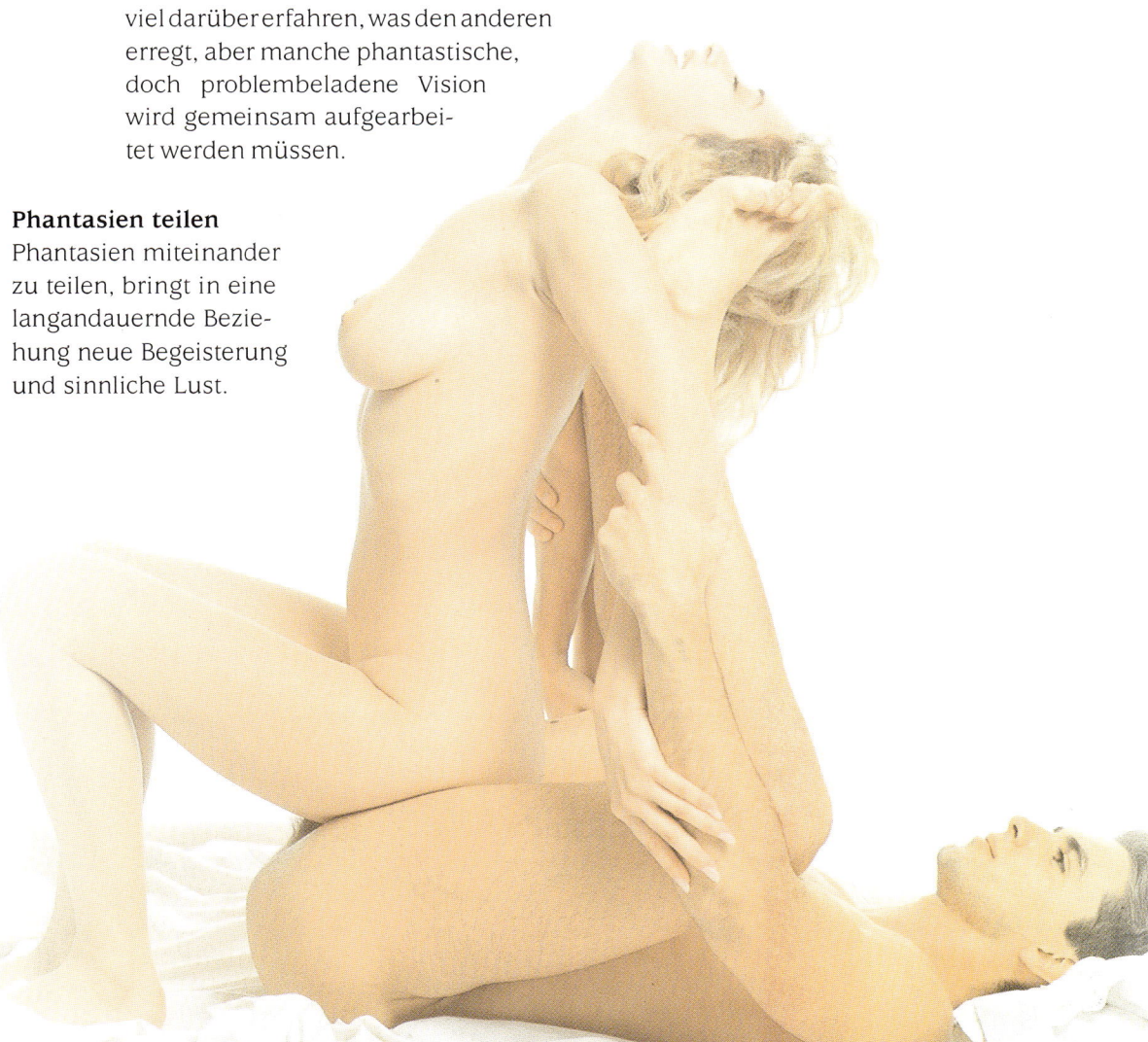

PHANTASIEN MITEINANDER TEILEN

Phantasien können einer langbestehenden Sexualbeziehung neue Spannung verleihen und die Erregung neu entfachen.

WIE MÄNNER PHANTASIEN EINSETZEN

Phantasien sind ein wichtiger Ideenlieferant für das Sexualleben des Mannes und spielen bereits sehr früh eine Rolle in seinem Sexualverhalten. Als Heranwachsender braucht der Mann eine Reihe von Bildern zur Anregung beim Masturbieren, Phantasiebilder entstehen durch Pornohefte und -videos, andere durch geistige Aktivitäten. Wenn es später schwieriger wird, eine Erektion zu erreichen und aufrechtzuerhalten, können Phantasien wichtig sein, um nachlassende Leidenschaft wiederzubeleben.

Wenn ein Mann Schwierigkeiten hat, eine Erektion zu bekommen, wird er oft Phantasien besonders erotischer Natur einsetzen, um das Problem zu lösen.

Oft hat ein Mann eine Lieblingsphantasie, die ihn auf jeden Fall erregt. Weil sie so persönlich ist, zögert er möglicherweise, sich zu offenbaren, aus Angst, daß sie dadurch ihre Wirkung verliert.

TRAUMFRAUEN

Die Frauen, die in der Phantasiewelt der Männer vorkommen, sind eher eine Kreation aus den Soft-Porno-Magazinen und kaum Frauen, die sie persönlich kennen. Die Frauen in männlichen Phantasien sind sicher häufig jung, sexuell unersättlich, jederzeit verfügbar, freizügig gekleidet und sexuell sehr erfahren.

Neben der immer verfügbaren Frau ist die gleichzeitige Gegenwart von mehreren Partnern, die seinen Körper erregen, wahrscheinlich die häufigste Phantasie des Mannes. Sogenannte »perverse« Phantasien sind ebenfalls häufig, besonders nach den mittleren Jahren. Sie können abweichende Verhaltensweisen wie Homosexualität, Transvestismus, Transsexualität oder Pädophilie zum Thema haben.

WIE FRAUEN PHANTASIEN EINSETZEN

Phantasien bewirken ein prickelndes Gefühl in der Magengegend, die Haut beginnt zu kribbeln und die Scheide wird feucht. Frauen, die sich auf eine sexuelle Begegnung freuen und zwischendurch an den vor ihnen liegenden Abend denken, während sie sich vorbereiten – beim Baden, beim Zurechtmachen, bei der Wahl der Kleidung, beim Auftragen von Parfüm –, werden leichter erregt und haben größeres Vergnügen am Sex als Frauen, die solche Vorbereitungen nicht treffen.

Genau wie Männer haben Frauen Phantasien, wenn sie masturbieren und wenn die Leidenschaft nachläßt. Die Hälfte der Frauen hat während des Geschlechtsverkehrs Phantasievorstellungen, und bei fast allen Betroffenen ist dies regelmäßig und häufig der Fall. Frauen, die sich für gute Liebhaberinnen halten, haben wahrscheinlich eher Phantasievorstellungen als jene, die sich als schlechte Liebhaberinnen einschätzen. Dies ergibt Sinn, denn Phantasien sind eine wertvolle und starke Waffe gegen sexuelle Repressionen. Viele Frauen können auf diese Weise bei Gelegenheiten, an denen dies sonst nicht möglich wäre, leichter einen Orgasmus erreichen.

DIE MÄNNER IN DEN PHANTASIEN DER FRAUEN

Frauen phantasieren am meisten über einen anderen Mann, den sie kennen, oder über Phantasie-Liebhaber. Diese Art der Phantasievorstellung gestattet es der Frau, ohne Mühe Abwechslung in ihr Sexualleben zu bringen, ohne eine bestehende Beziehung zu bedrohen. Ein solcher Liebhaber wird normalerweise idealisiert und ist frei von den Unzulänglichkeiten oder Schwächen des Partners.

Nach Phantasien über einen Traumliebhaber steht das Liebesspiel an einem exotischen Ort gleich an zweiter Stelle: Ein sonnenüberfluteter Strand scheint hier die Lieblingsvorstellung zu sein. Derartige Phantasien können als kleine Flucht aus den langweiligeren und notwendigen Bereichen des alltäglichen Lebens betrachtet werden.

DAS LIEBES-SPIEL

Ein guter Liebhaber sein

Obwohl es zur Aufgabe eines guten Liebhabers gehört, eine Beziehung aufregend zu gestalten und dafür zu sorgen, daß sie so bleibt (dazu gehört die Erforschung und Meisterung einer Reihe von sexuellen Aktivitäten), besteht die Hauptaufgabe meiner Meinung nach darin, sich gegenseitig emotionale Bedürfnisse und Wünsche zu erfüllen. Ich bin davon überzeugt, daß wahres sexuelles Glück nicht das direkte Ergebnis technischer Fähigkeiten ist, sondern davon abhängt, ob man der eigenen Sexualität und der des Partners positiv gegenübersteht. In guten Beziehungen ist das Sexualleben am besten. Wahre sexuelle Übereinstimmung kann sich nur dann entwickeln, wenn zwei Menschen voneinander als Individuen angezogen werden und nicht nur als Vertreter des anderen Geschlechts. Mit Zuneigung, Ehrlichkeit und Vertrauen sollten die Partner gemeinsam ihre Sexualität erforschen und entwickeln und an die Vorlieben und Abneigungen denken, die sie beide haben.

Ein Mann vergißt oft, daß eine Frau sentimental und sinnlich ist, so daß zu ihrer Vorstellung vom Liebesspiel ein Prolog zärtlich ausgetauschter Gefühle zählt. Um diese Gefühle wiederzuerlangen, ist es hilfreich, sich an die Zeit zurückzuerinnern, als man sich ineinander verliebt hat und Gespräche oder gemeinsames Schweigen genug waren. Sicher werden Sie mit mir übereinstimmen, daß jedes Zeichen der Zuneigung Vergnügen bereitet hat – Berührungen, zärtliche Blicke, Liebkosungen, sanftes Streicheln und Küsse. Wenn Sie einander intensiv erregen wollen, werden Lust und Befriedigung größer für Sie, wenn Sie sich an diese Gefühle aus der Vergangenheit erinnern.

Kommunikation ist wichtig

Niemand kann instinktiv wissen, was dem Partner gefällt. Jeder sollte über seine Vorlieben und Abneigungen sprechen; dies ist notwendig und keine Beleidigung. Es ist fast unmöglich, eine gute sexuelle Beziehung ohne klare Kommunikation zu haben. Wir sollten dem Partner mitteilen, welche Liebkosungen wir mögen und welche nicht. Wir sollten es immer sagen, wenn etwas besonders erregend oder schmerzhaft ist. Liebende sollten mutig genug sein, eine andere Art des Liebesspiels vorzuschlagen, sich gegenseitig Fragen stellen und Wünsche äußern. Der Austausch solcher Vertraulichkeiten hilft, eine bessere körperliche Beziehung aufzubauen. Wenn dies nicht geschieht, wird die Beziehung sich verschlechtern. Man kann in Worten ausdrücken, ob etwas angenehm ist oder nicht, oder die Hand an eine Stelle führen, an der die Empfindung angenehmer ist. Was passend und richtig ist, mag von Gelegenheit zu Gelegenheit verschieden sein. Wenn man also einmal eine Vorliebe ausgedrückt hat, bedeutet dies nicht, daß man es bei anderer Gelegenheit nicht wieder tun sollte. Es wäre ideal, wenn sich widersprechende Wünsche geäußert würden. Wenn ein unterschiedliches Ausmaß an Erregung erfahren wird, sollte das Paar diese Erfahrungen miteinander bereden. Geschieht dies nicht, werden die sexuellen Aktivitäten des Paares zur Gewohnheit. Selbst die besten Partner werden sich schließlich nach immer derselben Aktivität in derselben Reihenfolge, in derselben Position, im selben Bett langweilen. Langweiliger Sex ist für beide Partner keine dankbare Aufgabe, und dabei gibt es unendlich viele sexuelle Aktivitäten, die reizvoll und stimulierend sind.

Kommunikation bedeutet nicht, daß alles, was gesagt wird, kritisch oder negativ sein muß. Die beste Art der Kommunikation ist es, dem Partner zu sagen, was einem gefällt, und zugleich auf das zu hören, was der Partner sagt. Wenn man größtmögliches Vertrauen aus einer sexuellen Beziehung schöpfen will, muß sich der Partner einbringen und Teilnahme zeigen. Wenn zwei Menschen ihre sexuelle Beziehung wirklich genießen wollen, müssen sie in der Lage sein, das sinnliche Vergnügen zu akzeptieren, das der Partner gibt, und beide müssen daran Freude haben, dem Partner Lust zu schenken. Zu einer befriedigenden sexuellen Beziehung gehört, daß beide sich einbringen und miteinander teilen. Je mehr Befriedigung und Glück man vom Partner empfängt, desto mehr Zärtlichkeit und Lust wird man schenken wollen. Eine gute sexuelle Beziehung beinhaltet immer ein ausgewogenes Verhältnis von Geben und Nehmen.

WÜNSCHE OFFEN AUSDRÜCKEN

Eine erstaunlich große Zahl Menschen hat Schwierigkeiten, mit dem Partner direkt und ehrlich über sexuelle Wünsche, Ängste und Probleme zu sprechen. Viele Menschen wurden dazu erzogen, Diskussionen über Sex als etwas so Privates, Peinliches und Enthüllendes zu betrachten, daß sie zögern, über ihre eigenen Gefühle und Wünsche zu sprechen, selbst wenn sie mit dem Partner schon jahrelang verheiratet sind.

Doch es ist absolut notwendig, daß die Partner miteinander über Sex reden, damit sie sich körperlich aufeinander einstellen und ihr erotisches Vergnügen steigern können. Meiner Erfahrung nach sprechen die meisten Paare selten über das, was sie im Bett tun. Für mich ist es schwer zu akzeptieren, daß in den intensivsten Augenblicken eines Paares beide Partner nicht wissen, was der andere denkt. Die Gedanken sind vielleicht weit entfernt vom Partner, während die Körper versuchen, sich einander so nah zu kommen wie möglich. Viele Frauen sprechen mit Freundinnen frei über unerfüllte Wünsche, Enttäuschungen und Frustrationen, aber Männer halten ihr Sexualleben, ihre Träume und Hoffnungen meistens geheim.

Ich bin sicher, daß es viel weniger Mißverständnisse, Streitigkeiten und Konflikte gäbe, wenn beide Partner über ihre körperlichen und emotionalen Erwartungen sprechen würden.

MÄNNER ALS LIEBHABER

Viele Männer sind, was immer sie sonst auch sein mögen, keine besonders geschickten Liebhaber. Untersuchungen haben mehrfach gezeigt, daß Frauen sich darüber beklagen, daß der Partner sich beim Vorspiel nicht genug Zeit nehme. Die meisten sexuellen Beziehungen sind auf gegenseitigem Vertrauen und Respekt aufgebaut und haben sich eine Zeitlang auf einer freundschaftlichen Grundlage entwickelt. Die meisten Paare erfahren zu Beginn ihrer Beziehung eine langsam tiefer werdende körperliche Intimität bis zum Petting. Dieses langsame Erforschen und Entwickeln von Verständnis bedeutet, daß Paare sexuell entspannt sind, wenn sie sich zum ersten Mal dem Geschlechtsverkehr hingeben. Aber mit der Zeit lassen Gespräch und Vorspiel zur Enttäuschung der Frauen nach, da viele Männer die Penetration als das Ziel betrachten, das es so schnell wie möglich zu erreichen gilt.

AUF DIE BEDÜRFNISSE DER FRAU EINGEHEN

Die Mehrheit der Männer scheint nicht zu verstehen, daß der Übergang vom Küssen und Schmusen zum Liebkosen des Busens, der Brustwarzen und der Klitoris beim Vorspiel für die Frau nicht nur sehr aufregend und angenehm ist (und übrigens auch für den Mann), sondern daß es für die Erregung der Frau absolut notwendig und für ihr sexuelles Vergnügen und ihre Befriedigung wichtig ist. Ohne Vorspiel wird die Frau nicht sexuell erregt. Sie ist dann keine gelöste Liebende und nicht einmal physiologisch zum Geschlechtsverkehr bereit, da die Scheide nicht gleitfähig ist. Aber was noch schlimmer ist: Nach dem Geschlechtsverkehr ist sie unbefriedigt, hellwach und oft auch sauer, während der Partner sich umdreht und einschläft. Eigentlich passen Mann und Frau in dieser Hinsicht nicht zusammen, weil ein Mann viel leichter und schneller erregt wird und den Orgasmus in sehr kurzer Zeit unter fast allen Umständen erreicht. Ist es da noch verwunderlich, daß Sex zu einem Schlachtfeld werden kann, bei dem Feindseligkeiten häufig nicht ausgesprochen werden? Daß er schließlich uninteressant wird und immer weniger häufig stattfindet? Das Paar kann völlig aus dem Takt geraten. Sex wird zu einer Sache, die man lieber läßt, statt sich darauf zu freuen.

DIE TECHNIK PERFEKTIONIEREN

Einige der Aussagen, die Frauen über Männer machen, deuten an, was ihrer Meinung nach geändert werden sollte.

»Ich möchte, daß er mich überall viel mehr berührt, ich wünsche mir mehr Vorspiel, mehr starkes Petting, mehr Küsse und mehr oralen Sex.«

»Ich mag es, wenn mein Busen und meine Brustwarzen liebkost und gestreichelt werden. Ich frage mich schon lange, ob es möglich wäre, allein auf diese Weise einen Orgasmus zu erreichen, aber mein Partner ist zu ungeduldig.«

»Mein Partner meint, es sei ›weibisch‹, sich zu küssen.«

Männer sollten nicht nur sexuell ansprechbar sein, sondern auch sinnlich. Vielen fällt es schwer, Zeit allein für rein vergnügliche Aktivitäten aufzuwenden; sie fühlen sich nicht wohl, wenn es darum geht, sich angenehmen erotischen Erfahrungen hinzugeben.

Um dies zu überwinden, sollten Sie beim Liebkosen daran denken, welches Vergnügen Sie der Partnerin bereiten. Für die meisten Frauen ist das Vorspiel sehr wichtig. Haben Sie keine Angst davor, sich zu entspannen, und gestatten Sie es auch der Partnerin, die Initiative zu übernehmen. Machen Sie ihr mit Worten oder Gesten klar, was für Sie besonders angenehm ist. Wenn nötig, führen Sie ihre Hände. Versuchen Sie, sich darauf zu konzentrieren, was Sie fühlen, während sie Sie berührt. Zeigen Sie Ihre Empfindungen, indem Sie sich bewegen, frei atmen oder Ihr Vergnügen verbal kundtun. Die meisten Frauen empfinden einen Mann, der in dieser Weise auf ihre Zärtlichkeiten reagiert, als sehr erregend. Glauben Sie nicht, daß Sie bei jeder sexuellen Begegnung erfolgreich sein müssen.

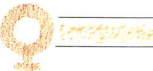

FRAUEN ALS LIEBHABERINNEN

Obwohl wir wissen, daß Männer leicht erregt werden und den Orgasmus schneller und leichter erreichen als Frauen, sind nicht alle sexuell unkompliziert.

AUF DIE BEDÜRFNISSE DES MANNES EINGEHEN

Zweifellos brauchen auch Männer die Erregung und Befriedigung durch die emotionale Einbeziehung beim Liebesspiel. Kaum ein Mann wird sich nicht geliebt, bewundert und körperlich angenommen fühlen wollen, wenn er die wahre Tiefe sexueller Lust mit der Partnerin erfährt. Aber viel zuviele Frauen überlassen die ganze Verantwortung für die Initiative und Durchführung des Liebesspiels dem Mann. Traditionell schlägt der Mann vor, sich sexuell zu betätigen, und die Frau stimmt entweder zu oder lehnt ab. Viele sensible Männer fühlen sich dadurch stark unter Druck gesetzt und sind gar nicht damit einverstanden, eine solch schwere Last zu tragen. Wenn die Partner sich gleichermaßen frei fühlen, den Geschlechtsverkehr vorzuschlagen oder abzulehnen, und dies auch beide gleich häufig tun, wird die Sexualität besser, und beide werden glücklicher dabei sein. Wenn die Frau die Initiative übernimmt und Sex vorschlägt, in der Erwartung, daß dieser Vorschlag angenommen oder abgelehnt werden kann, wird sie sich viel weniger schuldig fühlen, wenn sie ihrerseits den Mann einmal ablehnt, und weniger ärgerlich, wenn sie Sex will und von ihm nichts kommt.

Wenn man bei der Initiative die Verantwortung teilt, wird der Geschlechtsverkehr auch eher aus Zuneigung als aus Verpflichtung geschehen. Frauen können leicht Ja zum Sex sagen, aber völlig unbeteiligt sein. Für den Mann ist der Geschlechtsverkehr mit einer willigen, aber nicht reagierenden Frau nie so sinnlich, erregend oder befriedigend wie mit einer Frau, die selbst initiativ ist.

DIE TECHNIK PERFEKTIONIEREN

Um eine gute Sexualpartnerin zu sein, müssen Sie das Sexualleben lebendig und interessant gestalten, nicht nur, indem Sie es als Ausdruck Ihrer Zuneigung Ihrem Mann gegenüber betrachten, sondern auch, indem Sie mit einer Vielzahl von Techniken und Praktiken experimentieren. Sie sollten gewillt sein, die Initiative zu übernehmen. Überlassen Sie nicht immer Ihrem Partner den ersten Schritt. Männer wollen fühlen, daß sie von ihrer Partnerin akzeptiert und umworben werden. Versuchen Sie es ab und zu einmal mit etwas Verführung. Bitten Sie Ihren Mann, sich hinzulegen und Ihre Liebkosungen zu genießen, und übernehmen Sie die aktive Rolle.

Denken Sie immer daran, Ihr Vergnügen an dem, was Sie tun, oder an dem, was Sie empfinden, auszudrücken. Ihr Aussehen beim Liebesspiel sollte Ihnen nicht peinlich sein. Fast alle Männer empfinden den Ausdruck von Verlangen und die Zeichen wachsender sexueller Erregung bei Frauen als sehr stimulierend. Viele Frauen geben ihren Partnern zu wenig Feedback, so daß der Mann entmutigt wird und glaubt, seine Bemühungen seien umsonst.

Setzen Sie Ihre Phantasie ein. Wählen Sie Aktivitäten aus dem gesamten Repertoire aus (siehe Seite 55), und führen Sie Aktivitäten ein, die für Ihre Beziehung neu sind. Schlagen Sie vor, gemeinsam ein Bad zu nehmen oder zu duschen; lieben Sie sich draußen an einem abgeschiedenen Ort; planen Sie ein Mittagessen zu Hause, aber gehen Sie statt dessen miteinander ins Bett; lieben Sie sich nicht im Bett, sondern zur Abwechslung auf dem Sofa oder auf dem Teppich; beobachten Sie sich beim Geschlechtsverkehr in einem Spiegel oder betrachten Sie gemeinsam ein Sex-Video.

Zeigen Sie Begeisterung für die Vorschläge Ihres Partners zur Bereicherung Ihres Sexuallebens. Wenn etwas nicht gerade quälend ist, lohnt es sich herauszufinden, ob es Spaß macht. In der Sexualität sollte man sich vom Instinkt leiten lassen.

Die Erfahrungen variieren

Wir haben uns bereits mit den individuellen Erfahrungen von Mann und Frau beim Erreichen des Orgasmus beschäftigt. Aber wenn das Liebesspiel wirklich gut ist, sollte der Orgasmus eine gemeinsame Erfahrung sein. Das bedeutet jedoch nicht, daß der Höhepunkt für beide zur gleichen Zeit erfolgen muß. Einige Paare sind der irrigen Annahme, daß nur der gleichzeitige Orgasmus »perfekt« sei. Dies ist eine romantische Auffassung, die nicht unbedingt für alle Paare zutrifft. Im Augenblick des Höhepunkts erreicht man eine andere Bewußtseinsebene und ist von der rauschhaften Erfahrung völlig gefangengenommen. Wenn man daran gehindert wird, weil man sich darum kümmert, wie weit der Partner ist, kommt man vielleicht überhaupt nicht zum Orgasmus oder erreicht ihn nicht so gut. Für viele Partner ist es das schönste Erlebnis überhaupt, zu sehen, wie der andere seinen Orgasmus erreicht.

Bei den meisten Paaren kommt es nur ab und zu gleichzeitig zum Orgasmus, was jedoch nicht bedeutet, daß das Sexualleben weniger sinnlich und angenehm wäre. Der gleichzeitige Orgasmus sollte nicht zur Besessenheit werden. Es gibt viele Muster für ein erfolgreiches Liebesleben, die den gleichzeitigen Orgasmus ausschließen.

Und dann gibt es da noch die verlängerten und mehrfachen Höhepunkte, die sehr selten sind und die nur erreicht werden, wenn beide Partner sich der gegenseitigen Bedürfnisse bewußt sind. Die meisten Paare empfinden diese Formen des Geschlechtsverkehrs als besonders erregend und sexuell befriedigend, aber sie bedürfen einiger Übung und kommen wahrscheinlich am ehesten in langen Beziehungen vor. Die Partner müssen sich genau kennen und planvoll vorgehen, um den glücklichen und seltenen Zustand sexueller Perfektion zu erreichen.

VERLÄNGERTER ORGASMUS

Der verlängerte Orgasmus kann nur praktiziert werden, wenn der Mann den Ejakulationsreflex willkürlich kontrollieren kann. Er ist eine Form der sexuellen Vereinigung, die meistens von Partnern ausgeführt wird, die seit längerer Zeit miteinander schlafen, sich sehr gut kennen und gelernt haben, sich den Bedürfnissen des anderen anzupassen und die Wünsche des Partners zu erfüllen. Er kann die aufregendste Form der sexuellen Vereinigung sein und ist einer der schönsten Aspekte in einer liebevollen Beziehung. Damit es dazu kommt, muß die Frau während des Vorspiels stark erregt sein. Dann wird die sexuelle Spannung beider Partner durch unterbrochene Stoßbewegungen aufrechterhalten, die ab und zu mit Pausen betont werden, solange beide Partner es wünschen, bis sie schließlich in einem letzten Ausbruch des Liebesspiels gemeinsam zum Orgasmus kommen.

MULTIPLE ORGASMEN

Bis vor kurzem hieß es immer, daß nur Frauen multiple Orgasmen erleben könnten, aber neue Untersuchungen sind zu dem Ergebnis gekommen, daß auch Männer dazu in der Lage sind. Da Orgasmus nicht unbedingt gleichbedeutend ist mit Ejakulation, sondern besser als die intensiven, diffusen und angenehmen Empfindungen des Mannes definiert werden kann, ist es durchaus möglich, daß er mehrere Höhepunkte in recht schneller Reihenfolge erreicht. Damit die Erfahrung von multiplen Orgasmen des Mannes der Erfahrung der Frau ähnelt, sollte er zwei oder mehr Höhepunkte mit oder ohne Ejakulation erreichen, mit nur geringer Abschwellung.

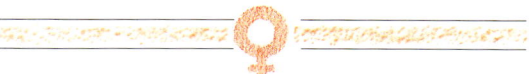

DIE ERFAHRUNG DES MANNES

Amerikanische Ärzte haben die Erfahrungen von Männern mit multiplen Orgasmen, die zwei bis neun Höhepunkte während des Liebesspiels erreichten, dokumentiert. Einige ejakulierten beim ersten Orgasmus, manche beim letzten, die übrigen irgendwann dazwischen. Einige ejakulierten mehrmals. Viele der Männer hatten zum ersten Mal in den mittleren Jahren multiple Orgasmen.

Wahrscheinlich könnten mehr Männer multiple Orgasmen erfahren, wenn sie die Konditionierung überwinden könnten, die besagt, daß der Penis nach der Ejakulation abschwillt. Eine nicht-fordernde Atmosphäre, emotionale Nähe und Zeit beim Liebesspiel verbessern die Möglichkeiten des Mannes, multiple Orgasmen zu erreichen. Auch eine Partnerin, die sexuell auf ihn eingeht und bei längerem Geschlechtsverkehr nicht müde wird, ist hilfreich.

Aber genau wie Frauen, die multiple Orgasmen erleben können, werden Männer, die öfter als einmal zum Höhepunkt kommen, nicht bei jeder sexuellen Begegnung multiple Orgasmen erleben.

Ein Mann kann üben, zu multiplen Orgasmen zu gelangen, indem er fast den Höhepunkt erreicht, aber die Ejakulation so lange zurückhält, bis er die beiden Empfindungen unterscheiden kann. In der entspannten Atmosphäre einer liebevollen Beziehung werden einige Männer feststellen, daß sie die Erektion nicht unbedingt verlieren und daß sie weitere Höhepunkte erfahren können.

DIE ERFAHRUNG DER FRAU

Wenn eine Frau multiple Orgasmen erfahren soll, muß der Mann sich stark kontrollieren, damit er nicht ejakuliert, aber dennoch tief und schnell genug in sie eindringen, damit sie einen Orgasmus erreichen kann. Die Frau kann auch einen Vibrator verwenden, oder sie kann masturbieren. Auch der Partner kann sie mit der Hand befriedigen. Nach jedem Orgasmus ruhen sich beide für eine Weile aus. Dann beginnt der Kreislauf von neuem, bis die Frau bereit ist, daß der Mann in ihr zum Höhepunkt kommt. Auf diese Weise kann sie zwei-, dreimal oder viel öfter einen Orgasmus erleben. Vielleicht kann er bei ihrem letzten Orgasmus ebenfalls zum Höhepunkt kommen, aber häufig erreicht er ihn erst, wenn seine Partnerin voll befriedigt ist, da er sich so stark unter Kontrolle haben muß.

Die meisten Frauen können ihre sexuelle Erregung mit Erfahrung aufbauen; je mehr eine Frau masturbiert und je mehr Lust ihr das bereitet, desto öfter wird sie es tun wollen. Die meisten Frauen können ihr Potential für multiple Orgasmen verbessern, indem sie die Beckenmuskeln in guter Kondition halten und den Partner an ihren Phantasievorstellungen teilhaben lassen. Am wichtigsten ist jedoch, daß Sie den Partner zur Hilfe ermutigen. Wenn Sie multiple Orgasmen erleben wollen, muß Ihr Partner das wissen. Sie sollten ihn ermutigen, Sie so zu stimulieren, wie es Ihnen am besten gefällt, selbst wenn Sie schon einen Orgasmus erreicht haben.

DEN ORGASMUS AUFEINANDER ABSTIMMEN

DIE ERFAHRUNG DES MANNES   Obwohl dieser Mann immer gern mit seiner Partnerin zusammen war, hat er das Gefühl, daß er in seiner Einstellung über die Jahre hinweg gereift ist. Während er in seiner Jugend geglaubt hat, daß die Sexualität besonders dem Mann Vergnügen bereiten soll, hat er mit Hilfe seiner Partnerin entdeckt, daß Sexualität sehr viel schöner sein kann, wenn beide Partner ihre Körper gegenseitig aktiv genießen. Er freut sich, daß er seiner Partnerin Lust schenkt und daß sie so stark auf ihn reagiert. Er konzentriert sich so sehr auf das sinnliche Vergnügen der Partnerin, daß er sich nicht entspannen kann, um seinen Orgasmus so zu genießen, wie er es vielleicht gerne tun würde. Es gelingt ihm jedoch, gelegentlich gleichzeitig mit seiner Partnerin zu einem tiefen Orgasmus zu kommen.

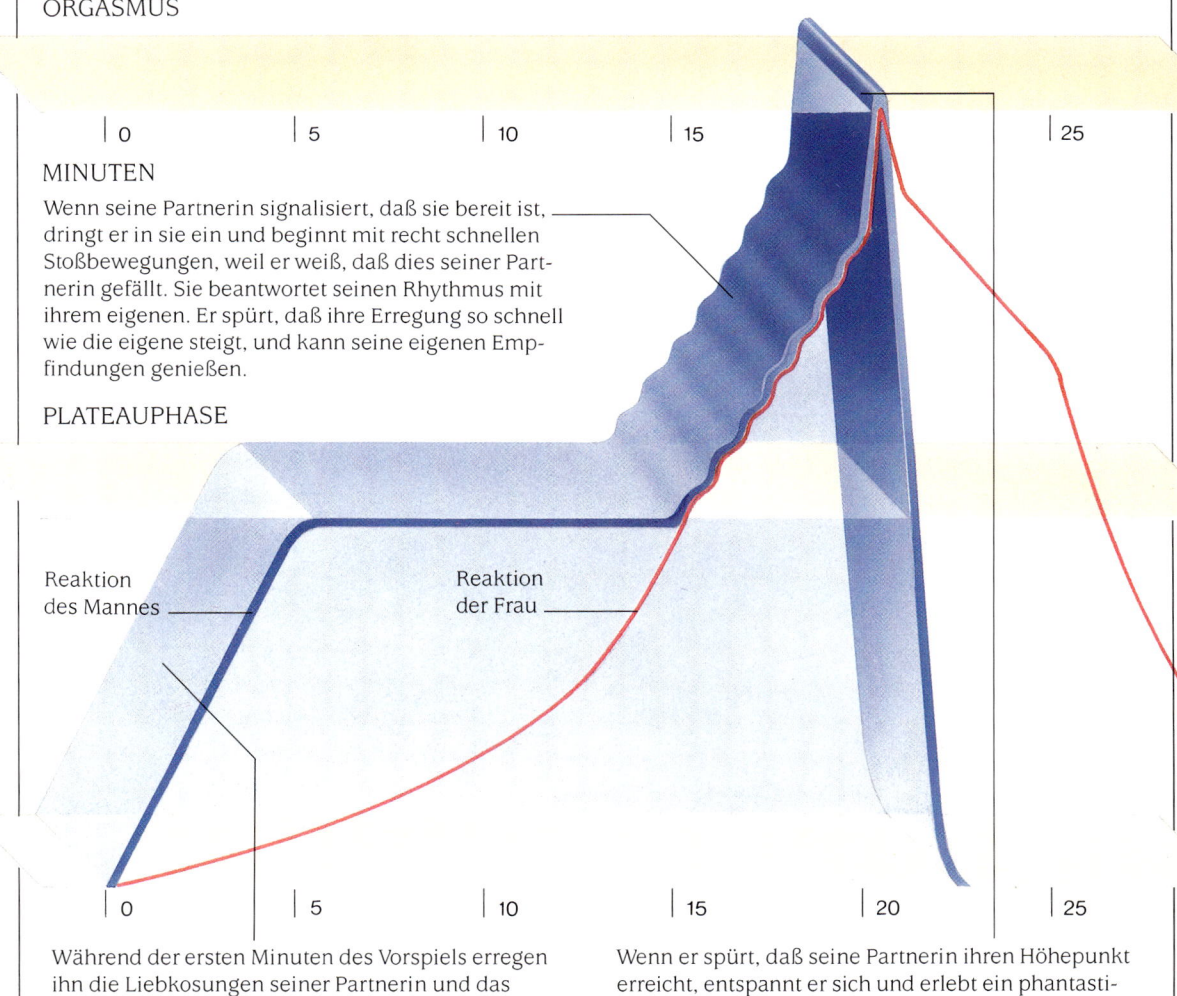

ORGASMUS

| 0 | 5 | 10 | 15 | 25 |

MINUTEN

Wenn seine Partnerin signalisiert, daß sie bereit ist, dringt er in sie ein und beginnt mit recht schnellen Stoßbewegungen, weil er weiß, daß dies seiner Partnerin gefällt. Sie beantwortet seinen Rhythmus mit ihrem eigenen. Er spürt, daß ihre Erregung so schnell wie die eigene steigt, und kann seine eigenen Empfindungen genießen.

PLATEAUPHASE

Reaktion des Mannes

Reaktion der Frau

| 0 | 5 | 10 | 15 | 20 | 25 |

Während der ersten Minuten des Vorspiels erregen ihn die Liebkosungen seiner Partnerin und das Berühren ihres Körpers schnell.

Wenn er spürt, daß seine Partnerin ihren Höhepunkt erreicht, entspannt er sich und erlebt ein phantastisches Gefühl, wenn er spürt, daß sein eigener Orgasmus und der seiner Partnerin zusammenfinden.

LIEBESSPIEL

DIE ERFAHRUNG DER FRAU Diese Frau konnte sich früher nie genug entspannen, um die Sexualität mit ihrem Partner wirklich zu genießen. Im Verlauf der Jahre hat sie jedoch entdeckt, daß die Sexualität das romantische Ideal erfüllen kann, das sie immer hatte. Durch vorsichtiges Erforschen ist sie sich der Empfindungen bewußt geworden, die ihren eigenen Körper stimulieren, und hat ihren Partner daran teilnehmen lassen. Entspannt, selbstbewußt und ungehemmt kann sie ihrem Partner ihre Wünsche durch Berührungen mitteilen, die sie beide erregen, und sicherstellen, daß ihre Erregung gleich groß ist. Obwohl sie nicht der Meinung ist, daß es unbedingt nötig ist, gemeinsam den Orgasmus zu erreichen, kann sie immer wieder einmal gleichzeitig mit ihrem Partner zum Höhepunkt kommen.

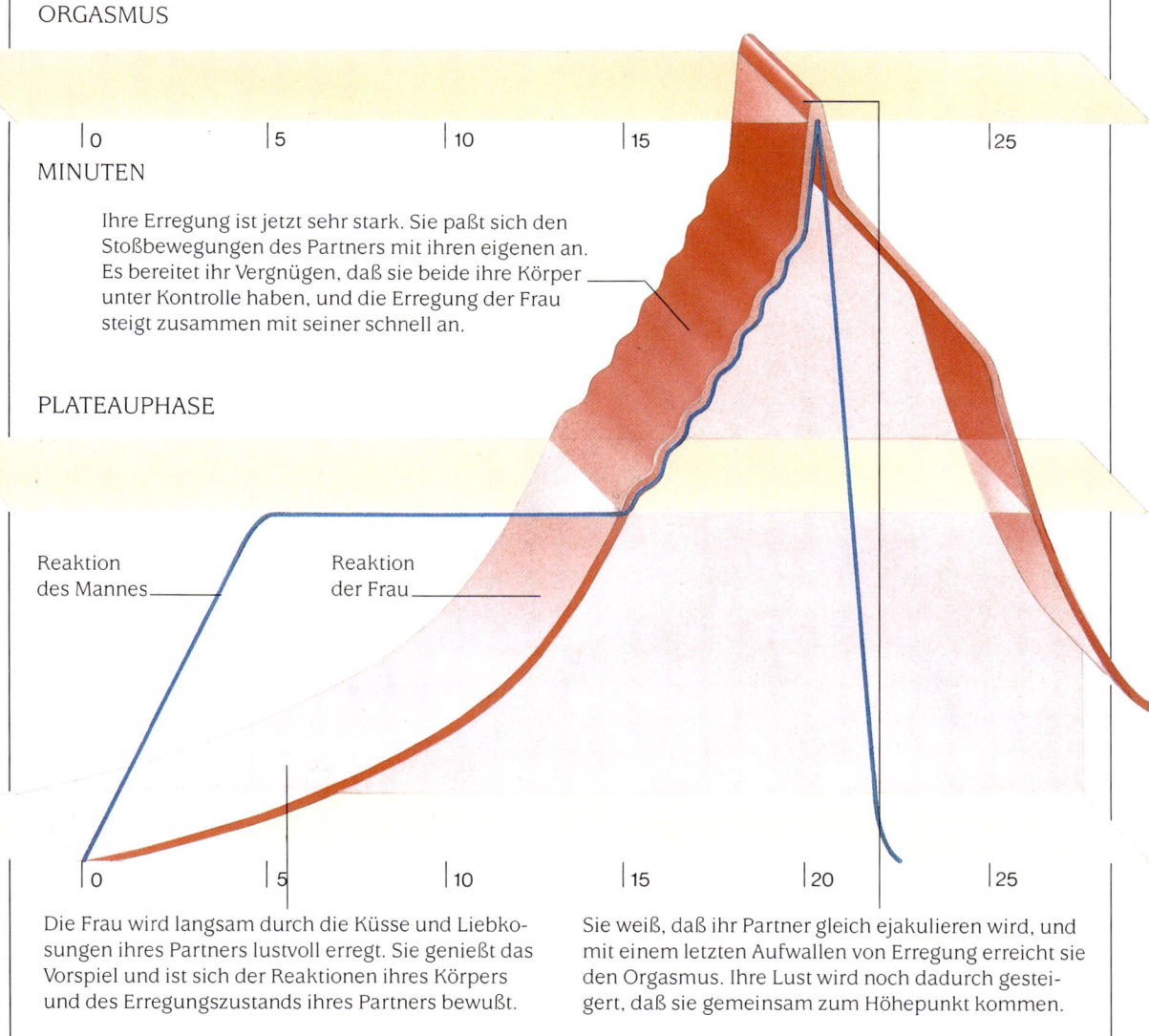

ORGASMUS

|0 |5 |10 |15 |25
MINUTEN

Ihre Erregung ist jetzt sehr stark. Sie paßt sich den Stoßbewegungen des Partners mit ihren eigenen an. Es bereitet ihr Vergnügen, daß sie beide ihre Körper unter Kontrolle haben, und die Erregung der Frau steigt zusammen mit seiner schnell an.

PLATEAUPHASE

Reaktion des Mannes   Reaktion der Frau

|0 |5 |10 |15 |20 |25

Die Frau wird langsam durch die Küsse und Liebkosungen ihres Partners lustvoll erregt. Sie genießt das Vorspiel und ist sich der Reaktionen ihres Körpers und des Erregungszustands ihres Partners bewußt.

Sie weiß, daß ihr Partner gleich ejakulieren wird, und mit einem letzten Aufwallen von Erregung erreicht sie den Orgasmus. Ihre Lust wird noch dadurch gesteigert, daß sie gemeinsam zum Höhepunkt kommen.

VERLÄNGERTER ORGASMUS

DIE ERFAHRUNG DES MANNES   Im Anfangsstadium seiner Beziehung zu seiner Partnerin betrachtete dieser Mann die Sexualität unbewußt vor allem als Möglichkeit, Frustrationen und Spannungen abzubauen. Erst nach Jahren begann er allmählich seiner Partnerin mehr Aufmerksamkeit zu widmen. Er fand heraus, daß er das Vergnügen für beide sehr steigern konnte, indem er seinen Orgasmus kontrollierte und die sexuelle Spannung so lang wie möglich aufrechterhielt.

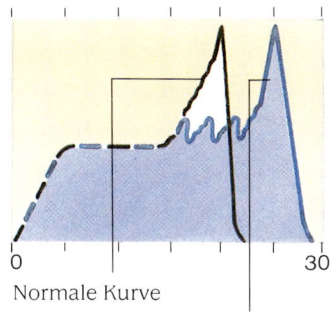

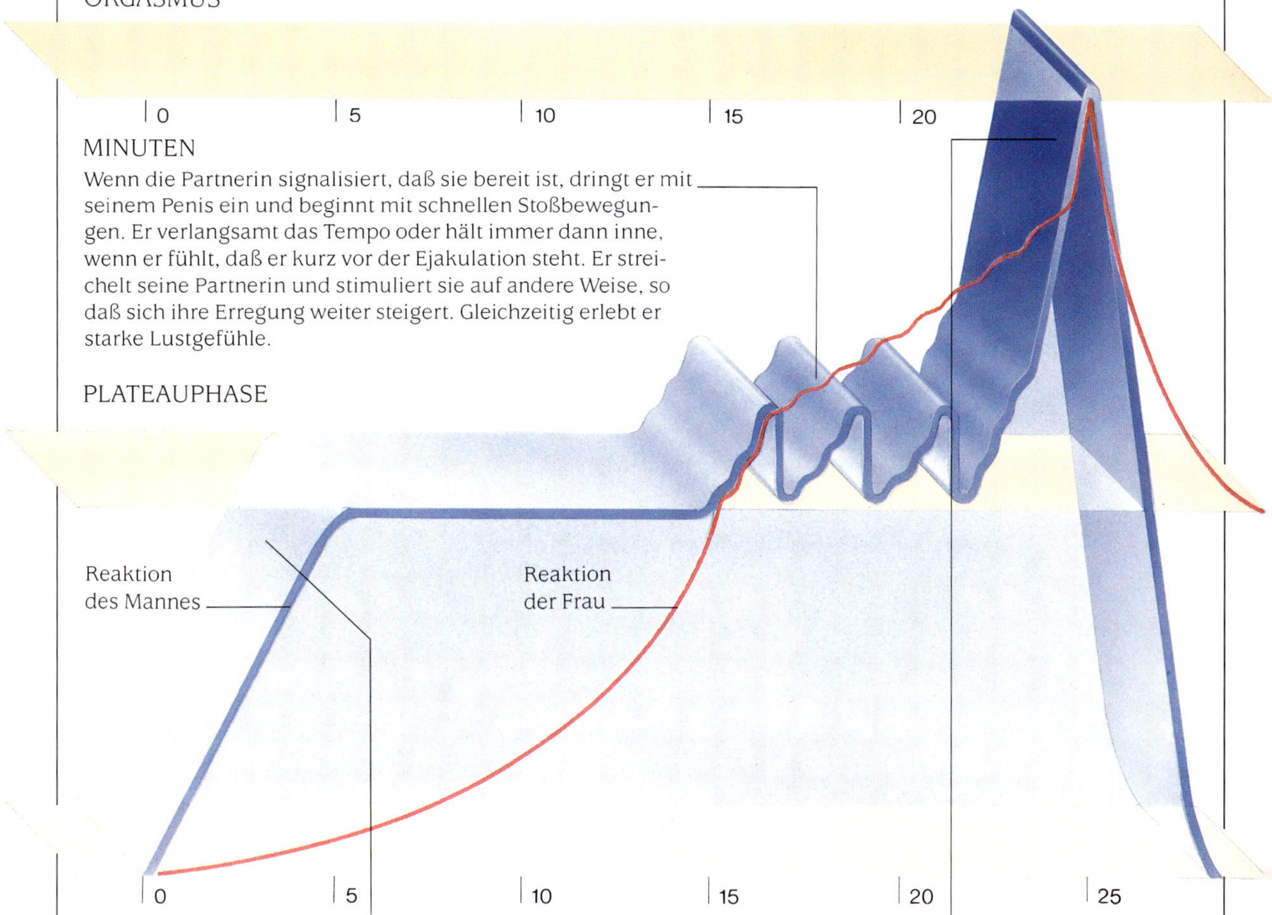

Normale Kurve

Verlängerter Orgasmus

ORGASMUS

| 0   5   10   15   20

MINUTEN

Wenn die Partnerin signalisiert, daß sie bereit ist, dringt er mit seinem Penis ein und beginnt mit schnellen Stoßbewegungen. Er verlangsamt das Tempo oder hält immer dann inne, wenn er fühlt, daß er kurz vor der Ejakulation steht. Er streichelt seine Partnerin und stimuliert sie auf andere Weise, so daß sich ihre Erregung weiter steigert. Gleichzeitig erlebt er starke Lustgefühle.

PLATEAUPHASE

Reaktion des Mannes

Reaktion der Frau

| 0   5   10   15   20   25

Der Mann wird recht schnell erregt, aber konzentriert sich darauf, während des Vorspiels seiner Partnerin Vergnügen zu bereiten, so daß sie ebenfalls sehr erregt wird.

Wenn er seine Stoßbewegungen nicht mehr kontrollieren kann und meistens dann, wenn er weiß, daß seine Partnerin ebenfalls zum Höhepunkt kommen möchte, ejakuliert er. Das anschließende Abschwellen des Penis geht sehr schnell vor sich.

LIEBESSPIEL

DIE ERFAHRUNG DER FRAU   Diese Frau hat sich oft gewünscht, daß der Geschlechtsverkehr länger dauern möge. Mit ihrem Partner, mit dem sie schon seit mehreren Jahren eine sexuelle Beziehung hat, wurde dies möglich. Sie konnten ihre Körper aufeinander abstimmen und die gegenseitigen Signale »lesen«, die mitteilten, was beide wollten. Die Frau ermutigte ihren Partner zu Stoßbewegungen, ohne dabei zu ejakulieren und einen Orgasmus zu haben, bis sie sich befriedigt fühlte. Auf diese Weise waren sie in der Lage, die Dauer ihres Geschlechtsverkehrs zu verlängern und ein gegenseitig befriedigendes und stimulierendes Sexualleben zu haben.

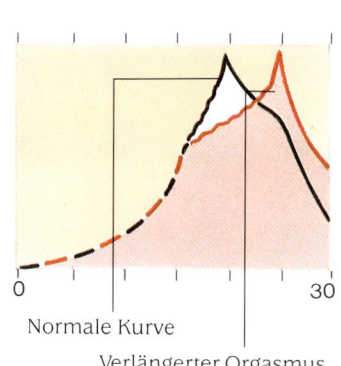

Normale Kurve

Verlängerter Orgasmus

ORGASMUS

MINUTEN

Wenn sie fühlt, daß ihre Erregung steigt, signalisiert sie ihrem Partner, daß er in sie eindringen kann. Wenn der Penis sich in der Scheide befindet, steigt ihre Erregung stetig und so lange wie möglich; seine Stoßbewegungen und andere Liebkosungen bringen sie fast zum Orgasmus.

PLATEAUPHASE

Reaktion des Mannes

Reaktion der Frau

Die Frau wird während des Vorspiels langsam erregt; sie weiß, daß ihr Partner sich nicht zu sehr beeilen wird, so daß sie die Sache mehr genießen kann.

Sie erreicht den Orgasmus gleichzeitig mit ihm, weil die Vertrautheit mit den gegenseitigen Reaktionen und Signalen bedeutet, daß sie beide wissen, wann sie bereit sind.

MULTIPLE ORGASMEN

DIE ERFAHRUNG DES MANNES   Dieser Mann genießt seit langem ein gutes Sexualleben und war immer der Meinung, daß es sein Vergnügen nur steigern kann, wenn er seine Partnerin zufriedenstellt. In seinen reiferen Jahren ist er offener geworden und spricht mit ihr über ihre Wünsche. Außerdem ist er eher in der Lage, seine eigene sexuelle Erregung zu kontrollieren. Unabhängig davon, ob die Kontrolle über seine Ejakulation mit dem Alterungsprozeß zusammenhängt oder nicht, genießt er es, daß er mehrere Höhepunkte erreichen kann, wenn er die Ejakulation zurückhält. Er kann seine Partnerin zu multiplen Orgasmen bringen, was zu ihrer größeren sexuellen Erfüllung beiträgt.

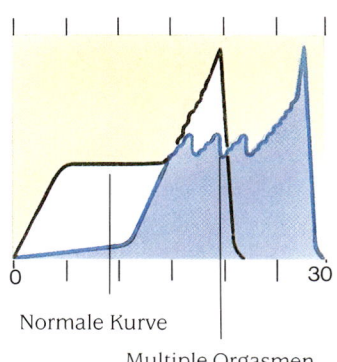

Normale Kurve

Multiple Orgasmen

ORGASMUS

MINUTEN

Wenn sie beide dazu bereit sind, dringt er mit seinem Penis in ihre Scheide ein und beginnt sofort mit schnellen, tiefen Stoßbewegungen; bald erreicht er einen Höhepunkt, während sie den ersten Orgasmus erlebt. Er muß sich sorgfältig kontrollieren, um nicht zu ejakulieren, während er seine Partnerin ausreichend stimuliert. Er ruht sich eine Weile aus, damit seine sexuelle Spannung etwas abnimmt.

PLATEAU-PHASE

Reaktion des Mannes

Reaktion der Frau

Erregung durch visuelle oder andere Reize kann sich schnell oder langsam steigern, aber das Vorspiel muß verlängert werden, um der Partnerin die notwendige Stimulation zu geben.

Er erreicht einen weiteren Höhepunkt und einen dritten, während sie ihren zweiten Orgasmus erlebt. Er kontrolliert seine Ejakulation, ruht sich wieder aus, und wenn er bereit ist, kommt er erneut zum Höhepunkt.

LIEBESSPIEL

DIE ERFAHRUNG DER FRAU   Zwischen dieser Frau und ihrem Partner besteht große Intimität, sie kennen ihre Körper, ihre sexuellen Wünsche und Bedürfnisse genau. Zwischen ihnen bestand immer eine gute Kommunikation. Über die Jahre hinweg haben sie ihre Hemmungen abgebaut, und es ist zu einem Wiederaufwallen des sexuellen Verlangens gekommen. Sie war immer der Meinung, daß multiple Orgasmen ein Mythos der Medien seien, aber seitdem ihr Partner ein vorsichtiger und erfahrener Liebhaber geworden ist und seinen eigenen Orgasmus länger kontrollieren kann, erlebt sie nun regelmäßig zwei oder drei Orgasmen.

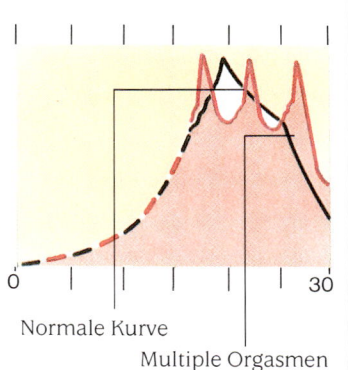

Normale Kurve
Multiple Orgasmen

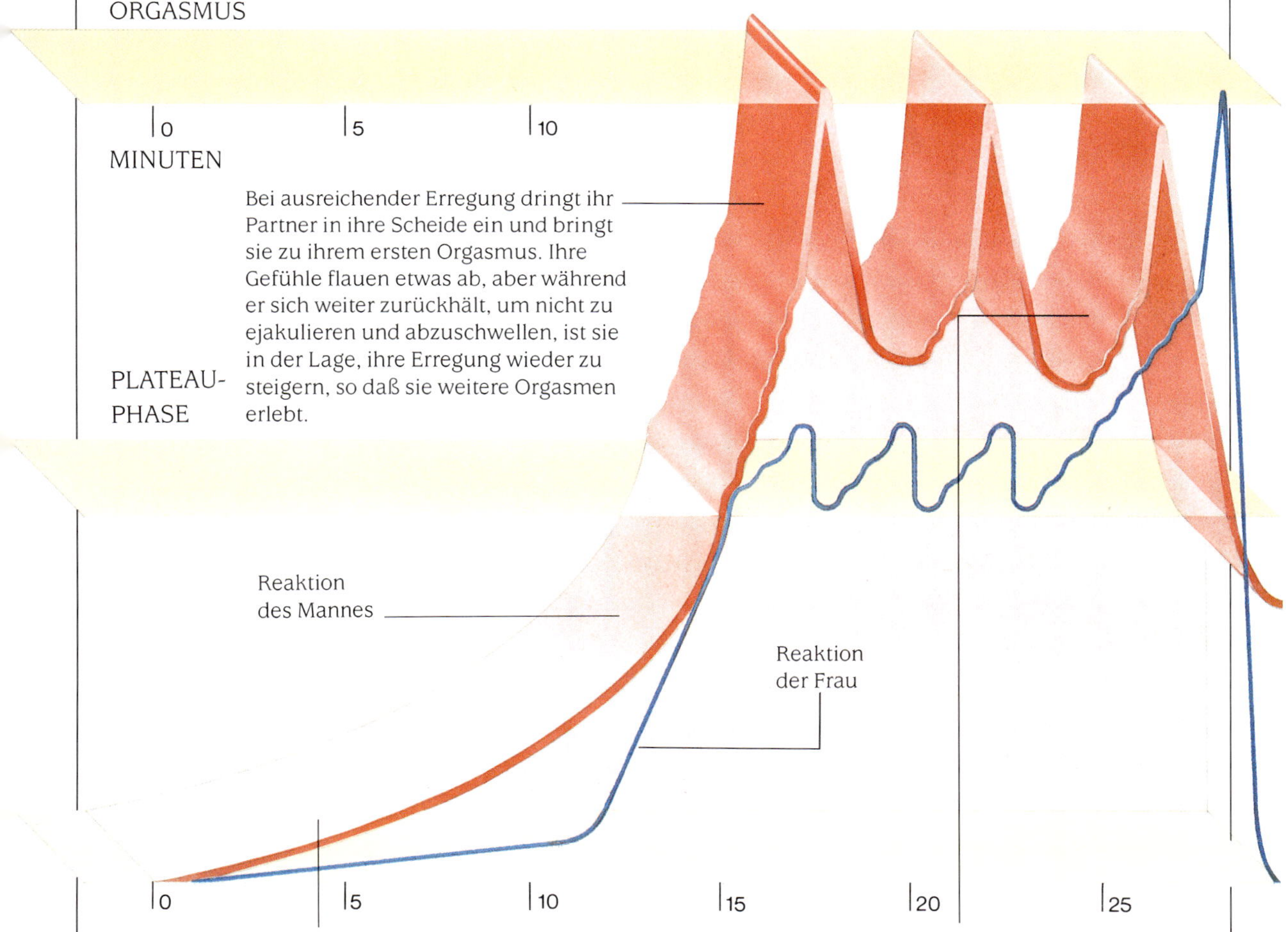

ORGASMUS

MINUTEN

PLATEAU-
PHASE

Bei ausreichender Erregung dringt ihr Partner in ihre Scheide ein und bringt sie zu ihrem ersten Orgasmus. Ihre Gefühle flauen etwas ab, aber während er sich weiter zurückhält, um nicht zu ejakulieren und abzuschwellen, ist sie in der Lage, ihre Erregung wieder zu steigern, so daß sie weitere Orgasmen erlebt.

Reaktion des Mannes

Reaktion der Frau

Während der Erregungsphase steigert sich die Erregung der Frau gleichzeitig mit der ihres Partners. Ermöglicht wird dies, da beide ihre intimsten Wünsche kennen.

Sie erlebt weitere Orgasmen, die allerdings von ihrer Intensität her abnehmen. Nach ihrem letzten Orgasmus und nachdem ihr Partner den Höhepunkt erreicht hat, kommt es bei ihr schnell zur Auflösung.

Stellungen für das Liebesspiel

Wenn Paare, deren Sexualleben eintönig geworden ist, mich um Rat fragen, stelle ich oft als erstes die Frage, ob sie Abwechslung in ihr Liebesspiel bringen. Viele Paare haben sich auf eine einzige Stellung festgelegt, und das Liebesspiel ist langweilig geworden. Die Missionarsstellung, in der der Mann oben und die Frau unter ihm liegt, ist die häufigste, und manche Paare variieren sie niemals. Der Name stammt aus jener Zeit, als Missionare, die ihren Glauben zu »heidnischen« oder »unzivilisierten« Völkern brachten, gewaltsam dafür eintraten. Jahrelang tolerierte die Kirche nur diese Stellung, weil man sie für die einzige hielt, in der die Frau mit Sicherheit befruchtet wurde. Der Mann konnte außerdem immer die dominierende Rolle einnehmen und hatte das meiste, wenn nicht das ganze Vergnügen.

Aber zwischen mündigen Partnern sind alle Stellungen beim Geschlechtsverkehr völlig normal und legitim, und unser Sexualleben wird durch ein wenig Abenteuerlust und einige Experimente mit Sicherheit belebt.

EINE STELLUNG WÄHLEN

Es gibt keine Stellung, die man als die beste bezeichnen könnte; jedes Paar sollte experimentieren und seine Lieblingsstellungen herausfinden. Dies hängt von der Form und der Größe der Körper ab, von der Kraft und Ausdauer der beiden Partner und von besonderen Situationen wie Schwangerschaft, Behinderung oder Krankheit (siehe Sex in besonderen Situationen, Seite 150). Paare, die zum ersten Mal miteinander schlafen, experimentieren oft mit einer Reihe von Stellungen in rascher Folge, um ihre Neugier zu befriedigen. Gleichzeitig sollten die Partner versuchen, soviel wie möglich über den Körper des anderen herauszufinden, so daß sie sich körperlich aneinander anpassen können. Einer der Zwecke dieses Buches ist es, Paare aufzuklären, denen es an Kenntnissen oder Phantasie mangelt oder die nicht glauben, daß es noch andere Stellungen gibt als die, die sie zufällig entdeckt haben. Denken Sie daran, daß Sachkenntnis auf diesem Gebiet nicht an einem Tag zu erlangen ist. Vielleicht braucht ein Paar mehrere Monate, in denen es herumexperimentiert, bevor es einige Positionen gefunden hat, die in jeder Hinsicht sinnlich, befriedigend und erfüllend sind.

Auf den folgenden Seiten wurden viele Stellungen illustriert, die für einen oder beide Partner aus den verschiedensten Gründen Vorteile haben. Unten sind einige der Überlegungen aufgeführt, die für den jeweiligen Partner wichtig sind und die bei den gewählten Stellungen in Betracht gezogen werden.

Beide Partner sollten die Vorlieben des anderen bedenken. Das bedeutet natürlich, daß beide zuerst einmal ihre eigenen Wünsche ausdrücken müssen. Um die Sexualität jedoch aufs höchste zu genießen, sollte jede Stellung bequem sein und freie Bewegungen zulassen. Wenn ein Partner weniger athletisch ist, sollte dem Rechnung getragen werden.

Bestimmte Stellungen sind für einen Partner unbequem oder sogar schmerzhaft, während andere das Vergnügen und die sexuelle Erregung für beide erhöhen können. So wird die Chance vergrößert, daß beide Partner zum Orgasmus kommen. Das soll nicht heißen, daß eine bestimmte Stellung besser ist als eine andere; jede Stellung hat in bestimmten Situationen ihre Vorteile. Es kommt immer darauf an, wie die Partner sich körperlich und emotional fühlen.

STELLUNGEN NACH WAHL DES MANNES

○ Läßt die Stellung gutes Eindringen zu (flach oder tief, je nach Wunsch)
○ Kann er die Partnerin sehen
○ Kann er die Klitoris der Partnerin gut erreichen
○ Kann er ihren Busen mit den Händen oder dem Mund erreichen
○ Kann er sich frei bewegen
○ Verlängert die Stellung, falls gewünscht, den Geschlechtsverkehr, oder führt sie schnell zur Ejakulation
○ Ist die Stellung bequem
○ Kann er die Vulva der Partnerin sehen
○ Ist die Stellung gut für seinen ungewöhnlich kleinen oder großen Penis
○ Kann die Stellung ohne feste Erektion erreicht werden, wenn er Erektionsschwierigkeiten hat
○ Kann er die Partnerin küssen und liebkosen
○ Ist die Stellung geeignet, wenn die Partnerin viel schwerer oder leichter ist als er
○ Muß man sich ganz ausziehen
○ Kann er die dominierende (oder passive) Rolle übernehmen
○ Kann er den Analbereich der Partnerin stimulieren.
○ Ist sie während einer Schwangerschaft möglich.

STELLUNGEN NACH WAHL DER FRAU

○ Kann sie sich bewegen, so daß die Stimulation gut bleibt
○ Kann sie den Partner sehen
○ Kann sie oder ihr Partner die Klitoris leicht erreichen
○ Kann sie den Partner küssen
○ Wird ihr G-Punkt dabei stimuliert
○ Ist die Stellung bequem
○ Kann ihr Partner ihren Busen erreichen
○ Kann sie in der Stellung den Hodensack des Partners berühren
○ Ist die Stellung gut zum Schmusen
○ Erlaubt sie guten Hautkontakt
○ Welche Art des Eindringens läßt sie zu und welche möchte die Frau – flach oder tief
○ Läßt die Stellung zu, daß die Frau eine dominierende (oder passive) Rolle einnimmt
○ Kann sie den Analbereich des Partners stimulieren
○ Ist die Stellung während der letzten Stadien der Schwangerschaft bequem.

STELLUNGEN, BEI DENEN DER MANN SICH OBEN BEFINDET – 1

Diese Stellungen, besonders die »Missionars«-Stellung, bei der der Mann zwischen den Schenkeln der Frau liegt, sind wahrscheinlich die weitverbreitetsten Positionen für den Koitus. Sie geben dem Mann völlige Kontrolle über den Geschlechtsverkehr, während die Frau dabei sehr wenig Bewegungsfreiheit hat. Solche Stellungen sind besonders angenehm für Paare, die gerade beginnen, miteinander zu schlafen, da voller Augenkontakt besteht und die Möglichkeit, miteinander zu kommunizieren. Der andere Vorteil, den sie bieten, ist der Spielraum für Küsse, tiefes Eindringen und manuelle Stimulation. Außerdem kann der Po des Mannes gestreichelt werden. Diese Stellungen sind auch gut, wenn eine Empfängnis gewünscht ist.

Sie kann mit ihrem Bein auf seinen Rücken und die Pobacken Druck ausüben und so etwas Kontrolle über seine Stoßbewegungen gewinnen.

1 Wenn der Mann eine Erektion hat, dringt er in die Partnerin ein, so daß der Penis parallel zu den Scheidenwänden liegt. Wenn sie ihre Beine weit öffnet, ist das Dehnungsgefühl sehr sinnlich.

Das Paar kann sich gut ansehen, es kann sich leidenschaftlich küssen, während es sich liebt.

Er kann sein Gewicht mit den Ellbogen auffangen, so daß seine Partnerin ihr Becken freier bewegen kann.

LIEBESSPIEL

2 Wenn die Frau ihr Bein auf den Rücken des Partners legt und Druck ausübt, kann sie die Tiefe und den Winkel seiner Stoßbewegungen kontrollieren, so daß der Penis gegen die Vorderwand der Scheide drückt, an der sich der »G«-Punkt befindet.

3 Wenn sie beide Beine um den Partner schlingt, kann eine gelenkige Frau die Neigung ihres Beckens verändern, was zu neuen Empfindungen für sie und ihren Partner führen und den Genitalkontakt steigern kann.

FÜR DEN MANN

Oben zu liegen, hat offensichtliche Vorteile. Er hat guten Zugang zu Oberkörper und Busen seiner Partnerin. Gleichzeitig gestattet es ihm seine überlegene Position, seine Stoßbewegungen zu kontrollieren und sie zu steigern oder zu verlangsamen.

FÜR DIE FRAU

Diese Stellungen erfüllen das romantische Bedürfnis der Frau. Offensichtlich wird sie dabei geliebt, sie kann sich zurücklehnen und die Empfindung genießen. Da sich beide das Gesicht zuwenden, können sie alle möglichen Liebkosungen austauschen.

Stellungen, bei denen der Mann sich oben befindet – 2

Bei diesen Stellungen wird das Bedürfnis des Mannes nach Dominanz erfüllt, weil er tief in seine Partnerin eindringen kann. Eventuelles Verlangen der Frau, dominiert zu werden, wird ebenfalls erfüllt, da sie die passive Rolle einnimmt. Die meisten Männer möchten so tief wie möglich in den Körper der Frau eindringen, und die Frauen mögen es auch, besonders wenn sie sehr erregt sind und »ausgefüllt« werden möchten. In diesen Stellungen kann der Mann sich frei bewegen, um die Intensität und Tiefe seiner Stoßbewegungen zu kontrollieren; die Frau kann zu seinen Empfindungen beitragen, indem sie ihre Beckenmuskeln zusammenzieht und wieder entspannt, so daß sie auf diese Weise den Penis ihres Partners umschließt und losläßt.

1 Als Variante der Stellung, bei der der Mann von oben eindringt, kann er sich hinknien und sich seiner Partnerin aus einer senkrechten Stellung nähern. So kann er in seine Partnerin hineinstoßen. Die Frau vergrößert den Kontakt, indem sie ihre Beine fest um ihn schlingt.

2 Wenn der Mann seine Partnerin an der Bettseite hinunterschiebt, kann er sich nach vorne auf ihren Körper lehnen, wobei er das meiste Gewicht mit den Unterarmen auffängt, während sie sich entspannt und sich ganz nehmen läßt. Bewegung und Penetration sind eingeschränkt, so daß die Erregung kontrolliert werden kann.

LIEBESSPIEL

FÜR DEN MANN
Bei diesen Stellungen kann der Mann seine Stoßbewegungen kontrollieren und damit die Geschwindigkeit, mit der er seinen Orgasmus erreicht. Solch starke Kontrolle ist besonders gut, wenn der Mann sich Sorgen macht, daß er seine Erektion verlieren könnte.

FÜR DIE FRAU
Auf dem Rücken zu liegen, ist entspannend und gestattet der Frau, sich ganz dem Gefühl hinzugeben, daß sie von ihrem Mann genommen und gehalten wird.

3 Schließlich kann der Mann sehr tief in seine Partnerin eindringen, indem seine Knie ihre Beine weit öffnen. Dabei schiebt er sich und seine Partnerin im Bett nach oben. Die Empfindung läßt sich für sie steigern, indem sie die Knie eng an ihre Brust zieht und ein Kissen unter ihren Po legt.

Eng ineinander verschlungen, fühlt sie sich sicher genug, sich ihrem Partner ganz zu öffnen.

Er setzt Oberschenkel und Knie ein, um das Tempo und die Tiefe seiner Stoßbewegungen zu steigern.

Bei starker Erregung wird die Penetration erleichtert, wenn sie ihre Beine weit öffnet.

STELLUNGEN, BEI DENEN DER MANN SICH OBEN BEFINDET – 3

Für einige der fortgeschritteneren Stellungen dieser Art sind ein gewisses Maß an Gelenkigkeit und Sportlichkeit und eine entgegenkommende Partnerin erforderlich. Die Stellungen, bei denen der Mann am tiefsten eindringen kann, sind jene, bei denen die Frau ihre Beine an die Brust zieht; man sollte sie gegen Ende einer Schwangerschaft vermeiden. Der Penis wird in verschiedenen Winkeln eingeführt, so daß es zu neuen und unterschiedlichen Empfindungen kommt.

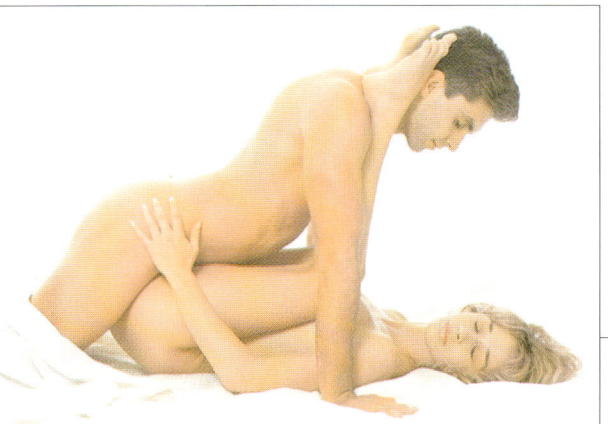

Die Frau zieht die Beine an die Brust
Sie zieht die Knie nah an die Brust und legt ihre Füße auf die Schultern des Mannes. Der Mann fängt sein Gewicht mit den Händen auf und kann nach vorne stoßen. Dabei dringt er sehr tief in die Partnerin ein, wobei die Hinterwand der Scheide stimuliert wird.

Der Mann in sitzender Stellung
Er sitzt mit weit geöffneten Beinen da und manövriert seine Partnerin so, daß der Penis in die Scheide eingeführt werden kann. Die unterschiedlichen Empfindungen, die der Mann erfährt, wenn er seine Partnerin nach oben und unten bewegt, gleichen die begrenzten Stoßbewegungen aus.

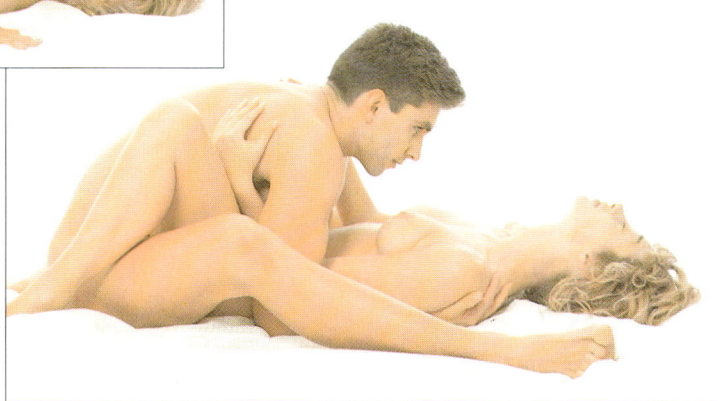

FÜR DEN MANN
Wenn der Einführungswinkel geändert wird, kommt es für den Mann zu befriedigenden und stimulierenden Erfahrungen. Je weniger die Frau in der Lage ist, sich zu bewegen, desto stärker kann er seine Erregung kontrollieren. Hier hat er die völlige Kontrolle über die Dauer des Geschlechtsverkehrs.

FÜR DIE FRAU
Variationen der Stellungen, bei denen der Mann sich oben befindet, sind sehr vielfältig, während sie der Frau gestatten, passiv zu bleiben, wenn sie es wünscht. Die Stellungen, bei denen der Mann tief eindringt, sind gut für eine Empfängnis, aber in den letzten Schwangerschaftsmonaten müssen sie vermieden werden.

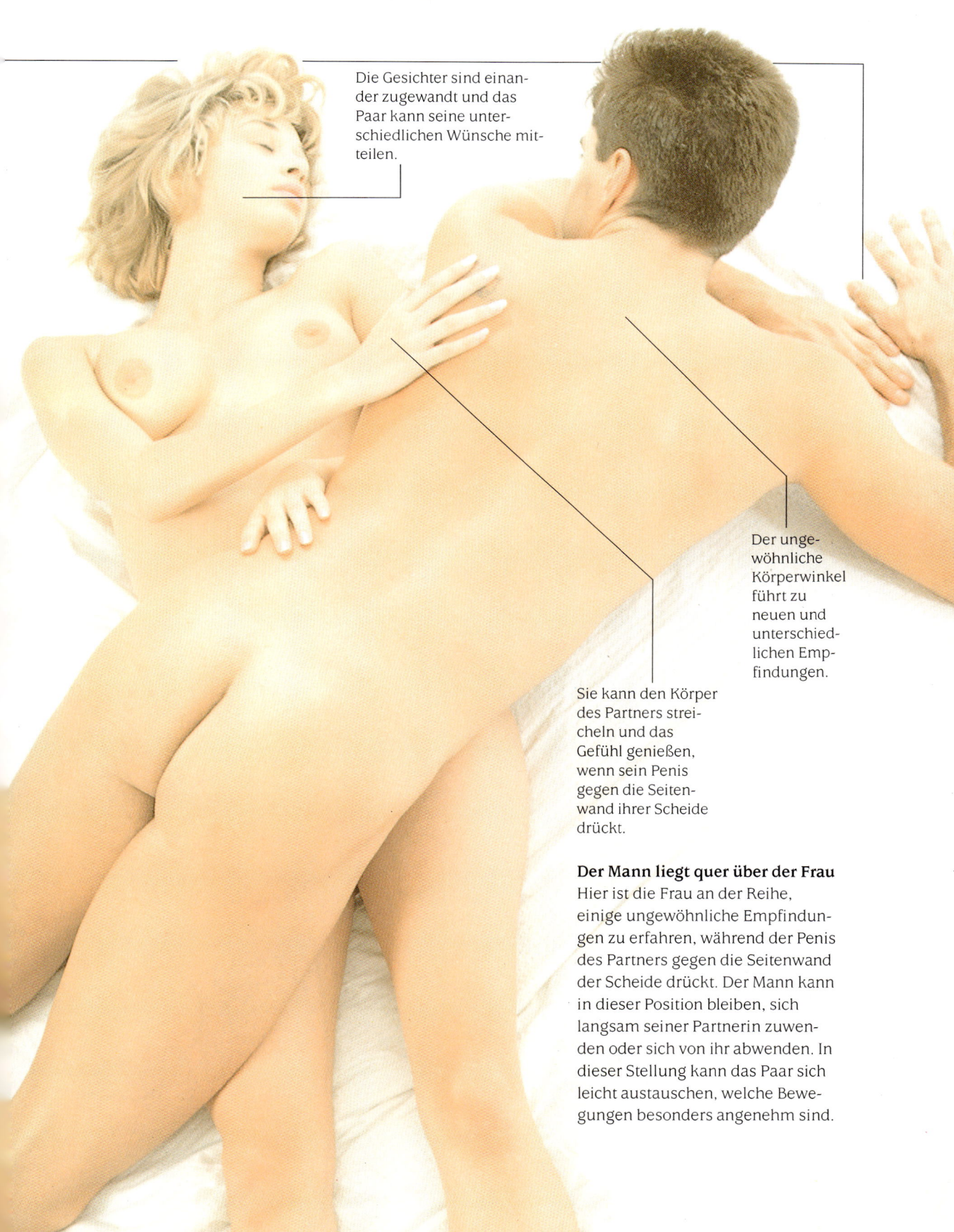

Die Gesichter sind einander zugewandt und das Paar kann seine unterschiedlichen Wünsche mitteilen.

Der ungewöhnliche Körperwinkel führt zu neuen und unterschiedlichen Empfindungen.

Sie kann den Körper des Partners streicheln und das Gefühl genießen, wenn sein Penis gegen die Seitenwand ihrer Scheide drückt.

Der Mann liegt quer über der Frau
Hier ist die Frau an der Reihe, einige ungewöhnliche Empfindungen zu erfahren, während der Penis des Partners gegen die Seitenwand der Scheide drückt. Der Mann kann in dieser Position bleiben, sich langsam seiner Partnerin zuwenden oder sich von ihr abwenden. In dieser Stellung kann das Paar sich leicht austauschen, welche Bewegungen besonders angenehm sind.

Stellungen, bei denen die Frau sich oben befindet – 1

Männer und Frauen empfinden Stellungen, bei denen die Frau oben liegt, als äußerst angenehm. Sie ermöglichen es der Frau, eine aktivere Rolle bei der Kontrolle über die Gefühle, die sie gibt, und jene, die sie empfängt, zu übernehmen. Der Mann liegt unter ihr und ist relativ unbeweglich. Sie kann seinen Penis leicht stimulieren, indem sie sich nach oben und unten bewegt, und kann die Tiefe der Penetration besser kontrollieren. Dem Mann beweisen solche Stellungen, daß seine Partnerin die Führung übernimmt; in diesen Positionen hat er das Gefühl, daß er das Objekt ihrer aktiven Verführung ist.

Diese Stellungen sind zudem bequem, besonders dann, wenn die Frau sehr viel leichter ist als ihr Partner.

Er ist der passive Partner. Er fühlt, daß seine Partnerin ihn will, er wird verführt und kann sich auf die eigene Erregung konzentrieren, weil er weiß, daß seine Partnerin ihre Stimulation kontrolliert.

1 Um die einfachste Stellung einzunehmen, bei der die Frau auf ihrem Partner liegt und ihre Beine sich neben seinem Körper befinden, ist es wahrscheinlich am besten, mit einer seitlichen Umarmung zu beginnen. Dann schiebt sie ein Bein vorsichtig über die Schenkel des Partners und klettert auf ihn. Natürlich muß der Mann eine Erektion haben, damit die Frau den Penis in die Scheide einführen kann.

Seine Hände können ihren Rücken und Po streicheln und die Partnerin ab und zu festhalten, um den Penetrationswinkel zu steuern.

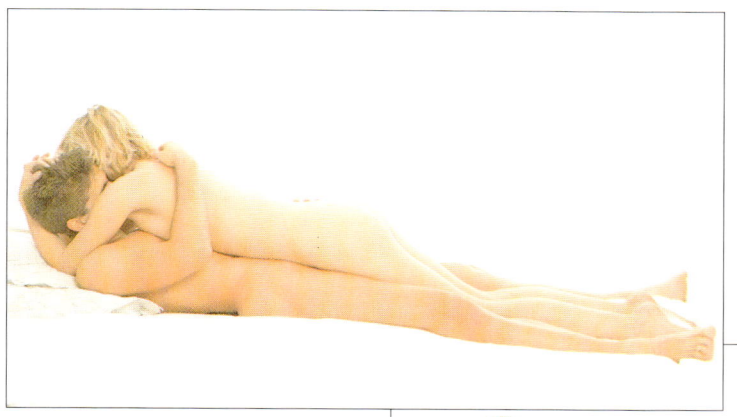

2 Wenn die Frau ihre Beine jetzt zwischen die des Partners schiebt, liegen beide Genitalbereiche dichter aneinander. Wenn sie ihre Beine eng geschlossen hält, erhöht sie die Reibung zwischen Scheide und Becken. Sie kann die Empfindungen steigern, indem sie die Beckenmuskeln anspannt.

3 Wenn die Frau schließlich ihre Beine weit ausbreitet, sind die Beckenbereiche genau aufeinander ausgerichtet. Von hier aus kann sie auf die Füße des Partners drücken, was für ihn sehr erregend ist, weil sie offensichtlich ihren Partner »benutzt«, um sich zu befriedigen.

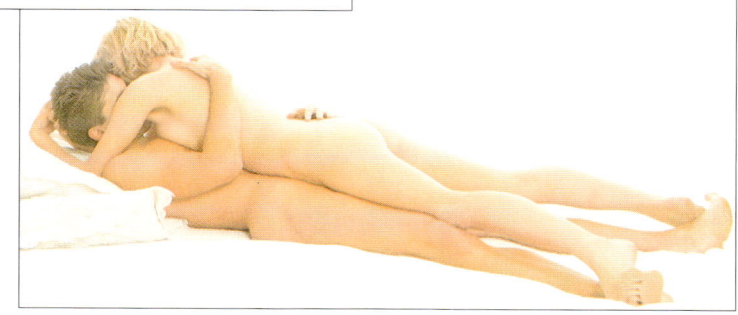

Sie übernimmt die aktive Rolle, indem sie sich auf seinem erigierten Penis nach oben und unten schiebt.

Sie kann seine Beine auseinanderdrücken oder mit den ihren zusammendrücken, so daß sich die Empfindungen für beide verändern.

FÜR DEN MANN
Er kann sich entspannen und die Gefühle genießen, die sie in ihm wachruft. Dies ist besonders wichtig, wenn er sexuell nicht die Führung übernehmen kann, weil er müde oder krank ist.

FÜR DIE FRAU
Diese Stellungen sind besonders nützlich, wenn der Partner groß und schwer ist, oder wenn sie ein Kind erwartet. Außerdem sind sie ideal, da die Frau sich befriedigen kann, wie es ihr gefällt.

Stellungen, bei denen die Frau sich oben befindet – 2

Positionen, bei denen die Frau sich in sitzender Haltung oben befindet, haben mehrere Vorteile für beide Partner. Die Frau kann den Mann betrachten, und indem sie ihr ganzes Gewicht selbst trägt, kann sie ihn aktiver streicheln und dabei seine Penisbewegungen ganz nach Wunsch anpassen. Der Mann kann ungehindert die frei beweglichen Brüste der Partnerin streicheln, die verlockend vor ihm auftauchen, und er kann sehen, wie sein Penis in die Scheide der Partnerin eindringt; beides ist für ihn sehr reizvoll.

1 Zuerst liegt die Frau auf dem Partner. Dann erhebt sie sich, bringt ihre Beine nach vorn und beugt die Knie. Am Anfang wird sie den Hauptanteil ihres Gewichts mit den Armen und Knien auffangen, um schmerzhaften Druck auf ihren Partner zu vermeiden.

2 Wenn sie ihr ganzes Gewicht mit den Knien auffängt, kann sie ihre Hände frei bewegen – sie kann den Partner streicheln oder ihn festhalten, um weitere Kontrolle zu üben, wenn sie es wünscht.

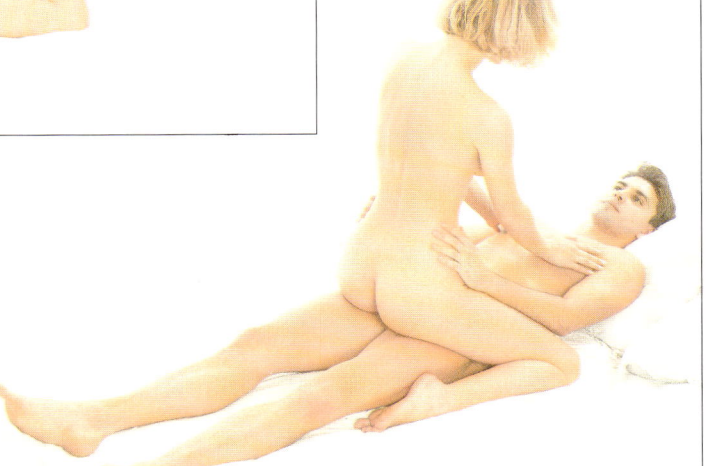

LIEBESSPIEL

3 Sie kann sich auch zurücklehnen, ihre Beine nach hinten nehmen und sie, ganz nach Wunsch, eng an den Körper des Partners heranführen oder sie von seinem Körper weghalten. Sie kann ihre Beine auch nach vorne bringen und sie in Richtung der Schultern ihres Partners strecken. Sie kann sich dann frei bewegen und herumrollen.

♂ FÜR DEN MANN

Diese Positionen können sehr erregend sein. Der Mann hat seine Genitalien und die der Partnerin im Blick und kann ihre Brust streicheln. Beide können sich gegenseitig stimulieren.

♀ FÜR DIE FRAU

Bei diesen Stellungen können der Busen und die Genitalien der Frau ungehindert gestreichelt werden, und sie kann die Tiefe der Penetration leicht kontrollieren.

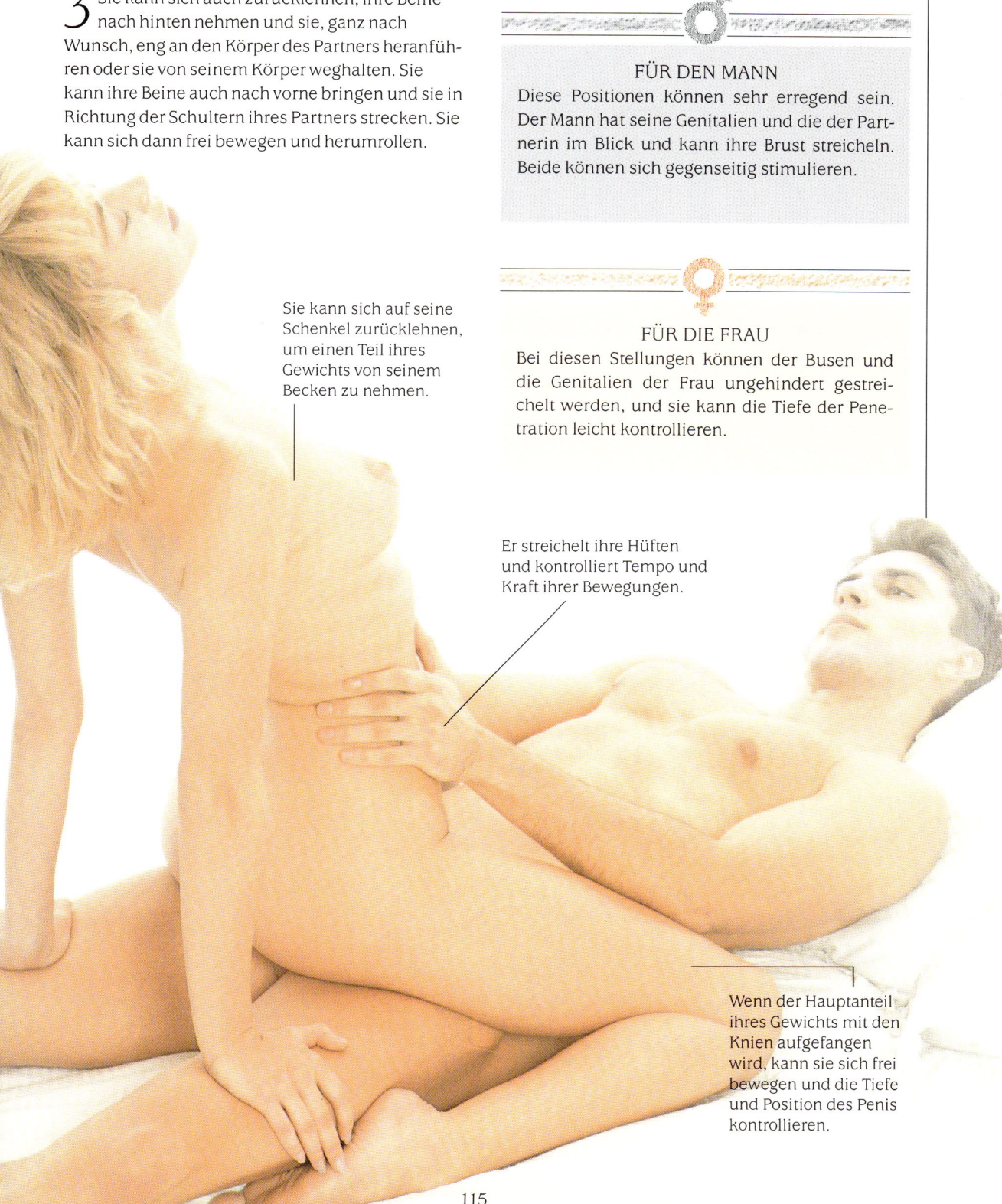

Sie kann sich auf seine Schenkel zurücklehnen, um einen Teil ihres Gewichts von seinem Becken zu nehmen.

Er streichelt ihre Hüften und kontrolliert Tempo und Kraft ihrer Bewegungen.

Wenn der Hauptanteil ihres Gewichts mit den Knien aufgefangen wird, kann sie sich frei bewegen und die Tiefe und Position des Penis kontrollieren.

Stellungen, bei denen die Frau sich oben befindet – 3

Wenn die Frau sich beim Liebesspiel oben befindet, kann sie die Kontrolle ausüben, und wenn sie eine Stellung einnimmt, bei der sie ihrem Partner den Rücken zuwendet, kann sie Umfang und Art der Stimulation, die sie braucht, leichter erreichen. Sie kann beispielsweise ihre Phantasie leichter spielen lassen. Solche Stellungen bieten der Frau auch neue Empfindungsmöglichkeiten, die sie sonst nicht erreichen kann. Dem Mann zeigen derartige Stellungen, daß seine Partnerin beim Liebesspiel erfindungsreich ist. Und wenn er, wie viele Männer, eine besondere Vorliebe für den weiblichen Po hat, werden ihm diese Positionen großes Vergnügen bereiten, da sie über ihm kniet und Schenkel und Po verführerisch zeigt.

Die Frau in sitzender, nach vorn gebeugter Stellung

Hier kann die Frau sich mit den Händen abstützen, so daß sie sich willkürlich nach oben oder unten bewegen kann. Dabei kann sie an den Reaktionen des Mannes ablesen, was ihm am besten gefällt. Die Stellung ist für den Mann sehr entspannend und streßfrei. Er kann, wenn er mag, seine Knie beugen, um seine Partnerin zu halten.

Die Frau in nach hinten gelehnter Stellung

Wenn die Frau sich nach hinten lehnt, ändert sie die Tiefe der Penetration und die Empfindungen, die dabei entstehen. Jetzt ruht der größte Teil ihres Gewichts auf ihren Füßen, und der Partner wird es als unangenehm empfinden, wenn sie sich zu stark auf seine Arme stützt. Diese Stellung gibt ihm einige Kontrolle über ihre Bewegungen. Es ist darauf zu achten, daß der Penis nicht so weit nach hinten gebogen wird, daß es schmerzt.

FÜR DEN MANN

Bei diesen Stellungen hat die Phantasie des Mannes freien Lauf, da die Partnerin seinen Penis so benutzt, wie sie es will. Der Verlust des Blickkontakts kann seine Erregung steigern, wenn er in seiner Phantasie jene sexuellen Situationen hervorzaubert, die ihn am stärksten erregen.

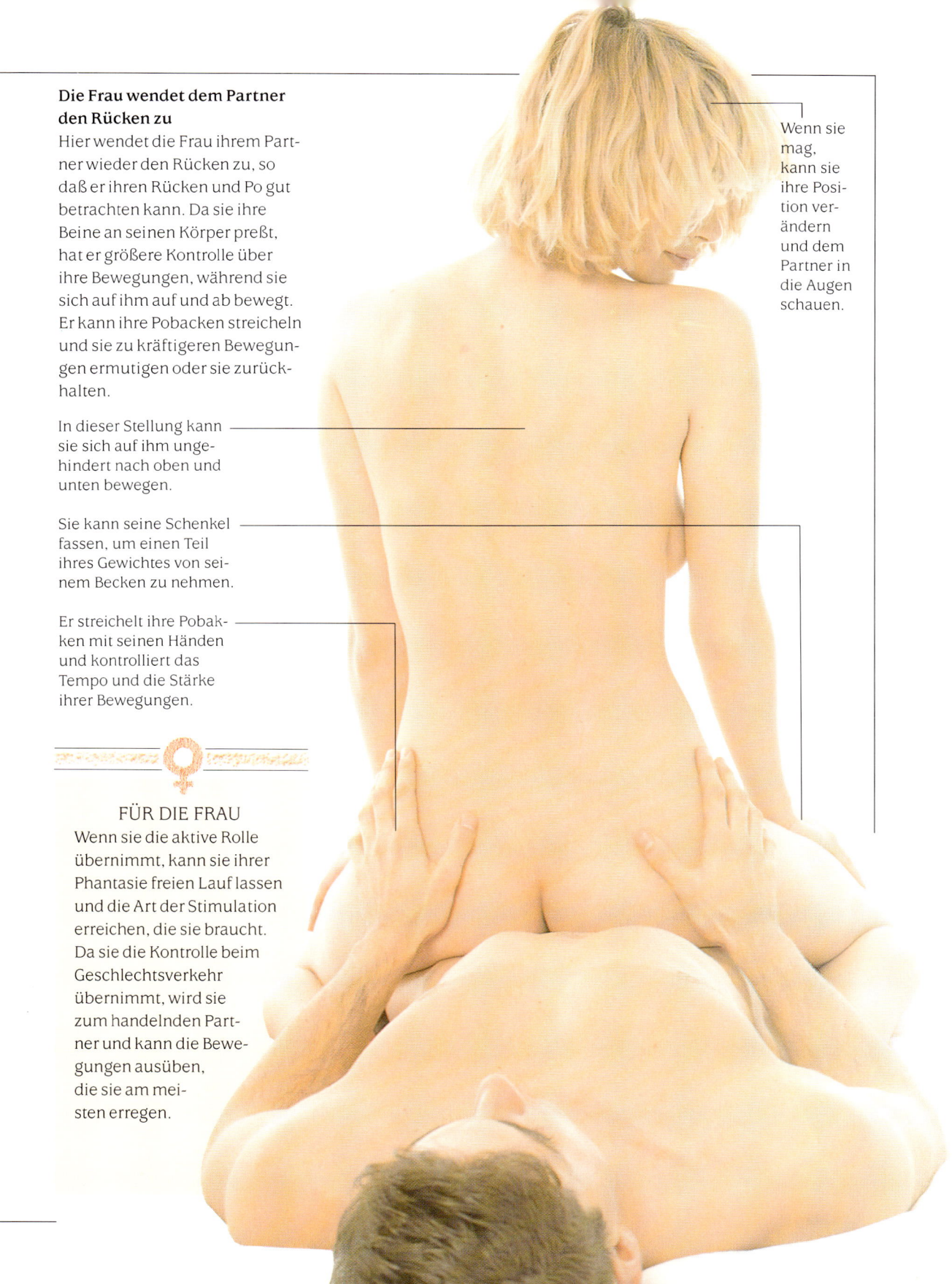

Die Frau wendet dem Partner den Rücken zu

Hier wendet die Frau ihrem Partner wieder den Rücken zu, so daß er ihren Rücken und Po gut betrachten kann. Da sie ihre Beine an seinen Körper preßt, hat er größere Kontrolle über ihre Bewegungen, während sie sich auf ihm auf und ab bewegt. Er kann ihre Pobacken streicheln und sie zu kräftigeren Bewegungen ermutigen oder sie zurückhalten.

In dieser Stellung kann sie sich auf ihm ungehindert nach oben und unten bewegen.

Sie kann seine Schenkel fassen, um einen Teil ihres Gewichtes von seinem Becken zu nehmen.

Er streichelt ihre Pobakken mit seinen Händen und kontrolliert das Tempo und die Stärke ihrer Bewegungen.

Wenn sie mag, kann sie ihre Position verändern und dem Partner in die Augen schauen.

FÜR DIE FRAU

Wenn sie die aktive Rolle übernimmt, kann sie ihrer Phantasie freien Lauf lassen und die Art der Stimulation erreichen, die sie braucht. Da sie die Kontrolle beim Geschlechtsverkehr übernimmt, wird sie zum handelnden Partner und kann die Bewegungen ausüben, die sie am meisten erregen.

STELLUNGEN IM SITZEN – 1

Viele Paare empfinden Stellungen im Sitzen als sehr erotisch – zum Teil, weil sie neu sind, und zum Teil, weil sie sehr intim sind und enge Umarmungen gestatten. Stellungen im Sitzen lassen jedoch nicht viel Bewegungsfreiheit oder genitale Stimulation zu, aber sie sind erholsam und können eingesetzt werden, wenn das Paar seine sexuelle Begeisterung etwas dämpfen möchte, bevor es sich weiter dem aktiven Liebesspiel hingibt.

1 Das Paar kann diese Stellung direkt einnehmen oder von einer Stellung, bei der die Frau sich oben befindet, in diese Position wechseln, wobei der Penis in der Scheide bleibt. Dies wird erreicht, indem die Frau die Knie unter sich anzieht, so daß sie über dem Partner hockt. Dann richtet er sich auf und stützt seinen Körper mit dem der Partnerin ab, während sie ihre Beine hinter seinen Rücken gleiten läßt.

2 Schließlich können beide Partner sich zurücklehnen, ihre Schenkel öffnen und sich gemeinsam am Anblick ihrer Geschlechtsorgane freuen, was beträchtlich zur sexuellen Erregung beiträgt. Wenn der Mann anfänglich in dieser Stellung seinen Penis einführt, sollten die Hüften seiner Partnerin auf den seinen liegen.

FÜR DEN MANN
Diese Stellungen sind nicht besonders ermüdend, sie lassen jedoch keine intensive Stimulation zu. Allein die Intimität führt zur Erregung.

FÜR DIE FRAU
Diese Stellungen lassen viel Intimität und Augenkontakt zu. Wenn die Frau die Beckenbodenmuskeln anspannt, werden die Empfindungen für beide gesteigert.

LIEBESSPIEL

3 In dieser Stellung kann das Paar sich engen Umarmungen hingeben, aber genitale Stimulation ist praktisch unmöglich, es sei denn, der Mann stützt sich hinten mit den Armen ab und stößt seinen Körper nach vorn.

Das Paar kann sich leidenschaftlich küssen und umarmen und starke Intimität genießen.

Sie kann auf seinem Schoß sitzen, während sein Penis sich in ihr befindet. Beide können bei geringer physiologischer Stimulation die Zärtlichkeit miteinander genießen.

Er kann sein Knie heben und senken, um die Empfindungen zu ändern.

STELLUNGEN IM SITZEN – 2

Sich auf einem Stuhl sitzend zu lieben, ist eine Technik, die von vielen Paaren besonders dann eingesetzt wird, wenn sie sich »auf die Schnelle« lieben, da nur teilweises Entkleiden und wenig Vorbereitungen nötig sind. Diese Stellungen sind ebenfalls gut geeignet, wenn der Mann in seiner Bewegung etwas behindert ist, beispielsweise aufgrund einer Krankheit. Wählen Sie einen stabilen, bequemen Stuhl. Wenn er Sprossen hat, kann die Frau ihre Füße abstützen und sich von dort abstemmen, wenn sie sich bewegen will.

Die Frau in sitzender Stellung mit dem Gesicht nach vorn

Wenn sie ihre Position so ändert, daß sie nach vorne schaut, wird intensivere Stimulation möglich. Ihre Vagina übt jetzt größeren Druck auf den Penis aus und es steigert sich damit für beide Partner die Empfindung. Wenn der Mann seine Schenkel öffnet, kann die Frau ihren Körper dichter an ihn pressen, so daß der Penis noch tiefer in sie eindringt.

Die Frau in seitlicher Sitzstellung

Wenn die Frau sich seitlich hinsetzt, wird ihr Genitalbereich für manuelle Stimulation, die sie selbst oder ihr Partner ausüben kann, zugänglich. Obwohl die Tiefe der Penetration des Penis in ihrem Innern erhalten bleibt, werden sich ihre Empfindungen wahrscheinlich ändern.

FÜR DEN MANN
Diese Stellungen, für die nicht viele Energien aufgewendet werden müssen, gestatten größere Intimität mit der Partnerin. Außerdem sind sie nützlich, wenn nicht viel Zeit zur Verfügung steht.

FÜR DIE FRAU
Diese Stellungen lassen Körper- und Genitalstimulation zu, und sie gestatten der Frau, das Tempo zu bestimmen. Stellungen im Sitzen sind gut zur Abwechslung oder wenn man es eilig hat.

Er kann den Busen und Körper seiner Partnerin ungehindert liebkosen, so daß ihre und seine Empfindungen gesteigert werden.

Sie kann ihre Hände einsetzen, um sich von den Knien des Partners abzustoßen.

Die Frau in sitzender Stellung, nach vorne gebeugt

Hier sitzt die Frau mit gespreizten Beinen auf ihrem Partner. Sie hat die Füße auf den Boden aufgesetzt und stützt so einen Teil ihres Gewichts ab. Ihr Partner kann sich nicht besonders stark bewegen, daher hängt es von ihr ab, das sexuelle Tempo zu bestimmen.

Sie kann das sexuelle Tempo bestimmen, indem sie ihr Becken auf seinem Penis herauf- und herunterbewegt.

Wenn sie die Füße auf dem Boden abstützt, kann sie besser das Gleichgewicht halten, während sie sich auf seinem Schoß bewegt.

Stellungen im Knien – 1

Beim Liebesakt sollten verschiedene Stellungen eingenommen werden, einmal um Tempo und Empfindung zu variieren und, da der Geschlechtsverkehr anstrengend sein kann, den Körper ausruhen zu lassen und neue Kraft zu schöpfen. Stellungen im Knien entstehen auf natürliche Weise aus Positionen, bei denen Mann oder Frau sich oben befinden, und aus Stellungen im Stehen. Sie können zweckmäßigerweise mit diesen Positionen abgewechselt oder direkt von Anfang an eingenommen werden. Stellungen im Knien sind für den Mann besonders erregend, da es starken Reiz auf ihn ausübt, den Körper seiner Partnerin gewölbt und offen vor sich zu sehen. Bei der Frau können diese Stellungen starke Orgasmen hervorrufen, weil sie dabei die Muskeln im Körperinnern anspannt, was die sexuelle Erregung für beide Partner sehr steigert.

2 Für eine gelenkige Frau ist es auch möglich, diese Stellung einzuleiten, indem sie den Körper wölbt, die Beine öffnet und dem Partner ihre erhobene Scheide anbietet, in die er eindringt, bis ihr Hals und ihre Schultern die Matratze oder den Boden berühren. Der Mann muß ihre Hüften mit seinen Händen unterstützen.

Er stützt ihr Gewicht mit angewinkelten Beinen ab. Mit seinen Händen kann er ihr Becken zu sich heranziehen.

Beide haben guten Augenkontakt zueinander und können dadurch erregt werden, daß sie gegenseitig ihre Körper beim Liebesspiel beobachten.

Sie wölbt ihren Rücken, so daß das Becken erhöht und für ihn offen ist.

1 Es ist am leichtesten, von einer Stellung auszugehen, bei der der Mann von oben in seine Partnerin eindringt. Er sollte sich aufsetzen, seine Beine nach vorn bringen und dann die Beine seiner Partnerin über seine Hüften legen, um sie in eine etwas höhere Position zu bringen. Wenn die Frau athletisch genug ist, können beide Partner von einer knieenden Stellung ausgehen, und sie kann sich nach hinten gleiten lassen.

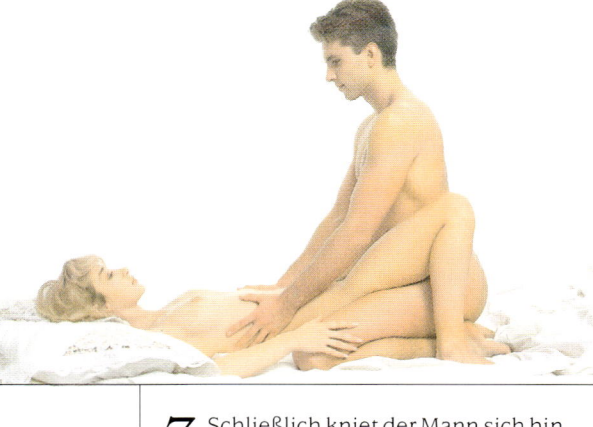

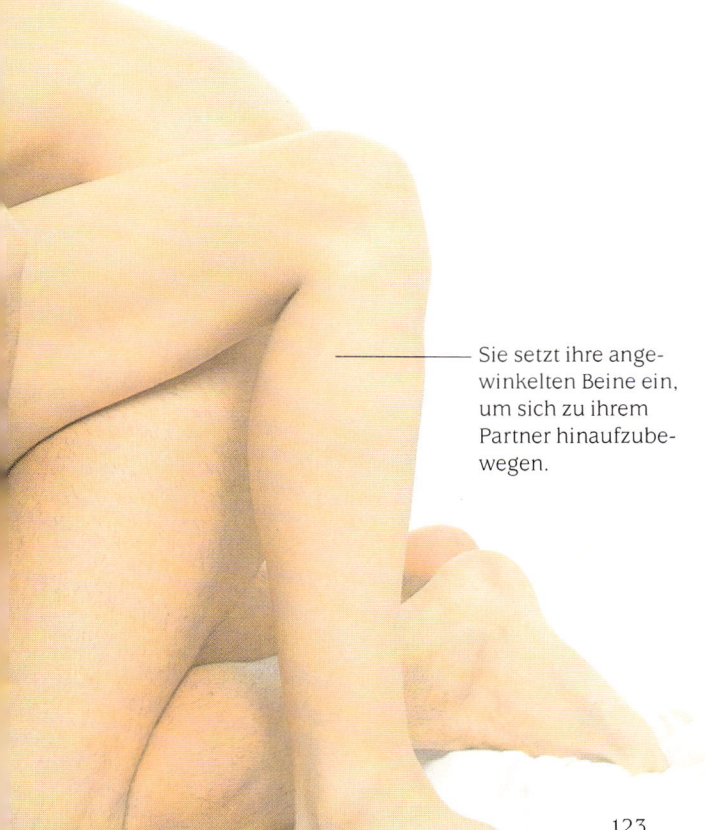

3 Schließlich kniet der Mann sich hin und zieht seine Partnerin auf seine Schenkel. Sie kann ihre Beine um ihn schlingen und so seine Erregung steigern. Auf diese Weise wird ein guter Penetrationswinkel aufrechterhalten, und er kann die Geschlechtsorgane sehen, was sehr erregend ist. Gleichzeitig wird die Anspannung von seinem Rücken genommen.

Sie setzt ihre angewinkelten Beine ein, um sich zu ihrem Partner hinaufzubewegen.

FÜR DEN MANN
Solange er nicht unter Rückenproblemen leidet, sind dies nützliche Stellungen, die viel Bewegung und gute Penetration zulassen. Sie bieten viel visuelle Stimulation.

FÜR DIE FRAU
Bei den meisten dieser Stellungen wird die Frau von ihrem Partner manipuliert. Dies ist angenehm für sie, wenn sie keine zu aktive Rolle übernehmen will. Es gibt beiden die Möglichkeit, sich anzuschauen.

Stellungen im Knien – 2

Für Stellungen im Knien muß man sportlicher sein als für andere, da man dabei sehr oft heben muß, doch dafür sind sie besonders vielseitig. Für die bekannteren Variationen benutzt man neben dem Bett Stühle und Sofas. Bei den hier abgebildeten Positionen wenden sich die Partner immer das Gesicht zu, aber einige der Stellungen, bei denen der Mann von hinten eindringt, können auch im Knien ausgeübt werden (siehe Seite 138 bis 141). Natürlich können Frauen die beherrschende Rolle übernehmen, und zusätzlich zu den unten abgebildeten sind mehrere Positionen im Knien eingeschlossen, bei denen die Frau sich oben befindet (siehe Seite 112 bis 117).

Die Frau befindet sich oben
Dies ist eine sportlichere Stellung, bei der viel Körperkontakt möglich ist, aber sie gibt der Frau Kontrolle über die Penetration. Dazu müssen beide Partner sich hinhocken. Dies kann ermüdend sein und sollte nicht versucht werden, wenn einer der Partner unter Rücken- oder Knieproblemen leidet.

Aufrechte Variation
Um diese Stellung einzunehmen, knien beide Partner auf einer weichen Unterlage. Die Frau öffnet die Schenkel und rutscht entweder nach vorn, bis sich die Knie der Partners zwischen ihren Schenkeln befinden, oder sie wartet, während ihr Partner zu ihr hingleitet.

FÜR DEN MANN
Solange er so groß wie die Partnerin ist oder größer, wird eine gute Stimulation der weiblichen Genitalien garantiert, selbst wenn der Penis nicht voll erigiert ist.

FÜR DIE FRAU
Diese Stellungen können etwas Abwechslung in die normalen Praktiken des Liebesspiels bringen. Sie sind gut, weil der Penis Klitoris und Schamlippen direkt stimulieren kann.

Die Frau lehnt sich zurück
Man beginnt mit einer aufrechten Stellung, bei der die Frau sich leicht nach vorn beugt und der Mann seinen Penis in ihre Vagina einführt. Dann zieht er seine Partnerin an sich heran, so daß ihr Gewicht unter ihrem Po von seinem Arm abgestützt wird, und lehnt sich über sie. Sie kann sich hinten mit einem Arm abstützen.

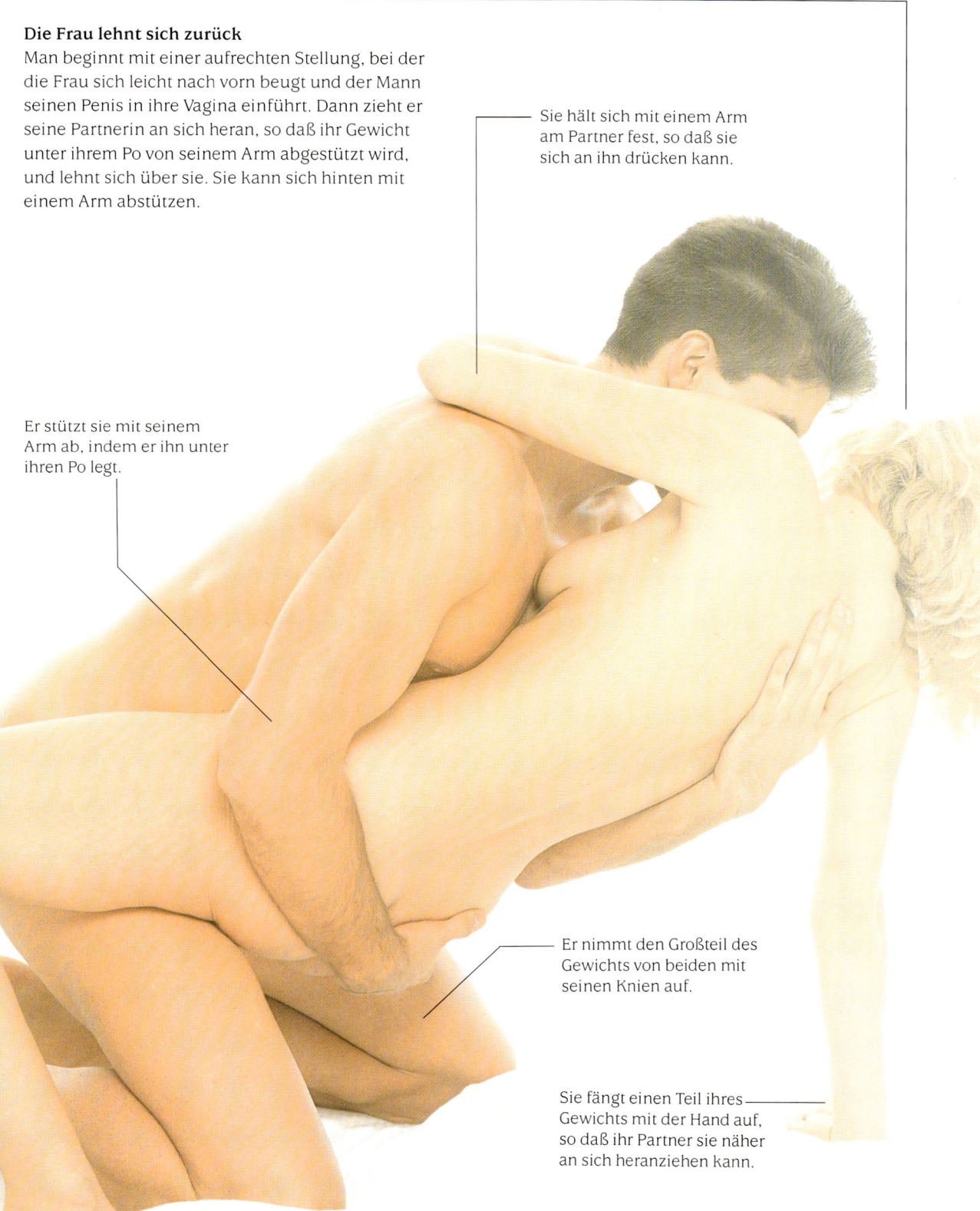

Sie hält sich mit einem Arm am Partner fest, so daß sie sich an ihn drücken kann.

Er stützt sie mit seinem Arm ab, indem er ihn unter ihren Po legt.

Er nimmt den Großteil des Gewichts von beiden mit seinen Knien auf.

Sie fängt einen Teil ihres Gewichts mit der Hand auf, so daß ihr Partner sie näher an sich heranziehen kann.

STELLUNGEN IM KNIEN – 3

Mit ausreichender Unterstützung können Stellungen im Knien sehr bequem sein. Indem die Position der Frau nach oben oder unten angepaßt wird, kann der Mann den Penis in unterschiedlichen Winkeln in die Scheide einführen. Dies ist ein großer Vorteil und besonders nützlich in Situationen, in denen das Paar normalerweise nicht genug Reibung zwischen dem Penis und den Scheidenwänden erreichen kann. Es ist bei diesen Variationen jedoch sehr wichtig, kräftige Stoßbewegungen zu vermeiden. Wenn der Mann die Kontrolle verliert, kann er die Partnerin von sich wegstoßen.

Mit angehobenen Beinen
Der Mann kniet vor seiner sich zurücklehnenden Partnerin, hebt ihre Beine über sein Hüftniveau und macht Stoßbewegungen nach unten. Von hier aus kann er auch ihre Klitoris mit der Hand stimulieren und ihre Brüste liebkosen.

Die Frau wird hochgehoben
Hier stützt die Frau sich an einer Couch oder einem Stuhl ab, während der Partner vor ihr kniet. Bei einer ähnlichen Stellung kann sie auf dem Tisch liegen, während der Partner vor ihr steht. Sie kann sich zurücklehnen und die Empfindungen genießen.

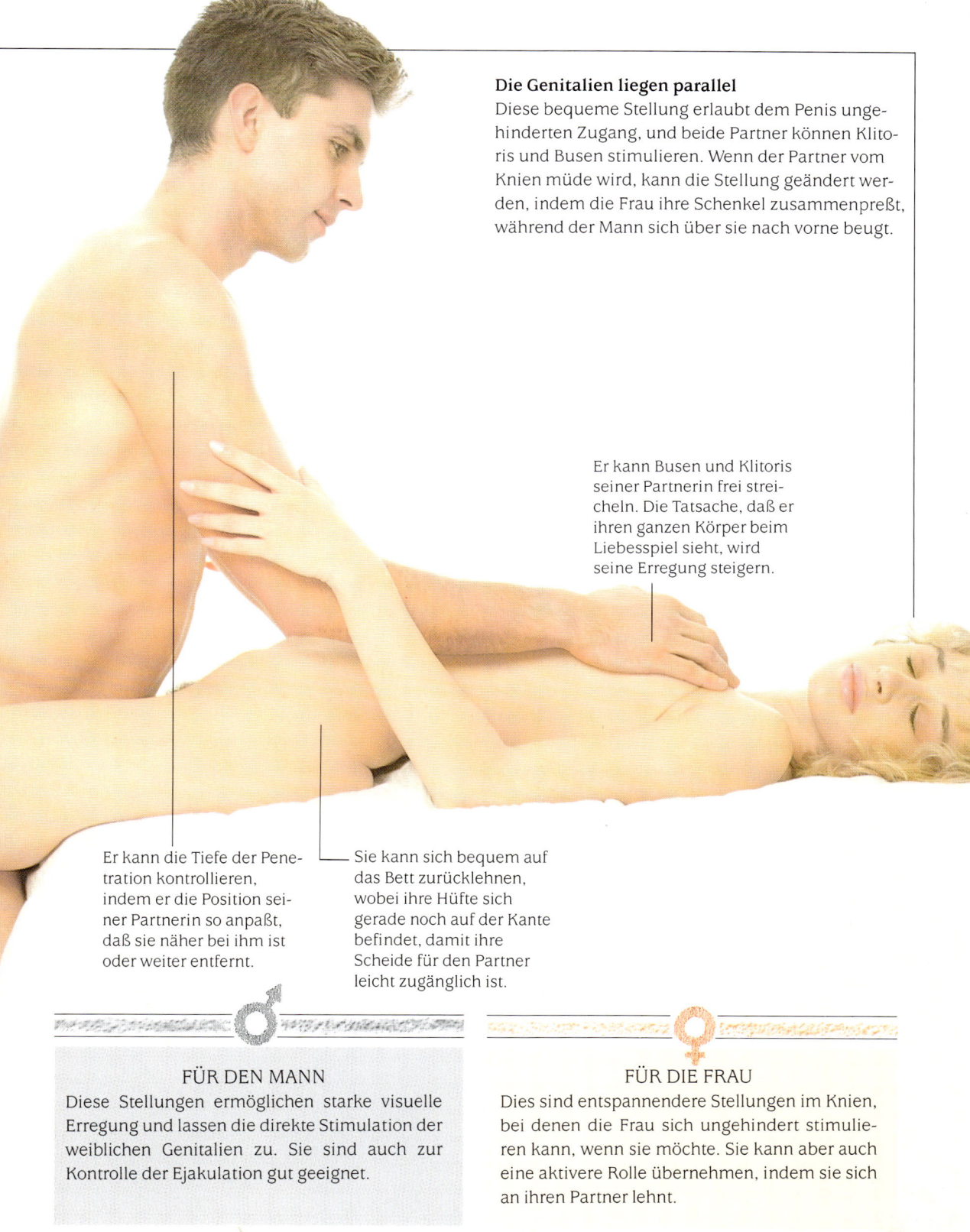

Die Genitalien liegen parallel

Diese bequeme Stellung erlaubt dem Penis ungehinderten Zugang, und beide Partner können Klitoris und Busen stimulieren. Wenn der Partner vom Knien müde wird, kann die Stellung geändert werden, indem die Frau ihre Schenkel zusammenpreßt, während der Mann sich über sie nach vorne beugt.

Er kann Busen und Klitoris seiner Partnerin frei streicheln. Die Tatsache, daß er ihren ganzen Körper beim Liebesspiel sieht, wird seine Erregung steigern.

Er kann die Tiefe der Penetration kontrollieren, indem er die Position seiner Partnerin so anpaßt, daß sie näher bei ihm ist oder weiter entfernt.

Sie kann sich bequem auf das Bett zurücklehnen, wobei ihre Hüfte sich gerade noch auf der Kante befindet, damit ihre Scheide für den Partner leicht zugänglich ist.

FÜR DEN MANN
Diese Stellungen ermöglichen starke visuelle Erregung und lassen die direkte Stimulation der weiblichen Genitalien zu. Sie sind auch zur Kontrolle der Ejakulation gut geeignet.

FÜR DIE FRAU
Dies sind entspannendere Stellungen im Knien, bei denen die Frau sich ungehindert stimulieren kann, wenn sie möchte. Sie kann aber auch eine aktivere Rolle übernehmen, indem sie sich an ihren Partner lehnt.

Stellungen im Stehen – 1

Sich im Stehen zu lieben, ist dann am leichtesten, wenn beide Partner etwa die gleiche Größe haben. Wenn der Partner viel größer ist, ist die Einführung des Penis und der Geschlechtsverkehr mit einigen Schwierigkeiten verbunden. Geschlechtsverkehr im Stehen kann ermüdend sein, wenn er sich über längere Zeit hinzieht, aber durch die erforderliche Muskelanstrengung kann die sexuelle Erregung beträchtlich gesteigert werden.

Das Hochheben der Partnerin am Anfang ist die größte Kraftanstrengung. Wenn dies geschafft ist, ist die Stellung nicht besonders ermüdend, weil die Last zwischen beiden Partnern verteilt wird. Jetzt kann das Liebesspiel im Stehen fortgesetzt werden, und die Partner können sogar herumlaufen oder tanzen.

1 Um das Einführen des Penis zu erleichtern, sollte die Frau ein Bein seitwärts anheben, so daß ihr Partner seinen Penis einführen kann, und sich dann mit beiden Beinen abstützen. Jetzt umschließt die Scheide den Penis fest; die Frau kann mit dem Becken starke sexuelle Bewegungen ausführen.

2 Wenn der Penis in der Vagina ist, kann der Partner seine Partnerin hochheben, indem er seine Hände unter ihre Schenkel legt, während sie seinen Hals umklammert. Dann sollte sie ihre Beine hinter seinem Rücken überkreuzen und ihre Schenkel fest an seine Hüften pressen.

Sie kann sich um seinen Körper schlingen und sich mit Armen und Schenkeln festhalten, um einen Teil ihres Gewichts zu verteilen. Diese Muskelanspannung kann die sexuelle Erregung für beide steigern.

3 Wenn beide Partner gelenkig sind, kann der Penis eingeführt werden, nachdem die Partnerin hochgehoben wurde. Jetzt kann der Mann seine Partnerin mit den Händen vor und zurück bewegen und Tempo und Bewegung ändern.

FÜR DEN MANN
Der Hauptvorteil dieser Stellungen ist der Reiz des Neuen, denn ein gewisses Maß an Gelenkigkeit und Kraft muß vorhanden sein, aber sie sind ideal, wenn der Mann sich vorher nicht lange aufhalten will. Stärkere Stöße können erreicht werden, wenn die Frau sich an einer Wand oder Tür abstützt.

FÜR DIE FRAU
Diese Stellungen sind nützlich, wenn Zeit und Raum für die Sexualität begrenzt sind und wenn sie etwas Abwechslung in ihr Sexualleben bringen möchte. Sie kann eine sehr starke Stimulierung der Schamlippen und Klitoris hervorrufen, wenn sie sich ein wenig nach vorne lehnt und ihre Knie beugt, während ihre Füße sich am Boden befinden.

Wenn er sie unter den Pobacken faßt, kann er sie abstützen, aber zugleich das Tempo des Liebesspiels kontrollieren.

Mit gebeugten Beinen kann er ungehindert seine Stoßbewegungen ausüben.

STELLUNGEN IM STEHEN – 2

Wenn die Partner den Geschlechtsverkehr im Stehen ausüben wollen, und der Mann seinen Penis von hinten einführen möchte, ist es sogar noch wichtiger, daß beide Partner dieselbe Größe haben. Diese Stellungen sind, was die Bewegungsfreiheit und die Stärke der Stoßbewegungen betrifft, für den Mann sehr gut, aber die Bewegungen der Frau sind stark eingeschränkt, und auch die Intimität ist nicht besonders groß. Für die Mehrheit der Frauen ist es jedoch sehr erregend, von hinten genommen zu werden; die Scheidenhinterwand wird auf willkommene Weise stimuliert.

1 Wenn der Mann größer ist als seine Partnerin, kann sie ihm helfen, indem sie sich ein wenig nach vorne beugt und ihr Bein etwas zur Seite hebt. Er kann sich ebenfalls etwas nach vorne beugen. Nachdem er den Penis eingeführt hat, kann sie ihr Bein wieder strecken und sich aufrichten.

2 Der Mann kann jetzt nach vorne fassen und die Klitoris und den Busen seiner Partnerin stimulieren, während sie die Beine eng geschlossen hält, um den Penis festzuhalten.

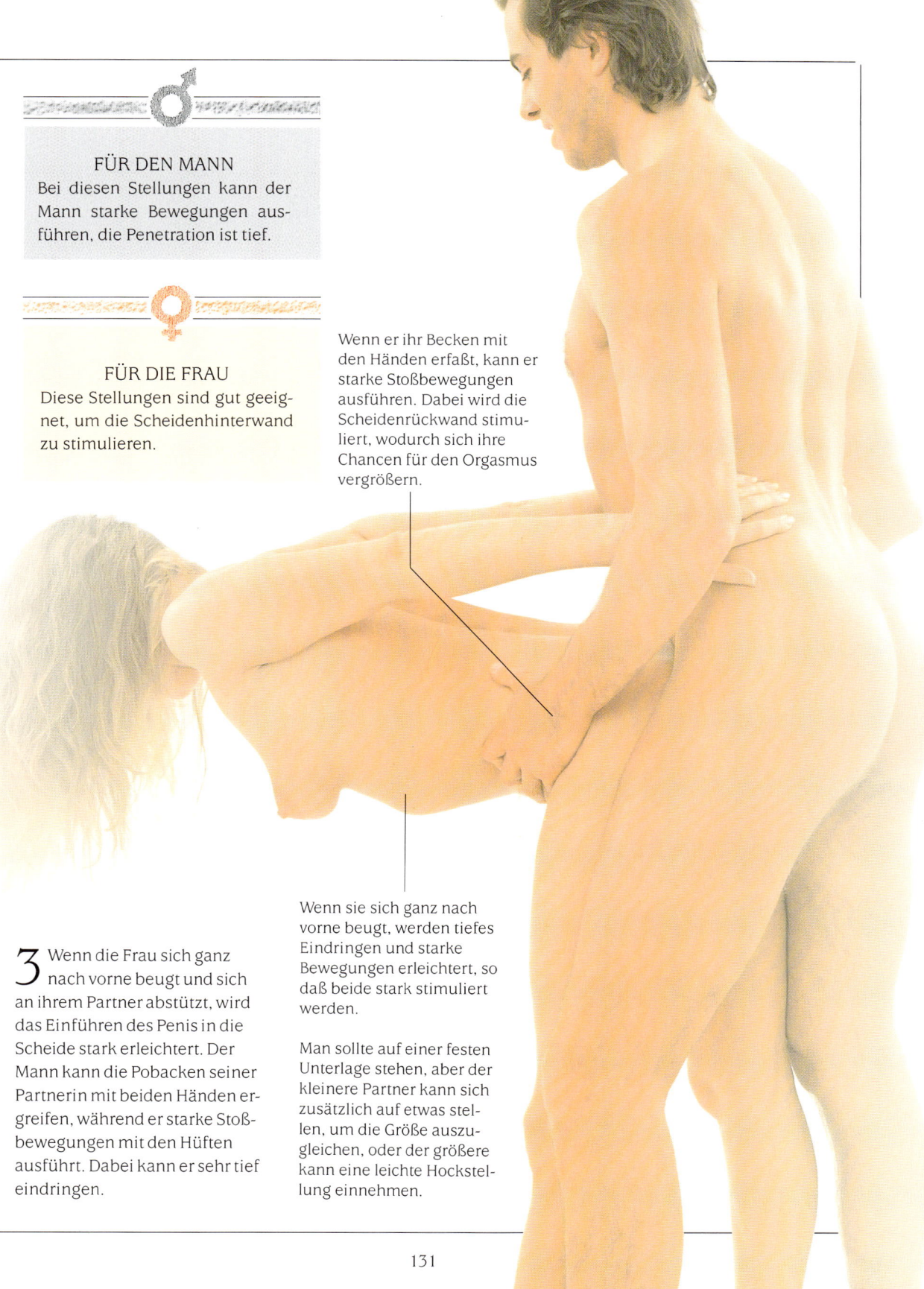

FÜR DEN MANN
Bei diesen Stellungen kann der Mann starke Bewegungen ausführen, die Penetration ist tief.

FÜR DIE FRAU
Diese Stellungen sind gut geeignet, um die Scheidenhinterwand zu stimulieren.

Wenn er ihr Becken mit den Händen erfaßt, kann er starke Stoßbewegungen ausführen. Dabei wird die Scheidenrückwand stimuliert, wodurch sich ihre Chancen für den Orgasmus vergrößern.

3 Wenn die Frau sich ganz nach vorne beugt und sich an ihrem Partner abstützt, wird das Einführen des Penis in die Scheide stark erleichtert. Der Mann kann die Pobacken seiner Partnerin mit beiden Händen ergreifen, während er starke Stoßbewegungen mit den Hüften ausführt. Dabei kann er sehr tief eindringen.

Wenn sie sich ganz nach vorne beugt, werden tiefes Eindringen und starke Bewegungen erleichtert, so daß beide stark stimuliert werden.

Man sollte auf einer festen Unterlage stehen, aber der kleinere Partner kann sich zusätzlich auf etwas stellen, um die Größe auszugleichen, oder der größere kann eine leichte Hockstellung einnehmen.

Seitliche Stellungen – 1

Für ein entspanntes, gemächliches Liebesspiel sind seitliche Stellungen unübertroffen; es ist durchaus nicht ungewöhnlich, wenn das Paar nach dem Liebesspiel ineinander verschlungen einschläft. Wenn beide Partner auf der Seite liegen, kann der Penis leicht von hinten eingeführt werden, und auch längerer Geschlechtsverkehr wird erleichtert, ohne zur Ermüdung zu führen. Derartige Stellungen bieten zudem großen Körperkontakt und viel Bewegungsfreiheit für Liebkosungen.

Wenn die Frau schwanger ist oder wenn der Mann besonders kräftig ist, sind seitliche Stellungen ideal, bei denen die Frau in die andere Richtung schaut. Auf diese Weise wird er nicht zu schwer für sie. Außerdem sind diese Stellungen eine gute Abwechslung von sportlicheren Körperpositionen.

1 In dieser Stellung schmiegt sich der Mann an den Rücken der Frau. Sie ist eine der bequemsten und zärtlichsten Stellungen für den Geschlechtsverkehr. Wenn die Frau ihre Knie anzieht, während der Partner sich an sie drückt, kann er sehr leicht eindringen.

Wenn er ihren Körper mit dem seinen umschließt, kann er ihren Rücken und Nacken liebevoll küssen und streicheln und auch nach vorne fassen, um Busen und Klitoris der Frau zu stimulieren.

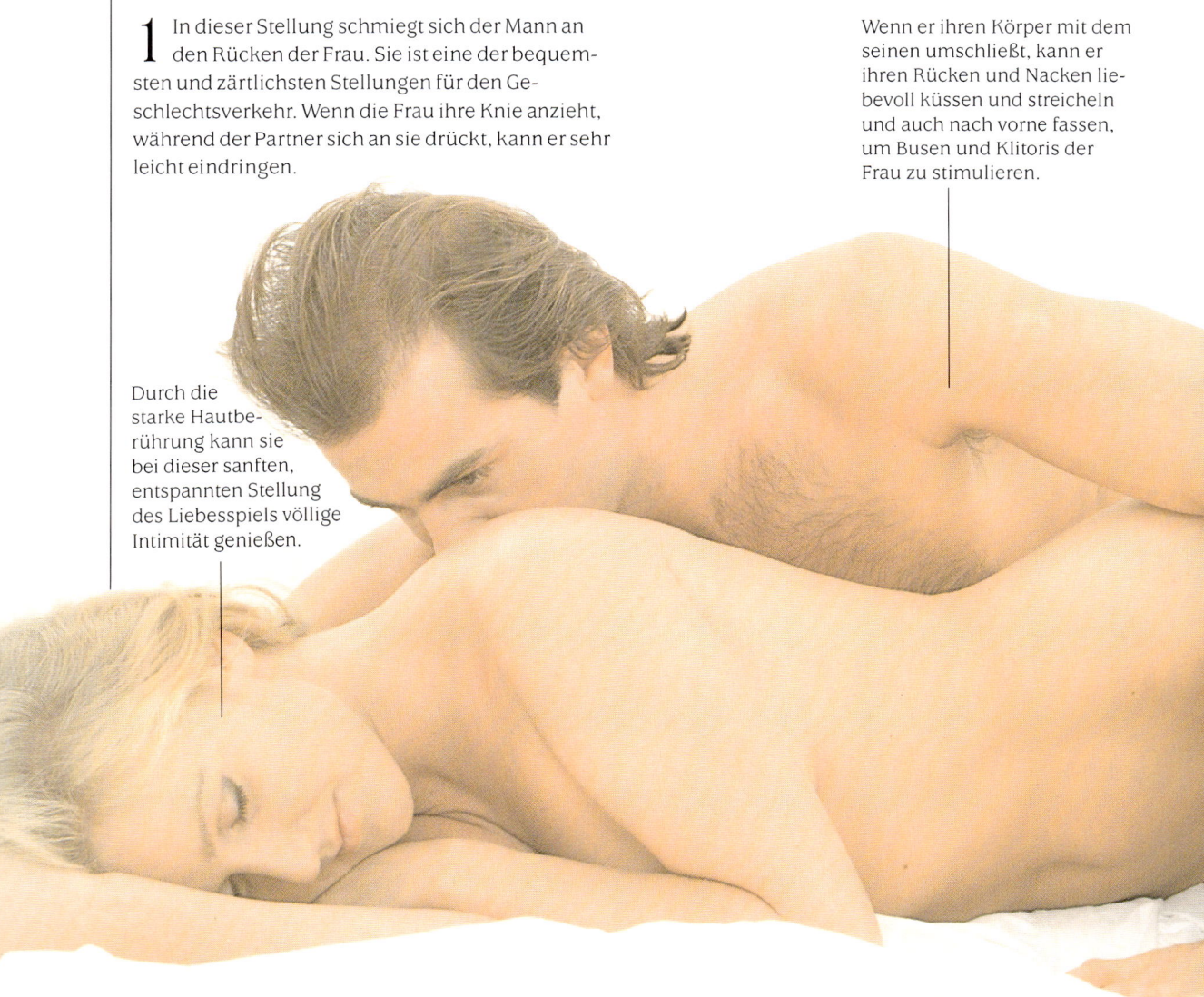

Durch die starke Hautberührung kann sie bei dieser sanften, entspannten Stellung des Liebesspiels völlige Intimität genießen.

2 Wenn sie sich etwas weiter auf ihren Rücken dreht und den Po leicht hebt, kann ihr Partner ungehindert seine Stoßbewegungen ausführen, während er Zugang zu ihren Brüsten und zu ihrer Klitoris hat. Es kommt zu ausgedehntem Hautkontakt, und das Paar kann sich küssen.

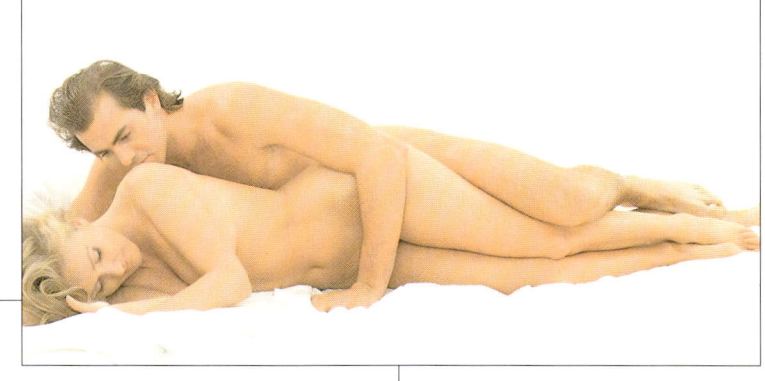

Die Partner blicken sich an
Man kann von einer Stellung, bei der der Mann oben liegt, zu der hier gezeigten übergehen, ohne daß der Geschlechtsverkehr unterbrochen wird, wenn beide Partner sich auf die Seite drehen.

Wenn sie das Knie leicht hebt, kann er in sie eindringen. Für beide Partner ist diese Stellung bequem, und das Liebesspiel kann über längere Zeit ausgedehnt werden.

FÜR DEN MANN
Bei diesen Stellungen läßt sich ein Maximum an Körperkontakt und tiefer Penetration erreichen. Der Mann kann nach vorne fassen und den Busen, die Vulva, Klitoris, den Bauch, Rücken und Nakken seiner Partnerin berühren.

FÜR DIE FRAU
Diese Stellungen sind für die Intimität ideal, weil starker Hautkontakt möglich ist. Die Gelegenheit zu zärtlichen Gesprächen, Liebkosungen und Küssen machen sie sinnlich und romantisch.

SEITLICHE STELLUNGEN – 2

Durch leichte Veränderungen in den Bewegungen können seitliche Stellungen eine große Vielfalt an neuen lustvollen Empfindungen hervorrufen. Wenn die Frau auf den Rücken rollt, öffnet sich die Vulva beträchtlich, so daß die Klitoris für sie und ihren Partner gut zugänglich ist. Wenn die Frau die Beine etwas nach oben zieht, kann der Penis weiter eindringen. Durch eine Veränderung der Bein- und Schenkelstellung kann der Mann unterschiedliche Bewegungen erreichen und den Druck kontrollieren, den die Peniswurzel auf die Vulva der Partnerin ausübt.

Wenn sie die Beine am Rücken und an den Körperseiten des Partners hochzieht, kann die Penetration gesteigert werden, besonders dann, wenn sie sich mit den Beinen und Füßen an ihn preßt und ihn ermuntert, weiter in sie einzudringen.

1 Die Frau legt ihr angewinkeltes Bein auf die Hüfte des Partners, während er seinen Schenkel zwischen die ihren preßt. Dann sollte sie sich zurücklehnen, während ihr Partner sich mit gestreckten Beinen über sie beugt. Mit einem Arm kann er sie ungehindert streicheln, während sie ihn mit beiden Armen liebkosen kann. Er hat mehr Freiheit, aktive Bewegungen auszuführen, während er sie liebkost.

FÜR DEN MANN

Diese Stellungen erlauben guten Körperkontakt zur Partnerin und genug Bewegungsfreiheit, um mit verschiedenen Bewegungen zu experimentieren, so daß neue Empfindungen hervorgerufen werden.

FÜR DIE FRAU

In diesen Positionen wird zur Stimulation Druck auf die Vulva ausgeübt. Sie sind auch gegen Ende der Schwangerschaft zu empfehlen, da zwischen der Frau und ihrem Partner genug Zwischenraum besteht und die Stoßbewegungen eingeschränkt werden können.

2 Wenn der Mann jetzt wieder sein Bein nach oben bringt, kann er starke Stoßbewegungen ausführen, deren Druck er steigern kann, indem er mit den Händen das Becken der Partnerin gegen seine Hüften drückt.

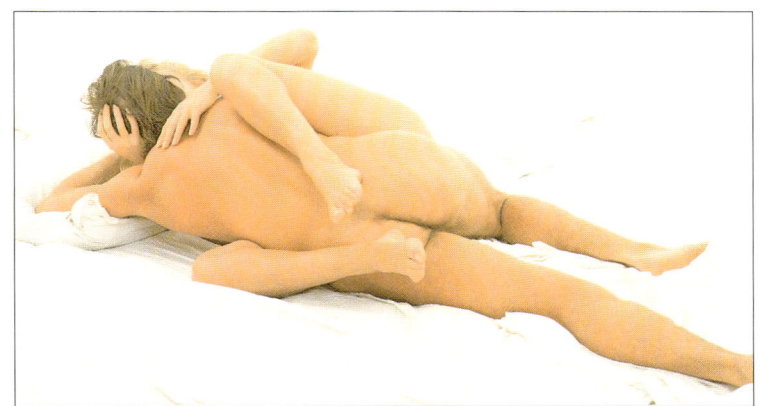

Wenn er die Lage seiner Beine und Schenkel verändert, kann er andere Stoßbewegungen ausüben, was zu neuen Empfindungen für beide führt.

SEITLICHE STELLUNGEN – 3

Da seitliche Stellungen so bequem sind, verleiten sie selbst Paare zum Experimentieren, die sich einander noch nicht sicher sind, Paare beispielsweise, die gerade eine sexuelle Beziehung beginnen. Variationen der seitlichen Positionen bieten volle Penetration bei geringer Bewegung, was gut für den Mann ist, der seinen Orgasmus kontrollieren will, außerdem bietet sich viel Gelegenheit zu leidenschaftlichen Küssen und Liebkosungen. Für Frauen sind diese Stellungen angenehm, da durch sie der G-Punkt stimuliert wird, und einige Frauen, die Schwierigkeiten haben, einen Orgasmus zu erleben, werden ihn wahrscheinlich in diesen Stellungen erreichen.

1 Anfangs schmiegt sich der Mann an seine Partnerin, und sie legt ihre Knie über seine Schenkel. Jetzt kann er nach unten fassen und seinen Penis vorsichtig in ihre Scheide einführen. Sie sollte ihre Beine eng zusammenhalten, damit der Penis nicht herausrutscht.

Beide Partner können einander tief in die Augen sehen und sich leidenschaftlichen Küssen hingeben.

Er stützt sich am Körper der Partnerin ab, um stärkere Stoßbewegungen ausführen zu können.

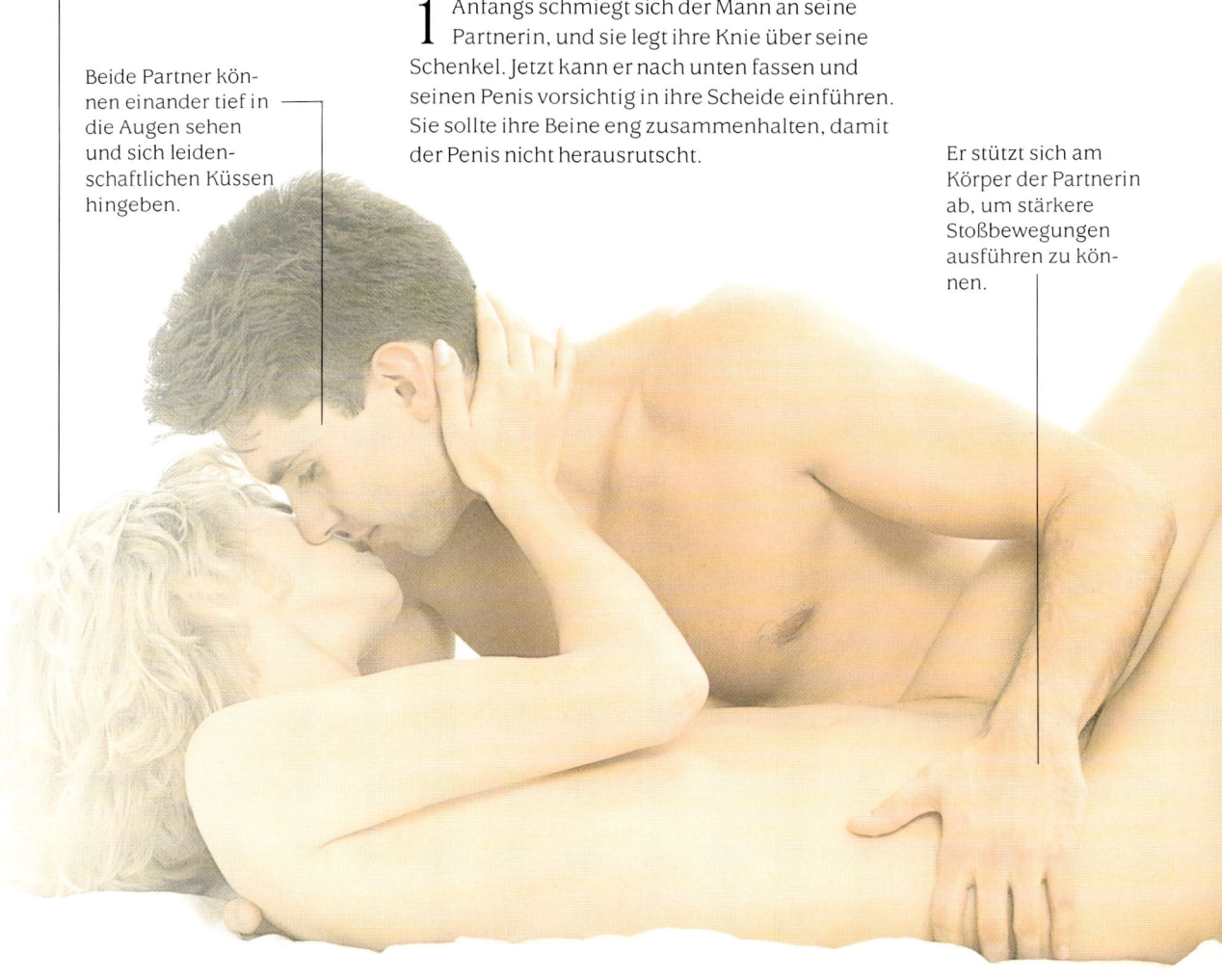

2 Wenn die Frau ein Bein zurückfallen läßt und der Mann seinen Schenkel über den ihren legt, öffnet sich ihre Vulva für weitere Stimulation, und der Druck des männlichen Schenkels schafft ein warmes, intimes Gefühl.

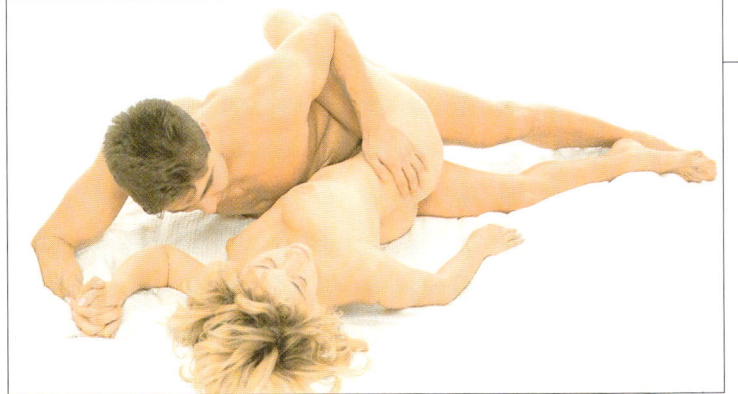

3 Wenn beide Partner etwas sportlicher sind und Abwechslung wollen, sollte die Frau sich leicht von ihrem Partner wegbewegen und ein Knie dabei heben, das er benutzen kann, um sich daran abzustützen, so daß ein Maximum an genitalem Kontakt erreicht wird.

Sie kann die Beine bewegen, um den Winkel zwischen Scheide und Penis zu ändern, so daß beide andere Empfindungen erleben.

FÜR DEN MANN
Diese Stellungen sind ideal, wenn man zum ersten Mal mit einer Partnerin schläft: Sie gestatten leidenschaftliche Liebkosungen und intime Gespräche.

FÜR DIE FRAU
Diese bequemen und intimen Stellungen können zu einer Vielfalt von sexuellen Annäherungen führen, die zärtlich sind. Bisweilen sind sie auch auf angenehme Art schlaffördernd.

Stellungen von hinten – 1

Obwohl diese Stellungen nicht so beliebt und romantisch sind wie andere, bei denen die Partner sich ansehen, genießen Paare, die häufig Geschlechtsverkehr haben, Positionen, in denen der Penis von hinten eingeführt wird. Diese Stellungen geben dem Mann viel Freiheit für Stoßbewegungen, er kann den Winkel und den Umfang der Penisbewegungen sehr leicht variieren. Bei Frauen, die einen empfindsamen G-Punkt haben, kommt es in diesen Stellungen zur stärksten Stimulation; bei Frauen, die diese Gefühle noch nicht erlebt haben, sind die Empfindungen, die hervorgerufen werden, immer noch sehr erregend.

1 Die hier abgebildete Stellung, bei der der Penis von hinten eingeführt wird, ist wahrscheinlich die bekannteste. Dabei kniet die Frau auf Händen und Knien im Bett oder auf dem Boden und ihr Partner kniet hinter ihr.

2 In dieser Stellung ist die Vagina gegen den Mann, der sich an die Frau drückt, gerade nach oben gerichtet. Die Frau kann ihr Becken in verschiedene Richtungen heben, so daß beide unterschiedliche Empfindungen erleben. Außerdem kann sie auf Händen und Knien hin- und herschaukeln.

3 Für die Frau ist es wahrscheinlich bequemer, wenn sie sich vorsichtig auf Bauch und Brust herabläßt, während der Mann den Großteil seines Gewichts mit den Händen auffängt. (Diese Stellung kann auch gleich von Anfang an so eingenommen werden.) Tiefere Penetration wird erreicht, wenn die Frau den Po etwas hochhebt.

Diese Stellung kann für die Frau sehr erregend sein, wenn sie gelenkig ist, da sich ihre Erregung steigert, wenn der Penis ihres Partners gegen Bereiche ihrer Scheide reibt, die normalerweise nicht stimuliert werden.

4 Wenn die Frau sich flach hinlegt und ihre Beine zusammenpreßt, werden ihre Klitoris und die inneren Schamlippen indirekt stimuliert, so daß sich ihre Erregung steigert. Ihr Partner kann in ihrem Innern bleiben und sich so bewegen, daß ihr Verlangen gesteigert wird.

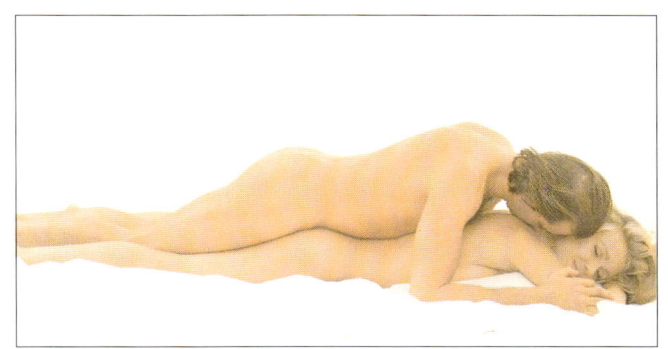

Die Stellung, bei der er von hinten eindringt, ist für ihn sehr erregend, da das Gefühl von Dominanz stark ist.

FÜR DEN MANN

Der Anblick des weiblichen Pos ist für die meisten Männer sehr aufregend und reizvoll. In diesen Stellungen kann er Pobacken, Brüste und Scheidenbereich seiner Partnerin liebkosen, während er sehr tief eindringt.

FÜR DIE FRAU

Von hinten genommen zu werden, ist für Frauen angenehm, die das Gefühl von Unterlegenheit als erregend empfinden. Diese Stellung gestattet es der Frau, ihre Phantasien frei einzusetzen, da sie den Partner dabei nicht direkt ansieht. Außerdem ist die Vorderwand der Scheide leichter zugänglich.

STELLUNGEN VON HINTEN – 2

Diese Stellungen können dem Paar einige Sportlichkeit abverlangen und werden meistens von abenteuerlustigeren Partnern vorgezogen. Aus diesem Grund ist es wichtig, daß beide Partner es bequem haben, denn wenn die Stellung für einen von beiden unangenehm, schmerzhaft oder ermüdend ist, wird das Liebesspiel natürlich nicht nur angenehm sein, und der betroffene Partner hat möglicherweise das Gefühl, gezwungen zu werden – eine Situation, die vermieden werden sollte. In diesen Positionen fühlen sich Frauen besonders verletzlich; für manche ist dies erregend, für andere nicht. Es ist daher wichtig, daß der Mann gegenüber den Gefühlen der Partnerin sensibel ist und sich ihr mit besonders viel Zärtlichkeit nähert.

Aufrechte Variation
Die Stellung ist weniger unterwürfig, wenn die Frau sich neben das Bett kniet und der Partner hinter sie. Wenn sie sich über das Bett lehnt und ihre Beine öffnet, dringt der Mann von hinten ein. Jetzt kann er nach vorne fassen und ihre Brüste berühren und ihr so leicht seine Erregung und sein sinnliches Vergnügen deutlich machen.

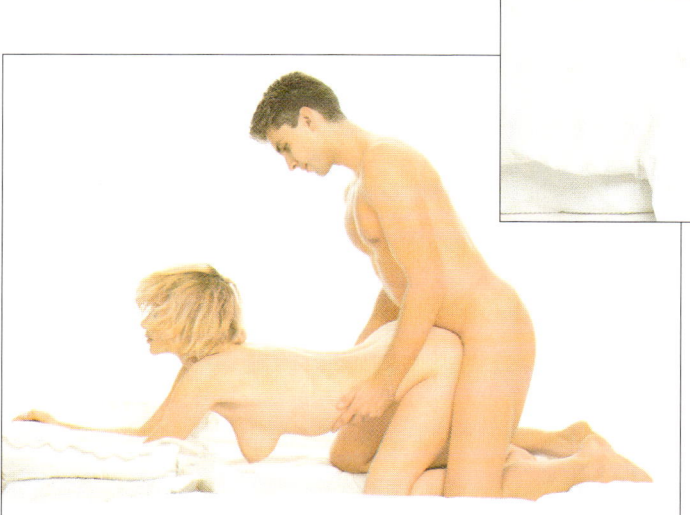

Die Frau in geneigter Stellung
Für diese Stellung knien Frau und Mann, oder die Frau kniet auf dem Bett, so daß ihre Position etwas höher ist, während der Partner mit leicht gebeugten Beinen hinter ihr steht. Die Frau sollte ihre Beine weit öffnen, so daß ihre nach oben gerichtete Vagina sichtbar wird. In dieser Stellung entsteht für den Penis starke Reibung.

FÜR DEN MANN
Diese Stellungen zählen zu den erregendsten, da der Mann tief eindringen kann. Sie ist besonders für Männer geeignet, die Schwierigkeiten haben, den Penis in die Scheide der Partnerin einzuführen.

FÜR DIE FRAU
In diesen Stellungen kommt es zu vielen ungewöhnlichen und erregenden Gefühlen, aber damit weder Unbehagen noch Angst entsteht, sollte die Frau ihrem Partner von ihren Gefühlen berichten.

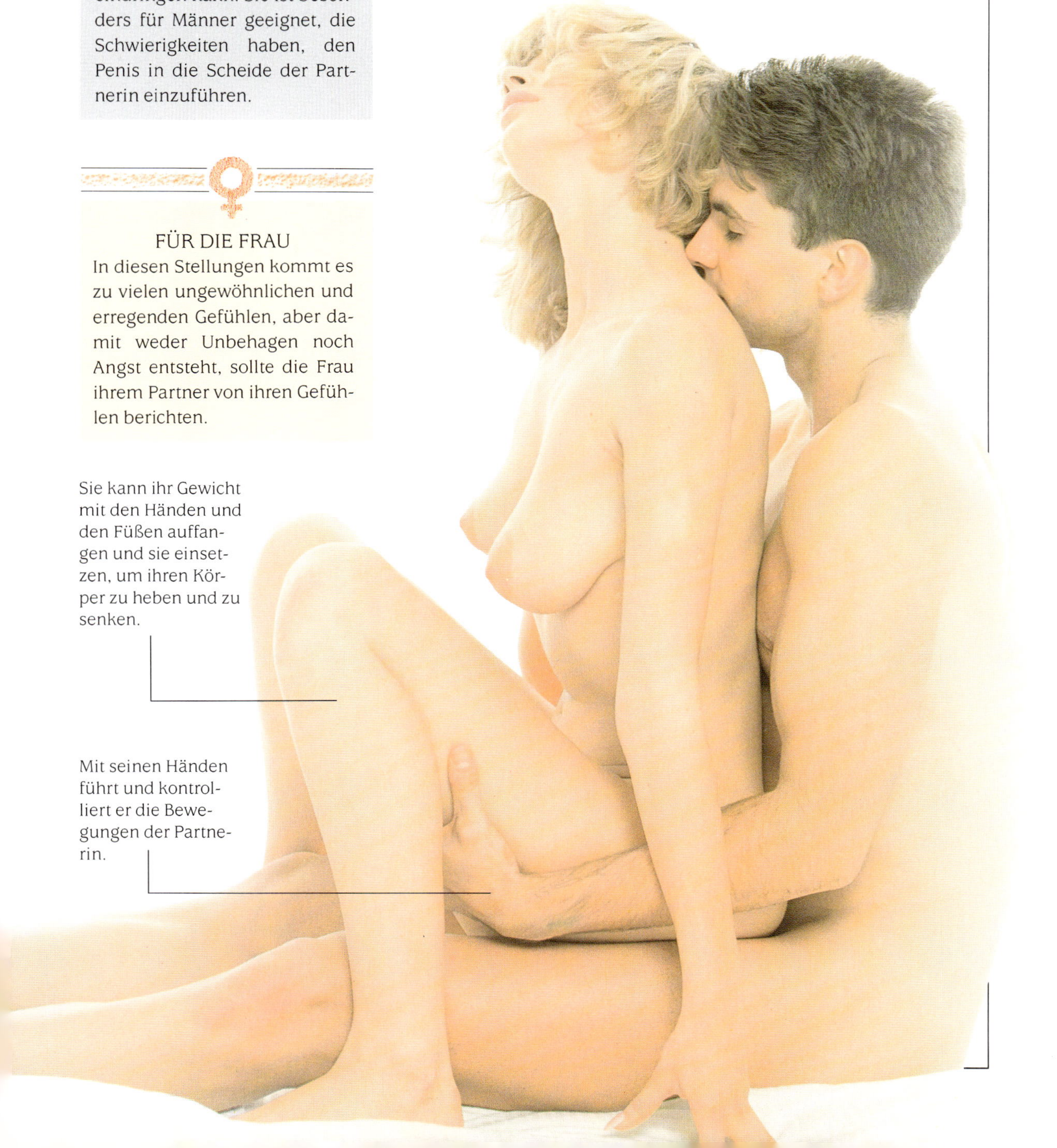

Sie kann ihr Gewicht mit den Händen und den Füßen auffangen und sie einsetzen, um ihren Körper zu heben und zu senken.

Mit seinen Händen führt und kontrolliert er die Bewegungen der Partnerin.

Die Frau befindet sich oben
Der Mann sitzt aufrecht da, und die Partnerin hockt sich auf ihn, wobei sie ihm den Rücken zuwendet. Dann zieht er die Partnerin auf seinen Penis, so daß er sehr tief eindringt. Damit es zu Stoßbewegungen kommt, muß die Frau sich nach oben und unten bewegen, sie kann jedoch zur Stimulation auch ihre Beckenmuskeln anspannen.

STELLUNGEN FÜR FORTGESCHRITTENE

Obwohl Paare oft nicht geneigt sind, die etablierten Muster des Liebesspiels zu ändern und ungewöhnlichere Stellungen einzubauen, kann etwas Experimentierfreude viel dazu beitragen, das Sexualleben zu beleben und neue, erregende Gefühle entstehen zu lassen.

Nur um der Sportlichkeit willen neue Stellungen auszuprobieren, lohnt sich nicht, aber sich Jahr für Jahr in derselben Stellung zu lieben, ist ebenfalls unbefriedigend. Ein Paar muß experimentieren, um herauszufinden, bei welchen Stellungen es am meisten empfindet, und einige der exotischeren Positionen gehen möglicherweise genau auf die Bedürfnisse des Paares ein. Es ist nicht nötig, daß das Paar diese phantasiereichen Stellungen regelmäßig ausübt, es sei denn, daß es sie als besonders lohnend empfindet, aber für besondere Gelegenheiten kann man sie einmal ausprobieren. Man sollte jedoch bedenken, daß bei diesen Stellungen im allgemeinen hohe Anforderungen an die Gelenkigkeit und Sportlichkeit der Partner gestellt werden, und daß zwischen beiden kein zu großer Unterschied in der Körpergröße bestehen sollte.

FÜR DEN MANN
Abwechslung ist das Salz des Lebens, und Übersättigung oder ein nachlassender Sexualtrieb können durch neue Liebesspiele angeregt werden.

FÜR DIE FRAU
Einige sehr ungewöhnliche Stellungen bieten Teilen der Scheide Stimulierung, die bei anderen Stellungen nicht erreicht werden, daher sollte man sie einmal ausprobieren.

Der Mann in abgewandter Stellung
Die Frau legt sich hin und streckt die Beine weit geöffnet nach oben. Der Mann legt sich auf sie, wobei er in die andere Richtung schaut. Er dringt in sie ein und kann von hier seine Stoßbewegungen ausführen. Sie kann nach unten fassen und seine Hoden, die Pobacken und den After berühren.

Sie kann die Hoden und den Po des Partners streicheln.

Kissen oder zusammengeknüllte Bettdecken machen die Stellung für sie angenehmer.

Die Frau liegt oben und neigt sich nach hinten

Der Mann liegt auf dem Rücken, während die Frau sich hinkniet und auf seinen Penis herabläßt (sie wendet ihm dabei den Rücken zu). Dann lehnt sie sich zurück. Dabei wird die Vorderwand der Scheide stimuliert, Busen und Klitoris können mit der Hand berührt werden.

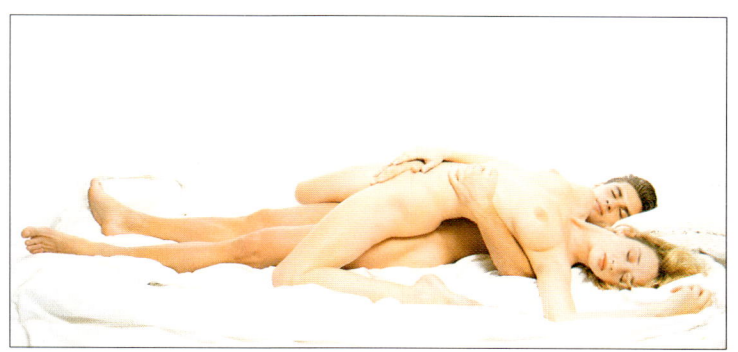

Zurückgelehnte Stellung

Die Frau beginnt mit einer Stellung, bei der sie sich oben befindet und ihren Partner anblickt. Dann lehnt sie sich langsam und sehr vorsichtig zurück. Jetzt wird die Vorderwand der Scheide stimuliert. Sie kann auch ihre Beine ausstrecken, damit die Empfindungen variiert werden.

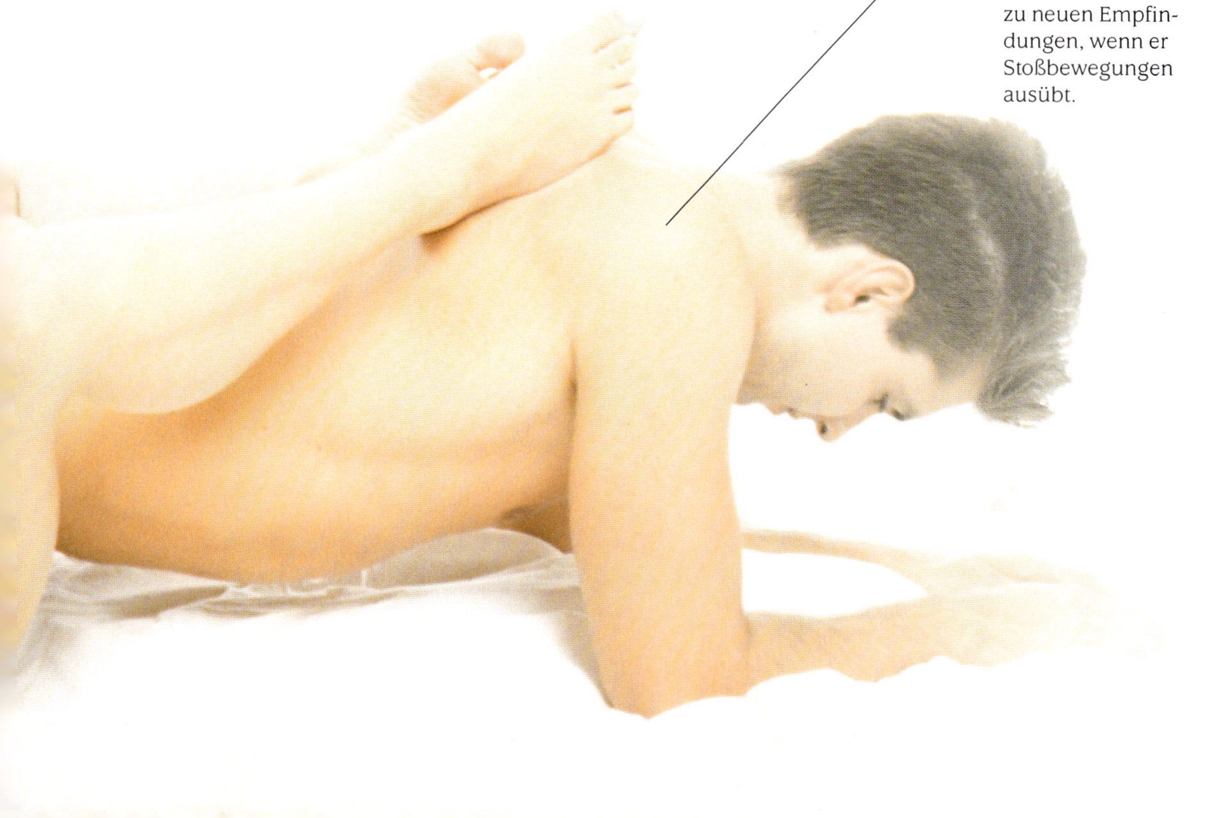

Er nimmt eine recht entspannte Stellung ein, aber es kommt zu neuen Empfindungen, wenn er Stoßbewegungen ausübt.

LIEBESSPIEL

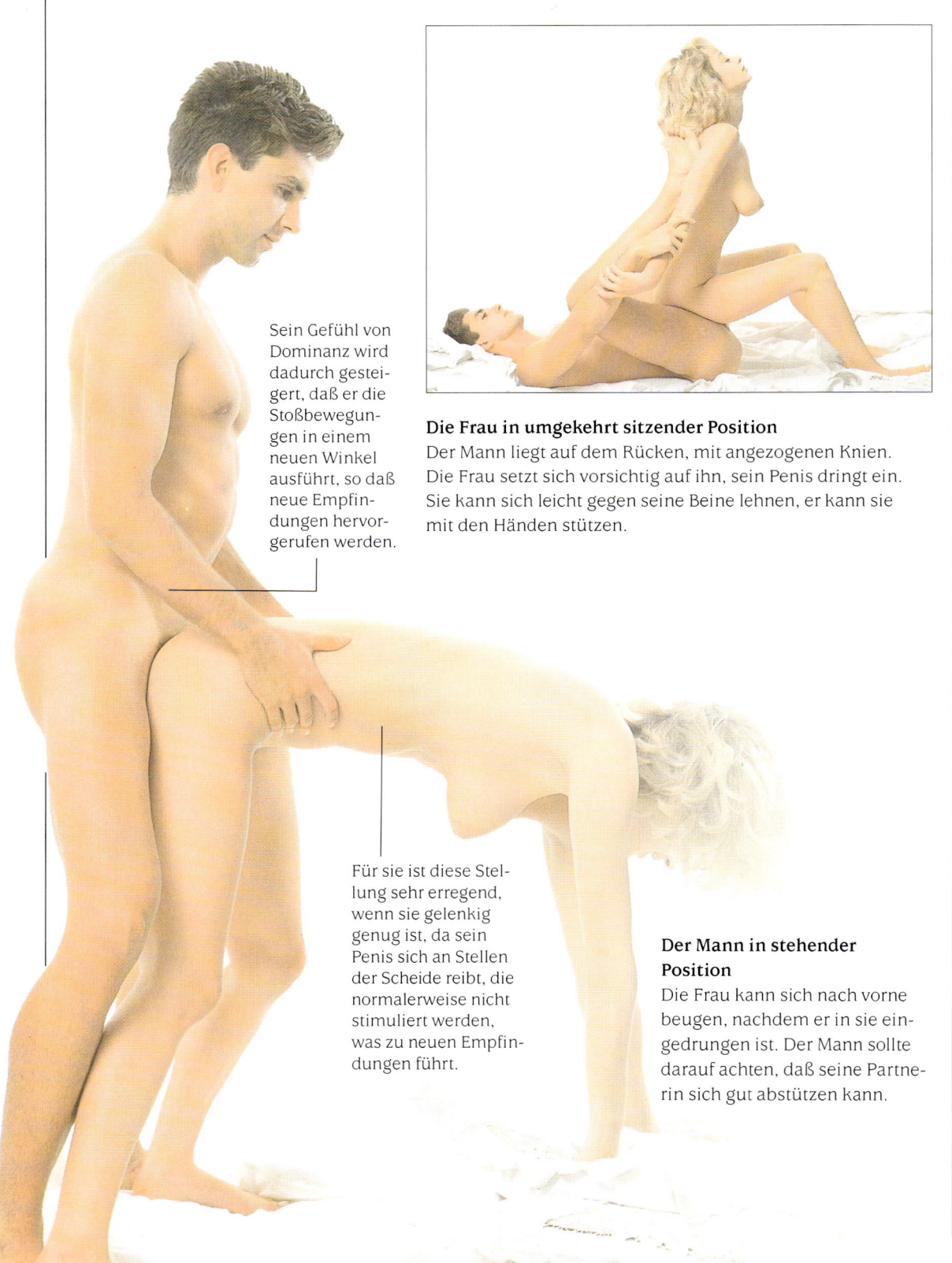

Sein Gefühl von Dominanz wird dadurch gesteigert, daß er die Stoßbewegungen in einem neuen Winkel ausführt, so daß neue Empfindungen hervorgerufen werden.

Die Frau in umgekehrt sitzender Position
Der Mann liegt auf dem Rücken, mit angezogenen Knien. Die Frau setzt sich vorsichtig auf ihn, sein Penis dringt ein. Sie kann sich leicht gegen seine Beine lehnen, er kann sie mit den Händen stützen.

Für sie ist diese Stellung sehr erregend, wenn sie gelenkig genug ist, da sein Penis sich an Stellen der Scheide reibt, die normalerweise nicht stimuliert werden, was zu neuen Empfindungen führt.

Der Mann in stehender Position
Die Frau kann sich nach vorne beugen, nachdem er in sie eingedrungen ist. Der Mann sollte darauf achten, daß seine Partnerin sich gut abstützen kann.

ANALE PENETRATION

Der Analverkehr – das Eindringen des Penis in den Anus – ist in erster Linie eine homosexuelle Aktivität, obwohl heterosexuelle Paare bisweilen diese Praxis auch ausüben, da sie zu sehr erotischen Reaktionen führen kann. Wenn Männer ehrlich sind, mögen sie diese Praxis bei sich ebenfalls, und besonders bei Frauen, die mehrere Kinder geboren haben, ist der After angenehm eng. Wenn der Partner die Frau von hinten liebt, kann er gleichzeitig ihren Busen, die Klitoris und die Scheide leichter stimulieren.

Männer sind fast immer die Initiatoren, da die Mehrheit der Frauen den Analverkehr als ihre am wenigsten geliebte sexuelle Aktivität bewertet. Trotzdem führen einige Männer und Frauen diese Praxis ein, um das Liebesrepertoire zu erweitern.

VORSICHT: AIDS-GEFAHR

Analverkehr wurde als Mitverursacher bei der Verbreitung des HIV-Virus genannt. Hier ist die Aktivität für ungeschützte Paare zweimal so riskant wie vaginaler Verkehr und sollte niemals mit zufälligen, gelegentlichen Bekanntschaften ausprobiert werden. Nur wenn Sie beide Analverkehr ausschließlich mit ihrem Partner haben, wenn Sie beide treu und nicht HIV-positiv sind, können Sie sichergehen, sich nicht mit AIDS anzustecken. Natürlich sollte ein Kondom verwendet werden, aber es gewährleistet keine absolute Sicherheit.

Andere Bakterien können ebenfalls vom After in die Scheide übertragen werden, was zu unangenehmen Infektionen führen kann. Nachdem der Penis in den After eingeführt wurde, muß er anschließend sofort gründlich gereinigt werden.

Wenn es zum Analverkehr kommen soll, sollte man bedenken, daß der After anatomisch für den Geschlechtsverkehr nicht geschaffen ist. Selbst bei dem zärtlichsten Liebhaber kann Analverkehr zu Infektionen und Verletzungen führen. Wenn diese Form des Geschlechtsverkehrs über längere Zeit hinweg praktiziert wird, kann die Kontrolle über den Schließmuskel verlorengehen, was eine Darmschwäche zur Folge haben kann.

Wenn man plant, diese Variante ins Liebesspiel einzubauen, sollte man langsam darauf hinarbeiten. Eine Zeitlang sollten die Partner einige Techniken der analen Stimulation ausprobieren, bevor es zur Penetration kommt.

Wenn beide bereit sind, muß der Mann langsam und vorsichtig eindringen. Er sollte sofort innehalten, wenn die Partnerin darum bittet, da der Analverkehr sehr schmerzhaft sein kann. Die Frau sollte den Schließmuskel so stark wie möglich entspannen, indem sie leicht nach unten drückt. Die Penetration ist normalerweise nicht sehr tief, bei den ersten Versuchen wahrscheinlich etwa 2,5 cm.

NACHSPIEL

Auf allen Ebenen – körperlich, emotional und geistig – erleben Mann und Frau die Zeit der Auflösung auf unterschiedliche Weise. Beide fühlen sich entspannt, ruhig und befriedigt, nachdem sie eine Art der Kommunikation erfahren haben, die ekstatisch und zeitlos ist, und nach der sie in die Wirklichkeit zurückkehren und sich ihrer Umgebung wieder bewußt werden. Beim Mann geht dies viel schneller als bei der Frau. Das Abschwellen geschieht schon bald danach; innerhalb einer Minute wird der Penis wieder schlaff. Die Frau braucht eine viel längere Zeit, um aus der Tiefe des Orgasmus wieder aufzutauchen, besonders, wenn ihre Erfahrung sehr intensiv war. Die meisten Frauen möchten weiter zärtlich umarmt werden, während der Partner aufstehen, eine Zigarette rauchen oder einfach einschlafen will. Ein klassisches Beispiel, warum es wichtig für beide Partner ist, über ihre Wünsche zu sprechen und eine gute Lösung zu finden. Sonst kann die ausklingende Phase des Liebesspiels zu Traurigkeit, Frustration und Verstimmung führen.

DIE ERFAHRUNG DES MANNES

Nachdem der Mann ejakuliert hat, läßt sein Interesse am Sex und möglicherweise auch an seiner Partnerin schnell nach. Der Penis schrumpft und das Verlangen vergeht. Für eine Weile wird er keine weitere Erektion bekommen können (dies hängt von seinem Alter und seinem Gesundheitszustand ab). Bei vielen Männern wird der Penis gleich nach dem Orgasmus äußerst empfindlich, so daß sie ihn sofort aus der Scheide ziehen müssen. Zusätzlich können manche Männer von postkoitaler Schläfrigkeit überfallen werden. Während der Erregungsphase fließt eine große Blutmenge in den Beckenbereich des Mannes, die Muskeln ziehen sich zusammen und werden fest. Dieses Blut wird nach dem Geschlechtsverkehr schnell aus diesem Körperbereich abgeleitet, die Muskeln entspannen sich, so daß die Erregung von Schläfrigkeit und einem allgemeinen Gefühl von Lethargie abgelöst wird – diese Erfahrung wird von der Mehrheit der Frauen nicht geteilt. Ein Mann wird sich im Bett auf die Seite drehen und einschlafen und seine Partnerin einfach sich selbst überlassen.

SICH DER PARTNERIN ANPASSEN

Der Mehrheit der Männer ist überhaupt nicht bewußt, wie eine Frau dieses Verhalten interpretiert. Nach dem Orgasmus erfahren Frauen kein Gefühl von Überempfindlichkeit. Während der weitaus langsamer verlaufenden Phase des Abschwellens, in der sie sich der Wirkung des Orgasmus noch bewußt sind, haben die meisten Frauen den starken Wunsch, in den Armen des Partners oder ruhig neben ihm zu liegen, um liebevolle Umarmungen ohne Leidenschaft zu genießen.

Selbst wenn der Mann seine physiologischen Reaktionen auf den Orgasmus nicht bekämpfen kann, sollte er auf die emotionalen Bedürfnisse der Partnerin eingehen. Eine letzte Umarmung und ein Gutenachtkuß lassen sich ohne große Mühe verwirklichen, bevor man einschläft. Ein Wechsel zum Geschlechtsverkehr am Morgen, wenn beide Partner frischer sind, oder während des Tages, hilft den Schlaf abzuwenden.

DIE ERFAHRUNG DER FRAU

Während der langsamen Phase des Abschwellens, in der sie noch die Wirkung des Orgasmus nachempfinden, haben viele Frauen das starke Verlangen, ruhig in den Armen des Partners zu liegen, um zarte Liebkosungen zu genießen. Manche Frauen möchten sogar noch den Penis des Partners in ihrem Innern spüren, auch wenn er schlaff ist.

Meistens haben die Frauen den Wunsch nach einer engen Umarmung; sie können lange Zeit völlig entspannt, aber umarmt vom Partner ruhen, der auf ihnen oder zwischen ihren Beinen liegt. Eine Theorie besagt, daß der Wunsch nach sexueller, sinnlicher Lust so tief in der Natur der Frau verwurzelt ist, daß sie nach dem Orgasmus den Körperkontakt zum Partner aufrechterhält, um auf diese Weise die Zeit der Verzauberung solange wie möglich festzuhalten.

Wenn der Partner aufsteht, eine Zigarette raucht oder sich einfach umdreht und einschläft, fühlt die Frau sich vernachlässigt und allein gelassen. Derartiges Verhalten nach einer sexuellen Vereinigung löst Gefühle von Einsamkeit aus. Ein plötzlicher Rückzug in dieser Weise scheint ihr lieblos, wenn nicht brutal.

DAS INTERESSE DES MANNES VERLÄNGERN

Die normale physische Reaktion des Mannes auf den Orgasmus ist Schläfrigkeit und Lethargie. Diese Reaktion wird noch verstärkt, wenn das Paar sich liebt, obwohl der Mann sich sowieso schon müde fühlt und bereit ist einzuschlafen. Ein Wechsel zum Geschlechtsverkehr am Morgen könnte also zu einem wirkungsvolleren Nachspiel führen, da beide Partner jetzt ausgeruht sind.

Um den Partner zum Wachbleiben zu ermuntern, sollte das Gespräch leicht und romantisch sein: Sagen Sie ihm, wie sehr Sie ihn lieben und wie wunderbar er ist. Achten Sie auch darauf, daß nicht Sie es sind, die sofort nach dem Koitus ins Badezimmer eilt, um sich zu waschen. Wenn Sie sich waschen müssen, sollten Sie vorschlagen, gemeinsam ein Bad zu nehmen.

DIE ERSTE SEXUELLE ERFAHRUNG

Die treibende Kraft hin zur ersten sexuellen Erfahrung kann Liebe sein, aber auch sexuelles Verlangen oder einfach Neugier. Die meisten Menschen sind etwas ängstlich und angespannt und von dem Ergebnis vielleicht auch enttäuscht. Das erste Mal mit einem Menschen zu schlafen, schenkt wahrscheinlich nicht die ekstatische Erfahrung, die Sie sich erhofft und erträumt haben. Wie die meisten Dinge wird auch die Sexualität mit einiger Praxis und durch Vertrautheit mit dem Partner besser. Während die meisten Männer beim ersten Mal einen Orgasmus erleben, kommt es bei der Frau in den ersten intimen Begegnungen und Versuchen nur selten dazu: Auch Lust muß erlernt werden.

VORBEREITUNGEN

Es hilft sicherlich, wenn man den richtigen Ort wählt und sichergeht, daß man völlig ungestört ist. Sie sollten sich vorher entscheiden, ob Sie die Nacht miteinander verbringen oder vor Morgenanbruch wieder gehen. Wenn Sie bleiben, müssen Sie nicht nur Kleidung zum Wechseln mitbringen, sondern sich auch Gedanken darüber machen, wie es sein kann, neben einem Menschen aufzuwachen, den Sie noch nicht sehr gut kennen.

Lassen Sie sich viel Zeit, so daß das Liebesspiel ohne Hast stattfindet. Beim ersten Mal ist dies besonders wichtig, da Nervosität, die einer oder beide Partner spüren, sich völlig verlieren muß, wenn es zum reizvollen Spiel der Lust kommen soll. Besonders der Mann sollte geduldig sein.

Wählen Sie eine verläßliche Form der Verhütung. Wer sein erstes sexuelles Erlebnis vor sich hat, muß auch daran denken, ein Kondom zu benutzen, da AIDS und andere sexuell übertragbare Krankheiten schon bei einmaligem Geschlechtsverkehr weiterverbreitet werden können.

Wenn man noch nie Geschlechtsverkehr hatte, sollte man es offen sagen. Besonders für die Frau ist dies wichtig, da sie den Partner bitten muß, vorsichtig zu sein und zu Anfang nicht zu tiefe Stoßbewegungen auszuführen. Der Mann sollte sichergehen, daß die Frau erregt ist, indem er sie mindestens zehn Minuten lang vor der Penetration streichelt und stimuliert. Auf diese Weise wird die Scheide feucht genug sein, so daß der Koitus erleichtert wird. Speichel oder ein künstliches Gleitmittel können ebenfalls verwendet werden, um das Liebesspiel angenehmer zu machen. Mit einem Kissen unter den Hüften der Frau wird es für sie bequemer. Die Penetration sollte sanft, aber fest sein und die Stoßbewegungen leicht. Die Frau kann dem Mann helfen, indem sie seinen Penis in ihre Scheide einführt und leicht nach unten preßt, damit die Beckenmuskeln entspannt werden.

Liebevolle Sexualität durch das ganze Leben

Die Sexualität verändern

Die Sexualität ist für ein zufriedenes Leben notwendig. Sie wirkt auf den Intellekt und auf die Emotionen wie kaum etwas anderes und gibt uns das Gefühl, begehrenswert zu sein.

Im Leben eines Paares kann es jedoch Zeiten geben, in denen aus den verschiedensten Gründen die normalen sexuellen Praktiken unterbrochen werden. Doch solange die Partner einander begehren, werden sie irgendwann zur sexuellen Intimität zurückfinden.

— Wenn Aktivitäten angepasst werden müssen —

Während einer Schwangerschaft läßt die Häufigkeit des Geschlechtsverkehrs möglicherweise langsam nach, aber eine recht große Anzahl von Paaren hat häufiger Geschlechtsverkehr und genießt die Sexualität mehr als je zuvor. Während der Schwangerschaft kann der Körper der Frau stärker auf die sexuelle Erregung reagieren; alle Impulse und Empfindungen werden durch den hohen Spiegel der zirkulierenden Hormone erhöht.

Nach der Geburt des Babys gibt es keine speziellen körperlichen Probleme, die den sexuellen Verkehr ausschließen. Viele frischgebackene Mütter und auch manche Väter haben jedoch mehrere Wochen lang kein Interesse am Sex, unabhängig davon, wie nah sich das Paar vorher war.

Es ist schwer, sich vorzustellen, daß der Geschlechtsverkehr sich auf irgendeine Krankheit negativ auswirken könnte. Forschungsdaten haben im übrigen bewiesen, daß die Herzaktivität während eines normalen Arbeitstages viel höher ist als während des Orgasmus und daß die Veränderungen des Blutdrucks bei sexuellen Intimitäten nicht zum Risiko werden. Wenn der Arzt sexuelle Aktivitäten nicht ausdrücklich untersagt, wird man wahrscheinlich sogar aus der Sexualität Nutzen ziehen.

Unser Verhalten in Liebe und Sexualität verändert sich nicht sehr, wenn wir älter werden. Unsere Gefühle entwickeln sich weiter und werden oft sogar noch stärker und leidenschaftlicher und auch zärtlicher.

Sexualität in der Schwangerschaft

Wenn die Schwangerschaft normal verläuft, gibt es absolut keinen Grund, warum Sie und Ihr Partner nicht bis zum Einsetzen der Wehen Geschlechtsverkehr ausüben können. Der Sexualtrieb der Frau kann in der Schwangerschaft variieren, aber die Mehrheit der Frauen sagt, daß die Sexualität in der Schwangerschaft besser als je zuvor sei. Dies ist auf den hohen Spiegel der Sexualhormone zurückzuführen, die bei vielen Frauen die Libido steigern, so daß sie empfindsamer reagieren und die Erregung stark ist.

Einige Frauen erfahren einen Verlust der Libido während des ersten oder letzten Drittels – wahrscheinlich begründet durch die morgendliche Übelkeit am Anfang und die Müdigkeit gegen Ende der Schwangerschaft.

Die Brüste können besonders berührungsempfindlich sein, und der Partner sollte sanft und vorsichtig vorgehen. Wenn der Fötus wächst und im Bauch- und Beckenraum mehr Platz einnimmt, wird das Paar wahrscheinlich die Techniken und Stellungen verändern (siehe folgende Seiten). Man hört bisweilen Ammenmärchen, in denen es heißt, daß Geschlechtsverkehr vor der Geburt eine Infektion verursachen könne, die auch auf das Baby Auswirkungen habe, aber die Gebärmutter ist zur Zeit der Schwangerschaft durch einen Schleimpfropf völlig versiegelt, so daß der Geschlechtsverkehr nicht zu einer aufsteigenden Infektion führen kann, wenn beide Partner eine gute Sexualhygiene beachten. Wenn die sexuelle Aktivität jedoch sehr lebhaft und kraftvoll ist, kann es zu Abschürfungen und Wundsein kommen. Wenn dann die Hygiene nicht besonders gut ist, ist es denkbar, daß eine Infektion entstehen könnte. Wenn man jedoch nur mit seinem Partner schläft und nur dann, wenn einem danach zumute ist, kann Sexualität die ganze Schwangerschaft über empfehlenswert sein, es sei denn, der Arzt rät davon ab.

Es gibt Frauen, die Angst haben, daß das Baby beim Sex erdrückt werden könnte. Doch dies ist nicht möglich, da es sich in der Fruchtblase frei bewegt und vom Fruchtwasser umgeben ist, das es vor Stößen schützt.

WANN MAN KEINEN GESCHLECHTSVERKEHR HABEN SOLLTE

○ Wenn es zu Blutungen kommt, müssen Sie sofort Ihren Arzt aufsuchen. Es mag völlig harmlos sein, aber der Arzt muß die Möglichkeit einer abgelösten Plazenta oder einer Fehlgeburt ausschließen können.

○ Wenn Sie mit Blut vermischten Ausfluß aus der Scheide haben, der den Beginn der Wehentätigkeit anzeigt. Wenn die Fruchtblase springt, beginnt die Austreibungsphase.

○ Wenn Sie schon einmal eine Fehlgeburt hatten, sollten Sie Ihren Gynäkologen um Rat fragen. Möglicherweise rät er dazu, während der ersten Monate keinen Geschlechtsverkehr zu haben, bis die Schwangerschaft sich gefestigt hat.

Stellungen während der Schwangerschaft

Aufgrund von Körperveränderungen, die durch eine Schwangerschaft hervorgerufen werden, können bestimmte Positionen bequemer sein. Während der ersten Monate muß man sich beim Geschlechtsverkehr wahrscheinlich gar nicht umstellen. Wenn es jedoch früher schon einmal zu einer Fehlgeburt gekommen ist, sollte eine tiefe Penetration vermieden werden. Wenn im zweiten Schwangerschaftsdrittel der Bauch der Frau wächst, sind Stellungen von hinten, seitliche Stellungen und Positionen, bei denen die Frau sich oben befindet, gut geeignet. In den letzten Schwangerschaftsmonaten, wenn die Brüste geschwollen sind und der Bauch sehr rund geworden ist, wird die Frau die Stellungen, bei denen der Mann von hinten eindringt, und einige der Stellungen, bei denen sie oben liegt, besonders stimulierend und bequem finden.

Der Mann fängt sein Gewicht mit dem Arm auf.

Stellungen, bei denen er von hinten eindringt
Diese Stellungen können die ganze Schwangerschaft über durchgeführt werden. Wenn der Bauch dicker wird, kann die Frau ihre Stellung ändern: statt auf der Seite zu liegen, stützt sie sich mit Armen und Beinen ab.

Sie kann das Gewicht von ihrem Bauch nehmen, indem sie zurück auf die Hüfte rollt.

Seitliche Stellungen
Diese Variation ist besonders für die Schwangerschaft geeignet. Dabei läßt die Frau vorsichtig den Penis des Partners eindringen.

Er kann sie, den Genitalbereich eingeschlossen, ungehindert streicheln.

Sie hält die Beine zusammen, um seinen Penis zu umfassen.

Stellungen im Sitzen

Diese Stellungen, bei denen die Frau breitbeinig auf ihrem Partner sitzt, sind in den ersten und mittleren Monaten besonders nützlich. Obwohl sie keine starken Bewegungen zulassen, sind sie für beide Partner bequem und nehmen den Druck vom Bauch, so daß niemand Angst haben muß, das Baby zu »zerdrücken«. Auch wenn die tiefere Penetration Probleme bereitet, kann die Frau die Tiefe des Eindringens in hohem Maß selbst kontrollieren.

Sie kann ihre Sitzposition so anpassen, daß sie wirklich bequem ist. Dabei kann sie ihn liebkosen.

Obwohl seine Bewegungen eingeschränkt sind, ist dies eine sehr intime Stellung.

Sie kann einen Teil ihres Gewichts mit den Füßen auffangen, so daß ihr Partner entlastet wird.

Sexualität nach der Geburt

Sexuelle Schwierigkeiten als Folgen einer Geburt sind nicht selten. Viele Frauen leiden unter Blutarmut, starker Müdigkeit oder Depressionen nach der Schwangerschaft. All dies verringert den Sexualtrieb. Es kann während der Geburt auch zu einer Verletzung gekommen sein oder zu Hormonstörungen. In den ersten Wochen oder Monaten nach der Geburt kümmert sich die Frau vielleicht ausschließlich um das Neugeborene. Ihre Energien können durch die mütterlichen Aufgaben völlig ausgeschöpft sein, weil sie sich um das Baby kümmert und oft nachts ohne Schlaf auskommen muß. So bleibt ihr wenig Energie für anderes.

Auch auf Männer hat eine Geburt Auswirkungen. Während es für einige Männer eine gute Erfahrung ist, bei der Geburt ihres Kindes zuzuschauen, hat dies für manche Männer traumatische Folgen, besonders wenn medizinische Eingriffe nötig waren, beispielsweise ein Kaiserschnitt oder Dammschnitt. Ein solches Erlebnis kann sie unbewußt von der Sexualität abbringen, denn die Partnerin soll derart »Schreckliches« nicht noch einmal durchmachen müssen.

Bei den Beschwerden stehen die Nachwirkungen eines Dammschnitts an erster Stelle – dabei wird ein Schnitt durch die Scheide und die darunterliegenden Muskeln gezogen, damit der Kopf des Babys geboren werden kann und es bei der Entbindung nicht zu Rissen kommt. Die Dammschnittnarbe kann oft schmerzhaft sein. Wenn sie sehr groß ist, kann sie den Geschlechtsverkehr so unangenehm machen, daß die Frau schon bei einer Umarmung, die zu weiteren sexuellen Aktivitäten führen könnte, zusammenschreckt. Oft fühlt sich die Frau sexuell erregt und ist für die sexuelle Vereinigung bereit, aber die Narbe schmerzt so sehr, daß das Eindringen des Penis bis zu sechs Monate nach der Geburt unmöglich ist.

WANN SOLLTE MAN DIE SEXUELLEN BEZIEHUNGEN WIEDER AUFNEHMEN?

Trotzdem ist es ratsam, das Geschlechtsleben nach einer kurzen Pause wieder aufzunehmen. Sie sollten zunächst vorsichtig und zärtlich experimentieren. So können Sie Sex praktizieren, bei dem der Penis nicht eindringt. Diese Form des Liebesspiels kann erfüllend und befriedigend sein und ist bereits wenige Tage nach der Entbindung möglich, wenn beide Partner Lust haben. Viele Frauen möchten bereits wenige Tage nach der Geburt wieder einen Orgasmus erleben. Dies ist von Vorteil, da die Gebärmutter sich dann schneller in den Normalzustand zurückentwickeln kann. Es bestehen keine medizinischen Bedenken dagegen, etwa 10 bis 14 Tage nach der Entbindung den Geschlechtsverkehr wieder aufzunehmen. Das ist vor allem eine Sache des persönlichen Geschmacks.

Sexualität in Zeiten der Krankheit

Ich bin nicht der Meinung, daß eine Krankheit Sexualität ausschließen sollte. Wenn ein Partner schwerkrank ist, denken wahrscheinlich beide Partner nicht an Sex. Sollte die Krankheit jedoch lang andauern, ist es unrealistisch zu erwarten, daß beide Partner auf das Wohlgefühl verzichten, das die sexuelle Vereinigung bringt. Zuerst einmal sollten Sie auf den Rat Ihres Arztes hören, und wenn er nichts gegen sexuelle Aktivitäten einzuwenden hat, können Sie Ihre Möglichkeiten ausloten. Die Art der Krankheit und die Ernsthaftigkeit des Krankheitszustands müssen bedacht werden. Der Geschlechtsverkehr sollte nicht zu energiegeladen sein und die Stellungen nicht zu schwierig (siehe folgende Seiten). Der gesunde Partner trägt die Verantwortung dafür, daß der andere ausgeruht und entspannt ist. Der kranke Partner sollte nicht nur mit der Sexualität zurechtkommen, sondern auch danach verlangen.

FAKTOREN, DIE DIE LEISTUNG HEMMEN

Viele Medikamente stören den Sexualtrieb und können außerdem Auswirkungen auf Erektion, Ejakulation und Empfindlichkeit der Klitoris haben. Es gibt viele solcher Medikamente, sie werden zur Behandlung von Angst, Schlaflosigkeit, Übergewicht, Asthma, Spannungen, Diabetes und Bluthochdruck eingesetzt. Bei manchen Kranken können sie die sexuelle Leistung negativ beeinflussen.

Dies trifft auch auf eine andere Droge zu: den Alkohol. Alkohol im Blut unterdrückt die sexuellen Reflexe direkt, und etwa die Hälfte der Männer, die unter Alkoholismus leiden, haben Probleme bei der Erektion. Der Anteil der Frauen, die den Verlust des Sexualtriebs erfahren, ist noch viel höher.

Nach einer Bauch- oder Beckenoperation ist es ratsam, mindestens sechs bis acht Wochen keinen Geschlechtsverkehr auszuüben, damit das Gewebe Zeit hat zu heilen und die Narben weniger empfindlich werden. Bei einer großen Operation kann die Rekonvaleszenz bis zu drei Monate dauern, bevor Sie wieder genug Energie und Interesse am Sex haben. Bei allen anderen Operationen jedoch hängt dies zum großen Teil von Ihnen und von Ihrem Partner ab. Wenn Sie sich wohlfühlen und entspannt sind, gibt es keinen Grund, warum Sie und Ihr Partner sich nicht bereits eine Woche nach der Operation versuchsweise zärtlichem Sex hingeben sollten, wenn Ihnen danach ist und wenn Sie beide fit sind. Sie sollten dabei so schnell oder langsam vorgehen, wie Ihre Kraft, Laune und Neigung es gestatten. Wenn der Arzt den Geschlechtsverkehr nicht ausdrücklich verboten hat, sollten Sie den eigenen Instinkten folgen.

STELLUNGEN IN ZEITEN DER KRANKHEIT

Abhängig von der individuellen Situation, müssen Positionen sorgfältig ausgewählt werden, so daß sie lustvoll sind, ohne Unbehagen zu bereiten. Der betroffene Partner sollte immer den geringsten Teil der Mühe haben. Wenn also der Mann krank ist, wählt man eine Stellung, bei der die Frau sich oben befindet, und wenn die Frau krank ist, versucht man es mit einer Stellung, bei der der Mann von hinten eindringt. Sind beide Partner eingeschränkt, sind seitliche Stellungen empfehlenswert.

Es ist auch wichtig, Stellungen zu wählen, bei denen der Körper ausreichend unterstützt wird, und sehr oft ist das Bett nicht gerade der geeignetste Ort für den Geschlechtsverkehr. Stühle, Sofa und Tisch bieten viel Spielraum für ein zärtliches Miteinander. Kissen können strategisch eingesetzt werden, um die Partner in eine höhere oder niedrigere Position zu bringen oder um empfindliche Bereiche abzupolstern.

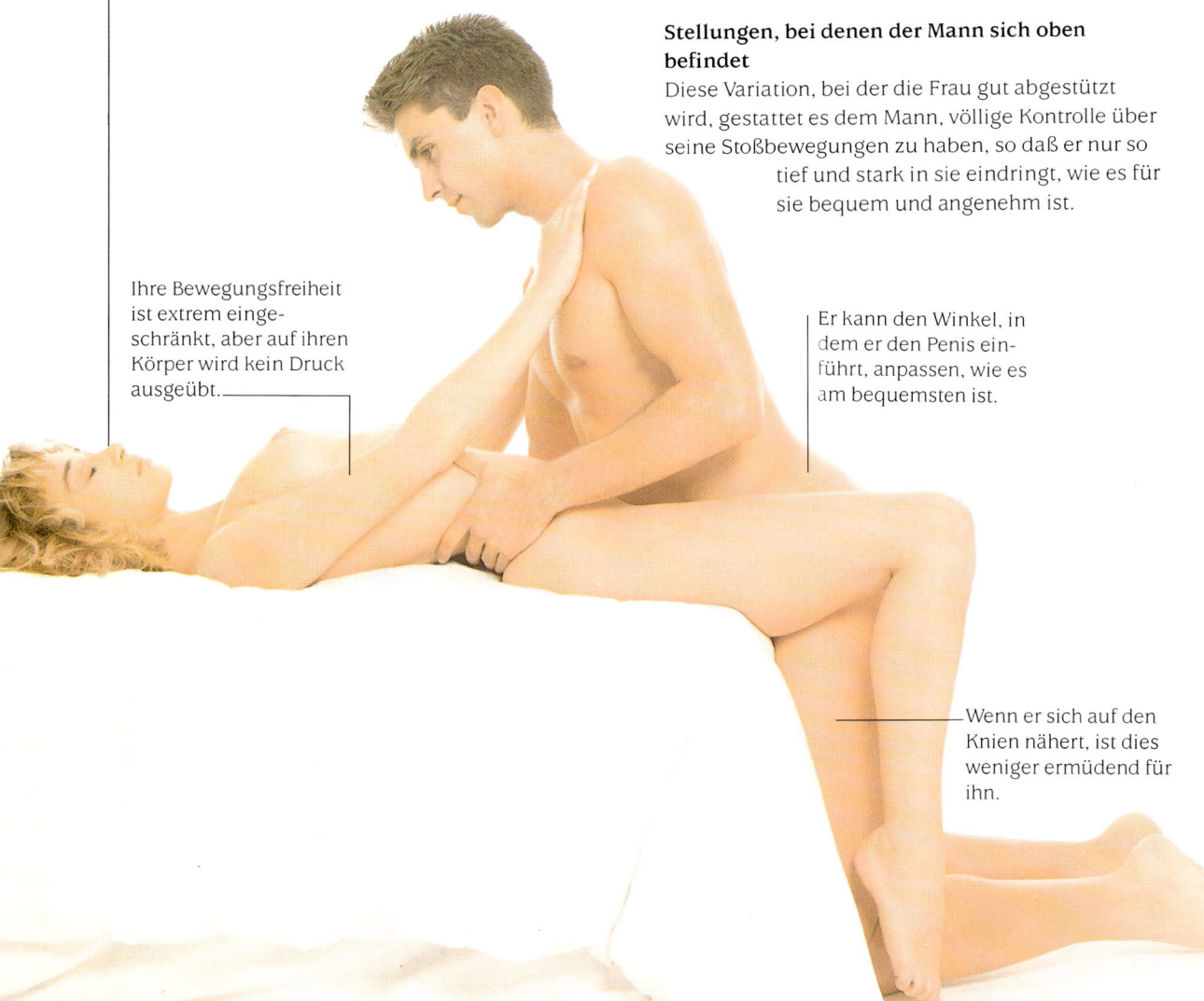

Stellungen, bei denen der Mann sich oben befindet
Diese Variation, bei der die Frau gut abgestützt wird, gestattet es dem Mann, völlige Kontrolle über seine Stoßbewegungen zu haben, so daß er nur so tief und stark in sie eindringt, wie es für sie bequem und angenehm ist.

Ihre Bewegungsfreiheit ist extrem eingeschränkt, aber auf ihren Körper wird kein Druck ausgeübt.

Er kann den Winkel, in dem er den Penis einführt, anpassen, wie es am bequemsten ist.

Wenn er sich auf den Knien nähert, ist dies weniger ermüdend für ihn.

SEX DURCHS GANZE LEBEN

Positionen im Sitzen
Wenn der Mann nicht in der Lage ist, eine aktivere Rolle zu übernehmen, ermöglichen diese Stellungen es der Frau, die Geschwindigkeit des Liebesspiels zu kontrollieren. Sie hat ihrem Partner den Rücken zugewandt. Er kann nach vorne greifen und ihren Busen streicheln, während er zärtlich in sie eindringt.

Er kann zwar keine aktiven Stoßbewegungen ausüben, aber die Brüste und die Klitoris seiner Partnerin streicheln.

Sie kann einen Teil ihres Gewichts mit den Füßen auffangen und sich bei den Auf- und Abbewegungen mit ihnen abstützen.

Stellungen, bei denen er von hinten eindringt
Diese Position ist recht bequem. Die Frau kann sich am Bett abstützen und ihre Knie mit Kissen abpolstern. Der Mann konzentriert sich darauf, einzudringen und ist in der Lage, Busen und Klitoris der Partnerin zu streicheln.

Sie kann ihr Gewicht am Bett auffangen.

HERZERKRANKUNGEN UND SEXUALITÄT

Häufig aus Angst vor einem weiteren Herzinfarkt nehmen etwa 75 Prozent der Herzkranken ihr Sexualleben nicht wie gewohnt wieder auf, obwohl alle Nachrichten über Herzerkrankungen im Zusammenhang mit der Sexualität äußerst positiv sind. Die Ärzte wissen heute, daß ein normales Sexualleben für Menschen, die einen Herzinfarkt erlitten haben, von großem Vorteil ist, und sie ermuntern den Patienten, sobald wie möglich zu normaler sexueller Aktivität zurückzukehren. Möglicherweise muß sich das Muster der sexuellen Beziehung ändern; die meisten Menschen mit Herzerkrankungen sind am Ende des Tages sehr müde, aber nach einer guten Nachtruhe, wenn beide Partner munter sind, kann Sex attraktiver sein. Eine Veränderung der Stellung kann ebenfalls helfen (siehe Seite 156 und 157).

Hoher Blutdruck sollte Sie nicht von sexueller Aktivität abhalten. Geschlechtsverkehr hat keine negativen Auswirkungen auf den Bluthochdruck; viele Medikamente, die zur Behandlung von hohem Blutdruck eingesetzt werden, können jedoch zu einem Verlust der Libido führen. Nicht alle Medikamente haben diese Nebenwirkung. Wenn Sie wegen Bluthochdrucks behandelt werden müssen, sollten Sie den Arzt bitten, ein Medikament zu verschreiben, das keine Auswirkungen auf die Libido hat.

ARTHRITIS UND SEXUALITÄT

Arthritis kann beim Geschlechtsverkehr Beschwerden verursachen. Eine Stellung, bei der beide Partner sich ansehen, kann durch schmerzende, steife Gelenke erschwert werden, aber es gibt keinen Grund, warum Sie nicht eine neue Position ausprobieren sollten. Beispielsweise kann die Frau oben liegen, wenn der Mann unter Arthritis leidet. Diese Stellung ist besonders dann angebracht, wenn der Mann bei verschiedenen Bewegungen Schmerzen hat oder wenn es schwierig für ihn ist, seine Arme, Knie oder Schultern zu belasten. Auch die Stellung, bei der beide auf der Seite liegen und bei der der Mann sich hinter der Frau befindet, ist angenehm.

Sie können Schmerzen und Steifheit in den Gelenken lindern, indem Sie Ihr Schmerzmedikament etwa eine Stunde vor dem Geschlechtsverkehr einnehmen. Ein warmes Bad ist ein angenehmes Vorspiel vor dem Liebesspiel und hilft, steife Gelenke zu lockern. Selbst wenn die Schwierigkeiten beim Sexualverkehr so groß sind, daß Sie den Koitus nicht voll ausführen, gibt es keinen Grund, sich von anderen sexuellen Aktivitäten fernzuhalten, wenn Sie und Ihr Partner sie wünschen. Körperliche Nähe, sich berühren und liebkosen ist für jeden Menschen wohltuend und beruhigend.

DIABETES UND SEXUALITÄT

Sexuelle Störungen müssen nicht unbedingt eine Komplikation einer Diabetes mellitus anzeigen, aber Diabetes kann langfristig die sexuelle Zufriedenheit stören. Wenn der Betroffene die Diabetes nicht gut unter Kontrolle bringt, kann sie beim Mann, der Schwierigkeiten hat, eine Erektion und Ejakulation zu bekommen, Impotenz verursachen. Niedrigere Testosteron-Spiegel sind wahrscheinlich die Ursache der männlichen Impotenz. Sie können durch eine Funktionsstörung der Nerven, die den Penis versorgen, verursacht werden. Selbst eine zeitweise Störung der sexuellen Potenz kann bei Männern Angst verursachen, die dann zu anhaltender Impotenz führen kann. Frauen, die unter Diabetes leiden, erkranken häufiger an Soor in der Scheide, was lokale Reizungen und sogar Schmerzen beim Geschlechtsverkehr auslösen kann. Es kann auch zu Schwierigkeiten bei der Befeuchtung der Scheide kommen. Sie stehen nicht allein da, wenn Sie unter diesen Problemen leiden. Etwa die Hälfte aller diabeteskranken Männer haben Probleme mit der Erektion, obwohl die Diabetes selbst nicht unbedingt die Ursache ist. Einige Medikamente, die bei der Behandlung eingesetzt werden, können Erektionsprobleme verursachen. Fragen Sie Ihren Arzt, damit Sie eventuell zu einem anderen Medikament übergehen können. Soor kann mit den modernen Mitteln für Pilzerkrankungen leicht behandelt werden.

Sexualprobleme und Diabetes sind nicht statisch, und daher sind die Aussichten auf Heilung auch nicht schlecht. Erregung, Ejakulation und Orgasmus sind jedesmal anders und werden wieder besser, geben Sie Ihr Sexualleben also nicht insgesamt verloren. Machen Sie immer wieder einmal einen Versuch. Versuchen Sie, eine positive Einstellung zu bewahren, so daß Sie und Ihr Partner ein für beide Seiten angenehmes Sexualleben haben, das vielleicht etwas anders ist als vorher, aber darum nicht weniger erfüllend.

MULTIPLE SKLEROSE UND SEXUALITÄT

Multiple Sklerose ist eine Entzündung der Nerven, deren Ursache unbekannt ist. Die Entzündung ist ungleichmäßig, so daß man nicht vorher wissen kann, welche Nerven in Mitleidenschaft gezogen werden. Ein Viertel aller betroffenen Männer kann Probleme mit der Erektion erwarten, da die Nerven sich entzünden, die zum Penis hin verlaufen. Dieselbe Anzahl von Frauen kann unter dem häufigsten Symptom leiden: Die Empfindlichkeit der Klitoris nimmt ab. Beide Geschlechter leiden unter einem Verlust der Libido, aber der Sexualtrieb kann schwanken, daher ist es wichtig, daß der gesunde Partner den Betroffenen zur Intimität ermutigt. Es besteht immer die Möglichkeit, daß der Sexualtrieb und andere sexuelle Funktionen zurückkommen. Enger Körperkontakt kann aufrechterhalten und positive Erfolge können erzielt werden, wenn der gesunde Partner dem Kranken hilft, bequeme Stellungen einzunehmen.

SEXUALITÄT NACH EINER MASTEKTOMIE

Die radikale Mastektomie (Brustamputation), eine Operation mit einer sehr entstellenden Narbe, wird Gott sei Dank eine chirurgische Technik der Vergangenheit. Dennoch kann der Brustkrebs mit Verfahren behandelt werden, die zu einer Entstellung führen. Obwohl die rekonstruierende Chirurgie in großem Ausmaß und mit Erfolg praktiziert wird, gestehen fast alle Frauen, die in irgendeiner Form wegen eines Brusttumors behandelt werden, daß sie mehr Angst vor möglichen Narben haben als vor einer Verkürzung der Lebenserwartung. In unserer Gesellschaft wurde die Sexualität der Brust überbetont, was dazu führt, daß Frauen sich ihrer Weiblichkeit beraubt fühlen, wenn ihr Busen seine Form und Festigkeit verliert. Viele Frauen leiden Seelenqualen, weil sie befürchten, daß der Partner sie nicht mehr begehrenswert findet. Wenn die Frauen in einer solchen Situation mit ihrem Partner reden würden, wären sie wahrscheinlich viel beruhigter, denn die meisten Männer erklären nach einer Brustoperation der Partnerin, daß sie sich allein um die Gesundheit ihrer Frau sorgen. Sie ist wichtiger als alles andere, und die meisten sagen, daß die sexuellen Gefühle für die Partnerin durch den Verlust einer Brust nicht beeinträchtigt werden. Es ist hilfreich für die Frau, wenn sie ihren Körper als Ganzes sieht und sich nicht auf die Narbe konzentriert. Wenn wir den Körper eines Menschen betrachten, sehen wir nicht nur einen Teil, sondern nehmen ihn ingesamt wahr, und ein Paar sollte dies nach einer Operation sobald wie möglich tun.

KÖRPERBEHINDERUNG UND SEXUALITÄT

Das allgemeine und weit verbreitete Vorurteil zu Menschen in Rollstühlen und zu körperlich Behinderten lautet: Hier sind alle Möglichkeiten der Sexualität ausgeschlossen. Spricht man mit Betroffenen, wird man sehen, daß dies überhaupt nicht zutrifft. Für viele Paare kann die Sexualität nach einem Schlaganfall oder einer Verletzung, die zu einer Behinderung geführt hat, sogar besser werden als je zuvor. Behinderte leiden nicht unter einem Verlust des Sexualtriebs, aber ihnen fehlt oft die Privatsphäre. Die meisten Menschen um sie herum ziehen nicht in Betracht, daß sie ihr Sexualleben auf gewohnte Weise führen wollen. Da Sexualität sich nicht nur auf die Geschlechtsorgane beschränkt, kann sie auch von einem Körperbehinderten jederzeit genossen werden. Die Unfähigkeit, sich zu bewegen, bedeutet nicht, daß man dem anderen kein sinnliches Vergnügen bereiten kann. Das Fehlen von Empfindungen bedeutet nicht, daß keine Gefühle vorhanden sind. Ein behinderter Mensch kann trotzdem sexuelles Verlangen fühlen. Es kommt nicht zu einem Verlust der Sexualität, nur weil die Geschlechtsorgane nicht funktionieren. Die Fähigkeit zu genießen ist vorhanden. Jedes Paar kann eine liebevolle und erfüllende Sexualität haben. Beide müssen nur den geeigneten Weg finden.

VARIATIONEN DER SEXUELLEN AKTIVITÄT, UM BEFRIEDIGUNG ZU ERREICHEN

Manche behinderte Menschen können ein fast normales Sexualleben genießen, wenn sie den Geschlechtsverkehr in anderen Stellungen probieren. Andere brauchen veränderte Formen der Sexualität, bei denen es vielleicht auch nicht zum Koitus kommt, beispielsweise Berührungen, Küssen, Petting oder orale Stimulation. Dies hängt davon ab, wie die Partner sich bewegen können, wieviel Schmerzen auftreten, ob der Partner Krämpfe hat und wie man einander in zärtlicher Weise helfen kann. Am wichtigsten ist, daß die Kommunikation offen und ergiebig ist, damit die Partner herausfinden können, was sie tun müssen, um beide sexuell befriedigt zu werden. Das Bedürfnis, offener und experimentierfreudiger zu sein, kann dazu führen, daß Paare eine Vielfalt an Berührungen, Stellungen und Genüssen entdecken, die gesunden Paaren vielleicht verborgen bleiben.

Behinderte sollten jede Form der sexuellen Aktivität genießen, die physiologisch möglich ist, die ihnen Vergnügen bereitet und die für sie akzeptabel ist. Besonders wichtig ist es, eine bequeme Stellung zu finden. Dabei können Kissen eingesetzt werden, die den Körper stützen oder den Druck in verschiedenen Bereichen nehmen. Selbst die Möglichkeit einer Blasen- oder Darmschwäche sollte Sex nicht ausschließen. Ein Katheder, der nicht entfernt werden kann, kann mit einem Klebestreifen am Bauch oder an der Innenseite des Oberschenkels festgeklebt werden, damit er nicht im Weg ist. Ein Stroma-Beutel, der fest an seinem Platz ist, kann dort bleiben. Er sollte vor dem Geschlechtsverkehr geleert werden und dann mit Klebstreifen befestigt werden. Auch Menschen mit doppelseitiger Lähmung können gelehrt werden, wie sie den Partner mit den Händen, dem Mund, den Zehen, einem Handtuch etc. stimulieren und selbst möglichst viel sinnliches Vergnügen erhalten können, wenn man sie berührt.

Wenn in den Geschlechtsorganen kein Gefühl vorhanden ist, haben oft andere Körperteile eine stärkere sexuelle Empfindlichkeit. Unter diesen Umständen ist es für den Betroffenen wichtig, seinen Körper zu kennen und mitzuteilen, welche Bereiche für sexuelle Erregung noch empfänglich sind, wenn sie stimuliert werden. Ein Orgasmus kann selbst dann noch erreicht werden, wenn ein großer Teil des Körpers empfindungs- oder bewegungslos ist. Die sexuelle Befriedigung kann sogar völlig nichtkörperlich sein und sich als emotionale oder geistige Erleichterung manifestieren.

Wenn Ihnen eine Körperbehinderung ernste persönliche Probleme verursacht, sollten Sie sich von Ihrem Arzt zu einem Sexualtherapeuten überweisen lassen.

Sexualität und das ältere Paar

Für mich ist es beruhigend zu wissen, daß die Mehrheit älterer Menschen Sex immer noch erregend und energiespendend findet. Weder das Verlangen nach Sex noch die Fähigkeiten dazu verschwinden. Die Sexualität mag in der Häufigkeit und Stärke etwas abnehmen, aber Genuß und Befriedigung bleiben. Genau wie in den Beziehungen jüngerer Menschen folgen auf Anziehung und Liebe sexuelles Verlangen und sexuelle Erfüllung. Die grundlegenden Eigenschaften einer Beziehung werden mit dem Alter stärker, auf keinen Fall schwächer.

Es gibt viele Gründe, warum das Sexualleben auch im Alter nichts von seiner Attraktivität einbüßen muß. Wir verlieren einen Großteil unserer Hemmungen, und wir haben das Bedürfnis und die Freiheit, uns sexuelle Wünsche zu erfüllen, die wir in jüngeren Jahren vielleicht nicht so offen geäußert hätten. Vielleicht haben wir auch das Gefühl, daß uns nicht mehr viel Zeit bleibt, und wir sollten tun, wonach uns der Sinn steht, solange wir niemanden dabei verletzen. Wenn die Kinder aus dem Haus sind, und die Aufgaben im Haushalt geringer werden, haben wir mehr Freiraum und sind ungestörter, so daß mehr Zeit auf das Sexualleben verwendet werden kann. Die meisten sind in den späteren Jahren erfahrener, wenn es darum geht, intime Situationen zu kontrollieren. Viele haben das Gefühl, daß sie eine Phase in ihrem Leben erreicht haben, in der sie langsamer vorgehen und die glücklichsten Augenblicke ihres Sexuallebens genießen können.

– DIE VERÄNDERUNG DER SEXUELLEN REAKTIONEN –

Bei beiden Geschlechtern läßt der sexuelle Impuls mit dem Alter nach, aber das allgemeine Muster unterscheidet sich bei Männern und Frauen. Wenn der Mann etwa zwanzig Jahre alt ist, erreicht sein Sexualtrieb einen Höhepunkt und fällt danach langsam ab. Die Frau erreicht ihren sexuellen Höhepunkt viel später im Leben. Sie erreicht ein Plateau, und ihre Reaktionsfähigkeit nimmt erst ab, wenn sie die Fünfzig oder Sechzig überschritten hat, falls sie überhaupt nachläßt. Es gibt viele Berichte über ein starkes Sexualverlangen bei siebzig- und achtzigjährigen Frauen, genau wie es auch bei manchen Männern vorhanden sein kann. Es kommt nicht zu einem abrupten Verlust der sexuellen Empfindung, die mit den Wechseljahren zusammenfällt, wie viele Frauen glauben.

Während der Wechseljahre befürchtet manche Frau, daß ihre jugendliche Attraktivität nachläßt. Derartige Unsicherheiten können dazu führen, daß sie sexuell nicht mehr so stark reagiert. Zur gleichen Zeit haben Mann und Frau im Beruf wahrscheinlich die höchstmöglichen Positionen erreicht.

Wenn der Ehrgeiz aus früheren Jahren nicht erfüllt wurde, drücken sich diese Gefühle möglicherweise in fehlendem sexuellen Interesse oder einem Gefühl von sexueller Unzulänglichkeit aus. Männer und Frauen suchen möglicherweise einen Ausweg aus diesem Gefühl des Nachlassens aller Energien, indem sie ein sexuelles Abenteuer suchen, um die Erfahrungen aus der Jugend wiederzufinden. Eine befriedigende sexuelle Beziehung wird von einem älteren Paar jedoch aufrechterhalten, wenn das Paar sich in diesem Lebensabschnitt gut versteht, sich kameradschaftlich verhält und gegenseitig respektiert. Dies kann den meisten Paaren gelingen, und es lohnt sich, für diese Zeit vorauszuplanen und darauf hinzuarbeiten.

— DIE AUSWIRKUNGEN EINER LANGEN BEZIEHUNG —

Leidenschaftliche Hingabe beim Geschlechtsverkehr ist eine seltene Sache. Wenn wir uns nach diesem romantischen Ideal ausrichten und erwarten, daß es häufig dazu kommt, werden wir mit Sicherheit enttäuscht werden. Es gibt viele Formen des sexuellen Vergnügens, und jeder kann mit einem Partner eine völlig befriedigende Sexualität erfahren, die zu verschiedenen Gelegenheiten ganz unterschiedlich sein kann. Dies ist das Erregende einer langen Beziehung – wenn man entdeckt, wie man die Sexualität noch genießen kann, auch wenn man schon lange zusammen ist und daß man noch immer neue Erfahrungen machen kann. Für viele Frauen ist der Orgasmus nicht das Allerhöchste beim Sex, und wenn der Mann älter wird, hat auch er vielleicht nicht jedesmal einen Orgasmus beim Geschlechtsverkehr. Viele Männer meinen, daß sie dem unzuverlässigen Orgasmus jedesmal hinterherjagen müssen, aber warum eigentlich, wenn es soviel Befriedigung bei warmherzigem Sex gibt?

Es ist ein Trugschluß zu glauben, daß Sex unbedingt leidenschaftlich und aufregend sein muß. Auf diese Weise verringern wir das Spektrum erreichbarer Erfahrungen und berauben uns eines friedlichen, entspannenden, genußvollen Sexuallebens.

Feindseligkeit, Groll, Verachtung und Widerwille, die aus einer falschen Erwartungshaltung entstehen, können eine gute Beziehung, selbst eine stabile Ehe ruinieren, ganz abgesehen vom fehlenden sexuellen Vergnügen. Eine gute Beziehung braucht keinen intensiven, ständigen Zustand von Begeisterung, nicht einmal eine ständige emotionale Bindung. Guter Wille, Fürsorge, Rücksichtnahme, das Verlangen zu trösten und gemeinsame Intimität gehören jedoch dazu. Es entstehen Probleme, wenn ein Partner Schwierigkeiten hat, dem anderen nah zu sein und ihm warmherzige Gefühle entgegenzubringen. Wenn ein Partner das Gefühl hat, daß der andere mehr Zuneigung verlangt, als er bereit ist zu geben, können die Partner sich auseinanderleben. Kein Paar kann sich nahe sein, wenn nicht gegenseitiger Respekt und Zuneigung zwischen den Partnern besteht. Wenn diese Zutaten fehlen, kann auch keine Sexualtherapie helfen.

SEXUALITÄT UND DER ÄLTERE MANN

Wenn ein Mann älter wird, erlebt er zweifellos eine Veränderung im Muster seiner sexuellen Aktivität. Es kann länger dauern, bis er eine Erektion bekommt, oder die Erektion kann nicht solange aufrechterhalten werden, wie er es gerne hätte. Außerdem ist sie möglicherweise nicht so stark oder hart wie früher. Viele Männer betrachten dies als den Anfang vom Ende.

Möglicherweise braucht der Mann jetzt mehr Stimulation, um eine Erektion aufrechterhalten zu können. Aus vielerlei Gründen kommt es vielleicht überhaupt nicht zur Erektion. Wenn dies geschieht, gerät mancher Mann in Panik und glaubt, er sei impotent – das Schlimmste, was ein Mann tun kann, da dieser Gedanke überhaupt erst zu dem Problem führt oder es noch verfestigt. Wenn ein Mann beginnt, sich wegen seiner Erektionsfähigkeit Sorgen zu machen, befindet er sich in einem Teufelskreis, denn Angst führt letztlich zu Impotenz. Wenn er aus Furcht vor dem Versagen keine Erektion bekommen kann, ist es völlig falsch zu glauben, daß er impotent sei. Natürlich ist es verständlich, daß Männer sich in dieser Situation depressiv fühlen, aber sie sollten geduldig mit sich selbst sein.

MIT DEN VERÄNDERUNGEN ZURECHTKOMMEN Es gibt überhaupt keinen Grund, depressiv zu werden, denn Impotenz aufgrund von Unsicherheiten oder Angst vor dem Versagen kann geheilt werden. Masters und Johnson kamen zu dem Schluß, daß alle Therapieprogramme bei Impotenz oder vorzeitiger Ejakulation bei älteren Männern genauso erfolgreich sind wie bei jüngeren, da die meisten Probleme psychische und keinerlei körperliche Ursachen haben. Die Erfolgsrate bei der älteren Altersgruppe ist sehr hoch, und man sollte vielleicht doch eine Psycho- oder Sexualtherapie in Anspruch nehmen.

Wenn der Mann sich entspannen kann und sich wegen seiner Potenz keine Sorgen mehr macht, folgt fast immer eine Rückkehr zu normaler sexueller Aktivität. Dabei hilft die Erkenntnis, daß es nicht nötig ist, unbedingt jedesmal zu ejakulieren; Ruhezeiten von mehreren Tagen zwischen sexuellen Begegnungen helfen bei Erektion und Orgasmus. Wenn Männer auf ihren natürlichen Rhythmus reagieren, statt sich von Machoinstinkten unter Druck setzen zu lassen, denen zufolge häufiger Geschlechtsverkehr wichtig ist, bekommen sie ihr Sexualleben besser unter Kontrolle.

Wenn der Mann älter wird, dauert es länger, bis er ejakuliert. Die Ejakulation kontrollieren zu können, ist für beide Partner von Vorteil, und viele Männer, die in jungen Jahren besonders schnell zur Ejakulation gelangt sind, betrachten dies als Geschenk. Außerdem ejakuliert der ältere Mann wahrscheinlich nicht jedesmal, wenn er Geschlechtsverkehr hat, und auch dies ist von Vorteil. Da die Ejakulation besonders bei älteren Männern eine Erektion verhindert, ist er eher in der Lage, eine Erektion zu haben, wenn es nicht jedesmal zur Ejakulation kommt.

HILFE FÜR DEN ÄLTEREN MANN

Sie sollten sich bemühen, die Veränderungen zu verstehen, die in den körperlichen Funktionen Ihres Partners auftreten. Betrachten Sie jede Entwicklung zunächst als völlig normal, aber vielleicht müssen Sie bei Ihrer sexuellen Aktivität den Akzent etwas verschieben. Man sollte längeres und intensiveres Vorspiel, stärkere Stimulation durch Berührung, beispielsweise Liebkosen, Reiben und Schmusen und unterschiedliche sexuelle Stellungen erwarten. Sie müssen akzeptieren, daß es länger dauert, bis Ihr Partner eine Erektion hat. Wenn Sie spüren, daß er Angst vor dem Versagen hat, sollten Sie ihn beruhigen und ihm sagen, daß es in Ordnung ist, wenn er länger braucht, da es auch bei Ihnen länger dauert. Ein älterer Mann wird wahrscheinlich weniger erregt sein als früher, wenn er seine Partnerin nackt sieht, und wenn er älter wird, braucht er intensivere Stimulation, um eine Erektion zu erreichen. Bei dieser Stimulation kann es sich um eine Phantasievorstellung handeln, aber bisweilen mag deutliche körperliche Stimulierung nötig sein. In diesen Fällen kann gegenseitige Masturbation oder oraler Sex wichtiger werden als in früheren Jahren.

Es ist wichtig, nicht in Panik zu geraten und sich zurückgewiesen zu fühlen oder zu glauben, daß Sie für den Partner nicht länger anziehend sind; machen Sie sich keine Sorge und kommentieren Sie es nicht, wenn er keine Ejakulation hat, aber ansonsten sexuell befriedigt scheint. In derartigen Situationen sollte die Frau kreativ sein und ein neues Muster einführen, so daß für beide Partner eine neue Art der sexuellen Liebe entsteht.

Das Vorspiel anpassen
Es mag nötig sein, mehr Erotik in die Beziehung zu bringen.

Eine aktivere Rolle übernehmen
Stellungen, bei denen Sie die Initiative übernehmen, sind nicht nur für den Partner stimulierend, sie nehmen auch den Druck von ihm, Leistung zeigen zu müssen.

SEXUALITÄT UND DIE ÄLTERE FRAU

Bis eine Frau etwa sechzig Jahre ist, ändert sich ihre sexuelle Reaktion überhaupt nicht. Veränderungen, die nach Erreichen des sechzigsten Lebensjahrs eintreten, gehen sehr langsam vor sich. Durch das Alter kommt es zu einigen physiologischen Veränderungen, so ändert sich allmählich die Gleitfähigkeit der Scheide. Bei der jüngeren Frau dauert es nur etwa 15 bis 30 Sekunden, bis die Scheide feucht wird, während es bei der älteren Frau zwei oder sogar fünf Minuten dauern kann. Die Scheidenwand kann dünner und weniger elastisch werden, ihre Größe kann etwas abnehmen, aber diese Veränderungen haben wenig oder keine Auswirkung auf Empfindungen und Gefühle und auf die Orgasmusfähigkeit. Achtzig Prozent der älteren Frauen berichten, daß sie beim Geschlechtsverkehr keine Schmerzen oder Beschwerden haben, obwohl es ein weithin akzeptierter Mythos ist, daß Geschlechtsverkehr bei der älteren Frau zu Beschwerden führt.

Untersuchungen haben ergeben, daß Frauen einen viel stabileren Sexualtrieb haben als Männer. Frauen über fünfundsechzig suchen noch immer erotische Begegnungen und reagieren auf sie, sie haben erotische Träume und sind immer noch in der Lage, einen Orgasmus zu erreichen oder sogar multiple Orgasmen.

Die meisten Zeichen von Erregung sind bei älteren Frau mit denen jüngerer identisch. Die Brustwarzen richten sich noch immer auf, und die Klitoris bleibt das Hauptorgan sexueller Stimulation. Die Erregung, die durch die Stimulation der Klitoris hervorgerufen wird, ist genau dieselbe. Eine Frau von achtzig hat dasselbe körperliche Potential für den Orgasmus wie eine Zwanzigjährige.

VERÄNDERUNGEN DES SEXUALVERHALTENS   Die wichtigsten Faktoren, die das Sexualverhalten der älteren Frau beeinflussen, sind die Verfügbarkeit eines Partners und die Gelegenheit zu regelmäßiger sexueller Aktivität. Die meisten älteren Frauen haben jedoch kein regelmäßiges sexuelles Ventil, sei es, weil der Partner sich aus Angst vor Impotenz zurückzieht oder weil er krank war und beispielsweise einen Herzinfarkt erlitten hat.

Die Frau erreicht ihren sexuellen Gipfel erst mit Ende Zwanzig oder Dreißig und bleibt auf diesem Plateau, bis sie etwa sechzig ist. Gerade dann, wenn viele Frauen ihre sexuelle Reife genießen, läßt die Aktivität des Partners nach. Jetzt entsteht für die Frau das Problem, ihre sexuellen Bedürfnisse zu befriedigen, ohne ihrem Partner das Gefühl zu geben, daß er in sexueller Hinsicht inkompetent oder impotent ist.

Die Masturbation ist für die Sexualität und sexuelle Identität älterer Frauen von größter Bedeutung. Durch sie werden die physiologischen Reaktionen in gutem Funktionszustand gehalten. Dies ist besonders wichtig, wenn die Frau Witwe ist, und andere Möglichkeiten der sexuellen Entspannung wahrscheinlich eingeschränkt sind.

HILFE FÜR DIE ÄLTERE FRAU

Während der Wechseljahre sollte der Mann seiner Partnerin gegenüber sehr rücksichtsvoll sein, besonders, wenn sie Angst vor dem Altern hat. Er sollte ihr mit Komplimenten und konstruktiven Vorschlägen beistehen und ihr sagen, wie attraktiv und begehrenswert sie ist. Lange Umarmungen ohne Hast, mehr Aufmerksamkeit beim Vorspiel, zärtliches Streicheln und Küssen der Brüste und der Klitoris machen die Sexualität auch im Alter befriedigender.

Die beste Möglichkeit, ein anhaltend befriedigendes Sexualleben aufrechtzuerhalten, ist, oft Geschlechtsverkehr zu haben. Viele Frauen, besonders jene, die regelmäßig Geschlechtsverkehr üben – etwa ein- bis zweimal pro Woche –, haben auch noch im hohen Alter eine gesunde Scheide.

Wenn Trockenheit ein Problem ist, kann die Anwendung von Gleitcremes sehr wohltuend sein. Masturbation führt zu einer Steigerung der Gleitfähigkeit und vermindert Schmerzen in der Scheide aufgrund von Trockenheit. Nur wenige Frauen haben Schwierigkeiten, durch Masturbation einen Orgasmus zu erreichen. Wenn es also beim Geschlechtsverkehr nicht klappt, können Sie Ihrer Partnerin durch manuelle und orale Stimulation helfen, den Höhepunkt zu erreichen.

Mehr Aufmerksamkeit beim Vorspiel
Genußvolle Umarmungen und viel Aufmerksamkeit beim Vorspiel geben der älteren Frau die Zeit, die sie braucht, um feucht zu werden und sich auf den Koitus vorzubereiten.

Nutzen Sie die Freizeit für entspannte Sexualität
Eine sinnliche Massage, das Streicheln ihres Busens und ihrer Genitalien, gibt einer Frau das Gefühl, attraktiv und begehrenswert zu sein.

Die Liebe lebendig erhalten

Das sexuelle Verlangen des einzelnen ändert sich von Tag zu Tag, und genau wie unser übriges Verhalten ist es abhängig von dem, was um uns herum geschieht. Das Sexualverlangen wird beispielsweise durch einen Schock, eine schwere Krankheit, Trauer oder die Krankheit eines Kindes unterdrückt, und es wäre dumm, etwas anderes zu erwarten. Tatsächlich ist die Libido dem Auf und Ab des Alltags unterworfen, und man sollte sich ganz nach ihren Möglichkeiten richten und realistisch sein.

Man sollte akzeptieren, daß ein sexuelles Erlebnis auch einmal weniger befriedigend ablaufen kann. Es handelt sich um eine natürliche Variante menschlichen Erlebens und sollte als solche akzeptiert werden.

Wenn man mit einem Menschen eng zusammenlebt, werden nicht nur die guten Eigenschaften, sondern auch die negativen offenbart. Wir alle fürchten in unterschiedlichem Maß, daß wir nicht besonders liebenswert sind, daß unser Partner, wenn er unsere schlechtesten Eigenschaften kennenlernte, uns wahrscheinlich nicht mehr lieben würde. Wir müssen also lernen, ein Gleichgewicht zwischen dem Guten und dem Schlechten zu finden. Es nutzt nichts, ein anderes Gesicht zu zeigen oder zu schauspielern; wenn dies in einer Beziehung häufig geschieht, treten schließlich Spannungen auf, und die Kommunikation verschlechtert sich. Wenn wir jedoch ein Gleichgewicht zwischen Gutem und Schlechtem finden, können wir die unausweichliche Kritik und die Konfrontationen, die ein natürliches Produkt des Zusammenlebens sind, akzeptieren. In diesem Fall können wir unsere Kritik freier äußern, ohne von schweren Schuldgefühlen geplagt zu werden.

Eigene Regeln aufstellen

Es gibt keine allgemeinen Regeln dafür, was Menschen an ihrem Sexualleben genießen sollten und was nicht. Solange ein Paar gemeinsam einer Aktivität zustimmt, und keiner sie als unangenehm empfindet oder sich unter Zwang gesetzt fühlt, sollten beide sie genießen.

Es ist eine Sache der Fairneß, zum Partner nein zu sagen, wenn man wirklich nicht mit ihm schlafen möchte. Ein gutes Sexualleben kann nur auf Ehrlichkeit und Offenheit basieren; Sexualität lohnt sich nicht, wenn ein Partner Gefühle nur vortäuscht. Wenn der andere dies spürt oder später erfährt, wird er unglücklich sein und sich getäuscht fühlen. Es gibt immer Augenblicke, in denen der eine nach Sexualität verlangt und der andere nein sagt. Dann sollte man das sexuelle Beisammensein verschieben. Aber wenn man nein sagt, sollte man ganz ehrlich sein und erklären, daß man völlig in Ruhe gelassen werden möchte, oder daß man nicht mit dem anderen schlafen, sondern nur schmusen möchte.

Wie man in der Sexualität alles erreicht

Das Sexualleben verbessern

Wenn man mehr über seine eigene Sexualität lernt, wird man in bezug auf seine sexuellen Vorlieben und Abneigungen wählerischer. Man muß sie also auch mit dem Partner offen diskutieren können. Die Sexualität kann auf das allgemeine Wohlbefinden Auswirkungen haben, und wenn diese Auswirkungen negativ sind, haben Sie das Recht, alles zu unternehmen, um ihr Sexualleben zu verbessern. Es gibt keine bestimmten Regeln, die man befolgen kann und die Befriedigung garantieren. Die Sexualität ist eine sehr individuelle Angelegenheit, und Sie sollten gemeinsam mit Ihrem Partner entscheiden, was Sie von der Sexualität erwarten, statt sich einfach nach dem zu richten, was andere Ihnen vorgeben.

Es ist noch nicht lange her, daß sexuelle Beziehungen von den Bedürfnissen und Wünschen der Männer beherrscht wurden, und die Frauen sich nicht beklagten, wenn ihr Sexualleben unbefriedigend war. Heute sind die Frauen eher bereit, Kritik zu üben, weil sie besser informiert sind und höhere Erwartungen haben. Dennoch sind die alten Einstellungen leider immer noch vorhanden, und viele Frauen mit sexuellen Problemen vermeiden lieber jeden Streit, als sich zu diesem Thema äußern. Das ist mit Sicherheit falsch, denn niemand sollte die Bedeutung eines befriedigenden Sexuallebens unterschätzen und sich mit weniger zufrieden geben.

— Unverträglichkeiten im sexuellen Bereich —

Sexuelle Probleme sind eine delikate Angelegenheit, da sie fast immer einen anderen Menschen auf sehr intimem Niveau mit einbeziehen, und niemand mag es, wenn das eigene Sexualverhalten kritisiert wird. Die Kritik an der sexuellen Leistung eines Mannes kann, auch wenn sie noch so vorsichtig formuliert wird, sehr schmerzhaft sein, und Männer sind derartiger Kritik gegenüber wahrscheinlich noch verletzlicher als Frauen. Viele Männer meinen, daß sie wegen ihrer sexuellen Fähigkeiten und Handlungen geschätzt oder weniger geschätzt werden. In ihrem Sexualleben legen sie großen Wert auf Geschick, Technik und Können. Doch in jeder Beziehung kommt es von Zeit zu Zeit zu Problemen, und mit gutem Willen auf beiden Seiten können diese Schwierigkeiten fast immer durch Erklärungen, Diskussionen und Verhandlungen gelöst werden.

Wenn Sie über irgendeinen Aspekt Ihres Sexuallebens unglücklich sind, sollten Sie sorgfältig darüber nachdenken, bevor Sie es Ihrem Partner gegenüber erwähnen. Verwenden Sie die Fragebögen auf den Seiten 172 bis 183, um Ihre Gedanken über Ihre sexuelle Beziehung zu klären und Probleme oder Ängste, die Sie möglicherweise haben, genau zu bestimmen. Dann können Sie beginnen, das Problem mit Ihrem Partner zu diskutieren und nach Lösungsmöglichkeiten zu suchen.

MÖGLICHE PROBLEMBEREICHE BEIM MANN

Viele Männer betrachten jede sexuelle Begegnung als Wettbewerb. Natürlich möchten sie gewinnen, und der allgemeinen männlichen Mythologie zufolge bedeutet das, einen riesigen Penis zu haben, der auf der Stelle erigiert und der erstaunliche Mengen an Ejakulat produziert, solange sein Besitzer es wünscht.

UNZUFRIEDENHEIT MIT DEN GENITALIEN

Bei einer neuen Untersuchung von tausend Männern waren fast alle sehr unzufrieden mit der Größe ihres Penis, und viele waren der Meinung, daß ihre kleinen oder durchschnittlich großen Organe nicht ausreichten. Sie waren sich nicht bewußt, daß viele Frauen sich überhaupt nicht um die Penisgröße bei ihrem Partner kümmern.

Beim Geschlechtsverkehr ist der größte Teil des sinnlichen Vergnügens für die Frau auf die Stimulierung der Klitoris und der Nervenenden zurückzuführen, die sich hauptsächlich in den ersten zwei Zentimetern des Scheideneingangs befinden, daher spielt die Penisgröße für die Stimulation der Klitoris keine große Rolle. Freude an sexuellen Aktivitäten entsteht auch durch Streicheln, Liebkosen, Berühren, Küssen, Lecken, Knabbern und Umarmungen zwischen zwei Liebenden. Sich darauf zu beschränken, einen steifen Penis in die Scheide einzuführen, sobald die Frau dazu bereit ist, wird vorhandene Leistungsängste nur verstärken.

— UNZUFRIEDENHEIT MIT DER LEISTUNG —

Wenn Sie der Meinung sind, daß Sex jedesmal ein großartiges Erlebnis sein soll, werden Sie früher oder später enttäuscht. Es wird Zeiten geben, in denen Sie nicht richtig erregt werden können, Zeiten, in denen Sie keine Erektion bekommen oder aufrechterhalten können, und manches Mal erreichen Sie auch keinen Orgasmus. Zu anderen Zeiten werden Sie wieder zu erregt sein und frühzeitig ejakulieren. Dies passiert allen Männern hin und wieder, und Sie sollten diese Dinge nur als Problem betrachten, wenn sie häufig auftreten.

MÖGLICHE PROBLEMBEREICHE DER FRAU

Männer erleben fast immer einen Orgasmus beim Geschlechtsverkehr, und da die Sexualität von Männern beherrscht wurde, nahm man an, daß die Erfahrung der Frau ähnlich sei. Leider ist das weit von der Wahrheit entfernt, und die Anzahl der Frauen, die beim Geschlechtsverkehr keinen Orgasmus erlebt, ist sehr groß.

—— EINEN ORGASMUS VORTÄUSCHEN ——

Viele Frauen geben nicht zu, daß sie keinen Orgasmus erleben. Meist tun sie dies, um den Mann vor Enttäuschung und Gesichtsverlust zu schützen: Zwei von fünf verheirateten und unverheirateten Frauen sind der Meinung, daß es weniger Schwierigkeiten bereitet, einen Orgasmus vorzutäuschen, als die Angelegenheit mit dem Partner zu besprechen.

Ein weiterer häufiger Grund, warum Frauen einen Orgasmus vortäuschen, ist, daß sie nicht als frigide bezeichnet werden möchten. Das Wort »frigide« ist ein vernichtendes Etikett, das eigentlich keine Bedeutung hat, aber häufig boshaft gegen Frauen verwendet wird, die die Erwartungen ihres Partners nicht erfüllen oder die spezielle sexuelle Probleme haben.

MEINUNGSVERSCHIEDENHEITEN ÜBER —————— SEXUELLE AKTIVITÄTEN ——————

Tatsächlich besteht die größte Meinungsverschiedenheit zwischen Frauen und Männern darüber, wie oft sie miteinander schlafen sollten. Etwa die Hälfte der Frauen hat das Gefühl, daß ihre Meinung sich von der des Partners unterscheidet, was Häufigkeit – und Ablauf – des Geschlechtsverkehrs betrifft.

Eine Frau hat das Recht, sich gelegentlich nicht nach Sexualität zu sehnen, ohne Angst haben zu müssen, »frigide« genannt zu werden. Die meisten Sexualtherapeuten sind der Meinung, daß es Frigidität überhaupt nicht gibt, daß jede Art von »Frigidität« behandelt und die Abneigung gegenüber der Sexualität besiegt werden kann.

Haben Sie ein sexuelles Problem?

Wenn Sie unter einem sexuellen Problem leiden, können Sie es erst bekämpfen, nachdem Sie es identifiziert und dann sorgfältig untersucht haben. Um herauszufinden, ob tatsächlich ein Problem vorhanden ist, sollten Sie den betreffenden Fragebogen ausfüllen. Dann sollte der

FRAGEBOGEN FÜR DEN MANN

1 Sind Sie der Meinung, daß in Ihrem Sexualleben etwas fehlt?

2 Möchten Sie Ihr Sexualleben ändern?

3 Ist Ihre Partnerin mit Ihnen als Sexualpartner unzufrieden?

4 Werden Ihre sexuellen Aktivitäten durch Angst gestört?

5 Schämen Sie sich irgendeines Körperteils?

6 Sind Sie der Meinung, daß Sie zu streng mit sich umgehen und daß Sie eigentlich nicht so schlecht sind, wie Sie manchmal glauben?

7 Gibt es Formen sexueller Aktivität, die Sie gerne ausführen würden, was Sie aber zur Zeit nicht tun?

8 Haben Sie Schwierigkeiten mit Ihren Gefühlen zum Thema Liebe und Sexualität?

9 Stören Ihre sexuellen Phantasien, die Sie beim Geschlechtsverkehr haben, Ihre sexuelle Beziehung?

10 Haben Sie irgendwelche Ängste im Zusammenhang mit Sex?

11 Haben Sie das Gefühl, daß Sie Ihrer Partnerin in der Sexualität mehr Lust bereiten als sie Ihnen?

12 Haben Sie Schuldgefühle wegen irgendwelcher sexueller Aktivitäten?

13 Langweilen Ihre sexuellen Aktivitäten Sie?

14 Empfinden Sie Sex oder irgendeinen Aspekt der Sexualität als ekelerregend?

15 Haben Sie Schwierigkeiten, Ihrer Partnerin zu sagen, wenn Ihnen nicht nach Sex zumute ist?

16 Haben Sie Probleme, wenn Ihre Partnerin Ihnen sagt, daß ihr nicht nach Sex zumute ist?

17 Gibt es zur Zeit Probleme in anderen Bereichen Ihres Lebens, die Ihr Sexualleben negativ beeinflussen können?

18 Haben Sie und Ihre Partnerin unterschiedliches Interesse an der Sexualität?

19 Bevorzugen Sie andere sexuelle Aktivitäten als Ihre Partnerin?

20 Fürchten Sie, »unnormal« zu sein, was Ihre sexuellen Interessen angeht?

21 Haben Sie das Gefühl, daß Ihre Partnerin in bezug auf ihre sexuellen Interessen oder Aktivitäten »unnormal« ist?

22 Leiden Sie unter körperlichen Krankheiten oder nehmen Sie Medikamente ein, die Ihre sexuellen Reaktionen beeinträchtigen könnten?

Partner/die Partnerin die Fragen auf seinem/ihrem Fragebogen beantworten. Eine Ja-Antwort auf eine der Fragen kann auf einen möglichen Problembereich hindeuten; meistens kann dies durch offene Diskussionen zwischen Ihnen und Ihrem Partner/Ihrer Partnerin gelöst werden.

JA

NEIN

FRAGEBOGEN FÜR DIE FRAU

1 Sind Sie der Meinung, daß in Ihrem Sexualleben etwas fehlt?

2 Möchten Sie Ihr Sexualleben ändern?

3 Ist Ihr Partner mit Ihnen als Sexualpartnerin unzufrieden?

4 Werden Ihre sexuellen Aktivitäten durch Angst gestört?

5 Schämen Sie sich irgendeines Körperteils?

6 Sind Sie der Meinung, daß Sie zu streng mit sich umgehen und daß Sie eigentlich nicht so schlecht sind, wie Sie manchmal glauben?

7 Gibt es Formen sexueller Aktivität, die Sie gerne ausführen würden, was Sie aber zur Zeit nicht tun?

8 Haben Sie Schwierigkeiten mit Ihren Gefühlen zum Thema Liebe und Sexualität?

9 Stören Ihre sexuellen Phantasien, die Sie beim Geschlechtsverkehr haben, Ihre sexuelle Beziehung?

10 Haben Sie irgendwelche Ängste im Zusammenhang mit Sex?

11 Haben Sie das Gefühl, daß Sie Ihrem Partner in der Sexualität mehr Lust bereiten als er Ihnen?

12 Haben Sie Schuldgefühle wegen sexueller Praktiken, die Sie ausüben?

13 Langweilen Ihre sexuellen Aktivitäten Sie?

14 Empfinden Sie Sex oder irgendeinen Aspekt der Sexualität als ekelerregend?

15 Haben Sie Schwierigkeiten, Ihrem Partner zu sagen, wenn Ihnen nicht nach Sex zumute ist?

16 Haben Sie Probleme, wenn Ihr Partner Ihnen sagt, daß ihm nicht nach Sex zumute ist?

17 Gibt es zur Zeit Probleme in anderen Bereichen Ihres Lebens, die Ihr Sexualleben negativ beeinflussen können?

18 Haben Sie und Ihr Partner unterschiedliches Interesse an der Sexualität?

19 Bevorzugen Sie andere Sexpraktiken als Ihr Partner?

20 Fürchten Sie, sexuell »unnormal« zu sein?

21 Haben Sie das Gefühl, daß Ihr Partner in bezug auf seine sexuellen Interessen oder Aktivitäten »unnormal« ist?

22 Leiden Sie unter körperlichen Krankheiten oder nehmen Sie Medikamente ein, die Ihre sexuellen Reaktionen beeinträchtigen könnten?

Wie sieht mein Sexualleben aus?

Als erster Schritt bei der Lösung Ihrer Sexualprobleme ist es hilfreich, das aktuelle Sexualverhalten einmal zu überprüfen. Diese Fragebogen geben Ihnen und Ihrem Partner ein klares Bild darüber, was jeder von Ihnen tut und unterläßt. Jeder füllt seinen eigenen Fragebogen aus.

FRAGEBOGEN FÜR DEN MANN

1. Sie sprechen zärtlich und leidenschaftlich mit Ihrer Partnerin ☐

   Ihre Partnerin spricht zärtlich und leidenschaftlich mit Ihnen ☐

2. Sie streicheln Ihre Partnerin ☐

   Ihre Partnerin streichelt Sie ☐

3. Sie pressen sich an Ihre Partnerin oder reiben sich an ihrem Körper ☐

   Ihre Partnerin preßt sich an Sie oder reibt sich an Ihrem Körper ☐

4. Sie küssen Ihre Partnerin ☐

   Ihre Partnerin küßt Sie ☐

5. Sie entkleiden Ihre Partnerin und betrachten ihren nackten Körper ☐

   Ihre Partnerin entkleidet Sie und betrachtet Ihren nackten Körper ☐

6. Sie streicheln den unbekleideten Körper Ihrer Partnerin, einschließlich ihrer Brüste ☐

   Ihre Partnerin streichelt Ihren Körper ☐

7. Sie stimulieren Vulva und Klitoris Ihrer Partnerin manuell ☐

   Ihre Partnerin stimuliert Ihren Penis manuell ☐

8. Sie lecken und/oder saugen am Körper Ihrer Partnerin ☐

   Ihre Partnerin leckt und saugt an Ihrem Körper ☐

9. Sie stimulieren Ihren Penis mit der Hand ☐

   Ihre Partnerin masturbiert in Ihrem Beisein ☐

10. Sie bringen Ihre Partnerin durch manuelle Stimulation von Vulva und Klitoris zum Orgasmus ☐

    Ihre Partnerin bringt Sie durch manuelle Stimulation des Penis zum Orgasmus ☐

11. Sie haben in den folgenden Stellungen Geschlechtsverkehr bis zum Orgasmus

    Sie befinden sich oben ☐

    Ihre Partnerin befindet sich oben ☐

    Sie liegen in einer seitlichen Stellung ☐

    Sie befinden sich hinter Ihrer Partnerin ☐

    Sitzend ☐

    Kniend ☐

    Stehend ☐

12. Sie lecken und saugen an Vulva und Klitoris Ihrer Partnerin und bringen sie mit dem Mund zum Orgasmus ☐

    Ihre Partnerin leckt oder saugt an Ihrem Penis, um Sie zum Orgasmus zu bringen ☐

13. Sie liebkosen oder küssen den Po Ihrer Partnerin ☐

    Ihre Partnerin liebkost oder küßt Ihren Po ☐

Verwenden Sie den folgenden Buchstabencode, um die Häufigkeit der unterschiedlichen Aktivitäten zu bewerten: N – niemals; S – selten (weniger als 25% der Zeit); O – oft (etwa 50% der Zeit); M – meistens (etwa 75% der Zeit); J – jedesmal (100% der Zeit). Anschließend vergleichen und diskutieren Sie das Ergebnis mit dem Partner.

Nie   N
Selten   S
Oft   O
Meistens   M
Jedesmal   J

FRAGEBOGEN FÜR DIE FRAU

1   Sie sprechen zärtlich und leidenschaftlich mit Ihrem Partner

    Ihr Partner spricht zärtlich und leidenschaftlich mit Ihnen

2   Sie streicheln Ihren Partner

    Ihr Partner streichelt Sie

3   Sie pressen sich an Ihren Partner oder reiben sich an seinem Körper

    Ihr Partner preßt sich an Sie oder reibt sich an Ihrem Körper

4   Sie küssen Ihren Partner

    Ihr Partner küßt Sie

5   Sie entkleiden Ihren Partner und betrachten seinen nackten Körper

    Ihr Partner entkleidet Sie und betrachtet Ihren nackten Körper

6   Sie streicheln den Körper Ihres Partners

    Ihr Partner streichelt Ihren Körper, einschließlich Ihrer Brüste

7   Sie stimulieren den Penis Ihres Partners manuell

    Ihr Partner stimuliert Vulva und Klitoris manuell

8   Sie lecken und/oder saugen am Körper Ihres Partners

    Ihr Partner leckt und saugt an Ihrem Körper

9   Sie stimulieren Vulva und Klitoris mit der Hand

    Ihr Partner masturbiert in Ihrem Beisein

10   Sie haben in den folgenden Stellungen Geschlechtsverkehr bis zum Orgasmus

    Sie befinden sich oben

    Ihr Partner befindet sich oben

    Sie liegen in einer seitlichen Stellung

    Ihr Partner befindet sich hinter Ihnen

    Sitzend

    Kniend

    Stehend

11   Sie lecken und saugen am Penis Ihres Partners und bringen ihn zum Orgasmus

    Ihr Partner leckt an Vulva und Klitoris, um Sie zum Orgasmus zu bringen

12   Sie liebkosen oder küssen den Po Ihres Partners

    Ihr Partner liebkost oder küßt Ihren Po

Wie ich mir mein Sexualleben wünsche

Im nächsten Schritt geht es darum, darüber nachzudenken, wie Sie sich Ihr Sexualleben wünschen. Dieser Fragebogen hilft Ihnen, mehr über die sexuellen Vorlieben des anderen zu erfahren, und zeigt, was Sie beide tun können, um das Vergnügen des anderen am Sex zu

FRAGEBOGEN FÜR DEN MANN

1 Sie sprechen zärtlich und leidenschaftlich mit Ihrer Partnerin ☐

Ihre Partnerin spricht zärtlich und leidenschaftlich mit Ihnen ☐

2 Sie streicheln Ihre bekleidete Partnerin ☐

Ihre Partnerin streichelt Sie ☐

3 Sie pressen sich an Ihre Partnerin oder reiben sich an Ihrem Körper ☐

Ihre Partnerin preßt sich an Sie oder reibt sich an Ihrem Körper ☐

4 Sie küssen Ihre Partnerin ☐

Ihre Partnerin küßt Sie ☐

5 Sie entkleiden Ihre Partnerin und betrachten ihren nackten Körper ☐

Ihre Partnerin entkleidet Sie und betrachtet Ihren nackten Körper ☐

6 Sie streicheln den Körper Ihrer Partnerin, einschließlich Ihrer Brüste ☐

Ihre Partnerin streichelt Ihren Körper ☐

7 Sie stimulieren Vulva und Klitoris Ihrer Partnerin ☐

8 Sie lecken und/oder saugen am Körper Ihrer Partnerin, einschließlich ihrer Brüste ☐

Ihre Partnerin leckt und saugt an Ihrem Körper, Ihre Brustwarzen eingeschlossen ☐

9 Sie stimulieren Ihren Penis mit der Hand ☐

Ihre Partnerin stimuliert Ihren Penis mit der Hand ☐

10 Sie bringen Ihre Partnerin durch manuelle Stimulation zum Orgasmus ☐

Ihre Partnerin bringt Sie durch manuelle Stimulation des Penis zum Orgasmus ☐

11 Sie haben in den folgenden Stellungen Geschlechtsverkehr bis zum Orgasmus

Sie befinden sich oben ☐

Ihre Partnerin befindet sich oben ☐

Sie liegen in einer seitlichen Stellung ☐

Sie befinden sich hinter Ihrer Partnerin ☐

Sitzend ☐

Kniend ☐

Stehend ☐

12 Sie bringen Ihre Partnerin mit dem Mund zum Orgasmus ☐

Ihre Partnerin leckt oder saugt an Ihrem Penis, um Sie zum Orgasmus zu bringen ☐

13 Sie liebkosen oder küssen den Po Ihrer Partnerin ☐

Ihre Partnerin streichelt oder küßt Ihren Po ☐

steigern. Wie zuvor sollten Sie und Ihr Partner die Fragebogen mit folgenden Bewertungen getrennt ausfüllen: N – es sollte niemals vorkommen; S – ich würde es nur selten mögen (nicht öfter als 25% der Zeit); O – es würde mir recht oft gefallen (etwa 50% der Zeit); M – es würde mir die meiste Zeit über gefallen (etwa 75% der Zeit); J – es würde mir jedesmal gefallen (100% der Zeit). Anschließend vergleichen und diskutieren Sie das Ergebnis mit Ihrem Partner.

Nie	N
Selten	S
Oft	O
Meistens	M
Jedesmal	J

FRAGEBOGEN FÜR DIE FRAU

1. Sie sprechen zärtlich und leidenschaftlich mit Ihrem Partner

    Ihr Partner spricht zärtlich und leidenschaftlich mit Ihnen

2. Sie streicheln Ihren bekleideten Partner

    Ihr Partner streichelt Sie

3. Sie pressen sich an Ihren Partner oder reiben sich an seinem Körper

    Ihr Partner preßt sich an Sie oder reibt sich an Ihrem Körper

4. Sie küssen Ihren Partner

    Ihr Partner küßt Sie

5. Sie entkleiden Ihren Partner und betrachten seinen nackten Körper

    Ihr Partner entkleidet Sie und betrachtet Ihren nackten Körper

6. Sie streicheln den Körper Ihres Partners

    Ihr Partner streichelt Ihren Körper, einschließlich Ihrer Brüste

7. Ihr Partner stimuliert Ihre Vulva und Ihre Klitoris

8. Sie stimulieren den Penis Ihres Partners mit der Hand

9. Sie lecken und/oder saugen am Körper Ihres Partners, einschließlich seiner Brustwarzen

    Ihr Partner leckt und saugt an Ihrem Körper, einschließlich Ihrer Brüste

10. Sie bringen Ihren Partner durch manuelle Stimulation zum Orgasmus

    Ihr Partner bringt Sie durch manuelle Stimulation zum Orgasmus

11. Sie haben in den folgenden Stellungen Geschlechtsverkehr bis zum Orgasmus

    Sie befinden sich oben

    Ihr Partner befindet sich oben

    Sie befinden sich in seitlicher Stellung

    Ihr Partner befindet sich hinter Ihnen

    Sitzend

    Kniend

    Stehend

12. Sie lecken am Penis Ihres Partners und bringen ihn zum Orgasmus

    Ihr Partner leckt an Vulva und Klitoris, um Sie zum Orgasmus zu bringen

13. Sie streicheln oder küssen den Po Ihres Partners

    Ihr Partner streichelt oder küßt Ihren Po

Welche Gefühle habe ich?

Wie es für alle engen Beziehungen üblich ist, werden Sie Ihrem Partner gegenüber einige recht starke Gefühle haben, die Ihr Sexualverhalten und Ihre sexuelle Befriedigung sicherlich beeinflussen. Um offen über die eigenen Gefühle reden zu können, sollten Sie die folgenden Fragen beantworten.

FRAGEBOGEN FÜR DEN MANN

1 War Ihr erstes Erlebnis mit Ihrer Partnerin ein Erfolg? Wenn nicht, warum nicht?
....
....

2 Haben sich Ihre Gefühle ihr gegenüber geändert? Wenn ja, in welcher Hinsicht?
....
....

3 Gibt es etwas, das Ihnen an Ihren sexuellen Erfahrungen mit ihr besonders gefällt? Wenn ja, was ist es?
....
....

4 Gibt es etwas, das Ihnen an Ihren sexuellen Erfahrungen mit ihr besonders mißfällt? Wenn ja, was ist es?
....
....

5 Gibt es etwas, das Sie bei Ihren sexuellen Kontakten zu Ihrer Partnerin gerne ändern würden? Wenn ja, was ist es?
....
....

6 Gibt es etwas, was Sie sich beim Liebesspiel von Ihrer Partnerin wünschen und das sie zur Zeit nicht tut? Wenn ja, was ist es?
....
....

7 Gibt es etwas, was Ihre Partnerin beim Liebesspiel tut und das Ihnen nicht gefällt? Wenn ja, was ist es?
....
....

8 Können Sie Ihr Sexualverhalten und Ihre Einstellungen gut mit Ihrer Partnerin besprechen? Wenn nein, warum nicht?
....
....

9 Haben Sie Schwierigkeiten, wenn Sie versuchen, mit Ihrer Partnerin eine offene, positive Diskussion über Sex zu führen? Wenn ja, welcher Art sind diese Schwierigkeiten?
....
....

10 Gibt es in Ihrer Beziehung als Ganzes betrachtet irgendwelche Probleme, die Ihre sexuelle Beziehung stören? Wenn ja, welcher Art sind diese Schwierigkeiten?
....
....

11 Haben Sie und Ihre Partnerin gemeinsame Interessen und Freunde?
....
....

Sie sollten beide den entsprechenden Fragebogen ausfüllen und jeweils das Ja- oder Nein-Kästchen ankreuzen. Geben Sie, falls zutreffend, auch Zusatzinformationen an. Wenn Sie fertig sind, sollten Sie die Antworten diskutieren und gewillt sein, Veränderungen vorzunehmen.

JA ☐
NEIN ☐

FRAGEBOGEN FÜR DIE FRAU

1 War Ihr erstes Erlebnis mit Ihrem Partner ein Erfolg? Wenn nicht, warum nicht?
....
....

2 Haben sich Ihre Gefühle ihm gegenüber geändert? Wenn ja, in welcher Hinsicht?
....
....

3 Gibt es etwas, das Ihnen an Ihren sexuellen Erfahrungen mit ihm besonders gefällt? Wenn ja, was ist es?
....
....

4 Gibt es etwas, das Ihnen an Ihren sexuellen Erfahrungen mit ihm besonders mißfällt? Wenn ja, was ist es?
....
....

5 Gibt es etwas, das Sie bei Ihren sexuellen Kontakten zu Ihrem Partner gerne ändern würden? Wenn ja, was ist es?
....
....

6 Gibt es etwas, was Sie sich beim Liebesspiel von Ihrem Partner wünschen und das er zur Zeit nicht tut? Wenn ja, was ist es?
....
....

7 Gibt es etwas, was Ihr Partner beim Liebesspiel tut und das Ihnen nicht gefällt? Wenn ja, was ist es?
....
....

8 Können Sie Ihr Sexualverhalten und Ihre Einstellungen gut mit Ihrem Partner besprechen? Wenn nein, warum nicht?
....
....

9 Haben Sie Schwierigkeiten, wenn Sie versuchen, mit Ihrem Partner eine offene, positive Diskussion über Sex zu führen? Wenn ja, welcher Art sind diese Schwierigkeiten?
....
....

10 Gibt es in Ihrer Beziehung als Ganzes betrachtet irgendwelche Probleme, die Ihre sexuelle Beziehung stören? Wenn ja, welcher Art sind diese Schwierigkeiten?
....
....

11 Haben Sie und Ihr Partner gemeinsame Interessen und Freunde?
....
....
....

DER MANN: WOVOR HABE ICH ANGST?

Für den Mann sind die häufigsten Hindernisse für befriedigenden Sex Angstgefühle, die aus Schuldgefühlen, Verlegenheit oder Hemmungen erwachsen oder aus der Befürchtung, keine ausreichende Leistung zu zeigen. Spannungen können das sexuelle Vergnügen ernsthaft stören und sogar verhindern, daß der Mann erregt wird, eine Erektion bekommt, aufrechterhalten kann und zum Orgasmus gelangt, oder sie führen dazu, daß er vorzeitig ejakuliert. Die hier aufgeführten Fragen können Ihnen helfen, die Ursachen Ihrer Ängste zu finden.

1 Versetzen sexuelle Aktivitäten Sie im allgemeinen in Angst?
....
....

2 Gibt es bestimmte Situationen, in denen Sex Ihnen ein Gefühl von Unbehagen gibt – beispielsweise mit einer bestimmten Partnerin, an einem bestimmten Ort oder zu einer bestimmten Zeit? Machen Sie genauere Angaben.
....

3 Verursachen einige der folgenden Dinge bei Ihnen besondere Angstgefühle?

Keine Erektion bekommen

Erregt werden, wenn die Partnerin nicht erregt ist

Sich stimulieren, wenn Sie allein sind

Sich stimulieren, wenn Sie mit Ihrer Partnerin zusammen sind

Oraler Sex

Analer Sex

Bestimmte Stellungen beim Geschlechtsverkehr (wenn ja, welche?)
....
....

Sie wollen bestimmte Dinge von der Partnerin, sind aber zu schüchtern, darum zu bitten (wenn ja, welche Dinge?)
....
....

Von der Partnerin um bestimmte Dinge gebeten werden (wenn ja, welche Dinge?).
Noch etwas?
....

4 Welche sexuellen Aktivitäten oder Situationen entspannen Sie am meisten?
....
....

5 Gibt es bestimmte sexuelle Phantasien, die Ihnen Angst machen? Wenn ja, welche sind es?
....
....
....

Wenn Sie die Fragen beantwortet haben, sollten Sie die Ja-Antworten erneut durchlesen. Überlegen Sie, was sie über Ihre sexuellen Aktivitäten offenbaren. Können Sie genau sagen, wann es zu Angstgefühlen kommt und unter welchen Bedingungen? Gibt es Möglichkeiten, Angst erzeugende Situationen zu vermeiden? Oder besser noch, gibt es Möglichkeiten, die Angst zu verringern? Vielleicht kann Ihnen Ihre Partnerin einige Ratschläge geben. Es ist auch möglich, daß Gespräche über die Dinge, die Ihnen Angst machen, die Angstgefühle verringern.

JA ☐
NEIN ☐

6 Haben Sie Angst, beim Sex zu versagen, oder machen Sie sich Sorgen, daß Sie Ihre Partnerin enttäuschen könnten?
....
....

7 Fällt Ihnen irgendein Erlebnis in der Vergangenheit ein, das mit Sex zu tun hat und das mit Ihren gegenwärtigen Angstgefühlen zu tun haben könnte?
....
....

8 Gibt es möglicherweise etwas bei Ihnen selbst, das Ihre Angstgefühle gegenüber Sex verursacht (beispielsweise die Größe, Form oder das Aussehen Ihres Penis)?
....
....

9 Vervollständigen Sie die folgenden Sätze in bezug auf Ihre sexuellen Aktivitäten mit den Worten oder Sätzen, die Ihnen zuerst einfallen, so schnell wie möglich:

Ich wünschte, ich könnte ....
....

Mir gefällt es, wenn ....
....

Ich habe Angst, ...
....

Ich bekomme Angst, wenn ....
....

Ich habe Angst, ich werde ....
....

Mir ist unbehaglich, wenn meine Partnerin ....
....

Mir wird unbehaglich, wenn ich ....
....

Ich werde verlegen, wenn ich ....
....

Ich werde verlegen, wenn meine Partnerin ....
....

Ich wünschte, ich würde nicht ....
....

Ich wünschte, meine Partnerin würde ......
....

Ich wünschte, meine Partnerin würde nicht ....
....

Ich würde gerne ....
.... können

Ich fürchte, ich werde nicht ....
....

Ich habe schreckliche Angst vor ....
....

DIE FRAU: WOVOR HABE ICH ANGST?

Für die Frau sind die häufigsten Hindernisse, die Sexualität zu genießen, Angstgefühle, die aus Schuldgefühlen, Verlegenheit oder Hemmungen erwachsen oder aus der Befürchtung heraus, die Erwartungen des Partners zu enttäuschen. Spannungen, die durch Angst hervorgerufen werden, können das sexuelle Vergnügen ernsthaft stören und sogar verhindern, daß Sie erregt

1 Versetzen sexuelle Aktivitäten Sie im allgemeinen in Angst?
....
....

2 Gibt es bestimmte Situationen, in denen Sex Ihnen ein Gefühl von Unbehagen gibt – beispielsweise mit einem bestimmten Partner, an einem bestimmten Ort oder zu einer bestimmten Zeit? Machen Sie genauere Angaben.
....
....

3 Verursachen einige der folgenden Dinge bei Ihnen besondere Angstgefühle?

Nicht erregt werden (nicht feucht werden)

Erregt werden, wenn der Partner nicht erregt ist

Sich stimulieren, wenn Sie allein sind

Sich stimulieren, wenn Sie mit Ihrem Partner zusammen sind

Oraler Sex

Analer Sex

Bestimmte Stellungen beim Geschlechtsverkehr (wenn ja, welche)
....
....

Sie wollen bestimmte Dinge vom Partner, sind aber zu schüchtern, darum zu bitten (wenn ja, welche Dinge?)
....
....

Vom Partner um bestimmte Dinge gebeten werden (wenn ja, welche Dinge?). Noch etwas?
....
....

4 Welche sexuellen Aktivitäten oder Situationen entspannen Sie am meisten?
....
....

5 Gibt es bestimmte sexuelle Phantasien, die Ihnen Angst machen? Wenn ja, welche sind es?
....
....
....

werden und zum Orgasmus kommen. Wenn Sie unter Angstgefühlen leiden, wissen Sie möglicherweise nicht genau, wodurch diese verursacht werden. Die hier aufgeführten Fragen können Ihnen helfen, die Ursachen zu finden.

Wenn Sie die Fragen beantwortet haben, lesen Sie die Ja-Antworten erneut durch. Überlegen Sie, was Sie über Ihre sexuellen Aktivitäten offenbaren. Können Sie genau sagen, wann es zu Angstgefühlen kommt und unter welchen Bedingungen? Gibt es Möglichkeiten, Situationen, die Ihnen Angst machen, zu vermeiden, oder besser noch, gibt es Möglichkeiten, die Angst zu verringern? Vielleicht kann Ihnen Ihr Partner einige Ratschläge geben. Es ist auch möglich, daß Gespräche über die Dinge, die Ihnen Angst machen, die Angstgefühle verringern.

JA ☐
NEIN ☐

6 Haben Sie Angst, beim Sex zu versagen, oder machen Sie sich Sorgen, daß Sie Ihren Partner enttäuschen könnten?
....
....

7 Fallen Ihnen Erlebnisse in der Vergangenheit ein, die mit Sex zu tun haben und die für Ihre gegenwärtigen Angstgefühle verantwortlich sein könnten?
....
....

8 Gibt es möglicherweise etwas bei Ihnen selbst, das Ihre Angstgefühle gegenüber Sex verursacht (beispielsweise die Art und Weise, wie Sie sich verhalten, wenn Sie erregt werden)?
....
....

9 Vervollständigen Sie die folgenden Sätze in bezug auf Ihre sexuellen Aktivitäten mit den Worten oder Sätzen, die Ihnen zuerst einfallen, so schnell wie möglich:

Ich wünschte, ich könnte ....
....

Mir gefällt es, wenn ....
....

Ich habe Angst ....
....

Ich bekomme Angst, wenn ....
....

Ich habe Angst, ich werde ....
....

Mir wird unbehaglich, wenn mein Partner ....
....

Mir wird unbehaglich, wenn ich ....
....

Ich werde verlegen, wenn ich ....
....

Ich werde verlegen, wenn mein Partner ...
....

Ich wünschte, ich würde nicht ....
....

Ich wünschte, mein Partner würde ....
....

Ich wünschte, mein Partner würde nicht ..
....

Ich würde gerne ....
.... können

Ich fürchte, ich werde nicht ....
....

Ich habe schreckliche Angst vor ....
....

Die eigenen Wünsche ausdrücken

Barrieren, die verhindern, daß man die Sexualität in vollen Zügen genießt, entstehen häufig dann, wenn ein Paar nicht über seine Bedürfnisse, Vorlieben und Abneigungen spricht. Dafür gibt es viele Gründe, beispielsweise Verlegenheit oder die Abneigung, Sex aufgrund von sozialen, moralischen oder religiösen Überzeugungen zu diskutieren. Häufiger liegt der Grund jedoch darin, daß einer der Partner oder beide nicht genau wissen, was ihnen beim Sex besondere Lust bereitet.

Wenn Sie ein wirklich erfüllendes Sexualleben wünschen, ist es von wesentlicher Bedeutung, daß Sie die Bedingungen dafür festlegen. Das sind Sie sich selbst und Ihrem Partner schuldig, und Sie haben ein Recht darauf. Wenn Sie offen und ehrlich miteinander kommunizieren, können Sie diese Bedingungen aushandeln.

Was wünschen Sie sich?

Der erste Schritt besteht darin, an jene sexuellen Erlebnisse zurückzudenken, die Ihnen am besten gefallen haben. Versuchen Sie herauszufinden, warum sie solch großes sinnliches Vergnügen bereitet haben. Was hat Sie am meisten dabei erregt? Wer war Ihr Partner, wo waren Sie, und wie sah die Situation aus? Was haben Sie und Ihr Partner miteinander gemacht, und an welche Augenblicke der Begegnung erinnern Sie sich am besten?

Denken Sie als nächstes über die sexuellen Begegnungen nach, die Sie nicht so glücklich gemacht haben (wenn Sie zu den seltenen Menschen gehören, die nie eine wirklich enttäuschende sexuelle Beziehung hatten, versuchen Sie, sich derartige Begegnungen vorzustellen). Mit wem waren Sie zusammen, wie sahen die Umstände aus, und was genau haben Sie getan? Was hat dieses sexuelle Erlebnis so unangenehm gemacht?

Vergleichen Sie jetzt Ihre besten Erfahrungen mit Ihren schlechtesten, und erstellen Sie eine Liste mit den wichtigen Faktoren, die die Sexualität positiv für Sie machen, und eine Liste mit jenen, die negative Auswirkungen haben. Auf den Listen werden wahrscheinlich einige Punkte stehen, die bestimmte Gefühle gegenüber dem Partner einschließen, und ihre Fähigkeit, den Partner zu erregen und selbst wirklich erregt zu werden. Andere Punkte berühren vielleicht Faktoren, bei denen es darum geht, ob Sie sich auf das Liebesspiel konzentrieren und alles andere vergessen konnten, um die Qualität und den Komfort Ihrer Umgebung, Ihre Angst (oder fehlende Angst) und Ängste in bezug auf Leistung, Schwangerschaft oder Krankheit.

Führen Sie die Punkte so genau wie möglich auf. Schreiben Sie dann eine neue Liste und setzen Sie die wichtigsten Punkte an die erste Stelle und die weniger wichtigen an das Ende. Diese überarbeitete Liste zeigt Ihnen, welche Bedingungen für Sie wichtig sind, um die Sexualität genießen zu können, und welche Bedingungen Sie vermeiden sollten, weil sie zu schlechten sexuellen Erlebnissen führen.

——— DIE EIGENEN BEDÜRFNISSE AUSDRÜCKEN ———

Bisweilen haben Sie wahrscheinlich von Ihrem Partner erwartet, daß er lesen kann, was in Ihnen vorgeht, oder automatisch sagen kann, was Sie sich wünschen oder nicht. Damit erwarten Sie zuviel: Ihr Partner kann nur auf Ihre sexuellen Vorlieben reagieren, wenn Sie ihm sagen, wie diese aussehen.

Eigene Wünsche zu äußern ist also wichtig, aber seien Sie sehr vorsichtig, wann und wie Sie das tun. Am besten können Sie über sexuelle Vorlieben sprechen, wenn die Stimmung zwischen Ihnen und Ihrem Partner zärtlich und intim ist. Es gibt viele Gelegenheiten, zu denen Sie das Thema nicht ansprechen sollten – besonders nicht dann, wenn Sie oder Ihr Partner verärgert oder frustriert sind, wenn Sie sich betrogen fühlen oder ihm etwas nachtragen. Sie sollten das Thema auch dann vermeiden, wenn einer von Ihnen Kritik im Augenblick nicht gut ertragen kann oder wenn seine Gefühle verletzt sind, denn dann wird die Sexualität möglicherweise als Hebel eingesetzt, um den Partner zu manipulieren. In diesem Fall kann die Beziehung sehr schnell schlechter werden.

Wenn Sie Zeit und Worte sorgfältig wählen, besteht wenig Risiko, den Partner bei Diskussionen über sexuelle Bedürfnisse zu verletzen. Wenn Ihre Worte jedoch feindselig, bissig oder anschuldigend sind, werden Sie Ihrem Partner wehtun und eine Situation heraufbeschwören, die wahrscheinlich in einem Streit endet und der Beziehung schadet. Sexuelle Kritik macht sehr betroffen und wird nicht so leicht wieder vergessen.

Am besten geht man das Thema an, indem man über die guten Erfahrungen im gemeinsamen Sexualleben spricht und lobt, wo Lob angebracht scheint. Dann können Sie das Gespräch langsam auf die Punkte richten, die Sie gerne verändern möchten. Vielleicht erwähnen Sie etwas, das Sie häufiger tun möchten oder länger oder auf andere Weise. Wenn Sie das Thema Veränderung erst einmal angeschnitten haben, können Sie Liebesspiele vorschlagen, die Sie gerne ausprobieren würden, oder Praktiken erwähnen, die Sie nicht mehr ausüben möchten, weil sie Ihnen keinen Spaß machen.

Am Ende dieser Gespräche wird sich vielleicht herausstellen, daß Sie beide viele gute Bezugspunkte haben, die betont werden können und an denen man weiterarbeiten kann. Wenn jedoch nur wenige positive Gefühle und Vorschläge ans Licht gekommen sind, müssen Sie einen Aktionsplan ähnlich dem auf der nächsten Seite ausarbeiten, um Ihre sexuelle Beziehung zu verbessern.

VERÄNDERUNGEN

Wenn die Gespräche mit Ihrem Partner viele Fehler in Ihrer sexuellen Beziehung offenbart haben, müssen Sie zusammenarbeiten, um die Situation zu verbessern. Vielleicht wissen Sie nicht, wo Sie anfangen sollen. In diesem Fall ist es hilfreich, einem bestimmten Plan, beispielsweise dem hier beschriebenen, zu folgen. Mit Hilfe dieses Plans führen Sie eine Reihe von kurzen Diskussionen. Er hat eine einfache Struktur, die es Ihnen beiden gestattet, Ihre Ansicht kundzutun und auf das zu reagieren, was der andere sagt, so daß die Diskussion fair und ausgewogen bleibt. Nehmen Sie sich für jede Diskussion eine halbe Stunde Zeit und sprechen Sie nicht mehr als einmal pro Tag über Ihre Probleme. Sie sollten beide nicht versuchen, dem anderen eine längere Diskussion aufzuzwingen, aber Sie können damit fortfahren, wenn Sie beide es wünschen. Das Diagramm auf der gegenüberliegenden Seite zeigt Ihnen, wie die einzelnen Sitzungen organisiert werden, und unten sind einige Themen aufgeführt, über die Sie reden können.

DIE ERSTEN SITZUNGEN

In der ersten Sitzung sollten Sie sich auf eine Beschreibung der Dinge konzentrieren, die Ihnen an Ihrer Beziehung gefallen. Es ist wichtig, die positiven Aspekte zu erkennen, so daß Sie sie bewahren und auf ihnen aufbauen können.

Nach der ersten Sitzung sollten Sie sich ein paar Minuten Zeit nehmen, darüber zu sprechen, um eventuellen Änderungen der »Regeln« für zukünftige Sitzungen zuzustimmen. Dies ist sehr wichtig, denn Sie sollten beide mit der Vorgehensweise einverstanden sein. Sie sollten auch offen darüber reden, ob Sie sich dabei wohl fühlen, miteinander über Ihre sexuelle Beziehung zu reden, und welche Probleme es in nachfolgenden Sitzungen geben mag, Ihre Gefühle und Wünsche deutlich zu machen. In der zweiten Sitzung sollten beide Partner Möglichkeiten vorschlagen, wie das eigene Verhalten im Bett verbessert werden kann. Hat Ihr Partner Bedürfnisse, die nicht erfüllt werden? In späteren Sitzungen können Sie wirklich überprüfen, was an Ihrer sexuellen Beziehung nicht stimmt, und nach Veränderungsmöglichkeiten suchen. Im Verlauf dieser Sitzungen sollten beide Partner folgende Fragen überdenken:

○ Was wünschen Sie sich von Ihrem Partner? Was bekommen Sie nicht oder wovon bekommen Sie nicht genug?
○ Gibt es Dinge, von denen Sie sich wünschen, daß Ihr Partner sie öfter tun würde, länger oder anders?
○ Gibt es Dinge, von denen Sie sich wünschen, daß Ihr Partner Sie nicht tun würde oder seltener?

○ Gibt es Stellungen beim Geschlechtsverkehr oder andere Formen der Stimulation, die Sie sich häufiger wünschen?
○ Gibt es irgendwelche Probleme bei der zeitlichen Abstimmung, wenn Sie miteinander schlafen, beim Ablauf oder beim Nachspiel?

ÜBER PROBLEME REDEN

Es mag zunächst merkwürdig erscheinen, Probleme auf so formale Weise zu besprechen, aber oft ist es die einzige Möglichkeit, sie zu lösen. Jeder Partner muß Gelegenheit haben zu reden und angehört zu werden.

```
┌─────────────────────────────────┐
│ Werfen Sie eine Münze, um zu    │
│ entscheiden, wer zuerst spricht │
│ (»A«) und wer als zweiter an    │
│ die Reihe kommt (»B«).          │
└─────────────────────────────────┘
                ↓
```

| »A« sollte sich auf die eigenen Gefühle konzentrieren und Aussagen wählen, die mit »ich« beginnen, nicht mit »wir« oder »du«. | »A« wählt ein Thema und beschreibt seine oder ihre Gefühle dazu. Die Sprechdauer sollte nicht mehr als fünf Minuten betragen. | »B« sollte nicht unterbrechen, außer um »A« zu bitten, einen Punkt zu wiederholen, der nicht klar war. |

```
                ↓
```

| »A« wartet, bis »B« mit seiner oder ihrer Zusammenfassung fertig ist, bevor Kommentare über etwaige Auslassungen oder Ungenauigkeiten gemacht werden. | »B« faßt zusammen, was »A« gesagt hat. | |

```
                ↓
```

| | »B« spricht über dasselbe Thema oder führt ein weiteres ein und spricht wieder bis zu fünf Minuten lang. Dabei werden Aussagen verwendet, die mit »ich« beginnen. | »A« sollte nicht unterbrechen, außer um »B« zu bitten, einen Punkt zu wiederholen, der nicht klar war. |

```
                ↓
```

| | »A« faßt zusammen, was »B« gesagt hat. | »B« wartet, bis »A« seine oder ihre Zusammenfassung beendet hat, bevor Kommentare über etwaige Auslassungen oder Ungenauigkeiten gemacht werden. |

```
                ↓
┌─────────────────────────────────┐
│ Sie sprechen weiterhin ab-      │
│ wechselnd bis zu einer halben   │
│ Stunde lang.                    │
└─────────────────────────────────┘
```

DIE RICHTIGEN ANTWORTEN GEBEN

Hören Sie sich die Ideen Ihres Partners genau an und reagieren Sie nachdenklich darauf, indem sie erklären, welche Gefühle Sie seinen oder ihren Forderungen gegenüber haben. Sind sie neu für Sie? Wie vernünftig sind sie Ihrer Meinung nach? Können Sie mit ihnen umgehen? Denken Sie über jeden Punkt sorgfältig nach, bevor Sie darauf eingehen.

Es mag jedoch vorkommen, daß einer von Ihnen Forderungen stellt, denen der andere nicht zustimmen kann. Wenn das der Fall ist, müssen Sie einen Kompromiß aushandeln. Denken Sie daran, daß dabei beide Parteien Entgegenkommen zeigen müssen. Sie sollten keine Forderungen stellen und an ihnen festhalten, ohne die Gefühle des Partners zu beachten.

Wenn Sie darüber abgestimmt haben, welche Veränderungen Sie durchführen wollen, können Sie entscheiden, wie und wann Sie damit beginnen wollen. Natürlich können Sie gleich anfangen, aber wenn Sie sich lieber Zeit lassen, kann es nützlich sein, ein Programm festzulegen, damit Sie vorausplanen können. Das Programm sollte auf Ihre Bedürfnisse und auf die Ihres Partners eingehen, und Sie beide sollten darin übereinstimmen, was Sie tun wollen, wie oft und wann.

HILFEN, MIT DENEN MAN ERFOLGREICH IST

Wenn Sie sich für ein schriftliches Programm entscheiden, sollten Sie es in Vertragsform bringen. Ein Vertrag ist äußerst hilfreich, wenn es ein Problem zu lösen oder ein Ziel zu erreichen gilt. Er stellt sicher, daß Sie beide zustimmen und verstehen, was zu tun ist. Sie können dazu einen Vertrag verwenden, wie er auf der gegenüberliegenden Seite abgebildet ist. In ihm werden Ziele, Belohnungen, zeitliche Abstimmung usw. festgelegt.

Wenn dieser Vertrag erfolgreich ist, möchten Sie vielleicht einen ähnlichen für ein Programm zur Stimulation und für Übungen zur Steigerung des erotischen Vergnügens abschließen. Dies sind die Konzentrationsübungen, die Ihnen helfen, sich zu entspannen, all Ihre Sinne anzuregen und Ihr Sexualleben zu verbessern (siehe Seite 196 bis 199). Durch sie können Sie sich auf andere Aktivitäten als nur auf den genitalen Sex konzentrieren, so daß Sie verstehen lernen, daß es neben dem Geschlechtsverkehr viele andere Formen der Sexualität gibt. Bei der ersten Übung ist geschlechtlicher Kontakt ausgeschlossen; dann gehen Sie zu manuellem und oralem Genitalkontakt über.

Wenn Sie ein Berichtsblatt verwenden wie das auf Seite 190 abgebildete, können Sie Ihre positiven Erlebnisse und den Erfolg mit den Übungen aufzeichnen. So erhalten Sie ein klares Bild von Ihren Fortschritten und erkennen, ob Sie eine bestimmte Übung über längere Zeit durchführen sollten, bevor Sie zur nächsten übergehen. Sie können Ihre Verträge und Berichtsblätter natürlich entsprechend Ihren eigenen Wünschen abändern.

VERTRAG

Wir, die Unterzeichner, wollen versuchen, unsere sexuelle Beziehung zu verbessern, indem wir für eine bestimmte Zeit eine Reihe von gemeinsam vereinbarten Schritten befolgen und bestimmte Belohnungen erhalten.

ZIELSETZUNG

....
....

SPEZIFISCHE SCHRITTE

SCHRITT	ZIEL BEI DIESEM SCHRITT
1	1 ....
2	2 ....
3	3 ....
4	4 ....

Anzahl der Sitzungen ....   Ort der Sitzungen ....
....

Was Sie für Ihren Partner tun wollen   ....
....

Was Ihr Partner für Sie tun will   ....
....

BELOHNUNGEN

Nach jeder Sitzung   ....
Nach Vollendung jedes Schritts   ....
Nach Ende jeweils einer Woche   ....

Weitere Einzelheiten (z. B. wie Sie Kompromisse oder den Vertrag neu aushandeln wollen oder was Sie tun wollen, wenn einer von Ihnen die Bedingungen des Vertrags nicht erfüllen kann):

VEREINBART UND DURCH UNTERSCHRIFT BESTÄTIGT

Datum   Datum
....

WIE MAN ALLES ERREICHT

BERICHT

TAG	VEREINBARTE ÜBUNG	ÜBUNG VOLLENDET		ERFOLG			BELOHNUNG ERTEILT	
		JA	NEIN	NEIN	TEILWEISE	JA	JA	NEIN

Erfolg bei sexuellen Problemen

Sexuelle Probleme

In einer langjährigen Beziehung kommt es immer wieder einmal vor, daß ein Paar Probleme mit seinem Sexualleben hat. Ein solches Problem betrifft immer beide Partner. Masters und Johnson waren die ersten, die klar sagten, daß bei Schwierigkeiten im Sexualbereich immer beide Partner betroffen seien. Wenn Sie daher sexuelle Schwierigkeiten haben, geht dies auch Ihren Partner an. So kann beispielsweise die sexuelle Erfüllung des Partners darunter leiden, der Partner kann aber auch eine Rolle dabei spielen, daß sich das Problem überhaupt entwickelt hat und bestehen bleibt. Dies ist ein weiterer Grund, warum die Kommunikation für ein Paar so wichtig ist. Ohne offene und freimütige Diskussion wird ein ernstes Problem nie gelöst werden, und ein weniger ernstes Problem könnte sich vergrößern. Leider richten sich manche Paare nach einer Art heimlichem Vertrag und sprechen nicht über sexuelle Fragen und Unzulänglichkeiten, weil sie fürchten, daß dadurch das Gleichgewicht in der Beziehung bedroht werde. Eine Beziehung kann jedoch nicht gut sein, wenn einer oder beide Partner kein glückliches Sexualleben haben und wenn die Möglichkeit zur Lösungsfindung blockiert wird.

DIE HÄUFIGSTEN KLAGEN

Entgegen der allgemeinen Annahme sind die sexuellen Probleme, die bei einem Paar auftreten, normalerweise nicht körperlicher Natur. Meistens handelt es sich um folgende Schwierigkeiten:

- Angst vor der Sexualität
- Unbehagen bei jeder Intimität
- der Druck, sexuell in Höchstform sein zu müssen
- mangelnde sexuelle Kenntnisse
- mangelnde wirkungsvolle Kommunikation
- mangelnde Übereinstimmung bei der sexuellen Aktivität
- Probleme mit langweiliger und ekelerregender Sexualität

Gerade diese Art von Problemen können von einem Paar am besten gelöst werden, wenn es gegenüber Sexualität und Kommunikation eine offene Haltung einnimmt. Bei fehlendem Orgasmus und Teilnahmslosigkeit lohnt sich der Geschlechtsverkehr für Frauen zwar nicht, aber er kann dennoch durchgeführt werden, während Schmerzen beim Geschlechtsverkehr ihn unerträglich machen. Bei Männern führen Probleme mit der Ejakulation dazu, daß die Sexualität für beide Partner weniger befriedigend wird, und Erektionsschwierigkeiten können sie ganz unmöglich machen. Beide Partner können unter emotionalen Problemen leiden, die ihr Sexualleben möglicherweise zerstören. Es ist wichtig, daß alle Probleme, nachdem sie identifiziert wurden, so bald wie möglich behandelt werden, falls nötig mit professioneller Hilfe.

PROBLEME DER FRAU

Abgesehen von Schmerzen beim Geschlechtsverkehr, die sowohl psychischer als auch physiologischer Natur sein können, hindern die Sexualprobleme der Frau diese normalerweise nicht daran, den Geschlechtsverkehr auszuüben. Dies ist ein weiterer großer Unterschied zwischen den Geschlechtern. Derartige Probleme beeinträchtigen jedoch die Lustgefühle und führen dazu, daß die Frau schließlich nicht mehr daran interessiert ist. Wenn eine Frau auf sexuelle Gefühle nicht reagiert oder einen Orgasmus nicht wie gewünscht erlebt, wird sie in einer sexuellen Beziehung nie eine gleichberechtigte Partnerin sein.

TEILNAHMSLOSIGKEIT

Meist hat die teilnahmslose Frau wenig Bedürfnis, von dem Mann, mit dem sie schläft, befriedigt zu werden. Sie gibt sich der Sexualität hin, ohne sie wirklich zu wollen; vielleicht hat sie sogar das Gefühl, daß sie die Sexualität ertragen muß. Dies entspricht stark der anachronistischen Vorstellung, daß Frauen passiv sein sollten, damit der Mann sich sein Vergnügen nehmen kann. Im Zusammenhang mit dem Gedanken an die Emanzipation mag dies lächerlich klingen, aber es gibt einige Frauen, die noch immer an dieser altmodischen Auffassung festhalten. Da die Frau sich nicht in der Lage sieht, am Geschehen teilzunehmen, ist ihre Erregung minimal, und sie erfährt wenig körperliche Wärme beim Liebesspiel. Es kann viele Gründe haben, warum eine Frau so empfindet: Vielleicht erlitt sie irgendwann eine Vergewaltigung oder wurde geprägt durch eine häßliche sexuelle Begegnung; möglicherweise wuchs sie noch mit dem Gedanken auf, daß Sexualität etwas Schmutziges sei; vielleicht wurde sie nie erotisch geweckt und weiß einfach nicht, wie sie auf die sexuellen Gefühle ihres Körpers reagieren soll. Möglicherweise ist der Mann selbstsüchtig, hat es eilig, ist technisch unerfahren oder besitzt gegenüber der weiblichen Sexualität kein Gefühl. Vielleicht sind beide Partner unreif und machen sich falsche Illusionen über die Sexualität. Wenn ein Mann seiner Partnerin helfen will, sollte er unbedingt versuchen, die Angelegenheit mit ihr zu diskutieren; keine Frau ist wirklich frigide. Mit der einfühlsamen Hilfe des Partners oder durch eine Sexualberatung kann eine scheinbare Frigidität immer geheilt werden.

Wenn Teilnahmslosigkeit ein Problem ist, sollten die Partner sich genug Zeit für die Sexualität nehmen und sie ungestört genießen, ohne sich unter Druck gesetzt zu fühlen und sich wegen möglicher Unterbrechungen Gedanken machen zu müssen. Wenn einer der Partner angespannt oder ängstlich ist, können Sie Entspannungsübungen durchführen oder ein Glas Wein miteinander trinken. Es ist wichtig, daß das Vorspiel lang genug ist, damit die Frau lustvoll erregt wird.

SEXUELLE PROBLEME

Teilnahmslosigkeit

DIE ERFAHRUNG DES MANNES Die Partnerin dieses Mannes scheint keinerlei Verlangen zu haben, überhaupt mit ihm zu schlafen. Sie scheint Sex wie eine unangenehme Pflicht zu ertragen. Er versucht, sie auf unterschiedliche Weise zu stimulieren, aber sie reagiert nicht. Wenn sie miteinander schlafen, bekommt er einen Orgasmus, aber ohne Reaktion von ihrer Seite scheint es mehr eine biologische Funktion. Langsam bekommt er das Gefühl, daß er ein schlechter Liebhaber ist, und der sexuelle Teil ihrer Beziehung wird zur Barriere; er beginnt sogar, sie abzulehnen, denn sie gibt ihm das Gefühl, pervers zu sein, weil er mit ihr schlafen will.

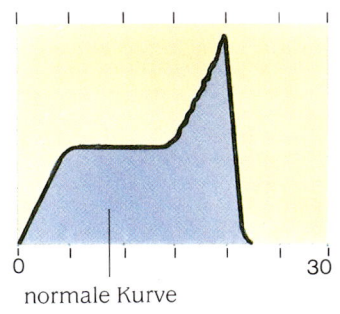
normale Kurve

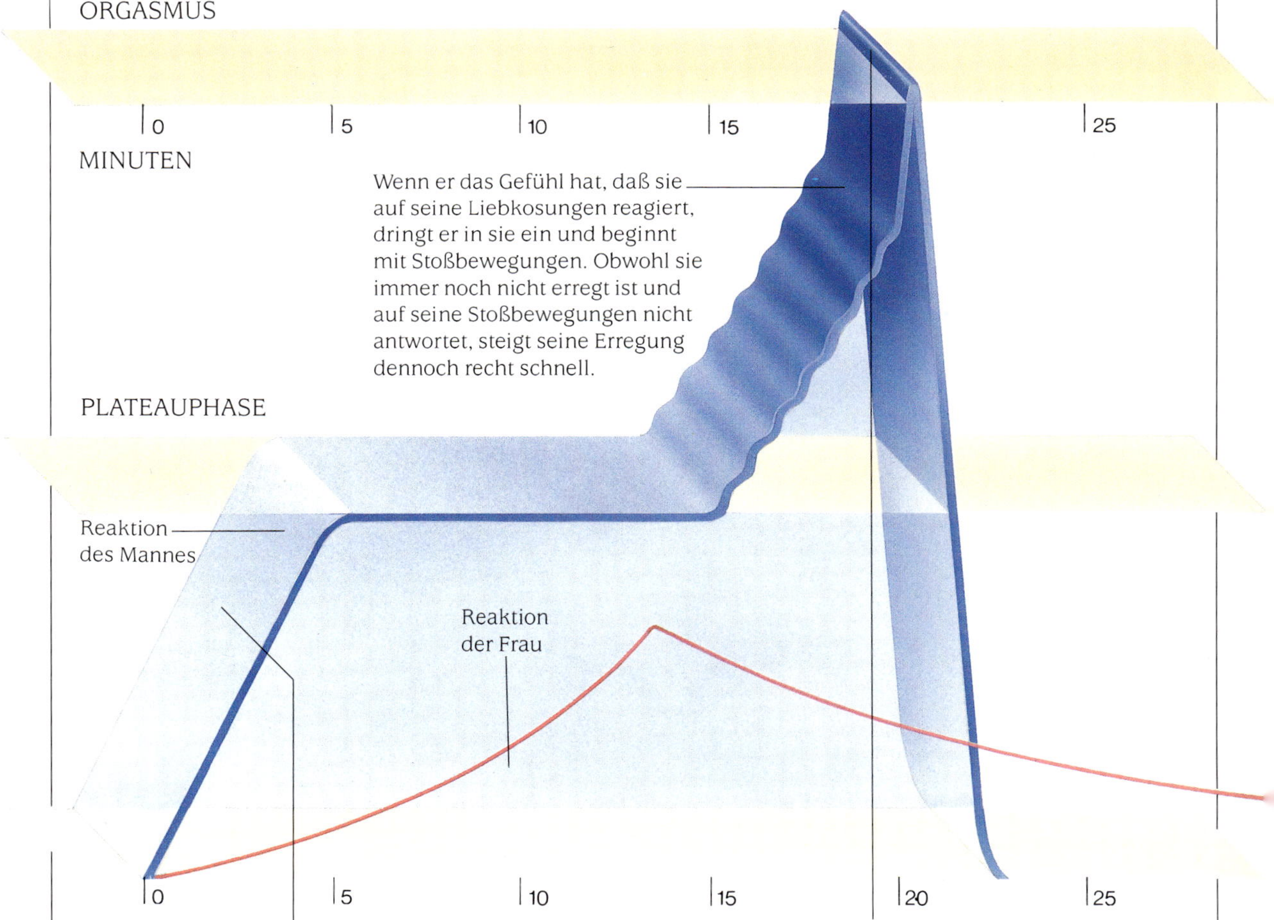

ORGASMUS

MINUTEN

Wenn er das Gefühl hat, daß sie auf seine Liebkosungen reagiert, dringt er in sie ein und beginnt mit Stoßbewegungen. Obwohl sie immer noch nicht erregt ist und auf seine Stoßbewegungen nicht antwortet, steigt seine Erregung dennoch recht schnell.

PLATEAUPHASE

Reaktion des Mannes

Reaktion der Frau

Der Mann wird sehr schnell erregt und bleibt für einige Zeit auf der Plateauphase, während er versucht, seine Partnerin zu stimulieren.

Wenn er einen bestimmten Punkt überschritten hat, ist es unausweichlich für ihn, einen Orgasmus zu erreichen. Die Abschwellung erfolgt auf der Stelle und schnell.

SEXUELLE PROBLEME

DIE ERFAHRUNG DER FRAU   Diese Frau hat nicht das Bedürfnis, zu ihrem derzeitigen Partner viel körperlichen Kontakt zu haben und würde beim Sex nie die Initiative ergreifen, da sie der Meinung ist, es sei unnatürlich für eine Frau, von einem Mann Sex zu fordern. Wenn sie gelegentlich nachgibt, versucht sie, sich in Gedanken von dem Akt zu lösen, da sie das Gefühl hat, daß es »schmutzig« sei, sexuell zu reagieren. Manchmal fühlt sie leichte sexuelle Erregung, aber diese läßt rasch nach, wenn ihre Schuldgefühle wachsen. Sie läßt Sex nur über sich ergehen, weil es für ihren Partner wichtig zu sein scheint.

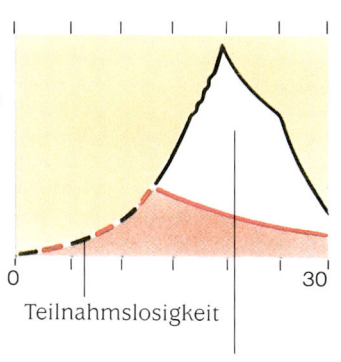

Teilnahmslosigkeit

normale Kurve

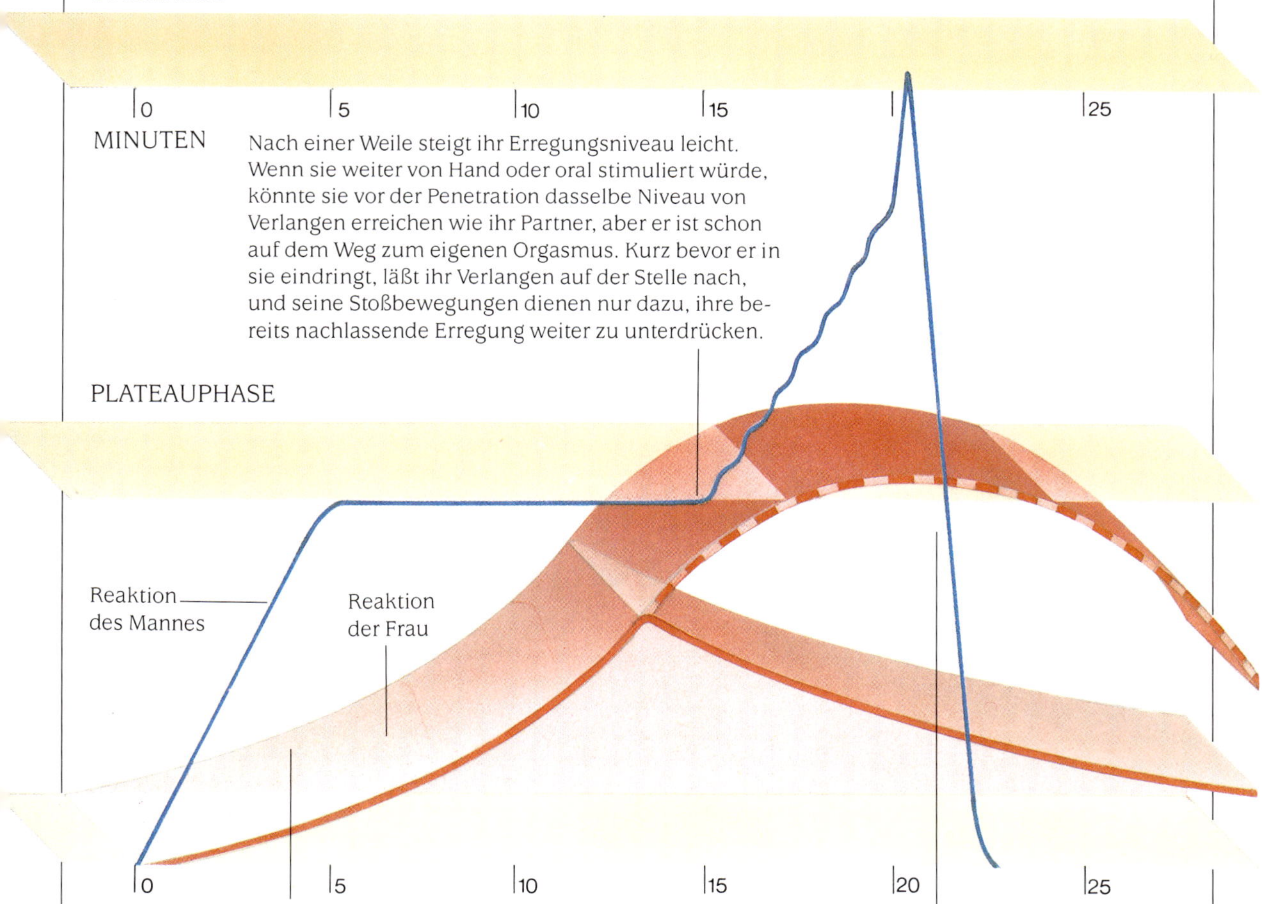

ORGASMUS

MINUTEN   Nach einer Weile steigt ihr Erregungsniveau leicht. Wenn sie weiter von Hand oder oral stimuliert würde, könnte sie vor der Penetration dasselbe Niveau von Verlangen erreichen wie ihr Partner, aber er ist schon auf dem Weg zum eigenen Orgasmus. Kurz bevor er in sie eindringt, läßt ihr Verlangen auf der Stelle nach, und seine Stoßbewegungen dienen nur dazu, ihre bereits nachlassende Erregung weiter zu unterdrücken.

PLATEAUPHASE

Reaktion des Mannes

Reaktion der Frau

Diese Frau wird während des Vorspiels nur sehr wenig erregt, obwohl ihr Partner versucht, sie eine Weile zu stimulieren.

Die fehlende Reaktion der Frau verhindert nicht, daß ihr Partner den Höhepunkt erreicht, aber da ihre Erregung bereits zurückgeht, hat sie kein Interesse an seinem Orgasmus.

SEXUELLE PROBLEME

SINNLICHE KONZENTRATIONSÜBUNGEN

Wenn ein Mensch bereits seit einiger Zeit sexuell nicht reagiert, ist es wichtig, die sexuellen Gefühle langsam wiederzuerwecken. Die meisten Sexualtherapeuten behandeln Teilnahmslosigkeit mit einer sinnlichen Massage, die es dem Betroffenen gestattet, seinen eigenen Körper und den des Partners zu entdecken. Diese erotischen Konzentrationsübungen ermöglichen es Paaren, allein durch Berührung Lust zu schenken und zu empfangen. Beide müssen sich darüber einig sein, daß der Geschlechtsverkehr für eine Weile hinausgezögert wird. Während dieser Übungen ist es wichtig, sich auf die angenehmen Empfindungen zu konzentrieren. Koitus und Orgasmus sind nicht die eigentlichen Ziele, aber wenn diese »Übungen« erfolgreich sind, wird Ihr Appetit auf den Geschlechtsverkehr unweigerlich angeregt.

Massieren Sie sich abwechselnd mit Handrücken und Handinnenflächen.

Konzentrieren Sie sich auf sich selbst
Wählen Sie eine Zeit und einen Ort, an dem Sie nicht gestört werden. Beginnen Sie damit, sich überall zu berühren, und versuchen Sie, Ihre Sinne auf das zu konzentrieren, was sich gut anfühlt und was Sie erregt. Streicheln Sie sich auf unterschiedliche Art – mit leichten und langsamen, festen und harten Berührungen.

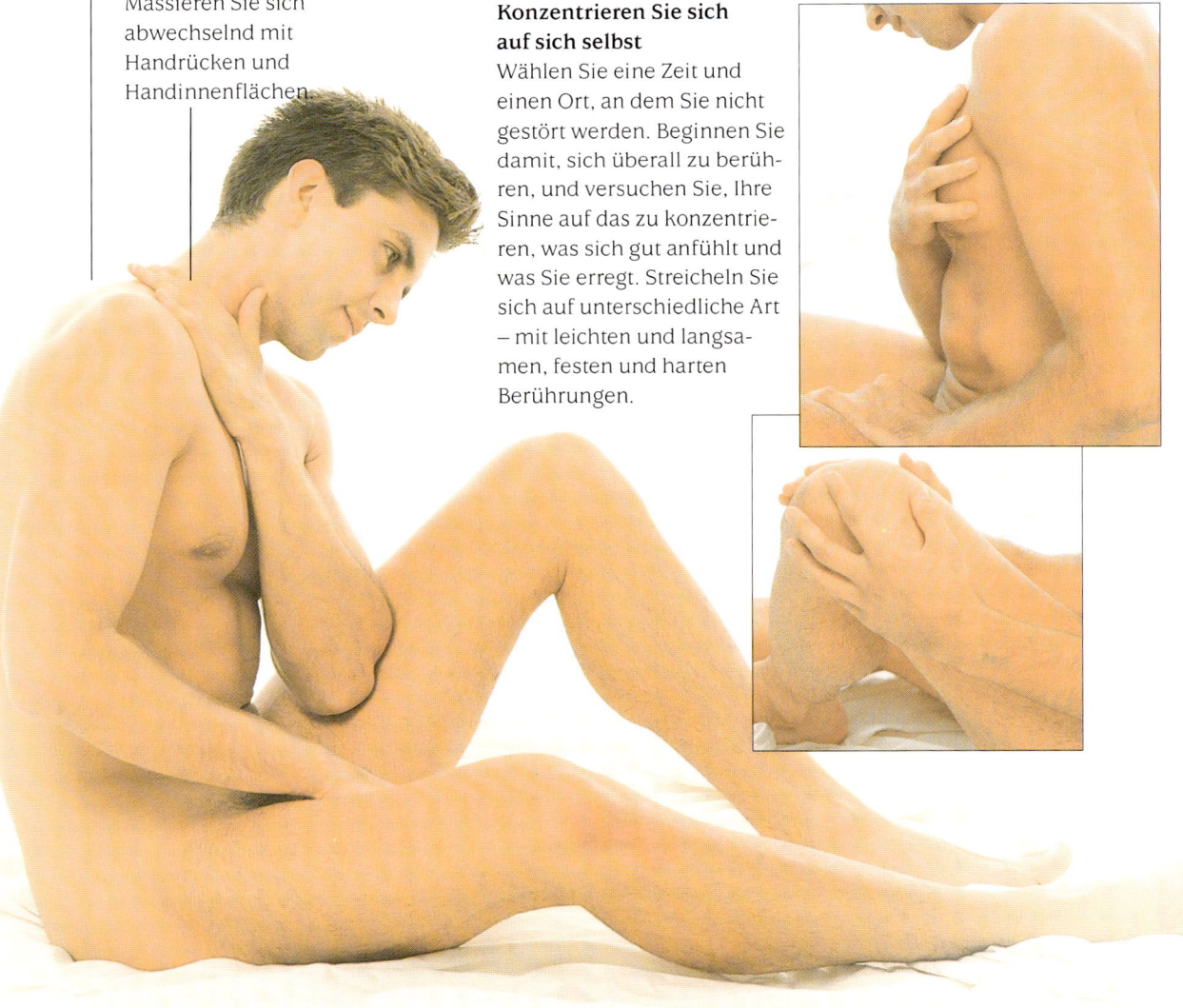

SEXUELLE PROBLEME

Ich glaube fest daran, daß Massageübungen den Sexualtrieb steigern. Sie helfen auch, uns auf unsere sexuellen Reaktionen einzustimmen. Tappen Sie jedoch nicht in die Falle, indem Sie glauben, daß von nun ab jede sexuelle Aktivität zum Geschlechtsverkehr führen muß. Wenn ein Partner einmal nach Sex verlangt, der andere aber nicht, ist der weniger interessierte Partner vielleicht bereit, den anderen zu massieren, bis dieser den Höhepunkt erreicht.

STUFE EINS

Beginnen Sie damit, sich völlig auf die eigenen Gefühle zu konzentrieren. Sie wollen in sich selbst sinnliche Gefühle erwecken und lernen, was für Sie erregend ist. Zögern Sie nicht, die Lust an der Massage zu erhöhen, indem Sie sie in einem warmen Bad oder im Bett ausüben. Experimentieren Sie mit unterschiedlichen Formen des Streichelns. Alle Bewegungen und Empfindungen können verbessert werden, wenn Sie in der Badewanne Seife verwenden und Creme oder Körperlotion im Bett.

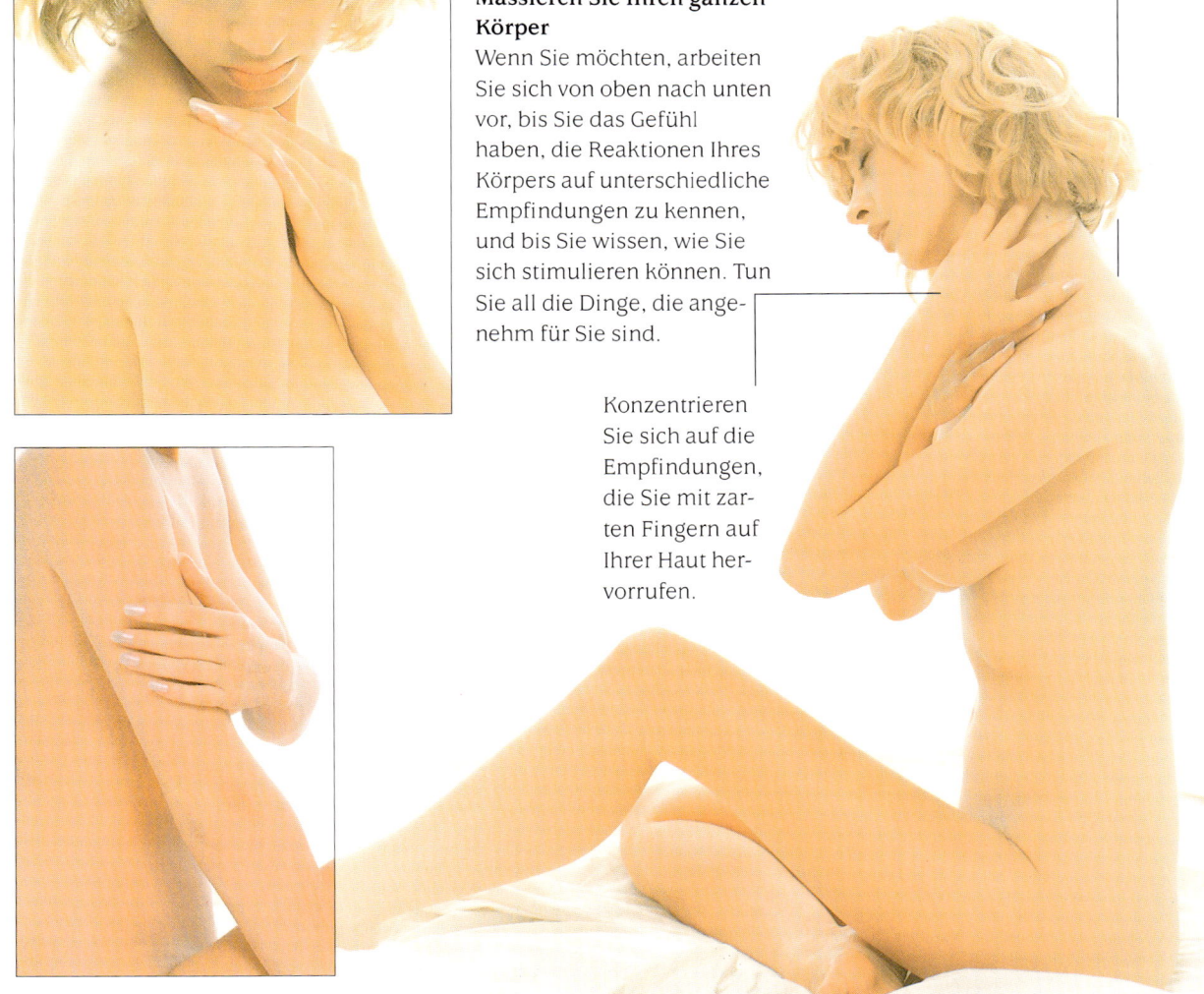

Massieren Sie Ihren ganzen Körper
Wenn Sie möchten, arbeiten Sie sich von oben nach unten vor, bis Sie das Gefühl haben, die Reaktionen Ihres Körpers auf unterschiedliche Empfindungen zu kennen, und bis Sie wissen, wie Sie sich stimulieren können. Tun Sie all die Dinge, die angenehm für Sie sind.

Konzentrieren Sie sich auf die Empfindungen, die Sie mit zarten Fingern auf Ihrer Haut hervorrufen.

STUFE ZWEI

Nach einer Weile sollten Sie Ihren Partner miteinbeziehen. Legen Sie eine Zeit fest, in der Sie für eine Weile ungestört sind, und treffen Sie die entsprechenden Vorbereitungen. Nehmen Sie zuerst gemeinsam ein Bad, achten Sie darauf, daß das Zimmer warm ist, trinken Sie etwas zur Entspannung, legen Sie leichte Hintergrundmusik auf, schalten Sie die passende Beleuchtung ein – genug, damit Sie sich beide betrachten können, und entscheiden Sie dann, wer von Ihnen beiden anfangen soll. Sie sollten sich immer abwechseln.

Mit etwas Creme oder Öl massieren und streicheln Sie sich gegenseitig, wobei Sie sich vom Kopf bis zu den Zehen vorarbeiten, am Rücken beginnen und dann die Vorderseite massieren. Scheuen Sie sich nicht, Ihr Wohlgefühl zu zeigen, wenn es angenehm für Sie ist, und zeigen Sie Ihre Vorlieben klar und deutlich. Versuchen Sie, Ihre Gedanken darauf zu konzentrieren, welche Gefühle in Ihnen wachgerufen werden, und versuchen Sie, diese Empfindungen in Worte zu fassen. Sie sollten darin übereinstimmen, bei den ersten Massagesitzungen den Genitalbereich jeweils auszulassen; lassen Sie sich Zeit und achten Sie darauf, daß Sie beide entspannt und locker sind. Übereilen Sie die einzelnen Stadien nicht und geben Sie nicht auf. Vielleicht verspüren Sie nicht sofort positive Auswirkungen auf Ihr Sexualleben, aber die Massage wird sicherlich sehr angenehm sein. Genießen Sie die Empfindungen, die in Ihnen wachgerufen werden.

Konzentrieren Sie sich auf die angenehmen Empfindungen, die Ihre Partnerin in Ihnen weckt.

Sich abwechseln
Zuerst massieren Sie Ihren Partner und streicheln ihn überall, von Kopf bis Fuß. Lassen Sie ihn jede angenehme Empfindung genießen und seine Gefühle kundtun. Gehen Sie die Dinge langsam an! Danach sollte Ihr Partner Sie massieren. Zeigen Sie deutlich, was angenehm für Sie ist und Ihnen das meiste Wohlgefühl bereitet. Kümmern Sie sich nicht darum, was möglicherweise passieren könnte; wichtig ist, sich auf die angenehmen Empfindungen des Körpers zu konzentrieren.

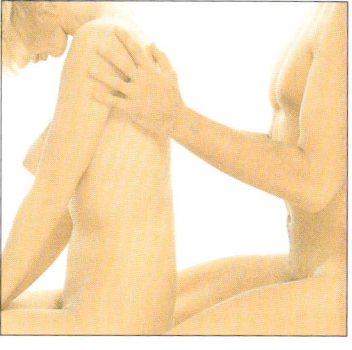

STUFE DREI

Wenn Sie beide mit dieser Zeitspanne einverstanden sind, können Sie nach etwa einer Woche dazu übergehen, die sexuell empfindlicheren Körperteile zu berühren und jedes Organ der Reihe nach zu stimulieren. Sie sollten sich gegenseitig zeigen, wie man größtmögliches sinnliches Vergnügen schenken kann. Der Mann streichelt die Brüste, die Klitoris, die Vulva und den Bereich hinter dem Anus, während die Frau den Penis massiert, den Hodensack streichelt und seinen Analbereich liebkost. Wenn Ihnen danach zumute ist, können Sie von den Berührungen zu Küssen und Lecken übergehen, aber nur dann, wenn es für Sie beide angenehm ist. Eine andere Regel könnte besagen, daß Sie beide reden müssen und zwar soviel wie möglich, um einen laufenden Kommentar dazu abzugeben, wie Sie sich fühlen, und zu beschreiben, wie sehr Sie die Berührungen in den empfindlichsten Bereichen genießen. Während dieser sexuellen Massagen wünscht sich möglicherweise ein Partner einen Orgasmus mehr als der andere, aber Sie sollten keinen Geschlechtsverkehr haben, wenn Sie nicht beide dazu bereit sind. Es ist die Pflicht und Verantwortung des schnelleren Partners, darauf zu warten, daß der langsamere aufholt, und sich zu vergewissern, daß er es auch tatsächlich tut.

Ermutigen Sie Ihre Partnerin, sich zurückzulehnen und Ihre Zärtlichkeiten zu genießen.

Richten Sie sich nach der eigenen Geschwindigkeit
Wenn man bei der Massage dazu übergeht, die Brüste der Frau, die Klitoris und den Scheidenbereich zu berühren und die sexuell empfindlicheren Bereiche des Mannes, werden Sie wahrscheinlich so stark erregt, daß Sie zum Geschlechtsverkehr übergehen möchten. Das ist völlig in Ordnung, solange es für Sie beide angenehm ist.

FEHLENDER ORGASMUS

Nur wenige Frauen leiden unter einer orgastischen Beeinträchtigung, sie leiden vielmehr unter einem beeinträchtigten Partner. Dieser bemüht sich nicht, ihre Vorlieben oder Bedürfnisse herauszufinden, oder weiß nicht, wie er sie stimulieren muß, damit er sie zum Orgasmus bringen kann. Von den Frauen, die unter einer orgastischen Beeinträchtigung leiden, werden viele von dem vagen Verdacht gequält, daß jede andere Frau auf der Welt einen Orgasmus erreichen kann.

Dies trifft natürlich nicht zu. Frauen erreichen oft keinen Orgasmus, und wenn Sie der Meinung sind, daß Sie bei jedem Geschlechtsverkehr einen Orgasmus erreichen sollten, sind Ihre Erwartungen unrealistisch. Aber jede Frau ist in der Lage, einen Orgasmus zu erleben. Dies kann sie durch Masturbation erlernen.

SCHMERZHAFTER GESCHLECHTSVERKEHR

Es kommt recht häufig vor, daß sich der Scheideneingang eng anfühlt oder daß die Frau beim Geschlechtsverkehr leichte Schmerzen oder Beschwerden hat. Beim schmerzhaften Geschlechtsverkehr (Dyspareunie) geht es immer um Schmerzen in der Scheide oder um den Scheideneingang herum. Der Schmerz kann tief und brennend sein oder beißend, es kann ein vorübergehendes Stechen sein oder einfach ein starkes Unbehagen. Der Schmerz kann auch eine Kombination aus all diesen Empfindungen sein. Wenn der Geschlechtsverkehr stattfindet, während die Frau ihn empfindet, ist dies für beide Partner nicht angenehm.

Es gibt mehrere mögliche Gründe für Schmerzen beim Geschlechtsverkehr, aber zu den häufigsten zählt ein unbeholfener oder unerfahrener Partner. Schmerzen können auch die Folge von Infektionen und anderen Erkrankungen der Harnröhre sein oder, was natürlich viel seltener ist, die Folge eines anatomischen Defekts, der von Geburt an besteht und der aufgrund der Größe oder Form der Scheide den Geschlechtsverkehr schmerzhaft oder unmöglich macht. Schmerzen beim Koitus, die nicht die Folge einer Erkrankung sind, können auf folgende Weise geringer werden:

WIE DER MANN HELFEN KANN

○ Konzentrieren Sie sich besonders auf das Vorspiel, damit Ihre Partnerin auf den Geschlechtsverkehr vorbereitet und stimuliert wird, so daß die Scheide feucht genug ist.
○ Verwenden Sie ein Gleitmittel, wenn Sie irgendeine Form der Penetration versuchen.

WAS DIE FRAU TUN SOLLTE

○ Öffnen Sie Ihre Beine weit und beugen Sie die Knie, damit das Eindringen erleichtert wird.
○ Wenn Ihr Partner mit dem Penis eindringt, sollten Sie leicht nach unten pressen. Auf diese Weise wird die Scheidenmuskulatur gelockert und die Penetration erleichtert.

VAGINISMUS

Psychische Faktoren können zu Muskelkrämpfen in der Scheide führen, wenn die Muskeln um den Scheideneingang sich so stark zusammenziehen, daß der Geschlechtsverkehr unmöglich wird. Die Frau hat absolut keine Kontrolle über einen solchen Muskelkrampf.

Frauen, die unter Vaginismus leiden, können zwar sonst sexuell reagieren, aber fast alle Betroffenen berichten von Angst vor dem Geschlechtsverkehr oder haben früher einmal unter Schmerzen beim Koitus gelitten, und wollen deshalb jegliche sexuelle Aktivität vermeiden. Folgende Ursachen sind vorstellbar: Manche Frauen hatten eine strenge Erziehung und wurden oft bestraft, was dazu führt, daß sie sogar den Sexualakt mit dem Ehemann für etwas Schlechtes oder Entwürdigendes halten. Einige Frauen haben Schuldgefühle oder einfach Angst, spontan am Geschlechtsverkehr teilzunehmen. Die Angst vor einer Schwangerschaft, der man meistens durch die richtigen Verhütungsmittel entgegenwirkt, kann bei manchen Frauen ebenfalls zum Vaginismus führen. Eine frühere angsterregende oder dramatische Erfahrung beim Geschlechtsverkehr kann diese Störung ebenfalls verursachen. Manche Frauen haben möglicherweise versucht, mit dem Partner intim zusammen zu sein, was aber wegen mangelnder Gleitfähigkeit nicht gelang. Andere leiden vielleicht an einem Trauma und haben Angst, vergewaltigt oder sexuell belästigt zu werden. All diese Ursachen können behandelt werden.

SELBSTHILFE BEI VAGINISMUS

Versuchen Sie folgendes, wenn Sie entspannt sind: Nehmen Sie einen Handspiegel, und betrachten Sie Ihre Genitalien genau. Öffnen Sie die Schamlippen, damit Sie alles sehen können.

○ Berühren Sie den Scheideneingang mit der Fingerspitze, befeuchten Sie den Finger und führen Sie nur die Spitze ein, wenn Sie dazu bereit sind. Drücken Sie leicht nach unten, wenn Sie die Fingerspitze einführen, so als ob Sie versuchen, etwas aus der Scheide zu pressen. Lassen Sie den Finger ein paar Minuten in der Scheide, damit Sie sich an das Gefühl gewöhnen.

○ Wenn Sie spüren, daß sich die Scheidenmuskeln verengen, hören Sie auf. Spannen Sie nun die Muskeln absichtlich um den Finger herum an und entspannen Sie sie wieder. Versuchen Sie, dies mehrmals zu wiederholen, bis Sie einige Kontrolle über die Muskeln haben. Führen Sie den Finger jedesmal etwas tiefer ein, spannen Sie die Muskeln je nach Notwendigkeit an und entspannen Sie sie wieder. Tiefes Durchatmen kann bei Verkrampfungen ebenfalls helfen.

○ Wenn Sie einen Finger leicht einführen können, versuchen Sie es mit zwei Fingern. Verwenden Sie reichlich Gleitmittel. Lassen Sie sich viel Zeit und entspannen Sie sich.

○ Dasselbe können Sie mit Ihrem Partner probieren. Seine Finger sollten gut angefeuchtet sein, und er sollte nur so tief eindringen, wie Sie es wünschen.

○ Wenn Sie zum Geschlechtsverkehr bereit sind, sollten Sie eine Stellung wählen, bei der Sie sich oben befinden, damit Sie die Tiefe der Penetration kontrollieren können. Bitten Sie Ihren Partner, sich zu Anfang nicht zu bewegen, und legen Sie sich so auf ihn, wie es Ihnen gefällt.

Probleme des Mannes

Das wahrscheinlich häufigste Problem mit der Ejakulation ist die Tatsache, daß sie auftritt, bevor es erwünscht ist. Der Begriff »vorzeitige Ejakulation« wird oft für dieses Geschehen verwendet, aber eigentlich besteht die Schwierigkeit eher darin, den richtigen Zeitpunkt für die Ejakulation abzupassen oder ein gewisses Maß an Kontrolle darüber zu gewinnen.

Wenn Männer älter werden, machen sie sich bisweilen Sorgen, daß es zu lange dauert, bis sie ejakulieren. Tatsächlich sind manche älteren Männer gelegentlich überhaupt nicht in der Lage zu ejakulieren. Sie und ihre Partnerinnen sind deshalb beunruhigt, andere betrachten es einfach als einen Verlangsamungsprozeß unter vielen.

Manche älteren Männer freuen sich sogar über ein weniger intensives, ein entspannteres Sexualitätsmuster und betrachten eine schnelle Ejakulation nicht als wesentliche Voraussetzung für ihre Lust. Männer sollten daran denken, daß die schönsten sexuellen Begegnungen nicht zielorientiert sind; die Ejakulation kann ein befriedigender und natürlicher Höhepunkt des Liebesspiels sein, aber wenn sie zum einzigen Ziel oder sogar zum Hauptziel des Mannes wird, geht für ihn und für seine Partnerin ein Großteil der Freude am sexuellen Kontakt verloren.

Wenn Männer die Vierzig überschritten haben, haben fast alle Angst um ihre Fähigkeit, eine Erektion aufrechterhalten zu können. Selbst wenn ein Mann nie Schwierigkeiten mit der Erektion hatte, hat er wahrscheinlich das Gefühl, daß Impotenz aufgrund einer nicht ausreichenden Erektion eine Gefahr des Alters sei. Der Irrglaube, daß Impotenz eine Folge des Alterns sei, ist in unserer Kultur stärker als alle anderen sexuellen Mythen verankert.

VORZEITIGE EJAKULATION

Probleme mit der vorzeitigen Ejakulation betreffen in erster Linie jüngere Männer. Ihre Leistungsängste haben nichts damit zu tun, eine Erektion zu bekommen, sondern mit der Unfähigkeit, die Ejakulation ausreichend zu kontrollieren, damit auch die Partnerin befriedigt wird.

Männer mit einer Neigung zur vorzeitigen Ejakulation sind zahlreicher, als gemeinhin angenommen wird, aber dieses Handikap verschwindet meistens mit dem Alter. Wenn der Mann sich daran gewöhnt, mit derselben Frau zu schlafen, erreicht er eine bessere Selbstkontrolle oder entwickelt geeignetere sexuelle Techniken. Wenn das Problem weiterbesteht, liegt sein Ursprung tiefer, aber mit professioneller Hilfe läßt es sich leicht heilen.

Ein besserer Name für die vorzeitige Ejakulation wäre vielleicht »unreife Ejakulation«. Die Lernerfahrungen in der Adoleszenz können dazu konditionieren, schnelle Ejakulationen zu haben: Männer, die darunter leiden, setzen unbewußt die ursprünglichen Muster fort, die sie in ihrer Jugend beim Masturbieren entwickelt haben. Im Alter von vierzehn Jahren geht es darum, den Penis so schnell und intensiv wie möglich zu stimulieren und dann zu ejakulieren.

Die vorzeitige Ejakulation ist das Ergebnis eines zeitweiligen oder ständigen Fehlers im Prozeß der sexuellen Erregung; der Penis hat eine normale Erektion und erreicht seine größte Ausdehnung im Moment der Ejakulation. Man bezeichnet die Ejakulation als vorzeitig, wenn sie auftritt, sobald die Eichel die Vulva berührt, in die Scheide eindringt oder, was häufig der Fall ist, als Ergebnis der Berührungen während des Vorspiels, bevor die Penetration überhaupt versucht wurde.

Die vorzeitige Ejakulation kann beim Geschlechtsverkehr ein ernstes Problem darstellen, sehr zum Schrecken und zur Verwirrung beider Partner. Im allgemeinen ist dies bei nervösen, sehr emotionalen Männern der Fall; oft leiden auch Männern darunter, die Opfer einer engstirnigen Erziehung oder sozio-religiöser Tabus sind. Zur vorzeitigen Ejakulation kann es nach einer längeren Zeit der Abstinenz kommen, bei einer neuen Partnerin oder bei außergewöhnlicher Stimulation. Es gibt jedoch Möglichkeiten, das Problem zu verringern.

DIE KONTROLLE DES EJAKULATIONSREFLEXES   Bei den Techniken zur Bewältigung des Problems ist die Kooperation der Frau und des Mannes notwendig. Der Mann sollte »Übungen« immer mit seiner Partnerin besprechen, damit sie entspannt und informiert ist und gern daran teilnimmt. Beide sollten sich einig sein, was zu tun ist und mit Stellungen experimentieren, bei denen der Mann die Ejakulation besser kontrollieren kann.

WAS DER MANN TUN SOLLTE

○ Begrenzen Sie das Vorspiel auf das absolute Minimum und vermeiden Sie es, die Geschlechtsorgane der Partnerin zu berühren.
○ Führen Sie den Penis sehr vorsichtig in die Scheide der Partnerin ein und vermeiden Sie zu starke Stimulation.
○ Begrenzen Sie die Stoßbewegungen auf ein Minimum. Der Ejakulationsprozeß kann kontrolliert werden, wenn der Penis sich nicht bewegt.
○ Ziehen Sie den Penis gelegentlich aus der Vagina der Partnerin heraus.
○ Atmen Sie tief ein und spannen Sie die Bauchmuskeln vor der Ejakulation stark an. Atmen Sie aus, wenn der Drang zu ejakulieren vorüber ist.

WIE DIE FRAU HELFEN KANN

○ Bleiben Sie absichtlich passiv; spannen Sie die Scheidenmuskeln um den Penis des Partners nicht an und bewegen Sie das Becken nicht.
○ Reduzieren Sie die visuelle und Geruchsstimulation auf ein Minimum, tragen Sie keine Reizwäsche und benutzen Sie kein Parfüm.
○ Ermutigen Sie Ihren Partner, sie mehrmals hintereinander zu lieben; auf diese Weise erlangt er einige Kontrolle, auch wenn er vorzeitig ejakuliert, aber die Partnerin anschließend weiterlieben kann.
○ Schlagen Sie vor, sich zu lieben, wenn Ihr Partner müde und nicht stark erregt ist; dies kann die Ejakulation hinauszögern. Es lohnt sich auch, es einmal morgens zu versuchen.

SEXUELLE PROBLEME

FEHLENDE EJAKULATION

DIE ERFAHRUNG DES MANNES   Dieser Mann hat normalerweise ein gesundes und befriedigendes Sexualleben. Er arbeitet viel und entspannt sich gerne mit seiner Partnerin, mit der er schon lange zusammen ist. Als er eines Tages von einer ermüdenden Geschäftsreise zurückgekehrt war, mußte er feststellen, daß er zwar Lust auf sie hatte, aber beim Liebesspiel keinen Orgasmus erreichen konnte. Dies machte ihm angst. Nach einer kürzeren Ruhephase begannen seine Partnerin und er erneut, sich ihrem Liebesspiel hinzugeben; dieses Mal erreichte er leicht einen Höhepunkt und ejakulierte normal.

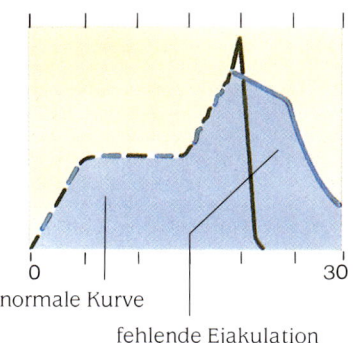

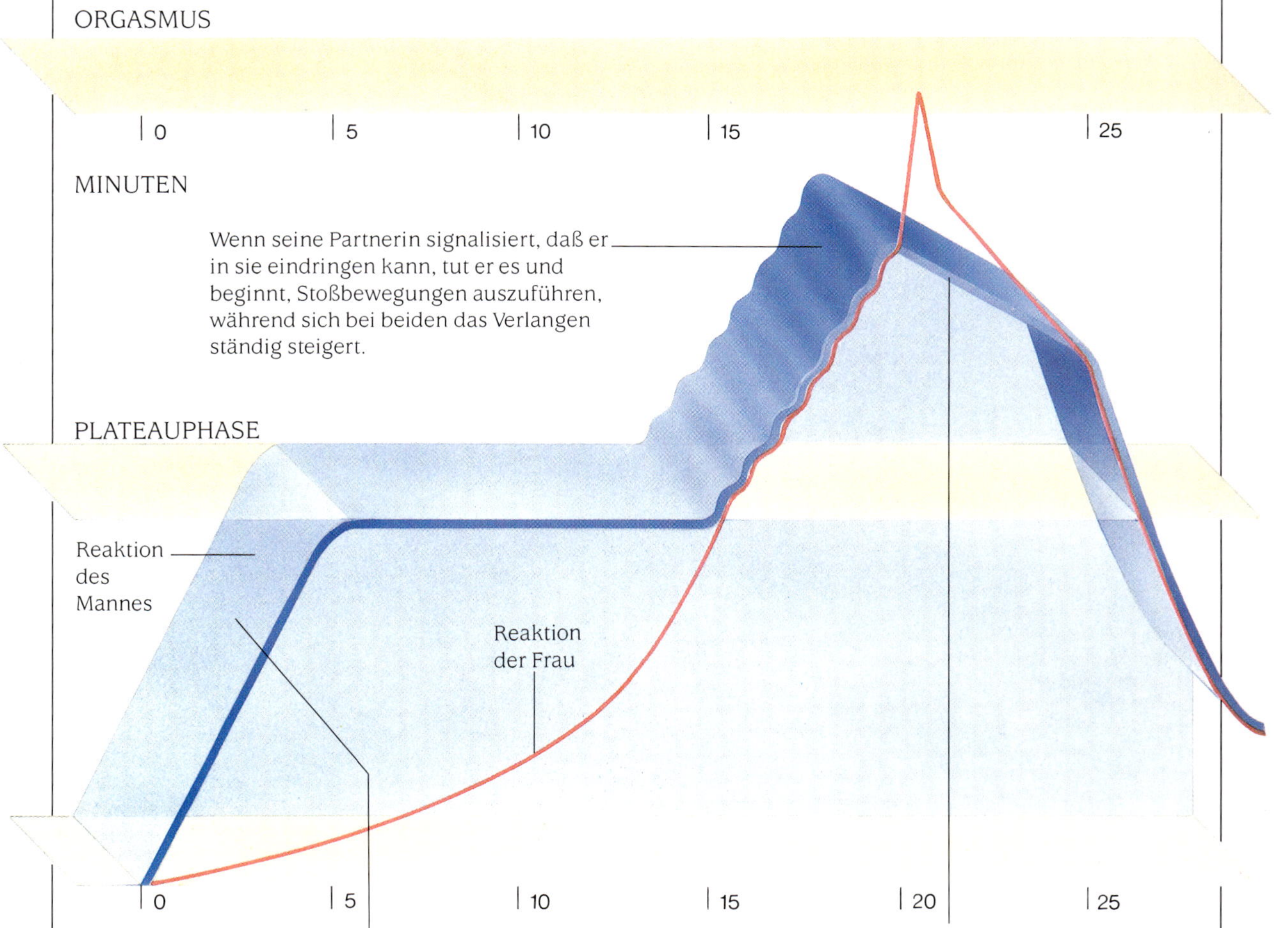

normale Kurve

fehlende Ejakulation

ORGASMUS

| 0 | 5 | 10 | 15 | 25 |

MINUTEN

Wenn seine Partnerin signalisiert, daß er in sie eindringen kann, tut er es und beginnt, Stoßbewegungen auszuführen, während sich bei beiden das Verlangen ständig steigert.

PLATEAUPHASE

Reaktion des Mannes

Reaktion der Frau

| 0 | 5 | 10 | 15 | 20 | 25 |

Dieser Mann wird während des Vorspiels sehr schnell erregt, hat eine normale Erektion und bleibt in einem Zustand der Erregung, während er seine Partnerin weiter stimuliert.

Bevor er den Höhepunkt erreicht, fühlt er, daß seine Erregung langsam nachläßt, und er muß seine Partnerin manuell zum Orgasmus bringen. Dabei spürt er das langsame Abschwellen seines Penis.

ZU SCHNELLE EJAKULATION

DIE ERFAHRUNG DES MANNES Dieser Mann hat regelmäßig Geschlechtsverkehr mit seiner Partnerin, die er seit mehreren Jahren kennt und liebt. Er übernimmt immer die Initiative, weil er glaubt, daß der Mann grundsätzlich ein stärkeres körperliches Bedürfnis nach Sex hat als die Frau, und es scheint ihn nicht zu stören, daß seine Partnerin eigentlich nie besondere Lust an einem Zusammensein mit ihm hat. Er bevorzugt Sex auf »die altmodische Art«, wie er selbst sagt – in einem schnellen Ausbruch von Aktivität liebt er seine Partnerin, so daß diese sich am Ende fragt, was überhaupt passiert sei.

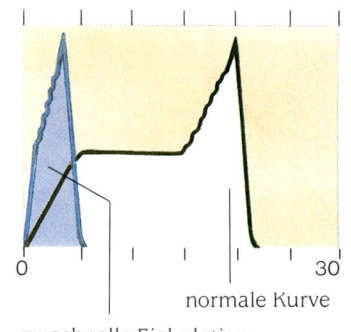

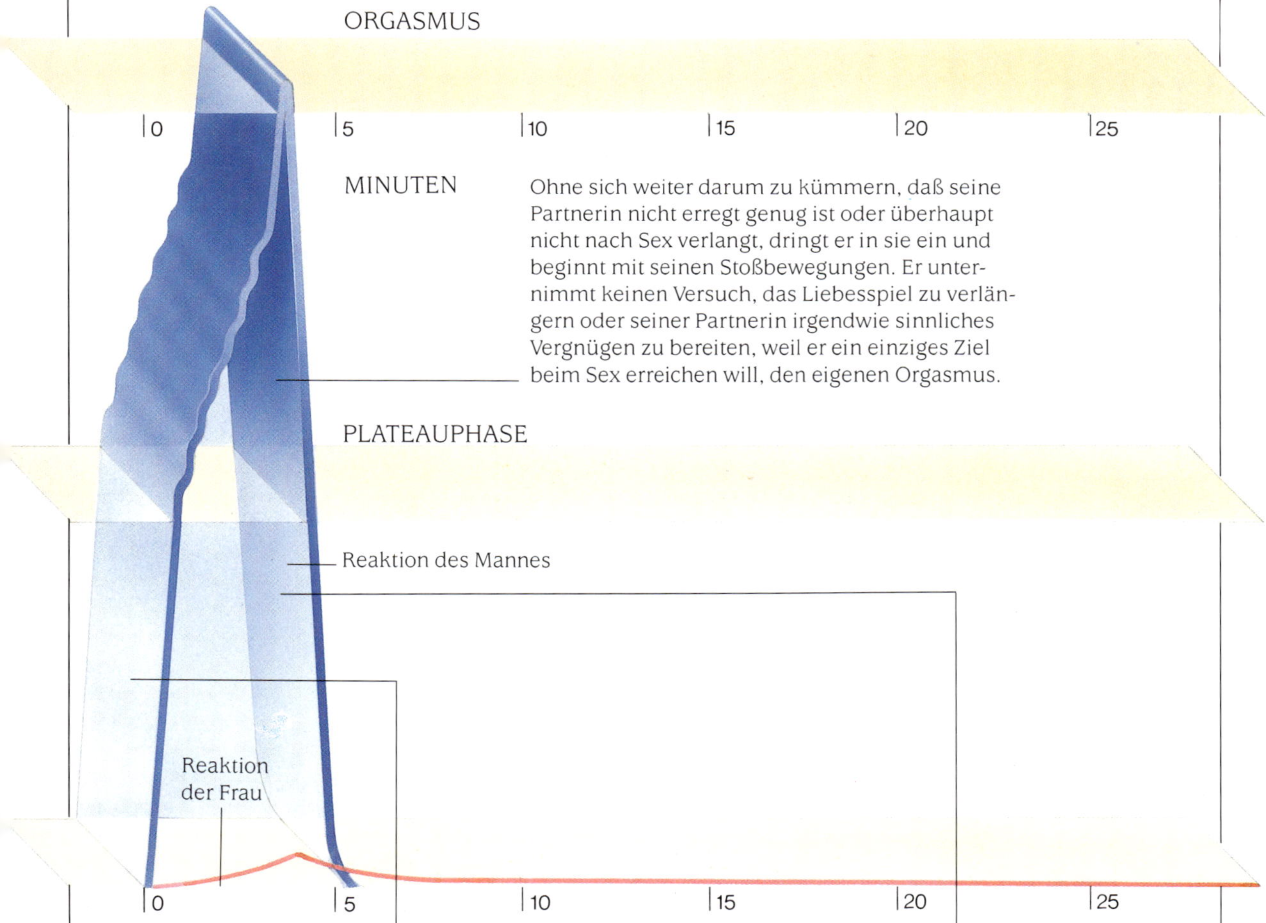

zu schnelle Ejakulation   normale Kurve

ORGASMUS

MINUTEN

Ohne sich weiter darum zu kümmern, daß seine Partnerin nicht erregt genug ist oder überhaupt nicht nach Sex verlangt, dringt er in sie ein und beginnt mit seinen Stoßbewegungen. Er unternimmt keinen Versuch, das Liebesspiel zu verlängern oder seiner Partnerin irgendwie sinnliches Vergnügen zu bereiten, weil er ein einziges Ziel beim Sex erreichen will, den eigenen Orgasmus.

PLATEAUPHASE

Reaktion des Mannes

Reaktion der Frau

Der Mann ist für die Stimulation nicht von seiner Partnerin abhängig, er ist aus anderen Quellen sehr schnell äußerst stark erregt. Er will auf der Stelle mit seiner Partnerin Geschlechtsverkehr haben.

Innerhalb von vier Minuten hat er den Orgasmus erreicht und ejakuliert. Anschließend geht die Abschwellung so schnell vor sich wie die Erregung.

VORZEITIGE EJAKULATION

DIE ERFAHRUNG DES MANNES Dieser Mann kann den Geschlechtsverkehr mit seiner Partnerin nicht über längere Zeit hinweg genießen, weil er nicht genug Kontrolle über seine Reflexe hat. Er ejakuliert zu schnell und bricht das Liebesspiel abrupt ab. Wenn er und seine Partnerin sich dem Vorspiel bisweilen länger hingeben, verliert er die Kontrolle und ejakuliert, bevor er überhaupt in sie eingedrungen ist. Ein andermal reichen die ersten wenigen Stoßbewegungen aus, um zu ejakulieren. Obwohl er einen Orgasmus erreicht, ist dieser für ihn nicht sehr angenehm.

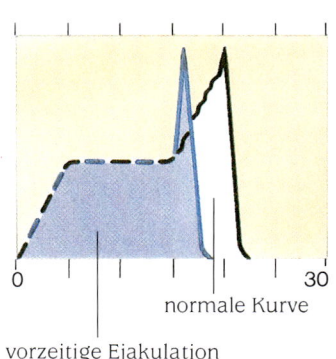

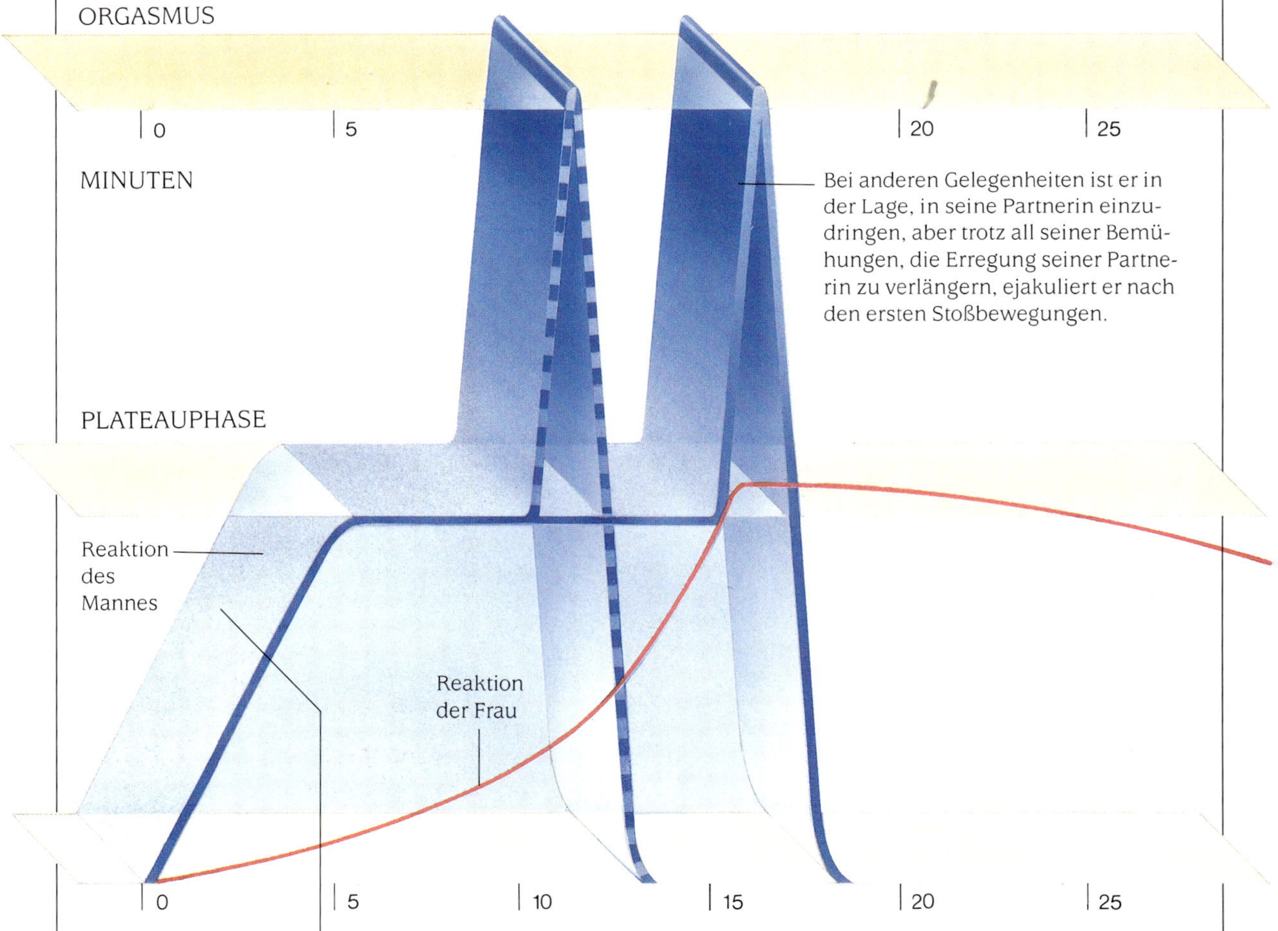

normale Kurve

vorzeitige Ejakulation

ORGASMUS

MINUTEN

PLATEAUPHASE

Reaktion des Mannes

Reaktion der Frau

Bei anderen Gelegenheiten ist er in der Lage, in seine Partnerin einzudringen, aber trotz all seiner Bemühungen, die Erregung seiner Partnerin zu verlängern, ejakuliert er nach den ersten Stoßbewegungen.

Der Mann wird sehr schnell erregt und bleibt nur wenige Minuten während des Vorspiels auf der Plateauphase. Er will seine Partnerin voll stimulieren, während er versucht, seine eigene Erregung unter Kontrolle zu halten. Manchmal reicht jedoch schon der Reiz des Vorspiels aus, ihn ejakulieren zu lassen.

SEXUELLE PROBLEME

DIE ERFAHRUNG DER FRAU Die Frau versucht, dem Problem ihres Partners Verständnis entgegenzubringen, aber dennoch ist sie verzweifelt und frustriert, weil beide so wenig Vergnügen beim Liebesspiel empfinden. Sie weiß zu schätzen, daß ihr Partner versucht, sie vor der Penetration zu stimulieren, aber es stört sie, daß sie seinen Körper nicht erforschen und berühren kann, da sich selbst schon geringe Stimulation zu stark auf die Erregung des Partners auswirkt. Wenn es überhaupt zum Geschlechtsverkehr kommt, erreicht er innerhalb weniger Sekunden den Höhepunkt, und diese Erfahrung hinterläßt bei beiden ein Gefühl von Leere.

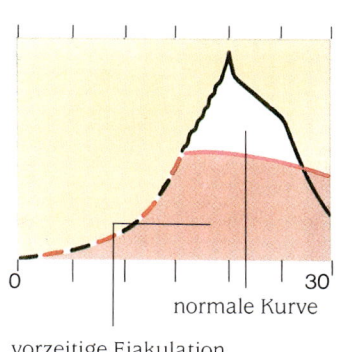

normale Kurve

vorzeitige Ejakulation

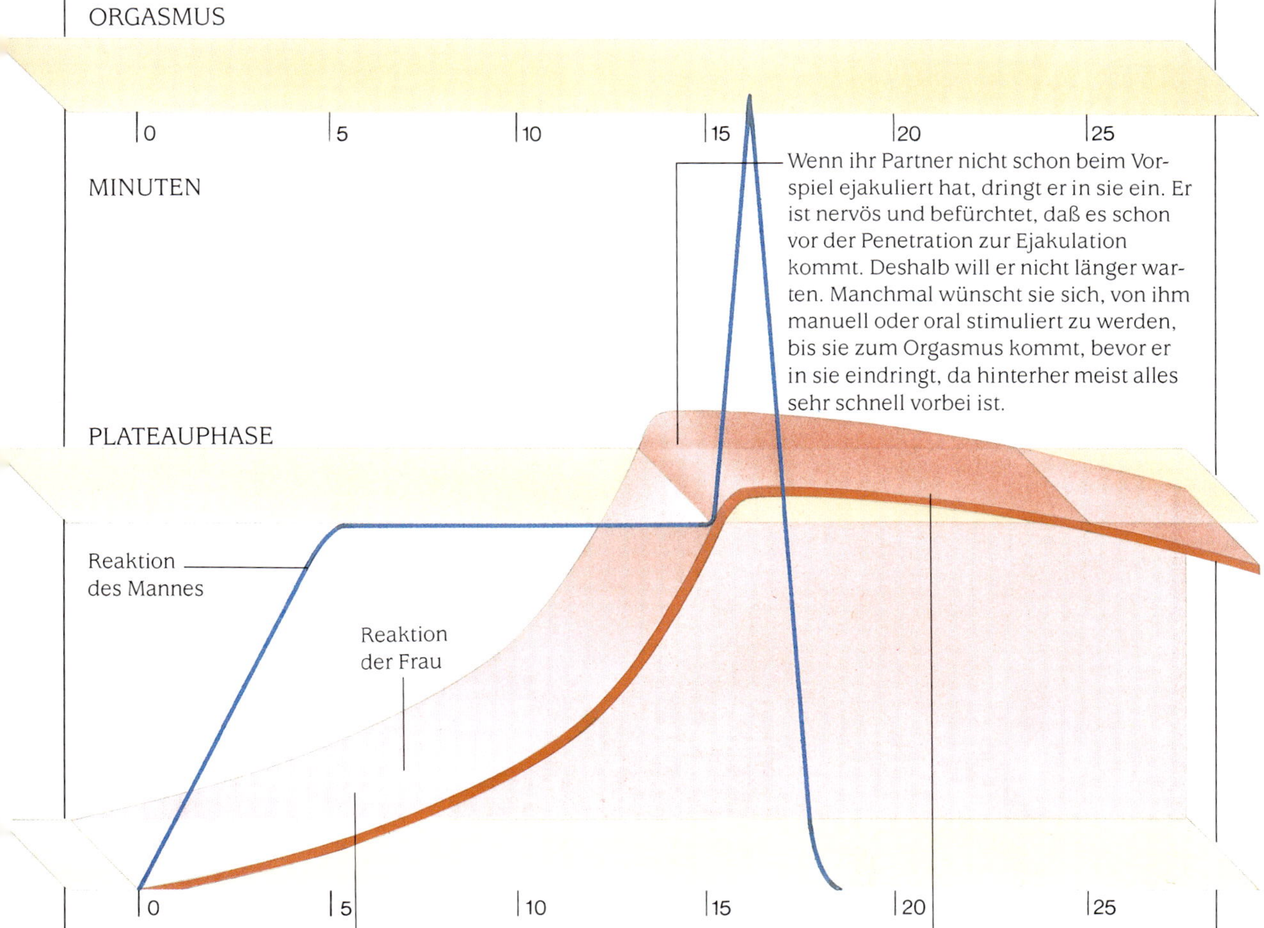

ORGASMUS

MINUTEN

Wenn ihr Partner nicht schon beim Vorspiel ejakuliert hat, dringt er in sie ein. Er ist nervös und befürchtet, daß es schon vor der Penetration zur Ejakulation kommt. Deshalb will er nicht länger warten. Manchmal wünscht sie sich, von ihm manuell oder oral stimuliert zu werden, bis sie zum Orgasmus kommt, bevor er in sie eindringt, da hinterher meist alles sehr schnell vorbei ist.

PLATEAUPHASE

Reaktion des Mannes

Reaktion der Frau

Die Frau wird beim Vorspiel langsam von ihrem Partner erregt, obwohl das Wissen um das übliche Ergebnis des Liebesspiels bei ihr zu einiger Anspannung führt.

Nach einigen Stoßbewegungen ejakuliert ihr Partner, während sie sich noch auf der Plateauphase befindet. Ihre sexuelle Spannung wird nicht gelöst, ihr ist unbehaglich zumute und sie ist frustriert.

DIE KONTROLLE DES EJAKULATIONSREFLEXES (FORTSETZUNG) Neben der Drucktechnik (unten) sollte der Mann üben, seinen Ejakulationsreflex zu kontrollieren, indem er sich regelmäßig zurückhält; alle Männer können diese Kontrolle erreichen. Mit der aktiven Unterstützung der Partnerin kann er es mit der folgenden Methode in drei Schritten versuchen:

1 Geschlechtsverkehr ohne Stimulation oder Ejakulation.
2 Geschlechtsverkehr mit Stimulation, aber ohne Ejakulation.
3 Kontrollierter und verlängerter Geschlechtsverkehr ohne Stimulation und Ejakulation.

Die Kontrolle des Ejakulationsreflexes bedarf einiger Praxis – bei einigen mehr als bei anderen –, aber wenn man sie einmal erreicht hat, resultiert daraus eine große persönliche Befriedigung. Wie auch bei anderen Sexualtherapien ist es hier unbedingt notwendig, daß die Partnerin bei allen Übungen, die durchgeführt werden, mitmacht.

DAS VORHAUTBÄNDCHEN DRÜCKEN

Diese Technik wurde von Masters und Johnson entwickelt und soll dazu erziehen, den Ejakulationsreflex zu kontrollieren. Der Mann kann dies allein oder mit Hilfe seiner Partnerin versuchen. Wenn der Mann die Ejakulation regelmäßig und wiederholt hinauszögern kann, gewinnt er immer stärkeres Zutrauen. Er wird mit der Zeit feststellen, daß er einen Zustand der sexuellen Erregung erfolgreich aufrechterhalten kann, ohne sofort einen Orgasmus zu erleben. Bei dieser Technik werden Paare normalerweise von Sexualtherapeuten überwacht, aber man kann sie auch leicht ohne Behandlung durch einen Spezialisten durchführen: Am Anfang stimuliert die Frau den Penis ihres Partners, bis er eine Erektion bekommt. Dann wird er ejakulieren wollen. Um dies zu verhindern, muß sie ein paar Sekunden auf die Penisspitze drücken, indem sie den Daumen auf das Vorhautbändchen legt und den Zeige- und Mittelfinger auf die Einkerbung, die auf der Oberseite um die Spitze herum verläuft. Wenn er sagt, daß der Drang zu ejakulieren nachgelassen hat, kann sie wieder beginnen, ihn zu stimulieren. Diese Prozedur kann 15 bis 20 Minuten aufrechterhalten werden, bis der Mann beschließt, daß es Zeit für den Orgasmus ist. Zu Beginn des Trainingsprozesses sollte der Geschlechtsverkehr nur ein paar Minuten dauern. Wenn sich die Selbstkontrolle des Mannes verbessert, kann die Dauer des Sexualakts langsam gesteigert werden. Bevor man es mit den Übungen versucht, sollte die Blase völlig entleert sein.

Den Penis festhalten
Die Frau drückt auf den Penis, indem Sie den Daumen auf das Vorhautbändchen legt und die Penisspitze zwischen Daumen und Zeigefinger drückt. Sie kann 10 Sekunden lang leichten Druck ausüben oder 5 Sekunden lang festen Druck.

PROBLEME MIT DER EREKTION

Spontane oder asexuale Erektionen, die alle Männer und selbst Jungen erfahren, treten ohne die geringste erotische Stimulation auf. Sie sind einfach ein Zeichen dafür, daß das Erektionssystem gut funktioniert. Sie können beispielsweise durch die Vibrationen bei einer Auto- oder Eisenbahnfahrt hervorgerufen werden, durch den Rhythmus einer regelmäßigen Bewegung wie beim Fahrradfahren und Reiten oder durch das Zusammendrücken des Penis beim Sitzen oder Liegen, durch den Blutandrang im Bauch während des Verdauungsvorgangs oder wenn der Mann morgens im warmen Bett aufwacht. Diese Erektionen am frühen Morgen scheinen wie alle anderen spontanen Erektionen der Kurve der sexuellen Vitalität zu folgen, und ihre Häufigkeit nimmt mit zunehmendem Alter ab.

Die Häufigkeit der Erektionen ist nicht das einzige, das sich mit dem Alter verringert. Wenn der Mann älter wird, ist die Erektion nicht mehr so stark. Der Penis wird nicht mehr so hart wie in jüngeren Jahren, und fast alle Männer haben Schwierigkeiten, eine Erektion aufrechtzuerhalten, wenn sie die Fünfzig überschritten haben.

DAS PROBLEM IN DIE RICHTIGE PERSPEKTIVE RÜCKEN Es ist wichtig, eine derartige Impotenz immer nur als zeitweiligen Rückschlag in der Entwicklung eines aktiven Sexuallebens zu sehen. Jeder Mann, selbst der stärkste, potenteste und männlichste, wird unabhängig von seinem Alter irgendwann in seinem Leben einen Zusammenbruch dieses Systems erleben. Ein Mann würde sich nicht weiter darum kümmern, wenn es nur um den Verlust des sexuellen Verlangens ginge oder wenn ihm seine Partnerin völlig gleichgültig wäre; das Drama liegt darin, daß der Mann glaubt, dieser Augenblick des Versagens könne zu einer ständigen Behinderung werden, obwohl es sich im allgemeinen nur um ein kurz auftretendes oder zeitweiliges Problem handelt, das fast immer psychische Ursachen hat. Alle Männer wachsen in dem Glauben auf, daß sich die sexuelle Potenz des Mannes besonders in der Fähigkeit ausdrückt, immer eine Erektion haben zu können, wenn er sich erregt fühlt, einen steifen Penis in die Vagina der Frau einzuführen, ihn dort zu lassen und beim Orgasmus zu ejakulieren. Kurz gesagt: seine Fähigkeit, jederzeit, an jedem Ort sexuell aktiv sein zu können.

Sehr häufig übertreibt der Mann, besonders wenn er älter ist, die Bedeutung der Sexualität gegenüber allen anderen Aspekten einer Beziehung. Wenn er dann eines Tages merkt, daß er keine Erektion bekommen kann, empfindet er Angst. Das Wichtigste ist, daß ein Mann, auch wenn er aus irgendeinem Grund zeitweise impotent ist, seine Partnerin im Bett noch voll befriedigen kann. Der Geschlechtsverkehr ist nur eine von hundert verschiedenen Möglichkeiten, durch die eine Frau den Orgasmus erreichen kann. Wenn sich beide dessen bewußt werden, wird der Druck von beiden Partnern genommen.

Ein impotenter Mann, der genug Vertrauen zu sich hat und zum Experten für die unterschiedlichsten Liebkosungen geworden ist, kann ein perfekter Liebhaber sein. Er ist in der Lage, Orgasmen von höchster Qualität und anderer Intensität hervorzurufen als jene, die mit Hilfe des Penis erreicht werden, der viel weniger präzise und intelligent als die Zunge oder der Finger ist. Eine sexuell ausgeglichene Frau wird von einem Partner mit abnehmender Erektion nicht enttäuscht sein, wenn er dies geschickt mit verschiedenen Methoden wettmacht und ihre Wünsche befriedigt.

EINE EREKTION ERREICHEN   Die Mehrheit der Männer legt jedoch Wert darauf, eine Erektion zu haben, und es gibt mehrere Möglichkeiten für sie und ihre Partnerin, dies zu erreichen. Wenn die Impotenz bereits seit längerer Zeit besteht, ist möglicherweise die Behandlung durch einen Spezialisten nötig (siehe gegenüberliegende Seite).

WAS DER MANN TUN SOLLTE

○ Er sollte sich selbst Mut machen und sich sagen, daß er nicht auf Dauer impotent sein wird.
○ Er sollte Probleme mit der Partnerin diskutieren.
○ Er sollte in guter körperlicher Verfassung und normalgewichtig sein.
○ Er sollte überprüfen lassen, ob die Impotenz nicht das Ergebnis einer Krankheit wie Diabetes, Multiple Sklerose oder Arteriosklerose ist.
○ Er sollte keinerlei Medikamente oder Drogen, einschließlich Alkohol, Nikotin, Schlaftabletten, Beruhigungsmitteln, Schmerztabletten etc. nehmen. Wenn Sie verschriebene Medikamente einnehmen müssen, sollten Sie den Arzt fragen, ob diese möglicherweise Impotenz verursachen können und wenn ja, ob es Alternativen gibt.
○ Versuchen Sie, Geschlechtsverkehr zu haben, auch wenn der Penis nicht erigiert ist, da der Geschlechtsverkehr das stärkste sexuelle Stimulans ist.
○ Probieren Sie verschiedene mechanische Geräte aus, beispielsweise einen Vibrator mit einem saugnapfähnlichen Zubehörteil. Dies wird, mit einem Gleitmittel versehen, an der Eichel angewendet.
○ Wenn es sich um einen hartnäckigen Fall handelt, sollten Sie nach einem Penisimplantat fragen oder nach Spritzen (siehe gegenüberliegende Seite).

WIE DIE FRAU HELFEN KANN

○ Leidenschaftliches, intelligentes und verständiges Vorspiel am Penis, einschließlich sanfter Massage mit den Fingerspitzen von der Peniswurzel bis zur Spitze, gefolgt von einer Massage des Vorhautbändchens und der Spitze, und abwechselndes Drücken und Massieren des Schafts sollte eine Erektion zur Folge haben.
○ Bieten Sie positive, sexuelle Verstärkung, wenn es dem Partner gelingt, den Penis einzuführen, er aber seine Erektion verliert, bevor Sie oder er den Orgasmus erreicht haben.
○ Drehen Sie den Teil der Eichel, der zwischen Einkerbung und Spitze liegt, leicht mit Daumen und Zeigefinger.
○ Zwicken Sie das Vorhautbändchen vorsichtig und leicht mit den Fingern; dies kann etwas schmerzen, führt aber meistens zu einer jähen Erektion, die den Penis steifer werden läßt.
○ Bilden Sie mit Daumen und Zeigefinger einen Ring, und drücken Sie die Penisspitze gleich unterhalb des Vorhautbändchens. Dies verhindert, daß das Blut aus dem Penis über die Venen abläuft, so daß er sehr schnell steifer wird.

LANGANDAUERNDE IMPOTENZ

Bis vor einigen Jahren glaubten die meisten Ärzte, daß langandauernde Impotenz bei der Mehrzahl der Männer auf seelische Probleme zurückzuführen sei. Heute weiß man jedoch, daß Impotenz häufig das Ergebnis einer Krankheit, der Einnahme bestimmter Drogen oder einer Verletzung sein kann, die auf einen Unfall zurückzuführen ist und die nervliche Versorgung des Beckens stört. Bei älteren Männern ist die wahrscheinlichste Ursache die Arteriosklerose, bei der sich durch Rauchen und fettreiche Ernährung Ablagerungen in den Arterien bilden. Diese Erkenntnisse haben zu Fortschritten in der Behandlung geführt. So entdeckten französische Ärzte, daß Injektionen von bestimmten Medikamenten in den Penis Erektionen hervorrufen können; in letzter Zeit wurde eine chirurgische Methode zur Behandlung der Impotenz mit einem Penisimplantat immer populärer.

Eine alternative Behandlung für Männer, die gesund sind und eine gute Blutversorgung des Penis haben, ist die Injektion von Papaverin in eine Arterie in der Leistengegend. Dies führt zu einer Erektion, aber die Reaktion ist bei manchen Männern nicht voraussagbar und kann lange Zeit anhalten. Wenn eine Erektion länger als vier Stunden anhält, ist medizinische Behandlung nötig. Oft ist eine nur niedrigdosierte Injektion zu empfehlen, um die Reaktionsfähigkeit zu steigern, und Injektionen sind wahrscheinlich nicht jedesmal nötig. Befragen Sie Ihren Arzt.

EIN PENISIMPLANTAT

Es gibt verschiedene Arten von Penisimplantaten; das hier abgebildete Implantat erlaubt völlige Kontrolle über die Erektion und bleibt immer im Körper. Es besteht aus zwei aufblasbaren Stäbchen, die in die Schwellkörper eingesetzt werden. Diese füllen sich normalerweise mit Blut, wenn der Mann eine Erektion hat. Die Stäbchen werden hydraulisch mit einer kleinen Pumpe aufgeblasen, die sich im Hodensack befindet. Sie bezieht ihre Flüssigkeit aus einem Reservoir, das im Bauch eingesetzt wurde. Auf diese Weise wird der Penis steif.

Nach dem Geschlechtsverkehr kann der Mann seinen Penis wieder entleeren, indem er einen kleinen Knopf an der Pumpe drückt. Die Stäbchen sind von einer festgelegten Länge, was bedeutet, daß der Penis länger ist als normal, aber er ist weich genug, um nicht hinderlich zu sein.

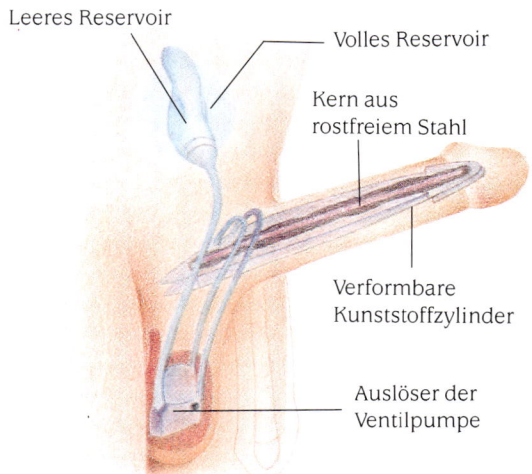

Ein permanentes Implantat
Es ermöglicht dem Penis, mit Hilfe einer Pumpe im Bauch steif zu werden.

Emotionale Faktoren

Es sollte aus den vorhergehenden Seiten für jeden offensichtlich sein, daß die meisten sexuellen Probleme das Ergebnis von emotionalen Unstimmigkeiten zwischen den Partnern sind. Wenn der Mann Angst hat, seine Frau zu enttäuschen, befürchtet, von ihr verlassen zu werden oder wenn er irgendwelche ambivalenten Gefühle ihr gegenüber hat, kann dies dazu führen, daß er sich beim Sex nicht gehenlassen kann, so daß es nicht zur Ejakulation kommt.

Wenn die Frau enttäuscht ist, weil ihr Partner ihre Gefühle ignoriert, sich langweilt, weil er bei ihr keinen Orgasmus hervorruft, wenn er sich nicht darum zu kümmern scheint, ob sie sexuell befriedigt ist, dann läßt ihre sinnliche Reaktion im Bett wahrscheinlich nach. Beide können zu sehr mit beruflichen Problemen belastet sein oder mit Problemen im Sozial- oder Familienleben, so daß dem Liebesspiel nicht genug Aufmerksamkeit geschenkt wird. Müdigkeit, Ernährungsstörungen und zu wenig Bewegung, Schlafstörungen oder nachlassende Leistungen im Berufsleben können die sexuellen Reflexe ebenfalls beeinträchtigen.

Ich glaube, daß die Mehrheit der Fälle, in denen es wegen einer möglicherweise nur vorübergehenden schwierigeren Situation zu Problemen kommt, ohne Therapeuten gelöst werden kann, solange der andere Partner liebevoll ist und Verständnis zeigt. Meist genügt es, das Problem zu besprechen (vorzugsweise nicht im Bett, damit keine direkte Verbindung zwischen sexueller Leistung und dem Besprochenen hergestellt wird). Auf diese Weise können die meisten sexuellen Schwierigkeiten behoben werden. Es ist auch hilfreich, wieder umeinander zu werben wie in der ersten Zeit der Liebe und jeden sexuellen Leistungsdruck auszuschließen.

Denken Sie auch daran, daß eine nicht-sexistische Einstellung für eine gute sexuelle Beziehung wichtig ist, damit beide Partner in der Beziehung gleichberechtigt sind und alle Aktivitäten für beide offen bleiben. Wenn ein Partner dem anderen eine bestimmte Sexualrolle zuteilt, wird der sexuellen Intimität eine künstliche und zerstörerische Grenze gesetzt.

Trauer unterdrückt sexuelle Gefühle

Es überrascht nicht, daß die Sexualität auch durch Trauer negativ beeinflußt wird. Trauer hat mit großer Sicherheit eine bestimmte und spürbare Wirkung. Liebesgefühle gegenüber dem Partner können verlorengehen, ebenso die Libido. Die Trauer entzieht dem trauernden Partner Energie, er fühlt sich schwach, abgespannt und lustlos; vielleicht hat er auch das Gefühl, daß seine sexuelle Attraktivität verlorengegangen ist. Der Trauernde präsentiert diese »Trauermaske« möglicherweise, um Intimität zu vermeiden und um sich vor unsensiblen, sexuellen Angeboten zu schützen.

Fortpflanzung, Verhütung und sexuell übertragbare Krankheiten

Was Sie wissen sollten

Der biologische Grund für die menschliche Sexualität ist die Fortpflanzung, die das Weiterbestehen und die Entwicklung der Gattung gewährleistet. Einzigartig beim Menschen ist, daß er nicht nur den Geschlechtsverkehr ausüben kann, sondern daß ihm eine Vielfalt an anderen sexuellen Aktivitäten möglich ist.

Die Fortpflanzung ist ein faszinierend komplexer Prozeß, bei dem die Eizelle der Frau vom Sperma des Mannes befruchtet wird. Anschließend entwickelt sich aus einer mikroskopisch kleinen, befruchteten Eizelle ein Fötus. Um die Sexualität jedoch von der Fortpflanzung zu trennen, ist irgendeine Form der Verhütung nötig, denn nicht immer soll der Geschlechtsverkehr zur Schwangerschaft führen.

Verhütungsmittel gibt es in vielen Formen. Sie unterscheiden sich in ihrer Wirksamkeit, in der Leichtigkeit der Anwendung und den möglichen Nebenwirkungen, aber jedes Paar sollte in der Lage sein, eine Verhütungsmethode zu finden, die seinen speziellen Bedürfnissen entspricht. Eine der einfachsten Methoden der Verhütung – das Kondom – wird seit Jahrhunderten verwendet. In den sechziger und siebziger Jahren ließ seine Beliebtheit jedoch nach, als weniger störende Verhütungsmittel wie die Pille und die Spirale zur Verfügung standen. In letzter Zeit hat das Kondom jedoch ein Comeback erfahren, einmal, weil bei ihm potentiell schädliche Nebenwirkungen ausgeschlossen sind, und zum zweiten, weil es beide Partner vor vielen Formen sexuell übertragbarer Krankheiten, besonders vor AIDS, schützt.

AIDS, eine Schwächung des Immunsystems, wird durch den humanen Immundefizienzvirus (HIV) verursacht und wurde zum ersten Mal 1981 als eigene Krankheit erkannt. Die Ursachen sind noch immer unbekannt, und da es bisher keine Heilungsmöglichkeiten gibt, bleibt dem einzelnen nichts weiter übrig, als »Safer Sex« zu praktizieren und Aktivitäten zu vermeiden, die das Risiko bergen, sich mit HIV anzustecken.

Im Vergleich zur AIDS-Erkrankung, die immer tödlich verläuft, sind die anderen sexuell übertragbaren Krankheiten relativ harmlos. Aber sie sind alle unangenehm, und bei vielen kann es zu ernsthaften Komplikationen kommen, die auch tödlich enden können, wenn die Behandlung hinausgezögert oder vernachlässigt wird. Alle Schmerzen im Genitalbereich, Beschwerden jeglicher Art, Ausfluß, Bläschen, Geschwülste oder Entzündungen sollten sofort vom praktischen Arzt oder vom Facharzt für Haut- und Geschlechtskrankheiten behandelt werden.

Die Konsultation und Behandlung ist streng vertraulich, aber es ist wichtig, daß jeder, der sich mit einer sexuell übertragbaren Krankheit angesteckt hat, seinen oder seine Partner informiert, damit sie sich behandeln lassen können und die Krankheit nicht noch weiter übertragen wird.

Fortpflanzung

Wenn Paare ohne Verhütungsmittel Geschlechtsverkehr ausüben, werden acht von zehn Frauen innerhalb eines Jahres schwanger.

Die weibliche Fruchtbarkeit erreicht im Alter von 24 Jahren einen Höhepunkt; wenn die Dreißig überschritten sind, nimmt sie wieder ab. Die Auswirkungen des Alters der Frau auf die Fruchtbarkeit sind komplex; mit zunehmendem Alter nimmt die Häufigkeit des Eisprungs ab, und es kommt zu Unregelmäßigkeiten in der progesteronen Phase des Zyklus, zu einer zunehmend ungünstigen Umgebung in der Gebärmutter und zu geringeren Überlebenschancen der Eizellen. Die Auswirkungen des Alters sind beim Mann weniger kritisch, aber obwohl Berichten zufolge Männer mit 94 Jahren noch fruchtbar sein können, nimmt die Fruchtbarkeit im allgemeinen nach dem vierundzwanzigsten Lebensjahr langsam ab.

Ohne spezielle Untersuchung ist nicht ersichtlich, ob ein Mensch fruchtbar ist oder nicht; die Frau kann überprüfen, ob es zum Eisprung kommt, wenn sie täglich ihre Temperatur mißt und in eine Tabelle einträgt. Beim Eisprung geht die Temperaturkurve leicht nach oben. Dies sagt jedoch nichts über den Transport der Eizelle aus und darüber, ob sie sich erfolgreich einnistet. Selbst wenn das Ejakulat des Mannes normal aussieht, kann man nicht erkennen, ob es die richtige Anzahl Spermien enthält.

WAS FORTPFLANZUNG BEDEUTET

Beim Geschlechtsverkehr werden bis zu fünfhundert Millionen Spermien in der Scheide ausgestoßen. Viele fließen wieder heraus, und nur etwa zweitausend überleben die Reise durch den Muttermund in die Gebärmutter bis hin zu den Eileitern. Wenn Spermien auf die relativ große Eizelle (Ovum) treffen, heften sie sich wie Napfschnecken auf der gesamten Oberfläche fest und versuchen, durch ihren Schwanz angetrieben, in die Eizelle einzudringen. Aber nur einer Samenzelle gelingt es, die Außenhaut der Eizelle zu durchbohren. Sofort verliert die Eizelle ihre Anziehungskraft, die Außenhaut verhärtet sich, und alle überflüssigen Samenzellen lassen die Eizelle los. Der ganze Prozeß von der Ejakulation bis zur Befruchtung dauert meistens weniger als sechzig Minuten. Wenn die Eizelle befruchtet ist, beginnt sie, sich zu teilen und zu vervielfachen, während sie ihre Reise durch den Eileiter fortsetzt. Schließlich pflanzt sie sich in der Gebärmutterwand ein und entwickelt sich weiter zum Fötus.

Bevor die Besamung und Befruchtung stattfinden kann, muß das Sperma jedoch Zugang zur Eizelle haben. Es gibt eine Reihe von komplizierten Transportproblemen in den Genitalsystemen des Mannes und der Frau – von den Hodenkanälchen bis hin zu den Ampullen am Ende der Eileiter, eine Reise, die auf den folgenden Seiten beschrieben wird.

DER BEITRAG DES MANNES

Der Transport, die Reifung und die Erhaltung des Spermas sind die wichtigsten Funktionen des männlichen Fortpflanzungssystems.

In einem außergewöhnlichen Schöpfungsakt werden täglich viele Millionen Spermien zu Zeiten sexueller Ruhe in den Hodenkanälchen (dies sind Millionen winziger röhrenartiger Strukturen in den Hoden) gebildet. Neugebildetes Sperma wandert von den Hodenkanälchen in ein Netz feiner Kanäle in die Nebenhoden, die mit ihnen verbunden sind. Dort reifen die Samenzellen heran. Wenn sie die Hoden verlassen, sind die Spermien unbeweglich und noch nicht in der Lage, eine Eizelle zu befruchten. Wenn die Reifung abgeschlossen ist, gelangen die Spermien in den Samenleiter, der sie mit seiner glatten Muskelhaut in den Ejakulationstrakt treibt, wo sie sich in sekundären Lagerstätten, den sogenannten Ampullen (Kolben), sammeln. Von dort werden sie beim Geschlechtsverkehr oder beim Masturbieren aktiv und in sexuell erregten Träumen unwillkürlich aus dem Körper ejakuliert.

DIE STRUKTUR DER SAMENZELLE

Jede Samenzelle hat die Form einer Kaulquappe und ist etwa sechzig Mikron (ein Mikron ist ein Tausendstel Millimeter) lang. Ihr Kopf ist abgeflacht, birnenförmig und vorne flach zusammengedrückt. Der Spermakopf besteht fast ausschließlich aus einem Zellkern, der dicht mit DNS bepackt ist; jede Samenzelle enthält ihre eigene, einzigartige Auswahl an genetischem Material. Der Kopf wird von einer kappenartigen Struktur geschützt, dem Akrosom (Endkörperchen). Es enthält Enzyme, die dem Sperma helfen, während der Befruchtung die Wand der Eizelle zu durchbohren. Die Samenzelle behält ihre »Kappe«, bis sie die Eizelle erreicht und stößt sie dann ab, möglicherweise aufgrund von Substanzen, die die Eizelle produziert.

Die Samenzelle repräsentiert den genetischen Beitrag für das Baby durch den Vater, und der Zellkern enthält dreiundzwanzig Chromosomen. Wenn Samen- und Eizelle sich vereinigen, hat die daraus resultierende Zelle den vollen Satz von sechsundvierzig Chromosomen: dreiundzwanzig vom Vater und dreiundzwanzig von der Mutter.

Der Schwanz der Samenzelle ist durch einen kurzen Hals mit dem Kopf verbunden, und peitschenartige Bewegungen erlauben es ihr, mit großer Geschwindigkeit von der Scheide aus weiterzureisen, um die Eizelle im Eileiter zu erreichen.

Es dauert etwa vierundsechzig Tage, bis eine Samenzelle voll ausgereift ist. Die Temperatur muß dabei 1,5 bis 2,5 Grad Celsius unter der der Bauchhöhle liegen. Eine leichte Erhöhung der Temperatur in den Hoden kann zu einer vorübergehenden Verschlechterung der Spermaproduktion führen.

DIE BEFRUCHTUNG

Zur Befruchtung, bei der Sperma auf natürliche Weise in die Scheide abgegeben wird, gehören drei Reflexe – Erektion, Ausstoß und Ejakulation. Alle Reflexe und die damit verbundenen Mechanismen hängen zusammen, aber das Gehirn hat mit der Kontrolle dieser Reflexe nichts zu tun; dafür ist das Rückenmark verantwortlich.

Wenn der Mann sexuell erregt ist, wird Sperma aus den Ampullen und Flüssigkeit aus den naheliegenden Bläschendrüsen in den Harntrakt gepumpt. Dieser Vorgang wird als Ausstoß bezeichnet. Die Nervenimpulse, die diesen Prozeß in Gang setzen, werden von Berührungsempfängern in der Eichel herangetragen.

Die Ejakulation ist die Fortbewegung von Samen und Samenflüssigkeit aus der Harnröhre heraus. Sie wird durch denselben Reiz ausgelöst, der zum Ausstoß führt. Reize von den Berührungsrezeptoren in der Eichel verursachen die rhythmischen Kontraktionen der Harnröhre und der Prostata, einer Drüse, die am Anfang der Harnröhre liegt. Die Prostata gibt eine Nährflüssigkeit ab, die Teil des Samenplasmas wird, und Muskelkontraktionen pumpen das Ejakulat nach draußen.

Die meisten jungen Männer können mehrmals pro Tag ejakulieren. Männer in mittleren Jahren können dies zwei- bis dreimal pro Tag tun. Erst im

Alter scheint das System »auszutrocknen« und das Samenvolumen verringert sich. Die meisten Samenzellen sind in den allerersten Ejakulationsstrahlen enthalten.

DIE REISE DES SPERMAS

Beim Geschlechtsverkehr wird das Sperma gegen die Öffnung des Muttermunds am hinteren Scheidenende ejakuliert. Die Samenzellen bleiben etwa dreißig Minuten in der Scheide, bevor sie sich auf die Gebärmutter zubewegen: während der Ejakulation beim Geschlechtsverkehr sammelt sich ein Spermasee in den Falten um den Muttermund herum an. Dieser gerinnt schnell und verhindert eine Bewegung des Spermas, bis sich der Klumpen zwanzig bis dreißig Minuten später wieder verflüssigt. Viele Spermien dringen jedoch innerhalb von neunzig Sekunden nach der Ejakulation in den Muttermund ein, und es sind diese Samenzellen, die im Genitaltrakt überleben und wahrscheinlich eine Befruchtung erreichen. Die Reise von 15 bis 18 cm, was etwa der Entfernung von der Scheide zum Eileiter entspricht, dauert im allgemeinen mehrere Stunden.

Während das Sperma im Genitaltrakt der Frau aufsteigt, kommt es zu einer ungeheuren Reduzierung in der Spermaanzahl. Bis zu fünfhundert Millionen Spermien werden in die Scheide ejakuliert, aber nur eine Samenzelle befruchtet die Eizelle. Dem Sperma stellen sich viele Hindernisse in den Weg. Die erste Reduzierung erfolgt bereits am Muttermund; dieser ist mit Schleim gefüllt, der unüberwindbar sein kann.

Zu einer weiteren Verminderung kommt es an der Abzweigung zu den Eileitern, so daß nur ein paar Tausend Samenzellen in die Eileiter gelangen und nur etwa ein- bis zweihundert Samenzellen noch weiter vordringen. Auf ihrer Reise wurden die Spermien durch die Substanzen im Muttermund und in den Eileitern weiter verändert, so daß jene, die die Eizelle erreichen, jetzt zur Befruchtung fähig sind.

KOMMT ES ZUR BEFRUCHTUNG?

Eine der verbleibenden Samenzellen dringt in das innere Zellplasma der Eizelle ein. Sobald das geschieht, verändert sich die chemische Zusammensetzung in den Wänden der Eizelle und schließt so alle anderen Samenzellen aus. Wenn überhaupt kein Ei vorhanden ist, schwimmen die Spermien im Eileiter auf und ab, und einige gelangen auch in die Bauchhöhle. Sperma kann im weiblichen System ein bis zwei Tage lang fruchtbar und mobil bleiben, aber die reife Eizelle kann wahrscheinlich nur zwölf bis vierundzwanzig Stunden überleben. Daher ist eine Befruchtung unwahrscheinlich, wenn der Geschlechtsverkehr nicht ein oder zwei Tage vor oder sofort nach dem Eisprung stattfindet.

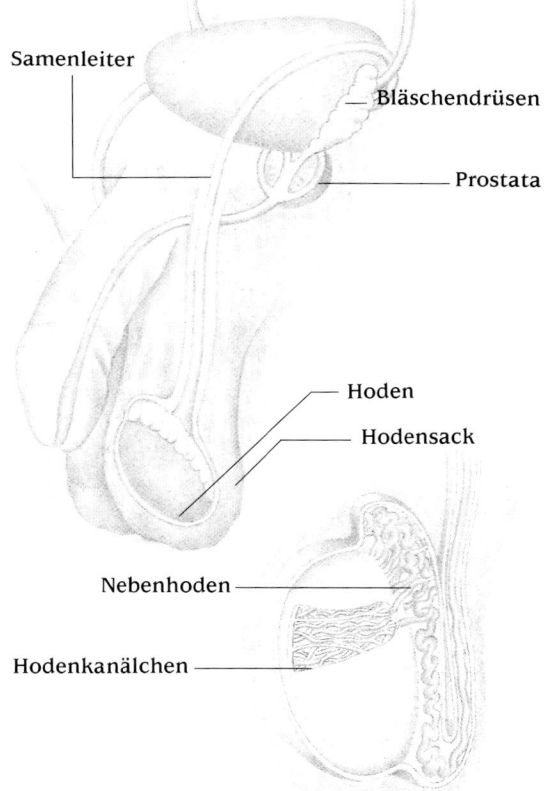

Spermaproduktion

In einem beeindruckenden Schöpfungsakt werden täglich viele Millionen Spermien zu Zeiten sexueller Ruhe in den Hodenkanälchen gebildet. Diese Kanälchen sind Millionen winziger röhrenartiger Strukturen in den Hoden.

BEFRUCHTUNG

Spermien schwimmen nach dem Geschlechtsverkehr und der Ejakulation durch den Muttermund hinauf in Richtung Eileiter. Wenn sich die Spermien im Eileiter befinden, umringen sie die Eizelle und versuchen, in sie einzudringen, bis eine Erfolg hat. Die Vereinigung einer Eizelle und einer Samenzelle erzeugt eine Zygote. Dieser Vorgang wird als Befruchtung bezeichnet.

Nach der Befruchtung beginnt die Zygote mit der Zellteilung. Sie wird zum Blastozyst und setzt ihre Reise den Eileiter entlang in die Gebärmutter fort, wo sie sich in der Gebärmutter einnistet.

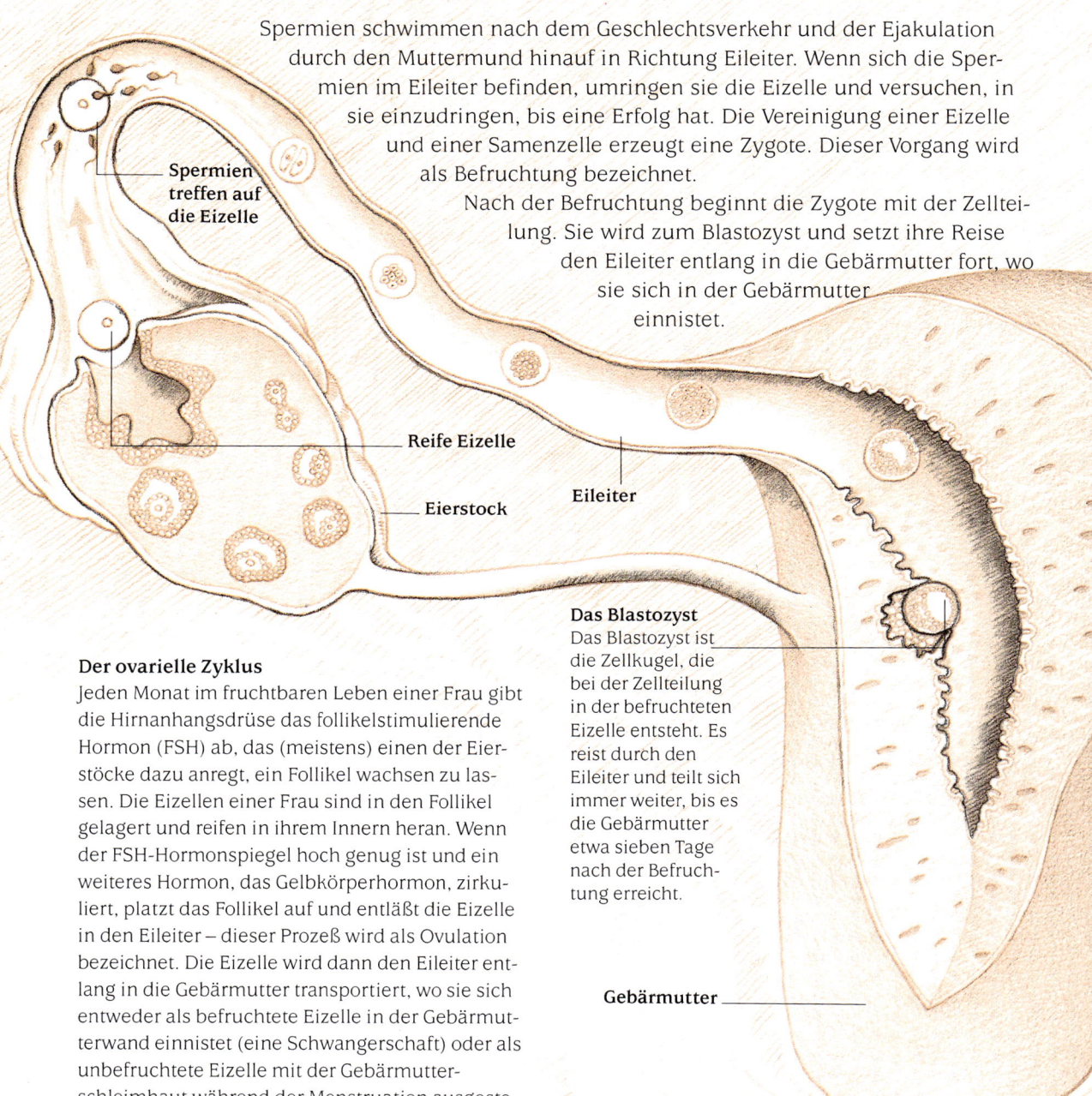

Spermien treffen auf die Eizelle

Reife Eizelle

Eierstock

Eileiter

Das Blastozyst
Das Blastozyst ist die Zellkugel, die bei der Zellteilung in der befruchteten Eizelle entsteht. Es reist durch den Eileiter und teilt sich immer weiter, bis es die Gebärmutter etwa sieben Tage nach der Befruchtung erreicht.

Gebärmutter

Der ovarielle Zyklus
Jeden Monat im fruchtbaren Leben einer Frau gibt die Hirnanhangsdrüse das follikelstimulierende Hormon (FSH) ab, das (meistens) einen der Eierstöcke dazu anregt, ein Follikel wachsen zu lassen. Die Eizellen einer Frau sind in den Follikel gelagert und reifen in ihrem Innern heran. Wenn der FSH-Hormonspiegel hoch genug ist und ein weiteres Hormon, das Gelbkörperhormon, zirkuliert, platzt das Follikel auf und entläßt die Eizelle in den Eileiter – dieser Prozeß wird als Ovulation bezeichnet. Die Eizelle wird dann den Eileiter entlang in die Gebärmutter transportiert, wo sie sich entweder als befruchtete Eizelle in der Gebärmutterwand einnistet (eine Schwangerschaft) oder als unbefruchtete Eizelle mit der Gebärmutterschleimhaut während der Menstruation ausgestoßen wird. Das Follikel, das die Eizelle beherbergt hat, reift zum Gelbkörper heran, der in der zweiten Monatshälfte große Mengen Progesteron abgibt. Dann altert der Gelbkörper und stirbt ab.

FORTPFLANZUNG

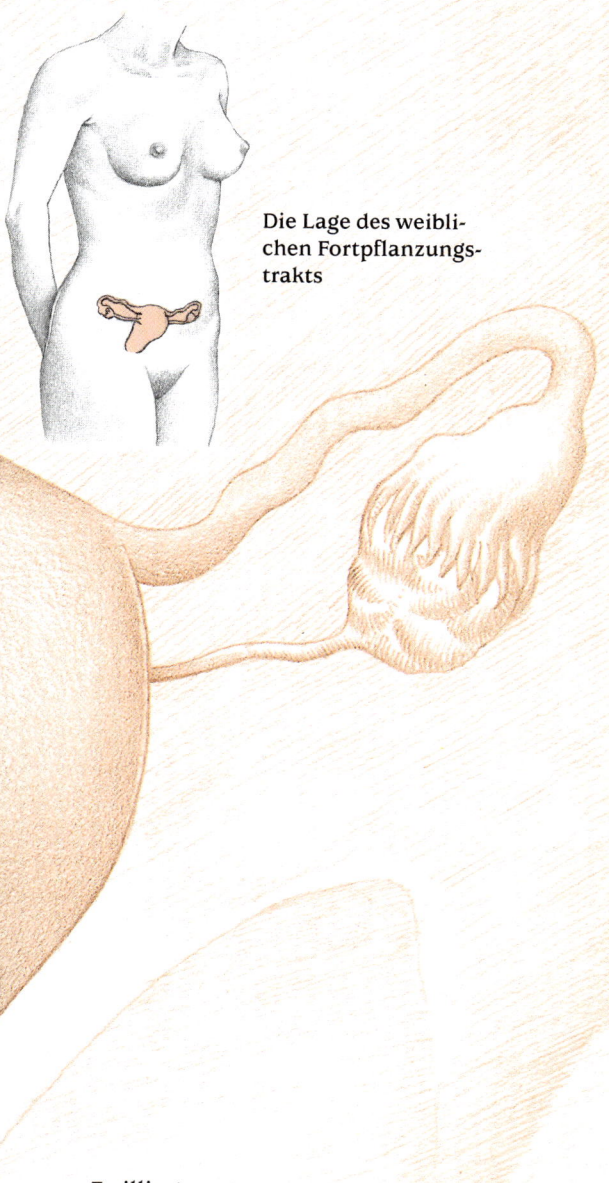

Die Lage des weiblichen Fortpflanzungstrakts

Junge oder Mädchen?

Das Geschlecht des Babys wird durch die Geschlechtschromosomen entschieden, die sich im Sperma des Mannes befinden. Die Eizelle der Frau ist weiblich und enthält nur »X«-Chromosome. Spermien dagegen können männlich oder weiblich sein. Ein Junge entsteht, wenn eine Samenzelle, die ein »Y«-Chromosom enthält, in die Eizelle eindringt; ein Mädchen entsteht, wenn sich eine Samenzelle mit einem »X«-Chromosom mit der Eizelle zusammentut.

»Y«-Samenzelle plus »X«-Eizelle gleich »XY«-Chromosom (männlich)

»X«-Samenzelle plus »X«-Eizelle gleich »XX«-Chromosom (weiblich)

Zwillinge

Zur Zeit der Ovulation kann eine Änderung in den Informationen, die vom Gehirn und von der Hirnanhangsdrüse zum Eierstock gesendet werden, dazu führen, daß mehr als eine Eizelle abgegeben wird, was zu zweieiigen (nicht-identischen) Zwillingen oder Drillingen führen kann, von denen jeder seine eigene Plazenta hat. Diese Neigung ist oft erblich. Wenn sich jedoch eine einzige befruchtete Eizelle zweiteilt, wachsen eineiige Zwillinge heran, die sich eine Plazenta teilen.

Zwei Spermien befruchten zwei Eizellen, es entstehen zweieiige Zwillinge

Eine Samenzelle befruchtet eine einzelne Eizelle, die sich aufteilt, es entstehen eineiige Zwillinge

DER BEITRAG DER FRAU

Die Organe, die es der Frau ermöglichen, reife Eizellen zu produzieren, diese zu transportieren, damit sie befruchtet werden können, und die befruchteten Eizellen dann zu nähren, befinden sich alle im Bereich des Beckens.

DIE EIERSTÖCKE

Die beiden Eierstöcke, die Organe, in denen die Eizellen produziert werden, sind abgeflachte, bohnenförmige Drüsen, die etwa 3 bis 4 cm lang, 2 cm breit und 1 cm dick sind. Ihre Oberfläche ist von perlweißer Farbe, und die Umrisse sind vernarbt und faltig.

Die Lage der Eierstöcke im Becken kann sich verändern, aber bei Frauen, die noch keine Kinder geboren haben, liegen sie neben den Beckenwänden, wobei ihre Längsachse vertikal ist. Die Innenseiten sind dem Beckenraum zugewandt, werden aber von den Eileitern verdeckt. Die Eierstöcke werden auf drei Seiten von Bändern gehalten.

Ein Eierstock besteht aus zwei Schichten – aus der äußeren Kortex, aus der die Eizellen auftauchen, und aus der Mitte, die als Medulla bezeichnet wird; zwischen diesen beiden Zonen gibt es keine klare Abgrenzung.

Die Eierstöcke spielen eine zentrale Rolle bei der Fortpflanzung der Frau und haben zwei eng miteinander verwandte Funktionen – die Produktion von Eizellen und die Produktion von Sexualhormonen. Diese beiden Funktionen werden von zwei Zentren im Gehirn reguliert – vom Hypothalamus und von der Hypophyse. Dann wieder ist der Hauptaktionsort für die Hormone der Eierstöcke die Gebärmutter, und dem Einsprung kann die Einnistung der befruchteten Eizelle in der Gebärmutterhöhle folgen.

DER OVARIELLE ZYKLUS

Die Ovulation und die Produktion der Hormone durch den Eierstock folgen einer sich ständig wiederholenden Sequenz – dem ovariellen Zyklus. Dieser Zyklus basiert auf den Wachstumsveränderungen um die weiblichen Keimzellen herum, die die Eizellen produzieren. Der Gesamtvorrat an Keimzellen ist bei der Geburt bereits in den Eierstöcken angelegt. Jeder Eierstock enthält drei bis vier Millionen Keimzellen, obwohl es individuell große Abweichungen geben kann.

Weniger als ein Prozent dieser Zellen reifen in den etwa fünfunddreißig Jahren des fortpflanzungsfähigen Lebens der Frau heran und gelangen zum Eisprung. Die übrigen verkümmern einfach. Dieser Prozeß setzt vor der Geburt ein und hält bis zu den Wechseljahren an, wenn der Vorrat an Keimzellen fast aufgebraucht ist.

Jeden Monat werden einige dieser Keimzellen von einer einzelnen Zellschicht umgeben, so daß Strukturen entstehen, die Primärfollikel heißen. Der Mechanismus, durch den ein einzelner Follikel jeden Monat heranreift, ist unbekannt, aber er wird mit zunehmendem Alter weniger wirksam.

Zu Beginn des Zyklus in einem jeden Monat beginnen sich mehrere Follikel unter dem Einfluß des follikelstimulierenden Hormons (FSH), das von der Hirnanhangdrüse abgegeben wird, zu entwickeln; aber nur einer (bisweilen auch zwei) entwickelt sich weiter, die anderen bilden sich zurück.

Der sich entwickelnde Follikel reift während der ersten beiden Wochen des Menstruationszyklus heran. Der reife Follikel wird als Graafscher Follikel bezeichnet und hat einen Durchmesser von 10 bis 30 Millimetern. Es ist damit eintausendmal größer als der ursprüngliche Primärfollikel, aus dem er sich entwickelt hat.

Wenn der Follikel seine Reife erreicht, bringt das Gelbkörperhormon, das von der Hirnanhangdrüse abgegeben wird, ihn dazu, aufzuplatzen, während er aus dem Eierstock heraustritt. Dabei entläßt er die Keimzelle (Ovum). Winzige, fransenartige Fortsätze, die Fimbrien, am Ende jedes Eileiters, befinden sich nah an der Oberfläche des Eierstocks und tragen die ausgestoßene Eizelle in einen der Eileiter. Muskelkontraktionen der Eileiterwand tragen die Eizelle dann den Eileiter entlang zu den Ampullen, wo sie darauf wartet, von einer Samenzelle befruchtet zu werden.

Nach der Ovulation bricht der Follikel zusammen und wird zum Gelbkörper, eine Masse von intensiv gelber Farbe, die 8 bis 10 Tage lang aktiv Sexualhormone herstellt. Wenn es nicht zur Befruchtung gekommen ist, degeneriert sie und wird während der nächsten Monate zu einer strukturlosen weißen Masse, dem Corpus albicans.

DIE EIZELLE

Der Eisprung erfolgt in der Mitte des ovariellen Zyklus, und jede Eizelle repräsentiert den genetischen Beitrag der Mutter zu einem Kind. Ein Kind ist jedoch nicht einfach die Summe eines halben Anteils mütterlicher und väterlicher Chromosomen. Die Chromosomen, die es bei der Befruchtung erbt, sind ähnlich wie die Chromosomen des Vaters, aber nicht identisch. Während der Produktion einer Eizelle wird die tatsächliche genetische Struktur der Chromosomen aus den mütterlichen Zellen neu arrangiert, so daß die Chromosomen in der Eizelle genetisch anders sind als die entsprechenden Chromosomen im mütterlichen Gewebe.

Bei der Befruchtung kommt es zur Verschmelzung einer Eizelle mit einer Samenzelle. Um die Konstanz der Anzahl der menschlichen Chromosomenzellen aufrechtzuerhalten, wird die Zahl der Chromosomen in der Eizelle vor der Befruchtung um die Hälfte reduziert, so daß dreiundzwanzig anstelle von sechsundvierzig Chromosomen vorhanden sind. Dies wird durch zwei aufeinanderfolgende Zellteilungen erreicht, die man zusammen als Meiose bezeichnet.

DIE GEBÄRMUTTER

Die Gebärmutter ist ein birnenförmiges Organ, dessen schmales Ende in die Vagina hineinragt. Die oberen zwei Drittel machen den Körper aus, und der Teil des Körpers, der über der Abzweigung der Eileiter liegt, wird als Fundus uteri bezeichnet.

Wenn keine Schwangerschaft vorliegt, ist die Gebärmutter flach und leicht nach hinten abgewinkelt. Sie wiegt 50 bis 100 Gramm und ist etwa 8 cm lang, 5 cm breit und 2 bis 3 cm dick. Die Muskelauskleidung der Gebärmutter wird als Myometrium bezeichnet.

Die Gebärmutter ist etwas zur rechten Seite geneigt, und wenn man sie von der Seite betrachtet, ist sie leicht nach vorn gekrümmt; bei 10 Prozent der Frauen ist sie jedoch nach hinten gekrümmt. Der Muttermund geht in einem Winkel von etwa 90 Grad in die Scheide über.

Die Lage der Gebärmutter hängt davon ab, ob Blase und Mastdarm ausreichend abgestützt sind. Wenn die Frau aufrecht steht, befindet sich der Muttermund etwa in Höhe der vorderen Beckenknochen. Wenn jedoch die Beckenmuskeln schwächer werden, kann die Gebärmutter weit unter diese Höhe vorfallen.

Das Myometrium besteht aus glatten Muskelfaserbündeln, die durch verbindendes Gewebe gehalten werden. Diese Bündel sind in Schichten angeordnet, die nicht klar umrissen sind, aber den Hauptanteil der Muskeln bildet ein zusammenhängendes Fasernetzwerk. Die Schleimhautauskleidung der Gebärmutter, das Endometrium, liegt direkt auf dem Myometrium, so daß die Enden der endometrischen Drüsen sich in den darunterliegenden Muskel graben können. Während der fortpflanzungsfähigen Jahre macht das Endometrium zyklische Veränderungen durch.

DIE EILEITER

Jeder Eileiter ist etwa 10 cm lang. An seinem inneren Ende ist der Eileiter mit der Gebärmutterhöhle verbunden; das äußere Ende öffnet sich in die Beckenhöhle. Jeder Eileiter hat vier Teile. Der erste, der interstitielle Teil, verläuft schräg durch den Gebärmuttermuskel und führt zu einer schmalen Muskelregion, die als Isthmus bezeichnet wird. Dann folgt ein stark gefalteter Abschnitt, der als Ampulla bezeichnet wird. Das äußere Ende jedes Eileiters erweitert sich zum Infundibulum, das von einer Reihe von langen, tentakelartigen Strukturen, den Fimbrien, umsäumt wird.

Einige der Zellen, die die Eileiter auskleiden, sind mit haarähnlichen Fortsätzen bedeckt, die sich ähnlich wie ein Kornfeld im Wind fortlaufend bewegen. Durch diese Bewegungen werden die Eizellen aus den Eierstöcken in die Eileiter getrieben.

DIE SEXUALHORMONE

Sexualhormone sind notwendig für die Entwicklung der sekundären Geschlechtsmerkmale bei beiden Geschlechtern und für die zyklischen Veränderungen im Körper der Frau, die mit der Menarche beginnen und in den Wechseljahren enden. Sie sind auch für die Vorbereitung und Aufrechterhaltung einer Schwangerschaft verantwortlich. Beim Mann kontrollieren die Hormone die sexuelle Entwicklung und die Produktion von Sperma und erhalten den Sexualtrieb aufrecht.

DIE AUSWIRKUNGEN AUF DEN MANN

In der Pubertät produzieren die Hoden immer größere Mengen an Testosteron, was zu einer Reihe von Veränderungen führt – Penis, Hodensack und Hoden wachsen genau wie die Schambehaarung, Muskeln und Knochen. Testosteron hat wie andere Androgene auch eine anabolische Wirkung: es erhöht die Geschwindigkeit der Proteinsynthese und verringert die Geschwindigkeit, mit denen Proteine zerlegt werden. Auf diese Weise wird die Muskelmasse besonders an der Brust und an den Schultern vergrößert. (Testosteron macht auch – im nicht wertenden Sinne – aggressiv, was ein charakteristischer Zug des Mannes ist.) Wenn die Testosteronproduktion zurückgeht, läßt der Sexualtrieb des Mannes und seine Leistung nach. Dies kann passieren, wenn die Hoden aufgrund des Alters erkranken oder schrumpfen. Die hormonproduzierenden Zellen in den Hoden nehmen nicht abrupt ab, aber im Alter von etwa vierzig Jahren werden sie zahlenmäßig geringer, so daß weniger Testosteron produziert wird, und bei sehr alten Männern beträgt die Produktionsmenge nur noch etwa die Hälfte bis ein Drittel derer, die bei jungen Männern vorhanden ist. Regelmäßige sexuelle Aktivität ist die beste Möglichkeit, den Testosteronspiegel hochzuhalten, während fehlende sexuelle Aktivität zu einer Abnahme führt. Wenn Sie keine Partnerin haben, kann regelmäßiges Masturbieren dieselbe Wirkung zeigen. Wenn der Sexualtrieb unterdrückt wurde, kann es ein paar Monate dauern, bis er sich wieder normalisiert.

DIE AUSWIRKUNGEN AUF DIE FRAU

Die Produktion von Hormonen in den Eierstöcken und in der Hirnanhangdrüse hat Auswirkungen auf alle Organe des weiblichen Körpers. Obwohl nicht alle Veränderungen sichtbar sind, sind die sichtbaren auffällig und leicht zu beobachten. Diese Veränderungen betreffen sowohl den Geist als auch den Körper und können zu unterschiedlichen Gefühlen führen. Veränderungen aufgrund der Hormone sind besonders in den verschiedenen Stadien des Menstruationszyklus, während der Schwangerschaft und nach der Geburt und in den Wechseljahren (Klimakterium) offensichtlich.

DER MENSTRUATIONSZYKLUS

Der Menstruationszyklus beginnt am ersten Tag der Menstruation, wenn geringe Mengen Östrogen vom Eierstock produziert werden. Diese Mengen steigern sich langsam, bis sie kurz vor der Ovulation einen Höhepunkt erreichen. Diese tritt etwa vierzehn Tage nach dem ersten Tag der Menstruation ein. Mit der Ausstoßung einer Eizelle geben die zurückbleibenden Follikelzellen, die Gelbkörper, Progesteron ab, dessen Spiegel ein paar Tage vor dem Einsetzen der Menstruation seinen Höhepunkt erreicht.

Die Durchschnittslänge des Menstruationszyklus beträgt achtundzwanzig Tage, aber er kann auch zwischen sechsundzwanzig und dreiunddreißig Tagen lang sein. Die erste Hälfte des Zyklus vor der Ovulation wird als östrogene Phase bezeichnet, die zweite Hälfte nach der Ovulation als progestergene Phase. Während der zweiten Hälfte der progestergenen Phase kommt es zu einem geringen Ansteigen der Östrogenabgabe, die mit dem Rückgang des Progesteronspiegels ein paar Tage vor der Menstruation zurückgeht. Der stark fallende Spiegel der weiblichen Hormone und der völlige Rückgang am Schluß führen zur Ausstoßung der Auskleidung der Gebärmutter und zur Menstruationsblutung.

Es kommt zur Blutung, weil die endometrische Auskleidung zerfällt und sich ablöst. In der zweiten Phase des Zyklus (in der progestergenen Phase) ist die Auskleidung unter dem Einfluß des Progesteron dick geworden und hat sich als Vorbereitung zur Aufnahme einer befruchteten Eizelle mit Drüsen angefüllt. Wenn es nicht zur Empfängnis kommt, wird diese Auskleidung abgestoßen.

Die Menstruation hat also zwei Funktionen: die Ausstoßung der alten Gebärmutterauskleidung, die nicht gebraucht wird, da es nicht zur Schwangerschaft gekommen ist, und die Vorbereitung für einen Neubeginn des Zyklus, falls es im nächsten Monat zu einer Schwangerschaft kommt.

HORMONELLE VERÄNDERUNGEN IM KÖRPER

In der ersten Hälfte des Menstruationszyklus hat die Östrogenproduktion einen verjüngenden Einfluß auf den Körper. Dieses Hormon hält das Haar in gutem Zustand, macht die Haut rosig und hebt die allgemeine Stimmung der Frau. Der Ausfluß aus der Scheide ist dünn, klar und flüssig und wenig riechend.

In der zweiten Hälfte wirkt sich das Progesteron aus, indem es zu einer Vergrößerung der Brust kommt. Sie wird schwer und berührungsempfindlich und hat eine orangenartige Beschaffenheit; Pickel können entstehen, und der Ausfluß aus der Scheide kann weißlich, dicker und gummiartiger werden.

Andere Veränderungen, die auf die Progesteronproduktion zurückzuführen sind, sind beispielsweise Wassereinlagerungen, so daß die Frau sich aufgedunsen fühlt, und Gesicht, Hände und Füße angeschwollen sind. Der Taillenumfang kann sich vergrößern, es kann zu Kopf- und Bauchschmerzen kommen und zu starken Veränderungen in der Stimmung wie Reizbarkeit, Zornesausbrüchen, Weinerlichkeit und Depressionen, die in Extremfällen sogar zu Selbstmordgefühlen und Gewalttätigkeiten führen können.

DIE WECHSELJAHRE

Das Klimakterium ist die Zeit im Leben einer Frau, in der die Funktion der Eierstöcke langsam nachläßt und Östrogen- und Progesteronspiegel abnehmen. Während der Menarche dauert es mehrere Jahre, bis sich die regelmäßige Aktivität der Eierstöcke und der Hormonproduktion etabliert. Die Wechseljahre erstrecken sich über eine ähnliche Zeitspanne, und die Menopause, die Einstellung der Menstruation, ist nur ein Teil der Gesamtentwicklung.

SYMPTOME DER WECHSELJAHRE

Viele Frauen haben überhaupt keine Beschwerden in den Wechseljahren und merken kaum, was vor sich geht. Andere leiden unter sehr lästigen Symptomen wie Hitzewellen, nächtlichem Schwitzen, Launenhaftigkeit, Verlust des Sexualtriebs und Depressionen. Mit einer Hormonersatztherapie kann man 90 bis 95 Prozent dieser Symptome erfolgreich behandeln.

Früher glaubte man, daß die Wechseljahre den langsamen Übergang ins Alter einleiten. Für eine immer größer werdende Zahl Frauen ist es jedoch eine Zeit großer persönlicher Entwicklung, in der sie sich neue Kenntnisse aneignen und eine neugefundene Selbstsicherheit erlangen.

Man kann nicht voraussagen, wann die Wechseljahre beginnen, aber oft wiederholt sich ein Muster in Familien, so daß Frauen genau wie ihre Mütter früh oder spät in die Wechseljahre kommen.

Wenn bei Ihnen die Menstruation früh eingesetzt hat, werden Sie wahrscheinlich spät in die Wechseljahre kommen und umgekehrt. Das Durchschnittsalter für die letzte Menstruation ist das zweiundfünfzigste Lebensjahr. Nur bei 10 Prozent der Frauen setzt die Periode bereits aus, wenn sie sechsundvierzig sind, und im Alter von etwa achtundfünfzig Jahren haben 99 Prozent der Frauen das Klimakterium hinter sich.

VERHÜTUNG

Es gibt mehrere Möglichkeiten für ein Paar, den Geschlechtsverkehr auszuüben, ohne daß es zu einer Schwangerschaft kommt. Sie sind nicht alle gleich verläßlich und praktisch. Was die Effektivität betrifft, besteht die beste Lösung darin, daß Mann oder Frau sich einfach einer Sterilisation unterziehen. Die einfachste – aber riskanteste – Form der Verhütung am anderen Ende der Skala ist der Coitus interruptus, bei dem der Mann den Penis vor der Ejakulation aus der Scheide der Frau zieht.

Zwischen diesen beiden Extremen liegen drei weitere Hauptmethoden der Verhütung: die natürliche oder Rhythmusmethode, die mechanische und die hormonelle Verhütung (die Pille).

NATÜRLICH, MECHANISCH UND HORMONELL

Bei den natürlichen oder Rhythmusmethoden, zu denen die Kalender-, die Temperatur- und die Schleimmethode zählen, wird der Geschlechtsverkehr nur an den Tagen des Monatszyklus der Frau ausgeübt, an denen eine Empfängnis unwahrscheinlich ist. Diese Tage werden durch Berechnung oder Beobachtung verschiedener Phänomene festgelegt. Mechanische Methoden, beispielsweise das Kondom oder das Diaphragma, bauen eine Barriere auf, die verhindert, daß das Sperma die Eizelle erreicht, so daß es nicht zur Befruchtung kommen kann. Bei der hormonellen Methode werden Hormone eingenommen, die den Stoffwechsel und die Physiologie des Körpers beeinflussen, so daß eine Empfängnis verhindert wird.

Theoretisch könnten mechanische Methoden von beiden Geschlechtern verwendet werden.

Seit dem Aufkommen der hormonellen Verhütungsmittel für Frauen wurden sie ohnehin zeitweise stark verdrängt, vor allem durch die Pille. Sie ist in ihrer Anwendung bequem und einfach und bietet 100prozentige Sicherheit; fast ebenso zuverlässig ist die Spirale. Allerdings fällt mit diesen Methoden die Verhütung im allgemeinen in den Verantwortungsbereich der Frau. In letzter Zeit sind Kondome wieder populärer geworden. Dies ist teilweise darauf zurückzuführen, daß mögliche Nebenwirkungen wegen der Pille befürchtet werden. Der Hauptgrund ist jedoch, daß durch das häufigere Auftreten von Herpes und AIDS (Infektionen, die in den meisten Fällen bei sexuellem Kontakt übertragen werden) das Kondom mit »Safer Sex« assoziiert wird. Kondome wurden einst wegen ihrer vergleichsweise geringen Sicherheit im Vergleich zur Pille verachtet, aber sie erleben jetzt eine Renaissance. Diese Veränderung in der Beliebtheit der Verhütungsmethoden spiegelt eine Verschiebung in der Verantwortung von der Frau zum Mann wider (wofür es auch an der Zeit war).

VERHÜTUNGSMETHODEN BEIM MANN

Die älteste Form der Verhütung beim Mann ist der Coitus interruptus: kurz vor der Ejakulation wird der Penis aus der Scheide gezogen. Diese Verhütungsmethode ist gefährlich und unwirksam. Schon vor der Ejakulation kann eine kleine Menge Samenflüssigkeit abgegeben werden, die bereits einige Spermien enthalten kann. Dies hat schon oft zu Schwangerschaften geführt, und man sollte sich nie auf den Coitus interruptus verlassen, um eine Schwangerschaft zu verhindern. Diese Verhütungsmethode sollte nie praktiziert werden, wenn eine Schwangerschaft unerwünscht ist.

Die Vasektomie (Sterilisation des Mannes) ist eine dauerhafte Methode der Geburtenkontrolle für Männer und kann in einer einfachen 15- bis 20minütigen ambulanten Operation unter örtlicher Betäubung durchgeführt werden.

Das Kondom ist die verbreitetste Form der Verhütung beim Mann. Es ist eine recht zuverlässige Methode der Geburtenkontrolle und eine der ältesten überhaupt.

DAS KONDOM

Das Kondom besteht aus dünnem Gummimaterial und wird vor dem Eindringen auf den erigierten Penis aufgezogen. Es nimmt das Ejakulat auf und verhindert, daß Sperma in die Scheide der Frau gelangt. Als zusätzlicher Schutz, um das Kondom gleitfähiger zu machen und um Reibung zu verhindern, sollte ein spermizides Gel oder eine Creme verwendet werden. Kondome sind in verschiedenen Formen, Farben, Stärken und Strukturen erhältlich, manche sind besonders gleitfähig und bereits mit einem spermaabtötenden Mittel versehen. Denken Sie daran, daß ein Kondom nur einmal verwendet werden kann, und für jeden neuen Geschlechtsakt sollte ein neues benutzt werden.

Nach der Ejakulation sollte der Penis mit dem Kondom herausgezogen werden, solange der Penis noch teilweise erigiert ist; dabei muß das Kondom gut festgehalten werden, damit kein Sperma in die Scheide gelangen kann.

Das Kondom hat verschiedene Vorteile: Es ist sehr wirksam, wenn es richtig und in Verbindung mit einem spermaabtötenden Mittel verwendet wird, es ist überall erhältlich, leicht zu handhaben und für alle Männer geeignet. Wichtig ist auch der Schutz vor sexuell übertragbaren Infektionen. Es kann Frauen auch vor Krebserkrankungen des Muttermundes schützen.

WIE MAN EIN KONDOM RICHTIG BENUTZT

○ Verwenden Sie bei jedem Sexualakt ein neues Kondom und überprüfen Sie, ob es Risse oder Löcher aufweist.
○ Achten Sie darauf, daß Sie das Kondom tragen, bevor der Penis überhaupt in die Nähe der Scheide gelangt.
○ Ziehen Sie den Penis heraus, bevor die Erektion völlig abschwillt, und halten Sie das Kondom beim Herausziehen fest.
○ Überprüfen Sie nach dem Gebrauch genau, ob es Risse aufweist.
○ Verwenden Sie keine Vaseline, um die Außenseite des Kondoms gleitfähig zu machen, da dies zu Reizungen in der Scheide führen könnte. Verwenden Sie nur wasserlösliche Cremes.

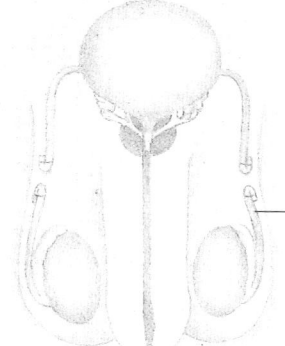

Ein kleiner Teil jedes Samenstrangs wird entfernt; die Enden werden verknotet.

Vasektomie
Diese Operation gewährleistet 100prozentige Sicherheit; der Patient erholt sich schnell, und es kommt zu keiner Veränderung des Hormonspiegels oder der Beschaffenheit des Spermavolumens; der Sexualtrieb bleibt ebenfalls unbeeinflußt.

VERHÜTUNGSMETHODEN

Die Verhütungsmethoden reichen von der einfachen, aber sehr riskanten Methode des Coitus interruptus, bei der der Mann vor der Ejakulation seinen Penis aus der Scheide zieht, zu den komplizierteren Methoden der chirurgischen Sterilisation, aber es gibt viele sichere und leicht zugängliche Methoden der Geburtenkontrolle, die nicht endgültig sind. Über die Ladentheke kann man Kondome, Schwämmchen und spermizide Zäpfchen, Cremes und Gels kaufen. Das Diaphragma oder Pessar muß von einem Facharzt genau angepaßt werden und bei Gewichtszunahmen oder -verlusten oder nach einer Geburt ausgewechselt werden. Spiralen müssen ebenfalls von einem Gynäkologen eingesetzt, regelmäßig überprüft und entfernt werden. Alle Pillen zur Geburtenkontrolle gibt es nur auf Rezept.

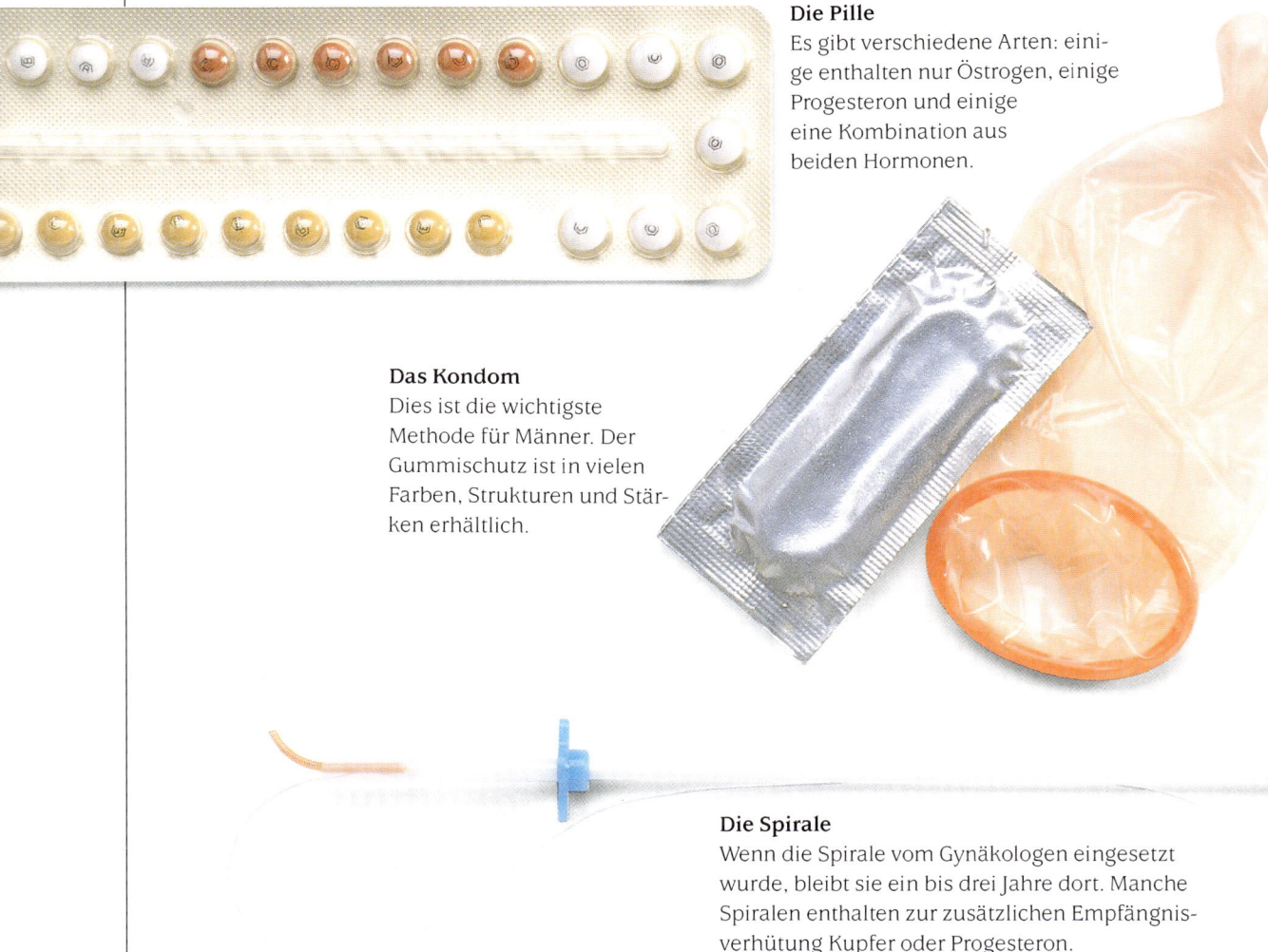

Die Pille
Es gibt verschiedene Arten: einige enthalten nur Östrogen, einige Progesteron und einige eine Kombination aus beiden Hormonen.

Das Kondom
Dies ist die wichtigste Methode für Männer. Der Gummischutz ist in vielen Farben, Strukturen und Stärken erhältlich.

Die Spirale
Wenn die Spirale vom Gynäkologen eingesetzt wurde, bleibt sie ein bis drei Jahre dort. Manche Spiralen enthalten zur zusätzlichen Empfängnisverhütung Kupfer oder Progesteron.

VERHÜTUNG

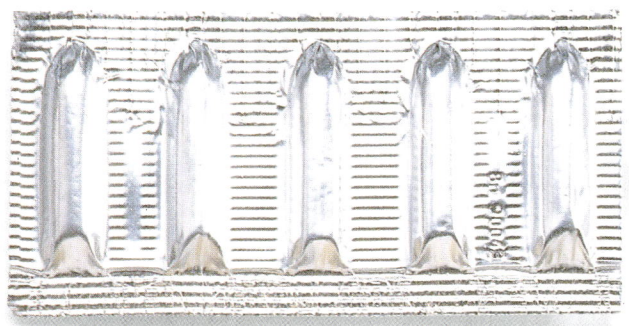

Spermizide Zäpfchen
Diese können allein oder in Kombination mit einem Kondom oder Diaphragma verwendet werden. Bei jedem neuen Geschlechtsakt sollte man ein neues benutzen.

Das Pessar
Es ähnelt dem Diaphragma, ist jedoch kleiner und liegt eng am Muttermund an.

Das Diaphragma
Das Diaphragma verhindert, daß Sperma in die Gebärmutter eindringt. Es wird zusammen mit einer spermiziden Creme oder einem Gel angewendet.

Spermizider Schwamm
Der Schwamm sollte mindestens sechs Stunden lang nach dem Geschlechtsverkehr in der Scheide bleiben.

Spermizide Gels und Cremes
Diese werden zur Verhütung zusammen mit einem Diaphragma oder Kondom verwendet und schützen auch vor sexuell übertragbaren Krankheiten.

VERHÜTUNGSMETHODEN FÜR DIE FRAU

Zu den Verhütungsmitteln für Frauen zählen mechanische Methoden (Diaphragma, Pessar und Spirale), hormonelle Methoden (die kombinierten und Mini-Pillen), die Eileitersterilisation und die natürlichen Methoden.

DIAPHRAGMA UND PESSAR

Das Diaphragma ist eine Gummikuppel auf einem faltbaren Metallrand. Vor dem Geschlechtsverkehr wird es in die Scheide eingesetzt. Es befindet sich hinter dem Beckenknochen und blockiert den Muttermund, so daß verhindert wird, daß Sperma in die Gebärmutter eindringt. In Verbindung mit einem chemischen Spermizid, mit dem man das Diaphragma bestreicht, bevor es eingesetzt wird (man sollte den Vorgang nach drei Stunden mit einem Mittel in Gel-, Schaum- oder Zäpfchenform wiederholen, während das Diaphragma noch an seinem Platz ist), ist es eine sehr verläßliche Methode der Geburtenkontrolle, die auch einen gewissen Schutz vor Geschlechtskrankheiten gewährt.

Das Diaphragma ist beim Arzt erhältlich und sollte alle sechs Monate auf seine Paßform hin untersucht werden, da die Scheide bei einer Gewichtszu- oder -abnahme von mehr als neun Kilogramm oder nach einer Geburt oder Fehlgeburt leicht ihre Form verändert.

Nach dem Herausnehmen des Diaphragmas sollte es vorsichtig in warmem Wasser gereinigt, gespült, getrocknet und an einem kühlen Ort gelagert werden. Überprüfen Sie es immer auf Löcher und Risse hin, und lassen Sie es etwa sechs bis acht Stunden nach dem Geschlechtsverkehr an seinem Platz. Das Diaphragma sollte jedoch nicht auf unbestimmte Zeit in der Scheide bleiben.

Das Pessar ähnelt dem Diaphragma und wird auf dieselbe Weise verwendet. Es ist jedoch kleiner und bedeckt nur den Muttermund.

SPIRALE

Die Spirale ist ein kleines (2,5 bis 5 cm), flaches, flexibles Objekt aus Kunststoff, das vom Arzt in die Gebärmutter der Frau eingesetzt wird. Ein kurzer, weicher Kunststoffaden zum Entfernen der Spirale ragt aus dem Muttermund heraus und kann mit den Fingern gefühlt werden.

Die Spirale steht nach der Pille von ihrer Wirksamkeit her bei der Schwangerschaftsverhütung an zweiter Stelle. Sie verhindert, daß sich in der Gebärmutter eine befruchtete Eizelle einnisten kann. Nachdem die Spirale eingesetzt wurde, kann sie eine bestimmte Zeit lang in der Gebärmutter bleiben. Die neuen Spiralen können von allen Frauen benutzt werden, auch von jenen, die noch kein Kind geboren haben.

Einer der Vorteile der Spirale besteht darin, daß sie nach dem Einsetzen sofortigen und andauernden Schutz gewährleistet und beim Geschlechtsverkehr nicht stört. Anders als die Pille beeinträchtigt sie nicht die Milchproduktion oder das natürliche Hormongleichgewicht und stört die natürliche Fruchtbarkeit der Frau nicht.

Spiralen können jedoch Entzündungen des Beckens verursachen und werden daher nicht mehr so sehr empfohlen.

PILLE (KOMBINATIONSPRÄPARAT)

Die wirksamste, umkehrbare Verhütungsmethode ist die Pille, die synthetisches Östrogen und Progesteron enthält, Hormone, die den natürlich in den Eierstöcken produzierten Hormonen ähneln. Sie ändern das hormonelle Gleichgewicht des Körpers, so daß die Eierstöcke die Ovulation einstellen und eine Schwangerschaft verhindert wird. Die Pille wird meistens einundzwanzig oder achtundzwanzig Tage lang eingenommen. Alle achtundzwanzig Tage kommt es pünktlich zur Menstruation. Die Pille muß vom Arzt verschrieben werden, nachdem eine eingehende gynäkologische Untersuchung einschließlich Brustuntersuchung und Abstrich vorgenommen wurde. Die Pille ist auch bei Pro Familia erhältlich.

Raucherinnen, stark übergewichtige Frauen oder Frauen mit Blutgerinnungsstörungen und Herzerkrankungen (oder Frauen in deren Familie

Herzerkrankungen vorkommen) sollten die Pille nicht nehmen. Frauen, die die Pille nehmen, sollten sich regelmäßig untersuchen lassen und ein Präparat mit möglichst geringem Östrogengehalt wählen. Nebenwirkungen wie Sehstörungen, plötzlich auftretende, starke Kopfschmerzen, Schmerzen in der Brust oder in den Beinen, Kurzatmigkeit, Herzklopfen oder unregelmäßige Blutungen sollten dem Arzt gemeldet werden.

MINI-PILLE

Bei der »Mini«-Pille ist das Progesteron für die verhütende Wirkung verantwortlich, sie enthält kein Östrogen. Die Nebenwirkungen sind geringer als bei der kombinierten Pille, aber während das Kombinationspräparat die Ovulation völlig unterdrückt, ist dies bei der Mini-Pille nicht der Fall, so daß die Menstruation vom inneren Zyklus der Frau bestimmt wird. Bei manchen Frauen kann es dadurch zu einem sehr unregelmäßigen Menstruationsmuster kommen.

Die Mini-Pille verhindert eine Empfängnis, indem der Eisprung teilweise unterdrückt wird. Außerdem greift sie zusätzlich beim Muttermund, bei der Gebärmutter und den Eileitern ein, so daß diese Sperma gegenüber feindlich werden und eine Einnistung verhindern. Die Mini-Pille wird meistens fortlaufend jeden Tag eingenommen und ist für Frauen, die keine großen Mengen Östrogen einnehmen wollen, wahrscheinlich eine bessere Lösung als das Kombinationspräparat.

EILEITERSTERILISATION

Da diese Verhütungsmethode unwiderruflich ist, sollte sie nur von Frauen in Betracht gezogen werden, die wirklich keine Kinder mehr bekommen wollen. Es gibt fünf verschiedene Operationsmethoden, bei denen die Eileiter abgebunden, durchtrennt, zusammengenäht oder verätzt werden. Durch diese Blockade wird verhindert, daß Ei- und Samenzelle aufeinandertreffen. Bei allen Methoden werden die Eileiter abgebunden oder geschlossen, und ein Teil der Eileiter wird immer entfernt. Es ist daher fast unmöglich, diese Operation wieder rückgängig zu machen. Die Fehlrate bei dieser Operation ist sehr niedrig – etwa vier Fälle unter tausend –, ernste Komplikationen sind bei einer Eileitersterilisation selten.

NATÜRLICHE ODER RHYTHMUS-METHODEN

Drei Methoden der Geburtenkontrolle basieren auf dem natürlichen Körperzyklus. Dabei vermeidet das Paar an den Tagen, an denen eine Empfängnis am wahrscheinlichsten ist, den Geschlechtsverkehr. Unter idealen Bedingungen, bei richtiger Anwendung und regelmäßiger Lebensführung dieser Methoden sind sie teilweise sehr effektiv.

Bei der Kalendermethode wird der erste Tag der Monatsblutung als Tag eins gezählt. Die vier Tage vor und nach dem 14. Tag gelten als fruchtbare Zeit, in denen der Geschlechtsverkehr nicht stattfinden sollte, damit es nicht zu einer Empfängnis kommt.

Bei der Temperaturmethode wird täglich die Körpertemperatur gemessen und in eine Tabelle eingetragen. Drei Tage lang ist die Temperatur leicht erhöht. Während dieser Tage und kurz davor sollte der Geschlechtsverkehr vermieden werden, da dies die fruchtbare Zeit ist.

Bei der Schleimmethode werden die normalen Veränderungen des Scheidenausflusses beobachtet, so daß man die Ovulation und die unsicheren Tage vorhersagen kann. An den unsicheren Tagen wird der Vaginalschleim reichlicher, gleitfähiger und klar. Man sollten keinen Geschlechtsverkehr ausüben, bis der Ausfluß trüb, klebrig und dick wird.

Natürlich beinhalten diese Methoden keinerlei medizinisches Risiko, und sie kosten nichts – die häufigste Nebenwirkung ist jedoch eine Schwangerschaft. Und diese Methoden beeinträchtigen die Häufigkeit des Geschlechtsverkehrs stark.

DER MANN: HABEN SIE EIN MEDIZINISCHES PROBLEM?

SCHMERZT EIN HODEN ODER SCHMERZEN BEIDE PLÖTZLICH?

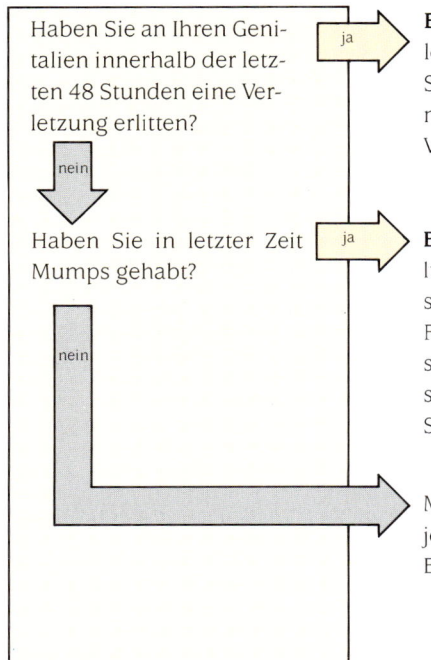

Eine innere Verletzung der Hoden aufgrund einer äußeren Verletzung kann Schmerzen verursachen, besonders, wenn eine Schwellung vorhanden ist. Suchen Sie Ihren Arzt auf. Eventuell müssen Sie ein paar Tage im Krankenhaus verbringen, wo Ihre Verletzung chirurgisch behandelt werden kann.

Eine Orchitis (Hodenentzündung), eine recht häufige Schwellung eines oder beider Hoden ist wahrscheinlich die Ursache. In seltenen Fällen kann diese Störung zur Unfruchtbarkeit führen. Fragen Sie den untersuchenden Arzt, um die Möglichkeit einer schwereren Infektion der Lymphdrüsen auszuschließen. Wahrscheinlich wird er Ihnen ein Schmerzmittel verschreiben, um die Schmerzen zu erleichtern, und Bettruhe verordnen.

Mögliche Ursache ist eine **Verdrehung der Hoden**. Dies kann jederzeit passieren, sogar im Schlaf, und kann von Übelkeit und Erbrechen begleitet sein. Suchen Sie Ihren Arzt auf.

IST EIN ODER SIND BEIDE HODEN PLÖTZLICH GESCHWOLLEN?

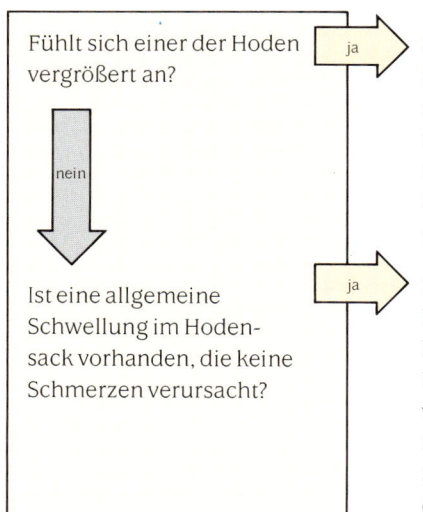

Eine Zyste (ein mit Flüssigkeit gefüllter Sack) kann sich im Hodensack gebildet haben. Obwohl derartige Zysten harmlos sind und sehr groß werden können, bevor sie Unbehagen verursachen, sollten Sie dennoch Ihren Arzt aufsuchen, damit ein Tumor ausgeschlossen werden kann. Zysten treten bei Männern über vierzig häufiger auf, aber sie können auch in anderen Lebensaltern entstehen.

Möglicherweise handelt es sich um eine **Hydrozele** (Wasserbruch). Dies ist eine Ansammlung einer klaren, dünnen Flüssigkeit zwischen den Faserschichten, die die Hoden umgeben. Gegebenenfalls muß die Flüssigkeit unter örtlicher Betäubung entfernt werden. Wenn das Problem wieder auftritt, wird Ihr Arzt Ihnen möglicherweise raten, eine kleine Operation vornehmen zu lassen, bei der eine der Faserschichten verengt oder entfernt wird, so daß sich die Flüssigkeit nicht mehr ansammeln kann.

KRANKHEITEN

SCHMERZT IHR PENIS?

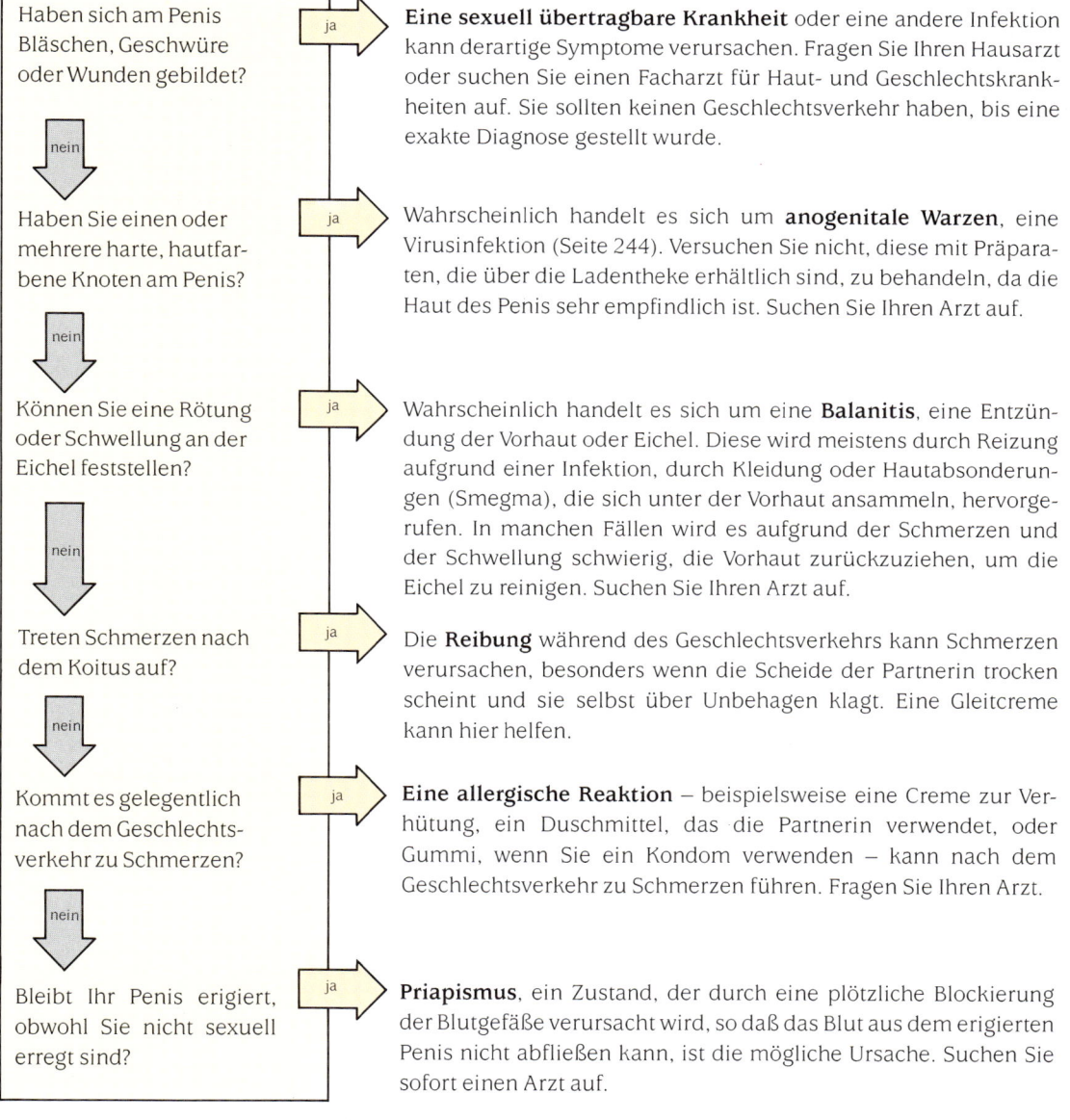

Haben sich am Penis Bläschen, Geschwüre oder Wunden gebildet? — **ja**: **Eine sexuell übertragbare Krankheit** oder eine andere Infektion kann derartige Symptome verursachen. Fragen Sie Ihren Hausarzt oder suchen Sie einen Facharzt für Haut- und Geschlechtskrankheiten auf. Sie sollten keinen Geschlechtsverkehr haben, bis eine exakte Diagnose gestellt wurde.

Haben Sie einen oder mehrere harte, hautfarbene Knoten am Penis? — **ja**: Wahrscheinlich handelt es sich um **anogenitale Warzen**, eine Virusinfektion (Seite 244). Versuchen Sie nicht, diese mit Präparaten, die über die Ladentheke erhältlich sind, zu behandeln, da die Haut des Penis sehr empfindlich ist. Suchen Sie Ihren Arzt auf.

Können Sie eine Rötung oder Schwellung an der Eichel feststellen? — **ja**: Wahrscheinlich handelt es sich um eine **Balanitis**, eine Entzündung der Vorhaut oder Eichel. Diese wird meistens durch Reizung aufgrund einer Infektion, durch Kleidung oder Hautabsonderungen (Smegma), die sich unter der Vorhaut ansammeln, hervorgerufen. In manchen Fällen wird es aufgrund der Schmerzen und der Schwellung schwierig, die Vorhaut zurückzuziehen, um die Eichel zu reinigen. Suchen Sie Ihren Arzt auf.

Treten Schmerzen nach dem Koitus auf? — **ja**: Die **Reibung** während des Geschlechtsverkehrs kann Schmerzen verursachen, besonders wenn die Scheide der Partnerin trocken scheint und sie selbst über Unbehagen klagt. Eine Gleitcreme kann hier helfen.

Kommt es gelegentlich nach dem Geschlechtsverkehr zu Schmerzen? — **ja**: **Eine allergische Reaktion** – beispielsweise eine Creme zur Verhütung, ein Duschmittel, das die Partnerin verwendet, oder Gummi, wenn Sie ein Kondom verwenden – kann nach dem Geschlechtsverkehr zu Schmerzen führen. Fragen Sie Ihren Arzt.

Bleibt Ihr Penis erigiert, obwohl Sie nicht sexuell erregt sind? — **ja**: **Priapismus**, ein Zustand, der durch eine plötzliche Blockierung der Blutgefäße verursacht wird, so daß das Blut aus dem erigierten Penis nicht abfließen kann, ist die mögliche Ursache. Suchen Sie sofort einen Arzt auf.

BLUT IN DER SAMENFLÜSSIGKEIT

Rosafarbene, rötliche oder bräunliche Streifen in der Samenflüssigkeit, die Hämospermie, kann durch das Vorhandensein von Blut verursacht werden. Es kommt nicht sehr häufig vor, daß kleine Blutgefäße im oberen Teil der Harnröhre während der Erektion platzen. Sie heilen innerhalb weniger Minuten, obwohl die Samenflüssigkeit noch einige Tage danach leicht verfärbt sein kann. Meistens ist dies kein Grund zur Beunruhigung, aber Sie sollten Ihren Arzt aufsuchen.

DIE FRAU: HABEN SIE EIN MEDIZINISCHES PROBLEM?

HABEN SIE SCHEIDENAUSFLUSS BEMERKT, DER VON DER FARBE ODER KONSISTENZ HER UNGEWÖHNLICH IST?

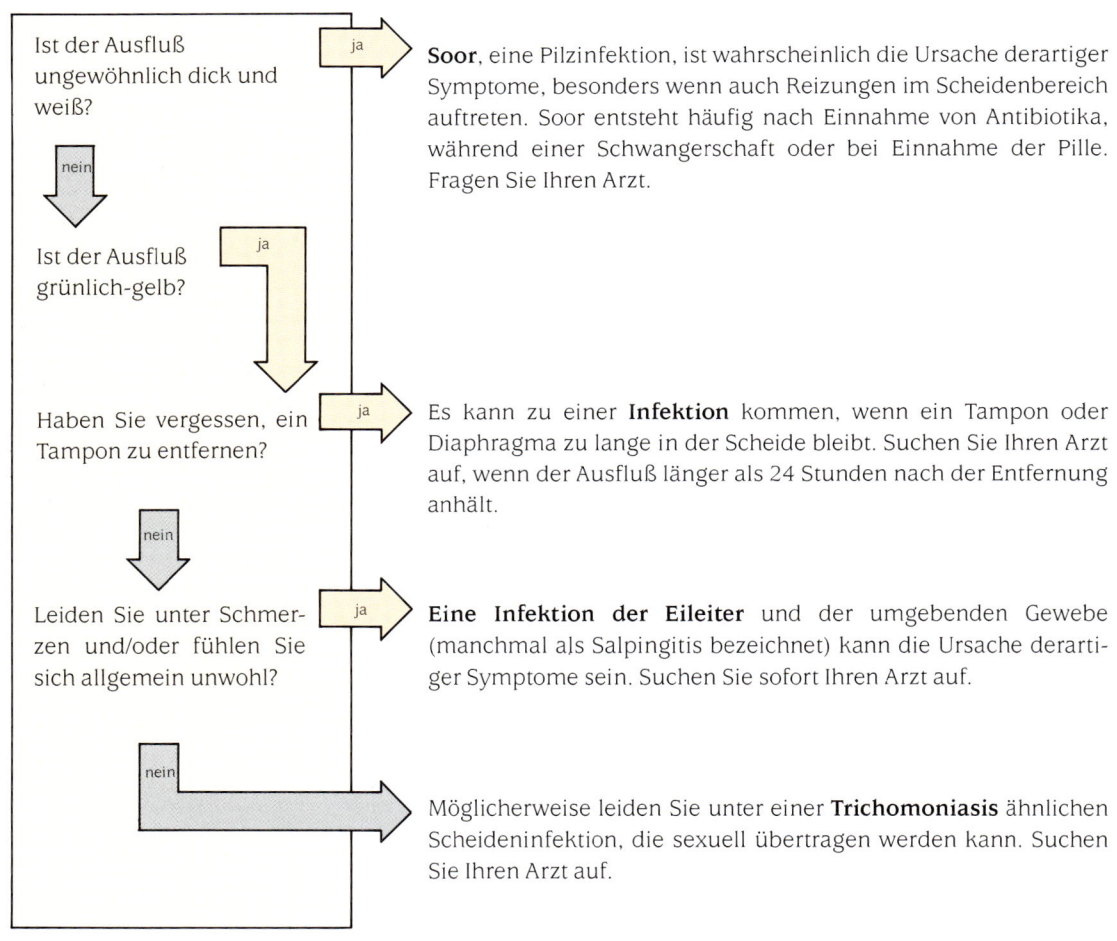

Ist der Ausfluß ungewöhnlich dick und weiß? — **ja** → **Soor**, eine Pilzinfektion, ist wahrscheinlich die Ursache derartiger Symptome, besonders wenn auch Reizungen im Scheidenbereich auftreten. Soor entsteht häufig nach Einnahme von Antibiotika, während einer Schwangerschaft oder bei Einnahme der Pille. Fragen Sie Ihren Arzt.

Ist der Ausfluß grünlich-gelb? — **ja** ↓

Haben Sie vergessen, ein Tampon zu entfernen? — **ja** → Es kann zu einer **Infektion** kommen, wenn ein Tampon oder Diaphragma zu lange in der Scheide bleibt. Suchen Sie Ihren Arzt auf, wenn der Ausfluß länger als 24 Stunden nach der Entfernung anhält.

Leiden Sie unter Schmerzen und/oder fühlen Sie sich allgemein unwohl? — **ja** → **Eine Infektion der Eileiter** und der umgebenden Gewebe (manchmal als Salpingitis bezeichnet) kann die Ursache derartiger Symptome sein. Suchen Sie sofort Ihren Arzt auf.

nein → Möglicherweise leiden Sie unter einer **Trichomoniasis** ähnlichen Scheideninfektion, die sexuell übertragen werden kann. Suchen Sie Ihren Arzt auf.

BLUT IM URIN

Kleine Mengen wolkigen, blutigen und/oder stark riechenden Urins, der häufiger als normal abgegeben wird, können die Folge einer Blasenentzündung (Cystitis) oder einer Harnröhrenentzündung (Urethritis) sein.

Sie sollten Ihren Arzt aufsuchen, der Ihnen wahrscheinlich Antibiotika und Medikamente verschreibt, die den Urin weniger scharf machen.

KOMMT ES ZWISCHEN DEN PERIODEN ZU BLUTUNGEN ODER NACH DER EINSTELLUNG DER MENSTRUATION, WENN SIE DIE WECHSELJAHRE BEREITS HINTER SICH HABEN?

Nehmen Sie die Pille oder wurde Ihnen eine Spirale eingesetzt? → **ja**: **Beide Verhütungsmethoden** können zwischen den Perioden leichte Blutungen verursachen. Dies sollte eigentlich kein Grund zur Besorgnis sein, aber Sie sollten die Symptome mit Ihrem Arzt besprechen, der möglicherweise eine andere Pille empfiehlt oder eine andere Verhütungsmethode.

↓ nein

Kommt es nur Stunden nach dem Geschlechtsverkehr zu Blutungen? → **ja**: **Blutungen nach dem Geschlechtsverkehr** können das Zeichen einer kleinen Abnormität der Zellen des Muttermunds sein oder ein Zeichen für Muttermundkrebs. Suchen Sie unverzüglich Ihren Arzt auf.

↓ nein

Haben Sie innerhalb der letzten drei Monate Geschlechtsverkehr gehabt und keine Periode bekommen? → **ja**: **Eine ersthafte Komplikation in der Frühschwangerschaft,** beispielsweise eine Bauchhöhlenschwangerschaft ist möglich, besonders dann, wenn Ihre normale Periode sich verzögert und Sie außerdem Bauchschmerzen haben. Suchen Sie sofort Ihren Arzt auf. Falls Verdacht auf eine Bauchhöhlenschwangerschaft besteht, werden Sie wahrscheinlich ins Krankenhaus eingewiesen. Wenn sich die Diagnose bestätigt, muß dringend eine Operation durchgeführt werden, um die Schwangerschaft zu beenden.

↓ nein

Sind Sie über vierzig und sind mehr als sechs Monate nach Ihrer letzten Periode vergangen? → **ja**: **Blutungen nach der Menopause** können in der Scheide zu einer kleinen Störung führen, aber sie können auch ein Zeichen für Gebärmutter- oder Muttermundkrebs sein. Suchen Sie unverzüglich Ihren Arzt auf.

HABEN SIE AN DER HAUT DES GENITALBEREICHS ZEICHEN FÜR EINE ABNORMITÄT FESTGESTELLT – BEISPIELSWEISE KNOTEN, WUNDEN ODER BLÄSCHEN?

Verwenden Sie Seife, Badesalz oder Deodorants im Genitalbereich und/oder Scheidenspülungen? → **ja**: **Reizungen durch Parfüms und Chemikalien,** die in diesen Mitteln enthalten sind, können zu Entzündungen der zarten Haut der Vulva und der empfindlichen Auskleidung der Scheide führen. Vermeiden Sie übermäßigen Gebrauch von Seife im Genitalbereich – klares Wasser ist am besten.

↓ nein → **Eine Hautkrankheit, die auch die Vulva miteinbezieht,** ist wahrscheinlich der Grund der Reizung. Suchen Sie Ihren Arzt auf, damit er eine genaue Diagnose stellen und eine Behandlung verordnen kann.

KRANKHEITEN

HABEN SIE SCHMERZEN WÄHREND DES GESCHLECHTSVERKEHRS?

Haben Sie Ihre erste oder eine neue sexuelle Beziehung aufgenommen? — ja → **Eine zeitweise Prellung und Wundsein** im Genitalbereich ist häufig die Folge von ungewohntem oder ungewöhnlich leidenschaftlichem Sex. Abstinenz für etwa einen Tag kann hier helfen.

nein ↓

Fühlt sich Ihre Scheide trocken an, so daß die Penetration schwer und schmerzhaft ist? — ja →

Sind Sie über fünfundvierzig? — ja → **Hormonveränderungen** um die Zeit der Menopause herum können dazu führen, daß die Auskleidung der Scheide dünner und weniger gut befeuchtet wird, was oft dazu führt, daß der Geschlechtsverkehr unangenehm wird. Fragen Sie Ihren Arzt.

nein →

Spannungen beim Liebesspiel verhindern, daß die Scheide feucht wird und die umgebenden Muskeln und Gewebe sich entspannen. Eine sexuelle Schwierigkeit kann Angst verursachen, diese kann auch das Ergebnis eines allgemeinen Streßzustands sein. Fragen Sie Ihren Arzt oder einen Sexualtherapeuten.

nein ↓

Haben Sie Schmerzen beim Geschlechtsverkehr oder nur in bestimmten Stellungen? — ja → **Der Druck** auf einen Eierstock oder eine andere empfindsame Stelle bei tiefer Penetration kann die Ursache von derartigen Schmerzen sein. Wenn der Geschlechtsverkehr in einer bestimmten Stellung immer zu Schmerzen führt, ist dies wahrscheinlich kein Grund zur Sorge; wenn Sie es mit anderen Stellungen versuchen, kann dieses Problem ausgeschaltet werden. Fragen Sie Ihren Arzt.

nein ↓

Ist der Geschlechtsverkehr erst in letzter Zeit schmerzhaft geworden? — ja → **Eine Zyste** an einem Eierstock kann Schmerzen verursachen, wenn sie beim Geschlechtsverkehr berührt wird. Derartige Zysten können zu Schwellungen im Bauchbereich führen. Schmerzen dieser Art können jedoch auch auf eine Entzündung des Muttermunds zurückzuführen sein. Fragen Sie Ihren Arzt.

nein ↓

Ist Ihre Periode in den letzten Monaten immer schmerzhafter geworden? — ja → Die **Endometriose**, eine Störung, bei der sich Gebärmutterschleimhaut außerhalb der Gebärmutter bildet, ist eine mögliche, aber seltene Ursache, die zu stärkeren Schmerzen während der Periode und zu Schmerzen beim Geschlechtsverkehr führen kann. Suchen Sie Ihren Arzt auf.

Sexuell übertragbare Krankheiten

Hier handelt es sich der Definition nach um Krankheiten, die man sich bei engem sexuellem Kontakt zuzieht, unabhängig davon ob dieser Kontakt oral, genital oder anal ist. Bis zu einem gewissen Grad kann man sexuell übertragbare Krankheiten in alte und moderne Krankheiten einteilen. Zu den älteren sexuell übertragbaren Krankheiten zählen Gonorrhöe, Syphilis, die Harnröhrenentzündung, Trichomoniasis, Soor und Filzläuse. Die ernstesten und auch modernsten Erkrankungen sind AIDS, die genitale Herpesinfektion und die Chlamydia-Infektion.

Vor zwei- bis dreihundert Jahren war die Syphilis die Geißel vieler Kontinente und tötete Hunderttausende von Menschen. Heute können Gonorrhöe und Syphilis einfach behandelt und mit Antibiotika wie Penizillin völlig geheilt werden. Filzläuse können mit einem Spezialshampoo genau wie Kopfläuse bekämpft werden. Trichomoniasis und Soor sind starken, speziellen Therapien gegenüber zugänglich. Diese bekämpfen sie innerhalb kurzer Zeit.

Das Wie und Warum der Behandlung

Einige der sexuell übertragbaren Krankheiten (besonders die Chlamydia-Infektion) sind recht schwierig zu behandeln, da sie fast symptomlos verlaufen. Bei Frauen läßt sich die Chlamydia-Infektion bei einer Beckenuntersuchung nicht verläßlich diagnostizieren; für die Diagnose muß eine Kultur des Vaginalausflusses im Labor angelegt werden. Auch wenn keine Symptome vorhanden sind, kann sich eine solche Infektion einnisten und die Behandlung erschweren. Ein Krankheitsträger kann die Krankheit unbewußt an weitere Menschen übertragen, abhängig davon, wie wahllos seine Geschlechtsbeziehungen sind.

Für Rat und Behandlung sucht man am besten einen Facharzt für Haut- und Geschlechtskrankheiten auf. Dieser kann den Patienten in bezug auf die Behandlung, eine Änderung des Lebensstils und bei der Bewältigung des Problems beraten. Natürlich ist es besonders wichtig, alle Sexualpartner zu informieren, damit auch sie sich behandeln lassen können.

Das Auftreten von AIDS hat sicherlich zu einer verantwortungsbewußteren Einstellung zur Sexualität geführt. Die Statistiker sagen, daß die Menschen heute weniger Sexualpartner haben als früher, was bei den sexuell übertragbaren Krankheiten zu einer Abnahme von 70 Prozent geführt hat. Immer mehr Menschen üben »Safer Sex«, indem sie spermaabtötende Mittel und Kondome verwenden. Je mehr Menschen sich danach richten, desto größer wird der Rückgang sexuell übertragbarer Krankheiten sein.

CHLAMYDIA-INFEKTION, SOOR UND TRICHOMONIASIS

Bei der Chlamydia-Infektion, Soor und Trichomoniasis handelt es sich häufig um Scheideninfektionen, es können jedoch im Blasen- und Mundbereich sowohl Männer als auch Frauen betroffen sein. Von den drei Erkrankungen ist die Chlamydia-Infektion die schlimmste, weil eine Erkrankung nicht immer offensichtlich ist. Wenn sie nicht behandelt wird, kann sie zu ernsteren Infektionen führen.

CHLAMYDIA-INFEKTION

Die Chlamydia-Infektion wird immer schneller zu der sexuell am häufigsten übertragenen Krankheit. Sie bereitet auch die größten Probleme, weil die meisten Frauen, die an dieser Infektion leiden, keine Symptome haben. Die Nebenwirkungen der Infektion sind jedoch sehr ernst, daher sollte jeder, der den Verdacht hat, unter dieser Infektion zu leiden, sofort einen Arzt aufsuchen, damit die richtige Diagnose gestellt werden kann.

Eine Chlamydia-Infektion kann die Auskleidung der Scheide, des Mundes, der Augen, der Harnröhre und des Mastdarms schädigen, obwohl sie meistens auf den Muttermund beschränkt ist und zu einem übelriechenden, gelblichen Ausfluß führt. Der beunruhigendste Aspekt dieser Krankheit ist die Tatsache, daß sich in dreißig Prozent aller Fälle eine allgemeine Infektion des Beckens entwickelt, die zur Unfruchtbarkeit führen kann, wenn die Eileiter durch Vernarbungen blockiert werden. Eine infizierte Frau kann die Infektion während der Geburt auf das Baby übertragen; das häufigste Symptom der Chlamydia-Infektion bei einem Neugeborenen ist eine Bindehautentzündung, sie kann jedoch gelegentlich auch eine Lungenentzündung verursachen.

Die Symptome der Chlamydia-Infektion sind meistens spärlich, aber jeder ungewöhnliche Ausfluß aus der Scheide sollte eine Frau an eine mögliche Infektion denken lassen. Gelegentlich kann es zu Fieber kommen und zu Beschwerden beim Geschlechtsverkehr, der Partner hat möglicherweise Schwierigkeiten beim Urinieren und leidet dabei unter Schmerzen.

Die Chlamydia-Infektion läßt sich recht leicht behandeln, wenn die Diagnose mit den heutigen, modernen Testverfahren gestellt wurde. Eine Probe des Scheidenausflusses läßt eine Diagnose innerhalb von 30–60 Minuten zu, so daß die Behandlung sofort beginnen kann.

Die Chlamydia-Infektion läßt sich mit Antibiotika völlig heilen, aber das Medikament muß genau nach Vorschrift über die vorgegebene Dauer eingenommen werden. Es ist gefährlich, mit der Tabletteneinnahme auszusetzen, wenn die Symptome zurückgehen, weil die Infektion zurückkehren könnte und die Medikamente an Wirksamkeit verlieren.

Jeder sexuell aktive Mensch ist dem Risiko ausgesetzt, sich mit Chlamydia zu infizieren, aber Menschen mit wechselnden Partnern gehen ein viel höheres Risiko ein. Wenn Sie viele sexuelle Kontakte haben und sich eine Chlamydia-Infektion zuziehen, müssen alle Sexualpartner informiert werden, damit sie sich untersuchen und gegebenenfalls behandeln lassen können. Eine Wiederholungsinfektion läßt sich verhindern, indem man Verhütungsmittel wie Kondom oder Diaphragma mit einem spermaabtötenden Mittel verwendet.

SOOR

Soor in der Scheide wird durch die Pilz-(Hefe)Organismen Monilia und Candida verursacht. Monilia ist ein normaler Bewohner der Scheide. Zu einer Infektion kommt es, wenn er sich zu stark vermehrt. Dies kann geschehen, wenn man Scheidenspülungen benutzt oder ein antiseptisches Mittel in das Badewasser gibt, da dadurch die Flora unterdrückt wird, die den Soor normalerweise unter Kontrolle hält. Bei bestimmten Gruppen von Frauen kommt Soor häufiger vor, dazu zählen:

○ Frauen, die Antibiotika nehmen: Die Anzahl der Pilze in der Scheide werden normalerweise durch die dort lebenden Bakterien kontrolliert. Wenn ein Antibiotikum diese Bakterien tötet, können sich die Pilze stärker vermehren.

○ Frauen mit Diabetes. Wenn die Diabetes instabil wird, bietet das Vorhandensein von Zucker im Urin ein günstiges Medium für alle Organismen, und Monilia kann wie die anderen außer Kontrolle geraten.

○ Frauen, die synthetische Progesterone einneh-

men, wie sie in der Pille vorkommen. Sie enthalten viel Progesteron, wodurch sich das Wachstum von Candida steigern kann.
○ Frauen mit hohem Progesteronspiegel, beispielsweise Frauen, die kurz vor der Menstruation stehen und schwangere Frauen.

Bei Soor kommt es zu einem dicken, weißen, flockigen Ausfluß aus der Scheide mit Wundsein, Reizung und Jucken der Scheide und des Perineums. Häufig wird die Haut rot und schuppig, und der Ausschlag kann sich bis zu den Schenkelinnenseiten erstrecken. Ein Mann, der sich bei einer Frau mit Soor infiziert, bekommt diesen roten, schuppigen, juckenden Ausschlag auf dem Penis, dem Hodensack, der Haut des Genitalbereichs und an der Schenkelinnenseite. Bei Männern und Frauen kann es zu Wundsein, Jucken und sogar Durchfall kommen, wenn die Infektion den Mastdarm hinaufsteigt.

Wenn Sie sich mit Soor infizieren, sollten Sie keinen Geschlechtsverkehr haben, bis die Infektion abgeheilt ist. Gehen Sie zu Ihrem Arzt und lassen Sie sich die entsprechenden Medikamente verschreiben; wahrscheinlich müssen Sie sie zwei Wochen lang in Zäpfchen- und Cremeform nehmen. Die Mittel enthalten Nystatin. In sehr schweren Fällen kann die Therapie auch dreifach sein: eine Creme für die Haut, Scheidenzäpfchen und Tabletten, die den Hauptanteil überflüssiger Soor-Organismen vernichten.

TRICHOMONIASIS

Die Trichomoniasis ist eine Krankheit, die Männer und Frauen betreffen kann. Der Organismus lebt bei Frauen in der Scheide, am Muttermund, in der Harnröhre und in der Blase und bei Männern in der Harnröhre und Prostata. Am häufigsten kommt der Erreger bei sexuell aktiven Frauen vor, und auch neunzig Prozent der Partner leiden unter der Infektion. Männer haben kaum Symptome, abgesehen von einem gelegentlichen Ausfluß aus dem Penis und einem Brennen beim Wasserlassen. Bei Frauen kommt es zu einem übelriechenden, gelblichen Ausfluß aus der Scheide. Wundsein und Jucken in der Scheide und am Perineum und Brennen beim Wasserlassen. Wenn die Infektion auch die Blase in Mitleidenschaft zieht, kann es zu Symptomen ähnlich wie bei einer Blasenentzündung kommen, beispielsweise häufigeres Wasserlassen, Harndrang, Brennen und Schmerzen, nachdem uriniert wurde. Beide Partner und alle Menschen, mit denen Sie sexuelle Kontakte hatten, müssen behandelt werden. Die Krankheit wird mit einem Medikament namens Flagyl behandelt, das als Einzeldosis von acht Tabletten eingenommen wird oder über sieben Tage (dreimal täglich eine Tablette). Nehmen Sie das Medikament nie länger als jeweils eine Woche ein. Wenn Sie schwanger sind, sollten Sie es gar nicht nehmen. Erkundigen Sie sich bei Ihrem Arzt. Scheidenspülungen, Cremes und Zäpfchen sollten zur Behandlung der Trichomoniasis nie verwendet werden.

WIE MAN VAGINALE INFEKTIONEN VERMEIDET

Alle vaginalen Infektionen treten in Streßzeiten häufiger auf, da der allgemeine Körperzustand der Frau dann stärker geschwächt ist. Auch Übergewicht kann zu häufigeren Infektionen führen, da es in den Fettfalten zu einer Ansammlung von Vaginalabsonderungen und Schweiß kommen kann. Auch bei einem neuen Sexualpartner oder bei wechselnden Partnern steigt die Wahrscheinlichkeit von Scheideninfektionen.
○ Der Gebrauch eines Kondoms ist der beste Schutz vor Vaginalinfektionen, nicht nur bei einem neuen Partner, sondern auch, wenn Sie mehrere Partner haben und besonders dann, wenn Sie von Ihrem regelmäßigen Partner immer wieder angesteckt werden.
○ Praktizieren Sie eine gute Vaginalhygiene, indem Sie Ihre Scheide sauber und trocken halten.
○ Reinigen Sie sich sorgfältig und trocknen Sie sich von vorne nach hinten ab. Vermeiden Sie Scheidenspülungen, Hygienesprays, Schaumbäder und Badeöle.
○ Wenn Sie beim Geschlechtsverkehr ein Gleitmittel brauchen, sollten Sie ein Schaummittel zur Verhütung benutzen oder eine Creme oder Gel, das Schutz vor einer Infektion bietet. Verwenden Sie niemals Vaseline, die sich schwer entfernen läßt und die Infektion möglicherweise fördert.
○ Tragen Sie Unterwäsche aus Baumwolle und vermeiden Sie Nylonwäsche, Strumpfhosen und enge Hosen, die die Feuchtigkeit in der Scheidengegend halten.

NICHT-SPEZIFISCHE URETHRITIS, GONORRHÖE UND SYPHILIS

Die nicht-spezifische Urethritis ist eine der am häufigsten sexuell übertragenen Krankheiten; Eine unter 500 Personen zieht sie sich zu. Gonorrhöe und Syphilis, die früher sehr häufig waren, sind heute, wenn man die Zahl der Betroffenen betrachtet, ein viel geringeres Problem.

NICHT-SPEZIFISCHE URETHRITIS

Die Ursachen dieser Erkrankung lassen sich nicht mit Sicherheit ausmachen, aber einer der Hauptschuldigen ist wahrscheinlich der Erreger, der für die Chlamydia-Infektion verantwortlich ist (siehe Seite 236). Die Symptome entwickeln sich etwa eine Woche bis zehn Tage nach dem Geschlechtsverkehr mit einem infizierten Partner, obwohl diese Infektion auch ohne sexuellen Kontakt auftreten kann. Zur Behandlung werden über einen langen Zeitraum Antibiotika verabreicht.

Achtzig Prozent der Betroffenen sind Männer. Das erste wahrnehmbare Symptom ist ein leichtes Brennen an der Penisspitze – es ist manchmal morgens beim ersten Wasserlassen spürbar. Auch ein klarer Ausfluß kann in geringen Mengen vorhanden sein. Dieser Ausfluß wird mit der Zeit dikker, wenn die Krankheit nicht behandelt wird. Schließlich lassen die Symptome nach, aber die Infektion kann ruhen und dennoch übertragen werden. Im Zusammenhang mit der nicht-spezifischen Urethritis müssen bei Frauen nicht unbedingt Symptome auftreten, es kann jedoch zu einer leichten Steigerung des Scheidenausflusses kommen. Wenn der Mann sich mit der nicht-spezifischen Urethritis angesteckt hat, ist es wichtig, daß seine Partnerin oder Partnerinnen sich ebenfalls behandeln lassen, da die Erkrankung möglicherweise bei Frauen nicht weiter auffällt.

GONORRHÖE

Gonorrhöe (oder »Tripper«) wird durch eine Bakterie (Neisseria gonorrhoeae) verursacht, und obwohl Männer und Frauen davon betroffen sind, treten die Symptome hauptsächlich beim Mann auf. Bei Frauen kann die Krankheit ohne Symptome verlaufen und daher gefährlicher sein, weil eine Frau sich, ohne es zu wissen, anstecken kann, keine Diagnose stellt und sich nicht behandeln läßt. Die Krankheit kann zu einer chronischen Entzündung des Beckens führen. Wenn die Eierstöcke und Eileiter in Mitleidenschaft gezogen werden, können Vernarbungen zu Sterilität führen. Außerdem kann eine Mutter, die an Gonorrhöe erkrankt ist, das Baby bei der Geburt infizieren. Bei dem Neugeborenen kommt es dann zu einer ernsten Form der Bindehautentzündung.

GONORRHÖE BEIM MANN

Das häufigste Symptom der Gonorrhöe beim Mann ist ein gelber, übelriechender Ausfluß aus dem Penis, es können auch wunde Stellen im Genitalbereich auftreten. Unbehandelt kann die Krankheit sich auf den Samenstrang ausdehnen und Sterilität verursachen, sie kann aber auch zu Arthritis führen. Jeder Mann, bei dem derartige Symptome auftreten, und jede Frau, die mit einem Mann, der unter Ausfluß aus dem Penis leidet, Geschlechtsverkehr gehabt hat, sollte sobald wie möglich einen Arzt für Haut- und Geschlechtskrankheiten aufsuchen.

GONORRHÖE BEI DER FRAU

Eine infizierte Frau kann, wenn überhaupt Symptome vorhanden sind, unter einem Ausfluß aus der Harnröhre leiden, aber häufiger kommt es zu Ausfluß aus der Scheide und Schmerzen und Brennen beim Wasserlassen. Bei einer schweren Infektion, die in die Blase hinaufsteigt, kann es zur Blasenentzündung und Blut im Urin kommen. Das ganze Perineum kann wund und entzündet sein, und wenn auch der Mastdarm betroffen ist, wird der Stuhlgang schmerzhaft. Wenn das Paar oralen Verkehr hatte, können die Bakterien Wundsein und Entzündungen im Hals verursachen.

Bei einer Frau die Diagnose Gonorrhöe zu stellen, ist nicht einfach. Dafür müssen spezielle Abstriche aus der Harnröhre, vom Muttermund und aus dem Mastdarm genommen werden. Das Ergebnis der Laboruntersuchung kann innerhalb von 24 Stunden vorliegen. Suchen Sie immer einen Facharzt auf und fragen Sie nach diesen Tests, wenn Sie den Verdacht haben, daß Ihr Partner an einer Geschlechtskrankheit leidet. Vermeiden Sie sexuellen Kontakt mit anderen, bis die Diagnose gestellt, die Krankheit behandelt und völlig geheilt ist. Sie sollten mißtrauisch sein, wenn ein Sexualpartner unter Ausfluß aus dem Penis leidet, wenn er wunde Stellen im Genitalbereich hat oder wenn sich bei Ihnen innerhalb von ein paar Tagen nach einem sexuellen Kontakt eine wunde Stelle entwickelt, die nicht innerhalb von wenigen Tagen abheilt.

BEHANDLUNG Das Auftreten der Gonorrhöe wurde durch die Ankunft der neueren Penizilline stark reduziert. Sie sind das Hauptbehandlungsmittel für Männer und Frauen. Man kann sie injizieren, so daß sie langsam abgegeben werden. Dafür ist nur eine Injektion nötig, und die Behandlung ist schnell abgeschlossen. Gelegentlich muß eine penizillinresistente Bakterienart mit einem Tetrazyklin behandelt werden, das über einen Zeitraum von vier Tagen in Tablettenform eingenommen wird.

Am Ende der Behandlung sollte die Frau sich gynäkologisch untersuchen lassen, um eine Beckenentzündung auszuschließen. Es sollte wiederholt ein Abstrich gemacht werden, um sicherzugehen, daß alle Bakterien vernichtet wurden.

Die Gonorrhöe tritt am häufigsten bei Menschen unter 25 auf, die viele Sexualpartner haben. Wenn Sie zu dieser Kategorie zählen, sollten Sie sich alle sechs Monate untersuchen lassen und Kondome benutzen, um die Möglichkeit einer Infektion oder Neuinfektion zu reduzieren. Wenn die Symptome weiterbestehen, haben Sie sich möglicherweise neu angesteckt. Achten Sie darauf, daß der Partner zum Arzt geht und sich behandeln läßt, wenn er ein Krankheitsträger ist.

SYPHILIS

Syphilis (»Lues«) wird durch eine spiralförmige Bakterie, Treponema pallidum, verursacht. Vor zwei- bis dreihundert Jahren verbreitete sich die Krankheit in Europa und tötete Hunderttausende von Menschen während großer Epidemien, heute ist die Krankheit viel seltener geworden.

Die Syphilis befällt die Haut, die inneren Organe und schließlich das Gehirn und die Nerven, was zu Lähmungen, Wahnsinn und schließlich zum Tod führt. Während ihrer Entwicklung kann sie einer Reihe anderer Krankheiten ähneln und Schwellungen an den Gelenken verursachen, Schmerzen in der Wirbelsäule, Mißbildungen und Herzerkrankungen. Die Syphilis-Bakterie kann heute mit Penizillin sehr gut behandelt werden.

Syphilis wird bei sexuellem Kontakt durch offene Wunden übertragen, die Schanker heißen. Diese befinden sich auf den Genitalien, im Mund und auf der Haut des Genitalbereichs, an denen die Bakterien in die Haut eingedrungen sind, daher sind sie am Scheideneingang, auf der Vulva und am Muttermund nicht ungewöhnlich. Es sind verhärtete, rotgeränderte, schmerzlose Pickel.

Die Syphilis ist in den ersten beiden Stadien stark ansteckend. Die primäre Syphilis (das erste Stadium) tritt etwa drei Wochen nach dem sexuellen Kontakt mit einem Infizierten auf, und die Symptome – einer oder mehrere Schanker – können neun bis neunzig Tage danach auftreten. Der Schanker verschwindet auch ohne Behandlung innerhalb von zwei bis sechs Wochen wieder.

Das zweite Stadium, die sekundäre Syphilis, tritt eine Woche bis sechs Monate, nachdem der erste Schanker geheilt ist, auf. Zu den Symptomen zählen Ausschläge, Fieber, Halsschmerzen, Appetitverlust, Übelkeit, Augenentzündungen und Haarausfall. Dieses Stadium kann drei bis sechs Monate andauern oder sogar mehrere Jahre.

Die tertiäre Syphilis, das dritte und endgültige Stadium, kann nach zehn bis zwanzig Jahren auftreten und zu Herzerkrankungen, Gehirnschädigungen, Schäden am Rückenmark und zu Blindheit führen. Etwa einer unter vier wird, wenn er im zweiten Stadium nicht behandelt wird, schließlich an der Syphilis sterben oder Behinderungen davontragen.

BEHANDLUNG Zur Behandlung werden Penizillin oder Tetrazykline eingesetzt, und beide Partner müssen gleichzeitig behandelt werden, damit es nicht zu Neuinfektionen kommt. Noch zwei Jahre nach der Behandlung werden regelmäßig Bluttests durchgeführt, um sicherzugehen, daß es nicht zu einem Rückfall kommt. Wenn die Krankheit im ersten oder zweiten Stadium geheilt wird, wird ein andauernder Schaden verhindert. Da die Syphilis auf einen sich entwickelnden Fötus übetragen werden und böse Folgen für ihn haben kann, werden alle Schwangeren in den ersten vier Schwangerschaftsmonaten auf Syphilis hin untersucht.

GENITALER HERPES

Der genitale Herpes ist eine infektiöse, immer wieder auftretende Krankheit, die hauptsächlich durch das Virus Herpes simplex II verursacht wird, ein naher Verwandter des Virus Herpes simplex I, das Bläschen am Mund und im Gesicht verursacht. Herpes simplex II verursacht neunzig Prozent aller Herpesinfektionen des Genitalbereichs, während Herpes simplex I für die restlichen zehn Prozent verantwortlich ist.

ÜBERTRAGUNG Das Virus wird, wenn es aktiv ist, während des Geschlechtsverkehrs übertragen, und verursacht Bläschen und Wunden in den oberen Hautschichten des Genitalbereichs beim infizierten Partner. Zu anderen Zeiten, wenn das Virus im Körper des Infizierten ruht und keine aktiven Symptome verursacht, kann es nicht auf andere übertragen werden.

Das Virus wird durch freiliegende, wunde Hautbereiche übertragen und ist bei Frauen häufiger anzutreffen als bei Männern, da ihr Genitalbereich wärmer und feuchter ist als der des Mannes. Die Krankheit kann auch durch Kontakt mit anderen Körperteilen übertragen werden, besonders über Finger, Augen und Mund.

Herpes ist eine sehr ansteckende Infektion. Wenn einer der Partner ein aktives Bläschen hat, besteht eine neunzigprozentige Chance, daß der andere sich ansteckt. Die Krankheit ist zudem unheilbar; wenn das Virus sich einmal im Körper befindet, bleibt es dort, obwohl die heutigen Behandlungsmethoden helfen können, die Symptome zu beseitigen oder aktive Ausbrüche zu unterdrücken.

SYMPTOME Die Krankheit folgt einem natürlichen Verlauf, wobei sie wächst und wieder abnimmt. In den Anfangsstadien, wenn die Bläschen sich entwickeln, verursacht sie starke Schmerzen und auch psychisches Leid. Der Betroffene ist oft depressiv und hat Angst, die Kontrolle über seinen Körper zu verlieren, er ist besorgt, daß er möglicherweise einen anderen infiziert hat. Vielleicht empfindet der Betroffene auch starke Wut und Zorn gegenüber demjenigen, der ihn angesteckt hat.

Nach dem sexuellen Kontakt mit einem Partner, der unter aktivem Herpes leidet, dauert es drei bis zwanzig Tage, bis die Symptome auftreten. Die Krankheit beginnt mit einem Kribbeln und erhöhter Berührungsempfindlichkeit des Hautbereichs, in dem das Virus aktiv wird. Bei Männern kommt es zu Juckreiz am Penisschaft; Frauen haben dieses Gefühl im Vaginalbereich. Nach ein paar Stunden erscheinen auf der Haut kleine Bläschen, die sich vergrößern und mit einer Flüssigkeit anfüllen.

Nach etwa einem Tag platzen die Bläschen auf und verschorfen. Bei der Bildung der Bläschen kommt es zu starken Schmerzen, und die Wunden können bis zu zehn Tage lang schmerzen. Wenn die Infektion nicht in den ersten vierundzwanzig Stunden unterdrückt wird, kann es bis zu vierzehn Tage dauern, bis sie völlig abheilt und die Haut sich wieder normalisiert.

BEHANDLUNG Bis zu der Ankunft von Zovirax (Aciclovir) im Jahr 1979, einem sehr starken und wirksamen Mittel gegen Viren, gab es nur wenige Medikamente, die ein Virus erfolgreich behandeln konnten. Zovirax gibt es auf Verschreibung in Salben-, Creme- oder Tablettenform. Es führt zu einer Begrenzung der Bläschen und verkürzt die Attacke, wenn es früh genug aufgetragen wird oder wenn die Tabletten gleich bei Einsetzen der Symptome eingenommen werden. Wirkstoffe wie Aciclovir, die Viren bekämpfen, hemmen die DNS-Reproduktion des Herpes-simplex-Virus und verhindern so die Ausweitung der Krankheit. Diese Medikamente vernichten das Virus jedoch nicht, es sind Mittel zur Kontrolle der Attacken, nicht zu ihrer Heilung. Zovirax ist ein sehr teures Medikament und kann zur Zeit nicht über längere Dauer verabreicht werden, da langfristige Sicherheitsuntersuchungen noch nicht abgeschlossen sind. Mögliche Nebenwirkungen wie Übelkeit, Erbrechen, Durchfall, Nervosität, Depressionen und Gelenk- und Muskelschmerzen sind möglich.

Von den seit längerem vorhandenen Mitteln gegen Herpes sind Idoxuridin in Salben-, Lösungs- oder Cremeform bei einigen Betroffenen noch erfolgreich, wenn es gleich verwendet wird, sobald sich das kribbelnde Gefühl einstellt. Leider verhindert keines der alten Medikamente ein Wiederauftreten des Virus. Ältere Heilmethoden, beispielsweise tägliche Spülungen mit einer Povidon-Jod-Lösung oder das Bestreichen der Bläschen mit Enziantinktur sind heute überholt. Herpeswunden können mit Bakterien infiziert werden. In diesem Fall können örtliche oder orale Antibiotika verwendet werden, um die Ausbrüche zu kontrollieren.

Neben der Gabe von Medikamenten können lauwarme Bäder oder das Auflegen von kalten Packungen die Schmerzen lindern, nachdem die Bläschen aufgeplatzt sind.

Da eine Verbindung zwischen einer genitalen Herpesinfektion und Muttermundkrebs besteht, sollten Frauen, bei denen dieser Herpes schon ein- oder mehrmals ausgebrochen ist, jährlich einen Abstrich machen lassen.

MIT HERPES LEBEN Da der genitale Herpes bei seinem ersten weitverbreiteten Auftreten vor etwa zwanzig Jahren die Welt überraschte, betrachtete man ihn zuerst als Geißel. Da man die Krankheit heute jedoch kennt und Methoden zu ihrer Behandlung und Kontrolle hat, weiß man, daß eine Herpesinfektion nicht die Katastrophe ist, für die man sie zuerst gehalten hat.

Zum Beispiel:

○ Nicht bei allen Betroffenen tritt sie wiederholt auf. Bei manchen Menschen kommt es zu ein paar Wiederholungsattacken, aber andere erleben nur eine Wiederholungsattacke nach dem ersten Ausbruch.

○ Die erste Attacke ist normalerweise die schwerste: Wiederholungsattacken verlaufen meistens schwächer.

○ Wiederholungsattacken hängen nicht davon ab, daß man mit einem infizierten Partner Geschlechtsverkehr hat, und der Geschlechtsverkehr löst eine Attacke nicht aus.

○ Wenn das Virus zwischen den Attacken ruht, ist Geschlechtsverkehr mit einem geeigneten Gleitmittel zum Schutz vor zu starker Reibung sicher und angenehm. Die Verwendung eines Kondoms kann ebenfalls vor zu starker Reibung schützen.

○ Wenn Sie die frühen Warnsymptome erkennen und die Medikamente, die bei Ihnen gut wirken, sobald wie möglich anwenden, wird die Attacke möglicherweise ganz unterdrückt.

○ Wenn Sie unter genitalem Herpes leiden und Bläschen vorhanden sind, sollten Sie sich vernünftig verhalten und mit niemandem Geschlechtsverkehr haben. Wenn die Bläschen abgeheilt sind, sollten Sie noch vier Wochen lang ein Kondom verwenden.

○ Viel Ruhe und eine ausgewogene Ernährung mit frischem Obst und Gemüse, Vollwertkost und viel Flüssigkeit hilft, die Attacken unter Kontrolle zu halten.

○ Man weiß, daß Streß eine Attacke verursachen kann, ebenso Überarbeitung, Sorgen und Schlafstörungen. Versuchen Sie, Ihr Leben so zu arrangieren, daß Streß vermindert wird, und lernen Sie, Streß mit Entspannungsübungen und Yoga entgegenzuwirken.

○ Versuchen Sie, sich mit der Tatsache abzufinden, daß Sie unter dieser Krankheit leiden, und überwinden Sie anfängliche Gefühle wie unsauber zu sein, nicht gewollt zu werden oder gebrandmarkt zu sein. Derartige Empfindungen sind zwar verständlich, aber sie sind nicht gerechtfertigt und sich selbst gegenüber unfair. Wenn Sie sich einer Selbsthilfegruppe anschließen oder zu einer psychologischen Beratung gehen, gewinnen Sie das Gefühl, Ihren Körper unter Kontrolle zu haben. Sie werden feststellen, daß die Attacken weniger häufig auftreten, wenn Sie dieses Stadium erreicht haben, unter weniger Streß leiden und die Krankheit akzeptieren.

○ Denken Sie daran, daß das Virus mehrere Jahre lang ruhen und jederzeit wieder ausbrechen kann. Wenn es dazu kommt, sollten Sie nicht aufgebracht oder wütend sein und damit womöglich Ihre glückliche, langfristige Beziehung bedrohen.

AIDS

Das humane Immundefizienzvirus (HIV) bewirkt, daß der Körper seine Immunität gegenüber Krankheiten verliert. Wenn das Virus sich erst einmal im Körper befindet, dringt es in die weißen Blutkörperchen (T4) ein und vermehrt sich in ihnen. Diese Blutzellen spielen eine wichtige Rolle bei der Körperabwehr gegen Infektionen und Krebs. Schließlich platzen die Zellen auf und geben die HIV-Teilchen ins Blut frei, so daß sie weitere T4-Blutzellen infizieren können. Wenn dies geschieht, ist der Körper »opportunistischen« Krankheiten, beispielsweise bestimmten Lungenentzündungen und Krebsarten gegenüber anfällig. Diese machen sich die geschwächte Abwehr zunutze und haben sehr oft einen tödlichen Ausgang. Eine Infektion mit HIV führt nicht sofort zu Entwicklung von AIDS; dies kann bis zu acht Jahre lang dauern. Menschen, die bereits HIV-positiv sind, wissen dies möglicherweise für eine gewisse Zeit nicht und können das Virus unbeabsichtigt auf andere übertragen.

Bei dem normalen AIDS-Test wird eine Blutprobe auf HIV-Antikörper hin untersucht. Antikörper sind eine Substanz, die vom Körper als Antwort auf das Vorhandensein eines bestimmten Virus produziert werden, und das Vorhandensein von HIV-Antikörpern im Blut eines Menschen zeigt an, daß er sich mit dem Virus infiziert hat. Ein Mensch, dessen Blut HIV-Antikörper enthält, wird als »HIV-positiv« bezeichnet. Wenn Sie sich Sorgen machen, daß Sie sich möglicherweise eine HIV-Infektion zugezogen haben, sollten Sie Ihren Arzt aufsuchen und um einen Bluttest bitten. Da die Inkubationszeit jedoch unterschiedlich lang ist (sie beginnt mit dem Augenblick der Ansteckung und kann mehrere Monate betragen), kann der AIDS-Test negativ ausfallen, obwohl der Betroffene sich mit dem Virus infiziert hat. Aus diesem Grund ist keine Bluttransfusion hundertprozentig sicher.

ÜBERTRAGUNG Der Hauptweg der Virusinfektion führt über den Geschlechtsverkehr, weil das Virus in besonders großer Anzahl im Sperma infizierter Männer vorhanden ist. Es kann daher beim Geschlechtsverkehr, egal ob dieser vaginal oder anal ist, übertragen werden. Das Virus ist auch im Blut des Infizierten vorhanden, es kann daher von Drogenabhängigen weitergegeben werden, die nichtinfizierten Freunden ihre Nadel zur Verfügung stellen. Das Virus wurde durch infiziertes Blut oder Blutplasma-Transfusionen auch an Bluter übertragen, und eine HIV-positive Mutter kann ihr Baby bereits in der Gebärmutter oder bei der Geburt infizieren.

Theoretisch könnte die Übertragung des Virus von einem Menschen auf den nächsten beim Geschlechtsverkehr durch eine physikalische Barriere, die eine Vermischung aus Blut, Samenflüssigkeit und weiblichen Absonderungen verhindert, blockiert werden. Heute wird allgemein akzeptiert, daß ein Kondom zum »Safer Sex« beiträgt, da Untersuchungen gezeigt haben, daß das Virus die kommerziell erhältlichen Kondommarken nicht durchdringen kann. Auch spermizide Mittel helfen; es scheint, daß etwas so Einfaches wie die Verwendung eines Kondoms und der Gebrauch spermaabtötender Mittel bei der Kontrolle der AIDS-Verbreitung von großer Bedeutung sein kann.

AIDS betrifft sowohl Heterosexuelle als auch Homosexuelle, obwohl zur Zeit der Großteil der Betroffenen Männer sind, da die Krankheit sich ursprünglich fast ausschließlich auf die homosexuelle Gemeinschaft beschränkte. Homosexuelle Männer machen noch immer die Mehrheit der Infizierten aus, aber sie haben sich sehr bereitwillig den Diktaten des »Safer Sex« unterworfen. Heute werden vorwiegend Drogenabhängige, die an der Nadel hängen, von AIDS bedroht sowie Heterosexuelle.

Viele tragische AIDS-Fälle unter Frauen erhärten die Theorie, daß schon ein sexueller Kontakt mit einem Infizierten ausreicht, um sich mit HIV zu infizieren. Es gibt viele aufgezeichnete Fälle von Frauen, die sich, ohne es zu wissen, mit HIV durch einen einzigen Kontakt mit einem Mann infiziert haben, der drogenabhängig war und eine Nadel gemeinsam mit anderen benutzte. Genauso kann eine verheiratete Frau sich mit dem Virus infizieren, wenn ihr Mann homosexuelle oder andere Affären hat.

SCHUTZ VOR AIDS Die Meinung, daß Menschen sich bewußt vor AIDS schützen sollten, findet immer mehr Verbreitung. Die amerikanische Ärztin Helen Kaplan drängt Paare, sich einem HIV-Antikörper-Test zu unterziehen, bevor sie sich »feuchtem Sex« hingeben, wie sie es nennt – dazu zählt jede Praxis, beispielsweise vaginaler Sex ohne Kondom, bei dem normalerweise ein Austausch von Körperflüssigkeiten stattfindet.

Da der Körper nach der Infektion bis zu sechs Monate braucht, bis sich Antikörper entwickeln, rät man Paaren, sich von feuchtem Sex während dieses »Infektionsfensters« fernzuhalten und sich dann ein zweites Mal testen zu lassen.

Während dieser Zeit empfiehlt Dr. Kaplan ein weites Spektrum an sexuellen Aktivitäten, die den Geschlechtsverkehr ausschließen, aber die sinnliche Massage, den Gebrauch von Vibratoren, erotische Filme, Phantasien, rhythmisches Aneinanderreiben der Körper, während die Partner bekleidet sind, und gegenseitige Masturbation miteinschließen. Da viele Menschen ein ausgedehntes Vorspiel stark genießen, und es vielleicht seit den Tagen ihrer Jugend, in denen sie Petting hatten, nicht mehr erfahren haben, kann diese Art der Sexualität sehr erregend sein. Wenn ein Mann eindringt, sollte er ein Kondom tragen und sich nach den übrigen Richtlinien des »Safer Sex« richten.

Viele Männer und Frauen sind gleichermaßen beunruhigt über AIDS und sind dankbar, wenn das Thema angesprochen wird, solange dies taktvoll und nicht vorwurfsvoll geschieht.

SYMPTOME Manche Menschen, die sich mit HIV infiziert haben, entwickeln keine Symptome, können aber dennoch andere infizieren. Einige entwickeln kurz nach der Infektion eine Art Drüsenfieber, das ohne Behandlung zurückgeht, aber die meisten fühlen sich völlig gesund. Menschen, die die Infektion schon einige Monate oder Jahre haben, können unter ständig geschwollenen Lymphdrüsen leiden und neigen dazu, häufig verbreitete Hautinfektionen zu entwickeln. Anschließend können sich verschiedene Symptome, einschließlich Fieber, Gewichtsverlust, Durchfall und Mundsoor, die als AIDS related complex (ARC) bekannt sind, entwickeln.

BEHANDLUNG Die Idee, ein Heilmittel für diejenigen zu finden, die sich mit HIV infiziert haben, und eine Schutzimpfung zu entwickeln, die verhindert, daß andere sich infizieren, steckt zur Zeit noch im Anfangsstadium. Die meisten Fachleute sind der Meinung, daß es innerhalb der nächsten fünf Jahre nicht dazu kommen wird. Eine Schutzimpfung gegen eine Virusinfektion funktioniert dadurch, daß das Immunsystem des Körpers stimuliert wird, damit dieser Antikörper produziert, die diesen bestimmten Virus zerstören oder ihn unschädlich machen. Es ist viel schwieriger, eine Schutzimpfung gegen HIV zu produzieren als gegen andere Viren, da HIV das körpereigene Immunsystem, das die Antikörper produziert, zerstört. Es mutiert außerdem schnell und verändert sich auf raffinierte Weise, so daß es für die Antikörper unmöglich wird, es wirksam zu bekämpfen.

Zur Zeit gibt es keine Heilungsmöglichkeit für Krankheiten, die durch Viren verursacht werden, obwohl Medikamente wie Zidovudin (Retrovir) möglicherweise eine unterdrückende Wirkung bei HIV haben und das Leben der von AIDS Betroffenen eventuell verlängern können. Sie heilen die Krankheit jedoch nicht völlig. Die einzige Möglichkeit besteht darin, die Symptome und die sekundären Krankheiten, die aus der Schwächung des Immunsystems resultieren, zu behandeln.

AUSBLICK Ernste Infektionen sind die häufigsten Folgen bei allen Immunschwächen. Diese Komplikationen, die unter der Bezeichnung AIDS related complex zusammengefaßt werden, können Durchfall verursachen, Gewichtsverlust und hartnäckige Infektionen wie Soor. Diese Symptome werden mit einer Vielzahl von Antibiotika behandelt, mit antibakteriellen Medikamenten, Anti-Virus-Medikamenten wie Retrovir und mit Medikamenten gegen Pilzinfektionen. Die Hautkrebse, die durch AIDS verursacht werden, können jedoch nicht mit der normalen Krebstherapie behandelt werden; derartige Behandlungsweisen bergen ein zusätzliches Risiko bei der Unterdrückung des Immunsystems. Niemand stirbt jedoch an AIDS selbst; der Tod wird oft von einer ungewöhnlichen Form der Lungenentzündung – Pneumocystis carinii – verursacht, die die allgemeine Bevölkerung kaum betrifft, oder durch einen bösartigen Hautkrebs, das Kaposi-Sarkom.

FILZLÄUSE UND WARZEN IM GENITALBEREICH

Filzläuse sind menschenspezifisch und werden durch sexuellen Kontakt übertragen. Sie können auch durch engen Kontakt mit Bettwäsche, Handtüchern oder Kleidung eines Infizierten, in der sie sich eingenistet haben, auf Menschen überspringen.

Es kommt zu starkem Hautjucken unter der Schambehaarung, die manchmal nur nachts auftritt. Die winzige Laus (Pediculosis pubis), die zwischen den Haarwurzeln lebt, läßt sich leicht ausmachen, wenn man den Bereich genau untersucht, ebenso wie die winzigen Eier, die an den Haarwurzeln festzementiert sind, so daß sie sich nicht leicht entfernen lassen.

BEHANDLUNG Einfaches Waschen mit Wasser und Seife reicht nicht, um die Läuse zu töten oder die Eier zu entfernen. Diese schlüpfen aus und bilden eine ganz neue Generation der blutsaugenden Parasiten. Verwenden Sie eins der vielen Spezialshampoos oder -lotionen, die in der Apotheke erhältlich sind und auch bei der Bekämpfung von Kopfläusen eingesetzt werden. Die Packung ist mit einer genauen Gebrauchsanweisung versehen, und die normale Vorgehensweise sieht folgendermaßen aus:
○ Befolgen Sie die Anleitung auf der Flasche Spezialshampoo oder -lotion ganz genau.
○ Ziehen Sie saubere Kleidung an, nachdem Sie das Shampoo oder die Lotion angewendet haben, und waschen Sie Ihre gesamte Kleidung, Bettwäsche, Handtücher und Waschlappen gründlich, bevor Sie sie wiederbenutzen.
○ Wenn die Behandlung abgeschlossen ist, entfernen Sie die toten Eier mit einem feinen Metall- oder Plastikkamm aus den Haaren.
○ Wenn das Jucken nicht sofort aufhört, wiederholen Sie die Behandlung und das Kämmen sieben Tage später.
○ Denken Sie daran, allen Personen, zu denen Sie sexuellen Kontakt haben, und allen Menschen, mit denen Sie regelmäßigen engen Kontakt haben, zu empfehlen, sich zur Vorsicht ebenfalls zu behandeln.

GENITALWARZEN

Man glaubt, daß Genitalwarzen, wie die auf Händen und anderen Körperteilen, durch ein Virus verursacht werden, und zwar durch das humane Papilloma-Virus. Sie werden meistens (aber nicht immer) durch sexuellen Kontakt mit einem Menschen, der sie bereits hat, übertragen, und sind nach einer Inkubationszeit von vier bis zwanzig Wochen auf dem Penis, auf den Schamlippen und im oder um den After herum erkennbar. Sie können spontan verschwinden, treten aber oft wieder auf.

Genitalwarzen wurden mit Fällen von Muttermundkrebs in Verbindung gebracht. Eine Frau, die unter Genitalwarzen leidet oder deren Partner davon betroffen ist, sollte häufig einen Abstrich bei sich vornehmen lassen.

BEHANDLUNG Genitalwarzen lassen sich durch das Aufstreichen einer ätzenden Lösung, durch Gefrieren oder elektrische Kauterisation leicht behandeln. Sie sollten jedoch nicht ignoriert werden, da das Virus, das sie verursacht, im Verdacht steht, an der Entstehung des Muttermundkrebses beteiligt zu sein. Wenn Sie eine oder mehrere Warzen in Ihrem Genital- oder Analbereich entdecken, sollten Sie sobald wie möglich einen Facharzt aufsuchen und keinen Geschlechtsverkehr haben, bis die Behandlung abgeschlossen ist.
○ Wenn Sie am Genital- oder Analbereich eine oder mehrere Warzen entdecken, sollten Sie möglichst bald einen Arzt aufsuchen und keinen Geschlechtsverkehr haben, bis die Behandlung abgeschlossen ist.
○ Verwenden Sie keine über die Ladentheke erhältlichen Mittel, da die Haut des Penis und des Vaginalbereichs äußerst empfindlich ist.
○ Halten Sie den betroffenen Bereich durch regelmäßige Reinigung so sauber und trocken wie möglich. Verwenden Sie dazu eine milde Seife und klopfen Sie den Bereich vorsichtig trocken.

SAFER SEX

Der Begriff »Safer Sex« entstand in den achtziger Jahren als Reaktion auf die Verbreitung von AIDS, aber das Praktizieren von »Safer Sex« schützt Sie nicht nur vor AIDS, sondern auch vor anderen sexuell übertragbaren Krankheiten.

SEXUELLE AKTIVITÄTEN MIT SEHR HOHEM RISIKO:
○ Jeder Sexualakt, bei dem es zu Blutungen kommt, unabhängig davon, ob dies absichtlich oder zufällig geschieht
○ Analverkehr ohne Kondom
○ Vaginalverkehr ohne Kondom
○ Das Eindringen der Finger in den After
○ Die gemeinsame Benutzung von Sexualhilfen zur Penetration

SEXUELLE AKTIVITÄTEN MIT MITTLEREM RISIKO:
○ Analverkehr mit Kondom
○ Vaginalverkehr mit Kondom
○ Cunnilingus
○ Fellatio, besonders bis zum Höhepunkt
○ Küssen und Lecken des Analbereichs
○ Zungenküsse

SEXUELLE AKTIVITÄTEN MIT GERINGEM RISIKO:
○ Gegenseitige manuelle Stimulation der Genitalien (ausgenommen Cunnilingus und Fellatio)
○ Das Reiben der Genitalien am Körper des Partners
○ Trockene Küsse

SEXUELLE AKTIVITÄTEN OHNE RISIKO:
○ Nichtgenitale Massage
○ Masturbation

— DIE VERWENDUNG EINES KONDOMS —
Eine der Hauptwaffen bei der Bekämpfung von Geschlechtskrankheiten ist die ausgedehnte Verwendung eines Kondoms. Obwohl dies keine völlige Sicherheit garantiert, werden die Risiken wesentlich verringert.

Das Kondom muß aufgezogen werden, bevor es zu vaginaler oder analer Penetration kommt oder bevor oraler Sex stattfindet; der Penis muß voll erigiert sein.

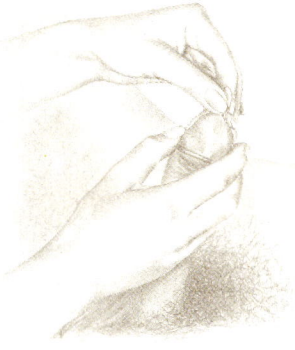

Drücken Sie die Spitze des Kondoms, damit sie keine Luft enthält, und entrollen Sie das Kondom über den ganzen Penis. Damit es nicht reißt, sollten Sie es nicht zu straff ziehen.

Beim Herausziehen halten Sie das untere Ende des Kondoms fest, damit kein Sperma herausläuft. Verwenden Sie bei jedem neuen Sexualakt ein neues Kondom.

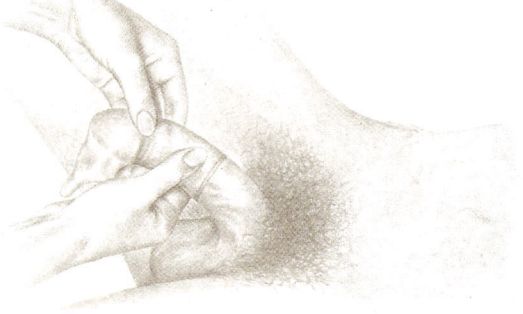

ADRESSEN

Beratungsstellen, Familienplanungszentren und Landesverbände der Deutschen Gesellschaft für Sexualberatung und Familienplanung: PRO FAMILIA

Landesverband Baden-Württemberg
7000 Stuttgart 1
Schloßstraße 60
Telefon 07 11/61 75 43

Landesverband Bayern
8000 München 40
Türkenstraße 103/1
Telefon 089/39 90 79

Landesverband Berlin
1000 Berlin 30
Ansbacher Straße 11
Telefon 0 30/2 13 90 13

Landesverband Bremen
und Beratungsstelle
2800 Bremen 1
Stader Straße 35
Telefon 04 21/49 10 90

Landesverband Hamburg
2000 Hamburg 13
Tesdorpfstraße 8
Telefon 0 40/44 19 53 22

Landesverband Hessen
6000 Frankfurt/Main 1
Schichaustraße 3–5
Telefon 069/44 70 61

Landesverband Niedersachsen
3000 Hannover 1
Am Hohen Ufer 3 A
Telefon 05 11/36 36 08

Landesverband Nordrhein-Westfalen
5600 Wuppertal 2
Loherstraße 7
Telefon 02 02/8 98 21 22

Landesverband Rheinland-Pfalz/Saarland
5600 Mainz
Schillerstraße 24
Telefon 0 61 31/22 50 22

Landesverband Schleswig-Holstein
2390 Flensburg
Am Marienkirchhof 6
Telefon 04 61/8 69 30

Landesverband Berlin-Ost
O-1035 Berlin
Frankfurter Allee 40
Telefon 02/5 89 10 07

Landesverband Brandenburg
noch keine feste Anschrift
Anfragen an PRO FAMILIA-Bundesverband

Landesverband Mecklenburg-Vorpommern
O-2500 Rostock
Leninallee 70
Telefon 081/39 69 60

Landesverband Sachsen-Anhalt
O-4020 Halle
Leninallee 149
Telefon 046/4 11 33

Landesverband Sachsen
noch keine feste Anschrift
Anfragen an PRO FAMILIA-Bundesverband

Landesverband Thüringen
noch keine feste Anschrift
Anfragen an PRO FAMILIA-Bundesverband

BUNDESVERBAND
6000 Frankfurt 1
Cronstettenstraße 30
Telefon 069/55 09 01

Österreich
Österreichische Gesellschaft für Familienplanung
Universitätsfrauenklinik II
A-1090 Wien
Spitalgasse 23
Telefon 02 22/48 00 29 24

Schweiz
(für den deutschsprachigen Raum)
Familienplanungstelle
Universitätsfrauenklinik
CH-4000 Basel

Verzeichnis sexueller Begriffe

A

Abdomen Der Körperbereich zwischen Zwerchfell und Becken; wird auch als Bauch bezeichnet.

Abstinenz Im sexuellen Bereich: sich des Geschlechtsverkehrs enthalten.

Abstrich siehe Pap.-Test.

abweichendes Verhalten Jede Form des Sexualverhaltens, das als abnorm bezeichnet wird.

Adoleszenz Der Zeitraum der menschlichen Entwicklung zwischen Pubertät und Erwachsenenalter, wenn der Betroffene kein Kind mehr ist, aber auch noch nicht erwachsen.

AIDS (erworbenes Immundefizienzsyndrom) Eine Krankheit, verursacht durch das humane Immundefizienzvirus (HIV), bei der der Körper die Fähigkeit verliert, sich gegen Krankheiten zu wehren.

Analverkehr Eine Form des Geschlechtsverkehrs (heterosexuell oder homosexuell), bei der der Mann mit seinem Penis in den Anus des Partners eindringt.

Androgene Hormone, die die Entwicklung der männlichen Sexualorgane und der sekundären Geschlechtsmerkmale beim Mann fördern. Sie werden in großen Mengen in den Hoden des Mannes und in kleinen Mengen in den Nebennieren von Männern und Frauen produziert. Sie regulieren den Sexualtrieb bei Männern und Frauen.

androgyn Merkmale aufweisend, die maskulin und feminin sind.

Anus Die Ausscheidungsöffnung am Ende des Mastdarms (After).

Aphrodisiakum Eine Substanz, beispielsweise ein Nahrungsmittel, ein Getränk oder eine Droge, die angeblich das Sexualverlangen stimuliert oder steigert. Die wirkungsvollste Zutat eines angeblichen Aphrodisiakums ist wahrscheinlich sein Ruf.

Areola Der pigmentierte Bereich um die Brustwarze herum, der bei sexueller Erregung leicht anschwillt.

asexual Kein offensichtliches Geschlecht oder Geschlechtsorgane aufweisend, geschlechtslos.

außerehelicher Geschlechtsverkehr Geschlechtsverkehr zwischen unverheirateten Partnern.

B

Basaltemperatur Die normale Körpertemperatur des Menschen. Die Basaltemperatur der Frau steigt gleich nach dem Eisprung. Daher kann die Frau durch tägliches Messen der Temperatur herausfinden, wann es zum Eisprung gekommen ist.

Beckenentzündung Eine ernste Erkrankung bei Frauen. Meistens das Ergebnis einer unbehandelten, sexuell übertragenen Krankheit wie Gonorrhöe oder einer Chlamydia-Infektion.

Befruchtung Das Eindringen einer Samenzelle in die Außenwand der Eizelle.

Beschneidung Eine kleine Operation, bei der die Penisvorhaut entfernt wird. Sie wird meistens aus religiösen oder hygienischen Gründen durchgeführt oder um eine Phimose, eine Vorhautverengung, zu korrigieren.

Bestialität Sexuelle Aktivität zwischen einem Menschen und einem Tier; Zoophilie.

Bigamie Ungesetzliche Ehe mit einer zweiten Ehefrau oder einem zweiten Ehemann, während man noch mit der ersten/dem ersten verheiratet ist.

bisexuell Sexuelle Anziehung durch Menschen beiderlei Geschlechts und/oder sexuelle Beziehungen mit Frauen und Männern.

Bläschendrüsen Ein Paar kleiner Säcke hinter der Prostata des Mannes, die Samenflüssigkeit in die Harnröhre abgeben.

Brustwarze Die Brustspitze; eine wichtige erogene Zone, die sich bei sexueller Erregung aufrichtet.

C

Candida Eine Hefeinfektion der Scheide.

Chlamydia-Infektion Eine sexuell übertragene Krankheit, die durch bakterienähnliche Mikroben verursacht wird.

Coitus interruptus Das Herausziehen des Penis aus der Scheide vor der Ejakulation; eine sehr riskante Methode der Empfängnisverhütung.

Cowpersche Drüsen Ein Drüsenpaar in der Nähe der Prostata des Mannes, das eine Substanz produziert, die jegliche Säure in der Harnröhre neutralisiert (diese könnte Sperma abtöten) und Teil der Samenflüssigkeit wird; diese Flüssigkeit dient auch zur Befeuchtung der Penisspitze.

Cunnilingus Eine Form des oralen Verkehrs, bei dem die Vulva der Frau mit der Zunge oder mit dem Mund stimuliert wird.

Cystitis Blasenentzündung, die durch eine bakterielle Infektion hervorgerufen wird.

D

Diaphragma Verhütungsmittel aus dünnem Gummi; wird vor dem Geschlechtsverkehr auf den Muttermund gesetzt, um zu verhindern, daß Sperma eindringt. Auch als Portiokappe oder Pessar bezeichnet.

Dildo Ein künstlicher, erigierter Penis, der von der Frau zur Masturbation eingesetzt wird.

VERZEICHNIS SEXUELLER BEGRIFFE

Drucktechnik Eine Methode, mit der die vorzeitige Ejakulation beim Mann geheilt wird. Dabei drückt die Partnerin kurz bevor er den Zeitpunkt erreicht, in der die Ejakulation unausweichlich ist, auf die Penisspitze.

Dysfunktion Im sexuellen Bereich jedes Problem – beispielsweise Impotenz oder Vaginismus –, das die sexuelle Aktivität stört.

Dysmenorrhöe Ungewöhnlich schwere oder schmerzhafte Menstruation, häufig von Krämpfen, Übelkeit und Kopfschmerzen begleitet.

Dyspareunie Schmerzen der Frau beim Geschlechtsverkehr, beispielsweise durch eine Verengung der Scheidenmuskeln hervorgerufen.

E

Ehebruch Geschlechtsverkehr zwischen einem verheirateten Mann oder einer verheirateten Frau und einem Partner, der nicht die Ehefrau oder der Ehemann ist.

Eichel Die abgerundete, kegelförmige Penisspitze.

Eileiter Die Röhren, die die Eierstöcke mit der Gebärmutter verbinden. In ihnen findet die Befruchtung der Eizellen bei der Empfängnis statt.

Eierstock Weibliche Sexualdrüse, die Eizellen und die Sexualhormone Östrogen und Progesteron produziert. Es sind zwei Eierstöcke vorhanden.

Ejakulation Der Ausstoß von Sperma aus dem Penis.

Empfängnis Die Befruchtung einer Eizelle durch eine Samenzelle.

endokrine Drüsen Die Drüsen, die Hormone produzieren und sie in den Blutstrom abgeben. Dazu zählen die Hoden und die Eierstöcke.

Endometrium Die Schleimhaut der Gebärmutter. Wenn eine Eizelle befruchtet wurde, nistet sie sich im Endometrium ein und beginnt, sich zu entwickeln. Einmal pro Monat wird das Endometrium bei der Menstruation ausgestoßen, wenn sich kein Ei eingenistet hat.

Erektion Das Anschwellen und Steifwerden des Penis, der Klitoris oder der Brustwarzen durch sexuelle Stimulation.

erogene Zonen Jene Körperteile, beispielsweise die Brüste und die Genitalien, die sexueller Stimulation gegenüber besonders empfindlich sind.

erotisch Das sexuelle Verlangen oder Vergnügen betreffend oder es hervorrufend.

Eunuch Ein Mann, dessen Hoden entfernt wurden.

Exhibitionist Im sexuellen Begriffsbereich ein Mann, dem es sexuelles Vergnügen bereitet, seinen Penis in der Öffentlichkeit zu zeigen.

F

Familienplanung Verwendung von Verhütungsmitteln, um die Familiengröße zu begrenzen.

Fellatio Eine Form des oralen Sex, bei der die Zunge oder der Mund zur Stimulation des Penis eingesetzt wird.

Fetischismus Eine Form des Sexualverhaltens, bei der die Handhabung eines unbelebten Objekts oder eines anderen Körperteils als die Genitalien nötig ist, um sexuell befriedigt zu werden. Häufige Fetischobjekte sind Gummikleidung, Schuhe und die Füße.

feuchter Traum Unwillkürlicher Samenerguß im Schlaf; nächtlicher Samenerguß.

Filzläuse Läuse in der Schambehaarung. Sie werden meistens durch den sexuellen Kontakt mit einem Infizierten übertragen.

Fortpflanzungssystem Die Teile des menschlichen Körpers, die direkt mit der Fortpflanzung in Zusammenhang stehen.

Frigidität Ein heute zweifelhafter Begriff für die Unfähigkeit, den Geschlechtsverkehr zu genießen.

fruchtbar empfängnisbereit

fruchtbare Tage Die Tage während des weiblichen Menstruationszyklus, an denen eine Empfängnis möglich ist.

G

Gebärmutter Uterus

Geburtenkontrolle siehe Verhütung

genitale Herpesinfektion Eine sexuell übertragbare Krankheit, die durch das Herpes simplex-Virus hervorgerufen wird.

Genitalien Die äußeren Geschlechtsorgane: beim Mann Penis und Hoden, bei der Frau die Schamlippen, Klitoris und Scheide.

Genitalwarzen siehe venerische Warzen

Geschlechtsdrüsen Die Eierstöcke bei der Frau oder die Hoden des Mannes.

Geschlechtskrankheit Alter Begriff für eine sexuell übertragene Krankheit.

Geschlechtsorgane Die inneren und äußeren Organe, die Männer und Frauen unterscheiden, einschließlich Genitalien und Geschlechtsdrüsen.

Geschlechtsumwandlung Ein chirurgischer Eingriff, der es einem transsexuellen Mann oder einer Frau erlaubt, so weit es geht, ein Mitglied des anderen Geschlechts zu werden.

Geschlechtsverkehr Sexuelle Aktivität, bei der der Mann mit seinem erigierten Penis in die Scheide der Partnerin eindringt. Siehe auch Analverkehr.

Gonaden siehe Geschlechtsdrüsen

Gonorrhöe Eine sexuell übertragene Krankheit, die durch den Erreger Gonokokkus verursacht wird.

G-Punkt Der Grafenberg-Punkt, ein kleiner Bereich der Scheide, der auf Stimulation stark reagiert.

Gruppensex Mehrere Menschen, die sich gemeinsam zur gleichen Zeit verschiedenen sexuellen Aktivitäten hingeben. Siehe auch Orgie.

Gummi Kondom

H

Harnröhre Die Röhre, durch die Urin aus der Blase abgegeben wird. Bei Männern wird außerdem der Samen durch die Harnröhre ejakuliert.

Hefeinfektion Eine Infektion der Scheide, beispielsweise Candida oder Soor, verursacht durch einen Hefepilz.

Herpes siehe genitale Herpesinfektion.

Heterosexueller Ein Mensch, der sexuell von Menschen des anderen Geschlechts angezogen wird.

Hitzewellen Unangenehmes Symptom der Wechseljahre, bei dem es plötzlich zu Hitzegefühlen kommt, die von starken Schweißausbrüchen begleitet werden. Sie werden durch Veränderungen in den Blutgefäßen verursacht, die aus einem Abfallen der Östrogenproduktion resultieren.

HIV Humanes Immundefizienzvirus, das Virus, das AIDS verursacht.

Hoden Die beiden männlichen Sexualdrüsen, die sich im Hodensack befinden und Sperma und Sexualhormone produzieren. Sie werden auch als Testes bezeichnet (Singular: Testis).

Höhepunkt Der Punkt der sexuellen Aktivität, an dem der Orgasmus erreicht wird.

Homosexueller Mensch, der sexuell von Menschen desselben Geschlechts angezogen wird.

Hormon Chemische Substanz, die von einer endokrinen Drüse produziert wird. Einige dieser Hormone – die Sexualhormone – spielen eine wichtige Rolle bei den menschlichen Sexual- und Fortpflanzungsfunktionen. Zu den Sexualhormonen zählen Androgen, Östrogen, Progesteron und Testosteron.

Hormonersatztherapie Der Einsatz von synthetischen oder natürlichen Hormonen, die einigen Auswirkungen der Wechseljahre entgegenwirken.

Hymen Ein dünnes Häutchen, das bei Mädchen, die noch keinen Geschlechtsverkehr gehabt haben, den Scheideneingang teilweise verdeckt.

Hypophyse Die wichtigste endokrine Drüse des Körpers. Sie befindet sich an der Gehirnbasis und gibt Hormone ab, die die Aktivität der Hoden und der Eierstöcke regulieren.

I

Implantation Das Einnisten einer befruchteten Eizelle in das Endometrium der Gebärmutter.

Impotenz Eine männliche, sexuelle Dysfunktion, bei der der Betroffene keine Erektion erreichen oder lange genug aufrechterhalten kann, um Geschlechtsverkehr zu haben oder zu ejakulieren.

Inzest Sexuelle Beziehungen (heterosexueller oder homosexueller Art) zwischen engen Verwandten, beispielsweise zwischen Vater und Tochter oder Bruder und Schwester.

J

Jungfernhäutchen Alter Name für das Hymen.

Jungfrau Mann oder Frau, der/die noch keinen Geschlechtsverkehr hatte.

K

Kalendermethode Eine Form der natürlichen Geburtenkontrolle, in der die Zeit des Eisprungs vom Einsetzen jeder Menstruation ab berechnet wird.

Kastration Operative Entfernung der Hoden beim Mann oder der Eierstöcke der Frau.

Keuschheit Freiwillige Abstinenz von allen Formen des Geschlechtsverkehrs.

Klimakterium Die körperlichen und psychischen Veränderungen, die die Menopause begleiten.

Klitoris Das kleine, nasenförmige Organ am oberen Ende der kleinen Schamlippen der weiblichen Vulva. Sie erigiert, wenn die Frau sexuell stimuliert wird. Da sie viele Nervenenden enthält, ist sie sehr berührungsempfindlich und spielt eine große Rolle bei dem Prozeß, der zum Orgasmus der Frau führt.

Koitus Geschlechtsverkehr

Kondom Dünne Gummihaut, die vor dem Geschlechtsakt über den erigierten Penis gezogen wird, um zu verhindern, daß Sperma in die Scheide gerät.

Kopulation Geschlechtsverkehr

L

Labia Die Schamlippen des weiblichen Genitals. Die kleinen, inneren Schamlippen werden als Labia minora bezeichnet und die größeren, äußeren Schamlippen als Labia majora.

Lesbe Homosexuelle Frau

Libido Sexualtrieb oder -verlangen

M

Masochismus Eine Form des Sexualverhaltens, bei der ein Mensch dadurch sexuelles Vergnügen erlangt, daß er Schmerz erleidet.

Masturbation Stimulation der eigenen Sexualorgane, meistens um einen Orgasmus zu erreichen. Bei gegenseitiger Masturbation stimulieren die Geschlechtspartner gegenseitig die Sexualorgane, um einen Orgasmus zu erreichen, oder als Vorspiel zum eigentlichen Geschlechtsverkehr.

Menarche Das erstmalige Auftreten der Menstruation (Regel) bei der Frau.

Menopause Die Zeit im Leben der Frau, wenn die Menstruation wieder aufhört.

Menstruation Das monatliche Ausstoßen des Endometriums, das stattfindet, wenn sich keine befruchtete Eizelle eingenistet hat.

Monilial vaginitis Hefeinfektion der Scheide

Muttermund Gebärmutterhals; er verbindet die Gebärmutter mit der Scheide.

Muttermundkrebs Krebserkrankung am Muttermund.

N

nächtlicher Samenerguß Unwillkürlicher Samenerguß im Schlaf; »feuchter Traum«.

natürliche Geburtenkontrolle Vermeidung einer Schwangerschaft durch Enthaltsamkeit an den Tagen des menstruellen Zyklus, an denen eine Empfängnis möglich ist, oder durch das Herausziehen des Penis aus der Scheide vor der Ejakulation. Sie wird auch als »Rhythmusmethode« bezeichnet, ein Sammelbegriff, der die Kalender-, Schleim- und Temperaturmethode umfaßt. Mit diesen Methoden können die sogenannten sicheren Tage bestimmt werden. Siehe auch Coitus interruptus, Kalendermethode, Schleimmethode, Temperaturmethode.

Nebenhoden Röhrenpaar, in das neuproduziertes Sperma aus dem Hoden zur Lagerung und Reifung übergeht, bevor es in den Samenstrang zur Ejakulation gelangt.

Neunundsechzig Ein Slang-Begriff für zwei Menschen, die sich gleichzeitig oral befriedigen; die Positionen, die dabei eingenommen werden, ähneln der Zahl 69.

nicht-spezifische Urethritis Eine häufige, sexuell übertragbare Krankheit, die durch Bakterien verursacht wird.

O

Östrogen Eins von mehreren steroiden Hormonen, die hauptsächlich von den Eierstöcken der Frau abgegeben werden. Östrogen stimuliert die Veränderungen in den Fortpflanzungsorganen der Frau in ihrem Monatszyklus und fördert die Entwicklung der weiblichen, sekundären Sexualmerkmale. Synthetisches Östrogen wird in einigen Pillensorten verwendet; es führt dazu, daß der Eisprung unterdrückt wird.

Onanie Alte Bezeichnung für Masturbation.

oraler Verkehr Die Stimulation der Genitalien des Partners mit dem Mund. Auch als oral-genitaler Verkehr bezeichnet (siehe dann auch Cunnilingus und Fellatio).

orales Verhütungsmittel Die Pille

Orgasmus Der intensivste Teil (Höhepunkt) der sexuellen Erregung, bei dem äußerst angenehme Empfindungen wahrgenommen werden und der Mann meist ejakuliert.

Ova Eizellen; »Ovum« bezieht sich auf eine einzelne Eizelle, »Ova« ist die Pluralform und bezieht sich auf zwei oder mehrere Eizellen.

Ovulation Eisprung. Jeden Monat wird eine Eizelle aus einem der Eierstöcke freigegeben. Die Eizelle geht in den Eileiter über, wo sie auf die Befruchtung durch eine Samenzelle wartet.

Ovum Eine Eizelle; zwei oder mehrere Eizellen werden als »Ova« bezeichnet.

P

Päderastie Homosexuelle Aktivitäten zwischen Männern und Jungen.

Pädophilie Sexuelle Aktivitäten zwischen Erwachsenen und Kindern beiderlei Geschlechts.

Pap.-Test Anderer Name für den Abstrich, der gemacht wird, um Erkrankungen der Scheide oder der Gebärmutter festzustellen, besonders Muttermundkrebs. Eine Schleimprobe wird von der Muttermundöffnung genommen und auf einen Objektträger aufgebracht, so daß sie unter dem Mikroskop untersucht werden kann. Der Pap.-Test wird so nach seinem Erfinder G. Papanicolaou bezeichnet.

Penis Das aufrichtbare männliche Geschlechtsorgan.

Perineum Bei Frauen der Bereich zwischen Scheide und After (Damm); bei Männern der Bereich zwischen Hoden und After.

Periode Menstruation

Perversion Ungewöhnliche Mittel zum Erlangen sexueller Befriedigung.

Pessar Diaphragma

Petting Sexuelle Aktivität, beispielsweise das Streicheln der Brust oder Genitalien, entweder anstelle oder als Vorspiel zum Geschlechtsverkehr.

phallisch Zum Penis gehörend oder sich auf ihn beziehend, meistens in bezug auf den erigierten Penis.

VERZEICHNIS SEXUELLER BEGRIFFE

Phallus Ein anderer Name für den Penis, meistens in bezug auf den erigierten Penis.

Phantasie Im sexuellen Begriffsbereich die Vorstellung sexueller Situationen oder Ereignisse mit wirklichen oder eingebildeten Menschen.

Pheromone Substanzen, die der Körper abgibt. Sie haben einen nicht immer wahrnehmbaren Geruch, der das Sexualverlangen bei Menschen des anderen Geschlechts stimuliert.

Phimose Eine abnormale Verengung der Vorhaut, so daß sie nicht über die Penisspitze zurückgezogen werden kann. Sie kann oft durch sanftes Dehnen korrigiert werden, aber möglicherweise ist eine Beschneidung nötig.

Pille Verhütungsmittel, das oral eingenommen wird. Es enthält synthetische Hormone, die eine Schwangerschaft verhindern.

Pille »für den Tag danach« Ein Verhütungsmittel, das eine sehr hohe Dosis Östrogen enthält und eine Schwangerschaft verhindern kann, wenn es innerhalb von 72 Stunden nach dem Geschlechtsverkehr eingenommen wird.

platonische Beziehung Eine enge, nicht sexuelle Beziehung zwischen zwei Menschen.

Pornographie Schriftliches oder anderes Material, das sexuelle Erregung stimulieren soll.

Progesteron Das weibliche Sexualhormon, das die Gebärmutter darauf vorbereitet, eine befruchtete Eizelle zu empfangen und zu erhalten.

Promiskuität Eine Anzahl unterschiedlicher Sexualpartner, meistens auf zufälliger Basis.

Prostata Eine Drüse, die die Harnröhre des Mannes schließt. Sie verschließt den Blasenausgang, um zu verhindern, daß Urin austritt, während der Penis erigiert ist, und produziert eines der Hauptbestandteile des Spermas. Kontraktionen ihrer Muskeln und anderer Muskeln um sie herum pumpen das Sperma bei der Ejakulation durch die Harnröhre und durch den Penis hinaus.

Prostituierte Eine Frau, die gegen Geld sexuelle Dienste anbietet.

Pubertät Der Beginn der Adoleszenz, in der der Junge zu ejakulieren beginnt und das Mädchen zu menstruieren.

R

Rektum Mastdarm. Das untere Ende des Dickdarms, das am After endet.

reizunempfindliche Periode Die Zeit nach dem Orgasmus, in der für die meisten Männer und manche Frauen weitere sexuelle Reaktionen zeitweilig unmöglich sind.

Rhythmusmethode siehe natürliche Geburtenkontrolle

S

Sadismus Form des Sexualverhaltens, bei der ein Mensch Lust empfindet, wenn er einem anderen Schmerz zufügt.

Sadomasochismus Eine Form des Sexualverhaltens, bei der ein Mensch sexuelle Lust aus einer Kombination aus Sadismus und Masochismus erlangt.

Safer Sex Formen sexueller Aktivität, bei denen ein relativ kleines Risiko besteht, sich mit sexuell übertragbaren Krankheiten anzustecken (besonders AIDS).

Samen Die Mischung aus Sperma und Samenflüssigkeit, die beim Orgasmus aus dem Penis des Mannes ejakuliert wird.

Samenstrang/Samenleiter Eine der beiden Röhren (Vas deferentia), die Sperma aus den Hoden transportieren.

Schambehaarung Die Haare an den Genitalien.

Schanker Das sichtbare Symptom der primären Syphilis.

Scheidenspülung Reinigung der Scheide mit einem Wasserstrahl oder einer anderen Flüssigkeit. Als Form der Geburtenkontrolle ungeeignet und aus hygienischen Gründen nicht nötig, wenn die Scheide gesund ist.

Schleimmethode Eine Form der natürlichen Geburtenkontrolle, in der die Zeit der Ovulation an den Veränderungen des Zustands des Schleims am Muttermund abgelesen wird.

schwul homosexuell

sekundäre Sexualmerkmale Die Körpermerkmale, abgesehen von den Hauptfortpflanzungsorganen, die sich in der Pubertät entwickeln und durch die sich Mann und Frau unterscheiden.

Sexualhormone Hormone, die von den Geschlechtsdrüsen abgegeben werden und Auswirkungen auf die Merkmale und das Verhalten von Männern und Frauen haben. Die wichtigsten Sexualhormone sind Androgen und Östrogen.

sexuell übertragbare Krankheit Eine Krankheit, die von einem Menschen auf den anderen durch sexuelle Aktivität übertragen wird. Zu den sexuell übertragenen Krankheiten zählen AIDS Gonorrhöe, Syphilis und die Chlamydia-Infektion.

sichere Tage Die Tage im weiblichen Monatszyklus, in denen der Geschlechtsverkehr wahrscheinlich am wenigsten zu einer Schwangerschaft führt. Siehe auch natürliche Geburtenkontrolle.

Skrotum Lockerer, faltiger Hautsack, der die Hoden des Mannes enthält.

Smegma Eine riechende, käseartige Substanz, die sich aufgrund schlechter Hygiene unter der männlichen Vorhaut oder unter der Hautfalte der weiblichen Klitoris sammelt.

Soor Eine Hefeinfektion der Scheide.

Sperma Die Fortpflanzungszellen des Mannes. Die Samenzelle befruchtet die Eizelle der Frau. In den Hoden werden Millionen von Spermien produziert und mit Samenflüssigkeit für die Ejakulation aus dem Penis gemischt.

Spermizid Jede speziell formulierte Substanz, die vor dem Geschlechtsverkehr in die Scheide gegeben oder zusammen mit einem Kondom oder einem Diaphragma angewendet wird, um das Sperma abzutöten, und so als Verhütungsmittel dient.

Spirale Ein Verhütungsmittel, das in die Gebärmutter der Frau eingesetzt wird und die Einnistung einer befruchteten Eizelle verhindert.

Sterilisation Ereignis, das dazu führt, daß ein Mensch unfähig wird, ein Kind zu bekommen oder zu zeugen. Die Sterilisation kann absichtlich vorgenommen werden, beispielsweise durch eine Operation wie die Durchtrennung der Eileiter oder durch eine Vasektomie. Sie kann auch als Komplikation einer sexuell übertragbaren Krankheit auftreten.

Stop-Start-Technik Eine Methode, durch die der Mann sich selbst lehren kann, eine vorzeitige Ejakulation zu verhindern, indem er vorübergehend jegliche Stimulation vermeidet, wenn er den Punkt herannahen fühlt, an dem die Ejakulation unausweichlich ist. Siehe auch Drucktechnik.

Syphilis Eine sexuell übertragene Krankheit, die durch eine Bakterie verursacht wird.

T

Temperaturmethode Form der natürlichen Geburtenkontrolle: die Zeit des Eisprungs wird an den Veränderungen der Körpertemperatur abgelesen.

Testosteron Wichtigstes männliches Sexualhormon (oder Androgen), das von den Hoden produziert wird. Es ist für den Sexualtrieb des Mannes verantwortlich und für die männlichen sekundären Geschlechtsmerkmale. Testosteron wird in den Nebennieren – auch der Frauen – produziert.

Transsexueller Ein Mann (oder eine Frau), der/die das Gefühl hat, daß er/sie eigentlich dem anderen Geschlecht angehört und im falschen Körper steckt.

Transvestit Ein Mann (bisweilen auch eine Frau), der/die das starke Bedürfnis hat, die Kleidung des anderen Geschlechts anzulegen. Für viele Transvestiten ist dies nötig, damit sie Vergnügen an der sexuellen Aktivität haben.

Trichomoniasis Eine Infektion der Scheide, oft sexuell übertragen.

Tubenligatur Eine Methode der Sterilisation bei der Frau, bei der die Eileiter durchtrennt werden, damit eine Eizelle nicht hineingelangen oder das Sperma nicht hinaufgelangen kann.

U

Unfruchtbarkeit Unfähigkeit, schwanger zu werden oder eine Frau zu schwängern: Sterilität.

Urethritis Entzündung der Harnröhre, die durch eine Infektion verursacht wird. Siehe auch nicht-spezifische Urethritis.

Uterus Gebärmutter; das Organ der Frau, in dem sich die befruchtete Eizelle einnistet.

V

Vagina Der weiche, kurze Übergang, der von der Vulva der Frau zum Muttermund führt.

Vaginitis Eine Entzündung der Scheide.

Vaginismus Krankheit, bei der sich die Muskeln um den Scheideneingang zusammenziehen, was den Geschlechtsverkehr verhindern kann.

Vasektomie Methode der Sterilisation beim Mann, bei der die Samenstränge durchtrennt werden.

venerische Warzen Kleine Warzen an den Genitalien, die sexuell übertragen werden.

Vergewaltigung Jemanden zwingen, gegen seinen Willen Geschlechtsverkehr zu haben.

Verhütungsmittel Jede Vorrichtung oder jedes Mittel, beispielsweise ein Kondom oder die Pille, das verwendet wird, damit es beim Geschlechtsverkehr nicht zur Befruchtung kommt.

Vibrator Ein batteriebetriebenes Gerät, meistens in Form eines Penis, das vibriert und eingesetzt wird, um die Klitoris oder die Scheide zu stimulieren, entweder bei der Masturbation oder beim Vorspiel.

Vorhaut Die Hautfalte, die die Penisspitze bedeckt und sich zurückziehen läßt; Präputium.

vorzeitige Ejakulation Sexuelle Dysfunktion, bei der der Mann vor oder sofort nach dem Eindringen des Penis in die Scheide der Partnerin ejakuliert.

Voyeurismus Form des Sexualverhaltens, in der ein Mensch sexuelles Vergnügen erfährt, wenn er die sexuellen Aktivitäten anderer beobachtet.

Vulva Die äußeren Sexualorgane der Frau.

W

Wechseljahre Das Klimakterium.

Z

Zölibat Unverheiratetsein oder freiwillige Abstinenz vom Geschlechtsverkehr.

Zungenküsse Küsse, bei denen Berührungen mit der Zunge ausgetauscht werden.

Stichwortverzeichnis

A

Abstinenz
    und vorzeitige Ejakulation 205
Adoleszenz 12
ältere Liebhaber 162
AIDS
    als sexuell übertragene Krank-*heit 242
    in Verbindung mit analer Penetration 145
    Schutz vor 245
    und Homosexualität 242
Alter 162
    und Impotenz 204
anale
    Penetration 145
    Stimulation 83
Anatomie
    »Durchschnitts«-Frau 12
    »Durchschnitts«-Mann 12
    sexuelle 17
Anfang einer sexuellen Beziehung 52
Angst
    bei Frauen 182
    bei Männern 180
    und Impotenz 202
    und Vaginismus 197
Annäherung
    Annäherungsversuche 44
    Augenkontakt 45
    Botschaften senden 45
    Einleitung 44
    Gesichtsausdruck und Gesten 48
    Reaktionen auf 49
    sexuelle Hinweise 53
    verbale Kommunikation 45
    wo und wann man sich trifft 44
anogenitale Warzen *siehe*
    Genitalwarzen
Anziehung 42
    körperliche Eigenschaften 43
    persönliche Merkmale 43
    Persönlichkeit 43
Aphrodisiaka 86
Arthritis und Sexualität 158
Attraktivität 40
»Aufpassen« 224
Augenkontakt 45

B

Balanitis 231
Bedürfnisse ausdrücken 184
Befeuchtung der Scheide 85
    bei älteren Frauen 166
Befruchtung 218
Behinderung und Sexualität 159
Beschneidung 20
Beziehungen *siehe*
    langfristige Beziehungen
Blut
    im Urin 232
    in der Samenflüssigkeit 231
Brüste 15
    als erogene Zonen 65
    als sexuelle Phantasie 43

C

Chlamydia-Infektion 236
Coitus interruptus *siehe*
    »Aufpassen«
Cowpersche Drüse 21
Creme, spermaabtötende *siehe*
    Verhütungsmethoden 226
Cremes und Gleitmittel 85
Cunnilingus 81
Cystitis 232

D

Diabetes und Sexualität 159
Diaphragma 224
    als Verhütungsmittel der Frau 228
Dildo *siehe* Vibrator
Drogen und Medikamente
    Aphrodisiaka 86
    Auswirkungen auf den Sexualtrieb 155
Drucktechnik 208

E

Eierstöcke 220
    und Schmerzen während des Geschlechtsverkehrs 234
Eindringen von hinten 140
Einstellungen
    gegenüber dem Busen 17
    nach einer Mastektomie 160
    gegenüber dem Penis 20
    gegenüber Impotenz 17
    gegenüber Masturbation 74
Ejakulation 31
    fehlende 202
    Verzögerung *siehe* Drucktechnik
emotionale Faktoren 212
Endometriose 234
Entkleiden 59
Entspannung durch Massage
Erektion 20
    als asexuale Reaktion 209
    als sexuelle Reaktion 30
    Probleme mit der 209
erogene Zonen
    allgemeine Körperbereiche 63
    Einleitung 62
    Entdeckung bei der Frau 63
    Entdeckung beim Mann 62
    reaktionsstärkste Bereiche 64
erotisches Material 86
Erregung
    Einführung 50
    fehlende *siehe* Teilnahmslosigkeit
    was Frauen mögen 51
    was Männer mögen 51
Erscheinungsbild 40
erste sexuelle Erfahrung 148

F

fehlende Ejakulation 202
fehlendes Interesse *siehe*
    Teilnahmslosigkeit
Fellatio 82
    Angst vor Ejakulat im Mund 80
Filzläuse 235
Fortpflanzung 215
    Beitrag der Frau zur 220
    Beitrag des Mannes zur 216
Frau
    Bedürfnis nach Vorspiel 58
    Erfahrung des Nachspiels 147
    Geschlechtsorgane 15
    G-Punkt 36
    Körper 12
    körperliche Veränderungen während des Orgasmus 29
    Muskeln und Fett 15
    Phantasien 89

Reaktion auf Sex 32
Selbsteinschätzung 41
Sexualorgane 24
sexuelles Repertoire 53
Stellungen, bei denen die Frau sich oben befindet 112
vaginale Reaktion 28
Wahl der Stellungen 101
Frigidität 171

G

Gebärmutter 22
    Beitrag zur Empfängnisverhütung 221
Geburt
    Sexualität nach einer 154
Geburtenkontrolle *siehe* Verhütung
genitale Herpes 240
Genitalgeruch 81
Genitalien
    als erogene Zone 65
Genitalwarzen 244
Geruch, genitaler 81
Geschlechtsakt 26
Geschlechtskrankheiten *siehe* sexuell übertragene Krankheiten
Gesichtsausdruck und Gesten 48
gleichzeitiger Orgasmus 94
Gleitfähigkeit 24
    bei der älteren Frau 166
    und anale Stimulation 83
Glutäalsexualität 83
Gonorrhöe 238
G-Punkt
    Einleitung 36
    Stimulation des männlichen 37
    Stimulation des weiblichen 37

H

Hämospermie 231
hemmende Faktoren
    Leistung 155
Herpes *siehe* genitale Herpes
Herzerkrankungen und Sexualität 158
Hoden 21
Hodensack 21
Höhepunkt *siehe* Orgasmus
Homosexualität
    und anale Penetration 245

Hormone
    die Sexual- 222
hormonelle Verhütungsmittel 228
Hymen 24

I

Impotenz 211

J

Jungfräulichkeit 148

K

Klitoris 29
    Reaktion auf Stimulation 28
    Stimulation der 79
Kneten, Massagetechnik 69
Kommunikation 92
Körper
    männlicher 12
    weiblicher 12
Körperbehaarung 13
Körpersprache 46
Kondom
    als »Safer Sex«-Praxis 245
    als Verhütungsmittel 225
    Aufziehen eines 245
Krankheit
    Sexualität während 155
Küssen 60

L

langandauernde Beziehung
    Wirkungen der 163
Liebhaber(in)
    ein guter – sein 92
    Frau als 96
    Mann als 96

M

Mann
    Bedürfnis nach Vorspiel 58
    Erfahrung des Nachspiels 147
    Genitalien 13
    G-Punkt 36
    Körper 12
    Muskeln 13
    Orgasmus 31
    Phantasien 87
    Reaktion auf Sex 30
    Selbsteinschätzung 41

Sexualorgane 20
sexuelles Repertoire 53
Stellungen, bei denen er sich oben befindet 108
Wahl der Stellungen 101
Männer als Liebhaber 96
Massage
    Einleitung 67
    Techniken 68
Mastektomie 160
Masturbation
    Einleitung 74
    Einstellung gegenüber der 74
    Häufigkeit der 76
    kann Spaß machen 76
    und Sexualtrieb 166
    was Frauen über die männliche – wissen sollten 75
    was Männer über die weibliche – wissen sollten 75
Menopause 162
Menstruation
    klimakterische 222
    Menarche 222
    Menstruationszyklus 218
»Missionars«-Stellung 106
multipler Orgasmus 105
multiple Sklerose und Sexualität 159
Muttermund 25
    Erosion 234

N

Nachspiel 146
Nacken als erogene Zone 64
natürliche Methode der Verhütung 224
»nein« sagen zur Sexualität 168
nichtspezifische Urethritis 238

O

Östrogen
    Rolle bei der Verhütung 228
    Veränderungen bei der Frau in der Pubertät 12
    Wirkung auf den Menstruationszyklus 222
oraler Sex
    Cunnilingus 81
    Einleitung 80
    Fellatio 82
Orchitis 230
Orgasmus

STICHWORTVERZEICHNIS

fehlender 196
gleichzeitiger 104
multipler 105
Reaktion der Frau auf Sex 29
Reaktion des Mannes auf Sex 31
verlängerter 104
Vorgänge während des 32
Orgasmus vortäuschen 171
Ovulation 220

P

Penis 20
  als erogene Zone 65
  Erektionsprobleme 209
  Reaktion beim Geschlechtsverkehr 30
Penisimplantat 210
Petting 66
Phantasien
  Einleitung 87
  männliche 89
  weibliche 89
  teilen 88
  und Masturbation 88
Pille
  kombinierte 228
  »Mini«- 229
Pobacken
  als erogene Zonen 65
  als visueller Reiz 43
  und Glutäalsexualität 83
Postillionage 83
Priapismus 231
Probleme
  medizinische – der Frau 232
  medizinische – des Mannes 230
  sexuelle 192
Prostata 21
Pubertät 12

R

Reaktion auf Annäherungsversuche 49
Reaktionen beurteilen 48
Repertoire *siehe* sexuelles Repertoire
Rhythmusmethode der Verhütung 224

S

Scheidenabsonderungen 12
Scheideninfektionen, Vermeidung von 237
schmerzhafter Geschlechtsverkehr 196
Schuld *siehe* Angst
Schwämmchen, Verhütungsmittel 227
Schwangerschaft
  Fortpflanzung 215
  Sexualität während der 151
  Verhütung 218
Selbstbetrachtung
  positive 40
Selbsteinschätzung
  der Frau 41
  des Mannes 41
Sexualität
  Angst in bezug auf 180
  Arthritis und 158
  Beginn der 52
  Behinderung und 160
  Diabetes und 159
  Faktoren, die die Leistung hemmen 155
  Herzerkrankungen und 158
  in besonderen Situationen 150
  nach einer Geburt 154
  nach einer Mastektomie 160
  orale 80
  »Safer Sex« 245
  und der ältere Liebhaber 167
  und multiple Sklerose 159
  während einer Krankheit 155
  während einer Schwangerschaft 151
sexuelle
  Änderung der – Reaktionen 161
  Anatomie 17
  Erfahrungen 104
    erste Erfahrung 148
  Hilfen 84
  Kritik 185
  Probleme 192
  Profil
    der Frau 54
    des Mannes 55
  Reaktion 28
  Reaktionen aufzeichnen 34
  Repertoire 56
  variierende Aktivität 161
sexuell übertragene Krankheiten
  Einleitung 235
  Symptome 231
sinnliche Konzentration 198
sinnliche Massage 68
Soor 236
Spannung während des Liebesspiels 234
Sperma
  Einleitung 216
  Reise durch die männlichen Geschlechtsorgane 217
  und Befruchtung 218
Spirale 228
Stellungen
  bei denen der Mann sich oben befindet 108
  bei denen die Frau sich oben befindet 112
  die den G-Punkt stimulieren 38
  Eindringen von hinten 138
  für Fortgeschrittene 142
  kniend 122
  nebeneinander 136
  sitzend 128
  Wahl 100
Stellungen »auf die Schnelle« 180
Stellungen, bei denen von hinten eingedrungen wird 138
Stellungen für Fortgeschrittene 142
Stellungen im Knien 122
Stellungen im Sitzen 118
Stellungen im Stehen 128
Stellungen nebeneinander 136
Sterilisation
  Frau 229
  Mann 225
Stimme
  als Merkmal 12
  Änderungen in der Pubertät 14
  und sexuelle Attraktivität 50
Stimulation
  anale 83
  klitorale 79
  wie Frauen sich stimulieren 77
  wie Männer sich stimulieren 77
Synchronisierung des Orgasmus 94
Syphilis 239

T

Teilnahmslosigkeit
  Frau 195
  Mann 194
Testosteron
  Produktion in den Hoden 21
  Rolle in der Pubertät 12
Trauer und Verlust der Libido 212
Trichomoniasis 237

U

Urethritis 232
  siehe auch nichtspezifische Urethritis

V

Vagina 24
  Größe der 25
  sexuelle Reaktion in der 28
Vaginismus 97
Variation sexueller
  Aktivität 161
  Erfahrung 104
  Reaktion 162
Vasektomie 225
verbale Kommunikation 45
Verhütung 224
Verhütungsmethoden 226
verlängerter Orgasmus 104
Verlangen(s)
  Verlust des *siehe* Teilnahmslosigkeit
  siehe auch Erregung
Vibratoren 84
Vorspiel
  anale Stimulation 83
  Aphrodisiaka 86
  Bedürfnis der Frau nach 58
  Bedürfnis des Mannes nach 58
  Cremes und Gleitmittel 85
  Cunnilingus 81
  Einführung 58
  erotisches Material 86
  Fellatio 82
  Küssen 60
  Phantasien 87
  Vibratoren 84
vorzeitige Ejakulation 204
Vulva 24
  Struktur und Erscheinungsbild 22

W

Wahl der Stellung
  Einleitung 100
  männliche 101
  weibliche 101
Wahl eines Partners
  Einleitung 42
  Kontrollliste der Eigenschaften 43
  worauf Frauen bei Männern achten 43
  worauf Männer bei Frauen achten 43

Z

Zunge, Streicheln mit der 60
  siehe auch oraler Sex

BEARBEITER:

Redaktion: Amy Caroll
Layout und Entwurf: Denise Brown, Tracy Timson, Earl Neish, Phillip Tarver
Assistenz: Elizabeth Thompson, Ian Wood
Computer Output: Rowena Feeny, Howard Pemberton & Lincolnshire College of Art and Design, Frances Prà-Lopez
Herstellung: Antony Heller
Fotos: Paul Robinson
Zeichnungen: Sue Linney *(Seite 14–15, 78–79, 80, 82, 152, 165, 167, 208, 211, 225, 245)*
  Howard Pemberton *(Seite 18–19, 22–23, 26–27, 218–19)*
  Kuo Kang Chen *(Seite 34–35, 98–91, 100–101, 102–103, 194–195, 202–203, 204–205, 206–207)*